# 회사법 연구 Ⅲ

# 회사법
# 연구 Ⅲ

김건식 지음

박영사

# 차례

# ≪≪ 머리말

    지난 2010년 회사법연구자로서 30년간 발표했던 글을 모아 3권의 책으로 펴낸 바 있다. 평생의 연구주제였던 기업지배구조와 밀접하게 관련된 글은 "기업지배구조와 법"이란 단행본으로, 그리고 나머지 회사법논문은 "회사법연구 Ⅰ"과 "회사법연구 Ⅱ"라는 논문집으로 발간했다. 당시 이들 책은 모두 개인적으로 특별한 인연이 있는 출판사 "도서출판 소화"의 도움으로 펴낼 수 있었는데 다행히 논문집이 학술원 우수학술도서로 선정된 덕분에 출판사에 대한 미안함을 조금 덜 수 있었다.

    이 책은 2010년 이후에 국문으로 발표한 회사법 관련 논문을 모은 논문집이다. 후속의 논문집을 내는데 10년을 훌쩍 넘겨버린 것은 무엇보다도 내 자신의 나태함과 능력부족의 탓이 크다. 구차한 변명에 불과하겠지만 지난 10년간은 국내에서의 논문발표보다 교과서 집필과 국제적인 학술교류에 시간을 더 많이 소모했다. 2015년 뒤늦게나마 천 페이지에 육박하는 회사법 교과서를 출판하였고 노혁준 교수와 천경훈 교수를 공서사로 낮아들여 현재 5판에까지 이르렀다. 한편 국제교류의 부산물로 축적된 영문논문들은 2020년 서울대 법학연구소의 지원을 받아 "Corporate Law and Governance"(박영사)란 아담한 논문집으로 출간하였다.

    기력이 쇠하지 않은 나이에도 불구하고 논문집 한권 채우는데 이렇게 오랜 시간을 보냈으니 현실적으로 이 책은 내 생애의 마지막 논문집이 될 공산이 크다. 이 대목에서 아무런 소회가 없다면 거짓일 것이다. 구구한 사설을 늘어놓는 대신 오늘에 이르기까지 여러모로 도와주신 국내외의 스승, 선배, 동학 분들에게 머리 숙여 깊이 감사의 마음을 전하고 싶다. 또한 아무 연고도 없는 다른 출판사가 시작한 논문집을 이어받는, 생색나지 않는 프로젝트를 기꺼이 떠맡아주신 박영사 안종만 회장님과 조성호 이사님의 후의와 편집을 맡아준 한두희 과장님의 노고에 대해서도 감사드리는 바이다.

2021년 11월 9일

김건식

# 제1편

# 기업지배구조

# 01 삼성물산 합병 사례를 통해 본 우리 기업지배구조의 과제[*]: 법, 제도, 문화

## Ⅰ. 머리말

지난 여름 삼성물산과 제일모직 사이의 합병을 둘러싸고 삼성그룹과 미국의 헤지펀드 엘리엇펀드(이하 '엘리엇')가 격전을 벌인 바 있다. 이 대립은 우리나라 재벌의 대표격인 삼성그룹의 경영권 승계과정에 걸림돌이 될 수 있고 다른 재벌의 앞날에도 큰 영향을 미칠 것이라는 점에서 세간의 주목을 받았다. 그러나 우여곡절 끝에 합병 주주총회가 삼성 측의 승리로 마무리되면서 국민의 이목은 새로운 관심사를 찾아 빠르게 옮겨갔다.

이번 삼성물산 사태는 우리 기업지배구조의 현실과 과제를 새삼 부각시킨 계기가 되었다. 그간 봇물 터지듯 쏟아져 나온 각종 보도나 논평에서 이미 드러난 바와 같이 이번 사태는 실로 다양한 이슈를 담고 있다. 그뿐 아니라 그것을 보는 시각도 각양각색이다. 이 글에서 이 논점과 시각들을 일일이 짚어 볼 여유는 없다. 대신 개인적으로 회사법과

[*]   이 글에 대해서 유익한 코멘트를 제공해 준 최문희 교수에게 감사하는 바이다.

기업지배구조의 관점에서 중요하다고 생각하는 몇 가지 논점만을 선택하여 찬찬히 살펴보기로 한다. 이 글의 논의는 다음과 같은 순서로 진행한다. Ⅱ.에서는 본격적인 논의에 앞서 이 글의 논점에 관련된 주요 사실을 간단히 정리한다. 본론에 해당하는 Ⅲ.에서는 이번 사태에서 불거진 회사법 이슈 세 가지를 해석론적 관점에서 검토한다. Ⅳ.에서는 해석론에서 한 걸음 벗어나 입법론 내지 제도 설계의 관점에서 우리 재벌의 소유구조에서 필연적으로 발생하는 이익 충돌의 처리 방안을 살펴본다. 끝으로 Ⅴ.에서는 보다 거시적인 관점에서 기업지배구조에 영향을 미치는 몇 가지 환경적 요소에 대해서 간단히 언급한다.

## Ⅱ. 논점에 관한 주요 사실

삼성물산과 제일모직의 합병과 관련하여 흥미를 끄는 사실은 실로 무궁무진하지만 이 글(특히 Ⅲ)에서 검토할 논점에 관한 주요 사실은 다음과 같이 요약할 수 있다.[1]

삼성물산은 제일모직과 합병을 위하여 삼정회계 법인에 합병비율에 대한 평가를 의뢰하였다. 삼정회계법인은 후술하는 자본시장과 금융투자업에 관한 법률(이하 '자본시장법')이 정한 합병 기준에 따라 합병가액을 산정한 결과 삼성물산은 1주당 5만 5,767원, 제일모직은 15만 9,294원으로 평가하여 1대 0.35의 합병비율을 산출하였다. 삼성물산은 2015년 5월 26일 이사회를 개최하여 그 합병비율에 따른 합병을 결의하고 같은 날 제일모직과 합병계약을 체결하였다. 2015년 7월 17일로 예정된 주주총회에 앞서 삼성물산은 2015년 6월 11일 발행주식총수의 약

---

1  이하의 서술은 주로 서울고등법원 2015. 7. 16.자 2015라20503 결정에서 정리한 사실관계를 기초로 하였다.

5.76퍼센트에 달하는 자기주식을 KCC에 전일 종가인 주당 7만 5,000원에 처분하였다.

한편 삼성물산의 의결권 있는 주식 약 7.12퍼센트를 보유한 주주인 엘리엇은 두 회사가 합의한 합병비율이 불공정하다고 주장하며 합병을 저지하기 위한 행동을 개시하였다. 엘리엇은 그 행동의 일환으로 KCC에 양도된 자기주식의 의결권 행사를 막기 위한 가처분을 법원에 신청하였다. 서울중앙지방법원은 2015년 7월 7일 엘리엇의 신청을 기각하였으며 항고심인 서울고등법원은 2015년 7월 16일 엘리엇의 항고를 기각하였다.[2]

2015년 7월 17일 개최된 삼성물산의 주주총회에서 합병 승인안은 엘리엇과 일부 주주의 반대에도 불구하고 국내 기관투자자 및 국민연금의 찬성에 힘입어 통과되었다.

## III. 법해석의 관점: 세 가지 회사법적 논점

### 1. 서설

이번 사태는 법적으로는 물론 경제적·정치적·사회적 측면에서도 주목을 끈다. 그러나 이번 대립의 직접적인 계기는 합병이라는 회사법의 현상이었다는 점에서 일차적인 관심대상은 역시 회사법적 논점이라고 할 것이다.[3] 회사법적 논점도 여러 가지 있겠지만 이 글에서는 합병

---

2  삼성물산합병과 관련해서는 다른 가처분(총회소집통지 및 결의 금지 가처분에 관한 서울고등법원 2015. 7. 16.자 2015라20485 결정; 합병절차 정지가처분에 관한 서울중앙지법 2015. 9. 2.자 2015카합80896 결정)도 있지만 이 글에서는 논하지 않기로 한다.
3  이 글에서 회사법은 널리 주주이익 보호를 위한 법규범의 총체를 가리키는 의미로 사용하며 자본시장법의 상장법인에 관한 특례규정도 당연히 이에 포함되는 것으로 본다.

비율의 공정성, 자기주식 처분의 유효 여부, 국민연금과 기관투자자의 의결권 행사라는 세 가지 논점만을 다루기로 한다. 이하에서는 각 논점을 차례로 검토한다.[4]

## 2. 합병비율의 공정성

### (1) 문제의 배경

합병은 한 회사가 다른 회사와 완전히 결합하는 것을 목적으로 하는 거래이다. 거래 대상이 회사라는 점에서 일반 거래보다 복잡하지만 사법(私法)상 거래라는 점에는 차이가 없다. 사법상 일반 거래에서 거래의 공정성을 법적으로 문제 삼는 경우는 별로 없다.[5] 우리나라에서 합병의 공정성이 실제 많이 문제 되는 것은 합병이 대부분 계열회사 사이에서 일어나기 때문이다. 서로 독립적인 회사 사이의 합병과 달리 계열회사 사이의 합병과정에서는 양쪽 회사가 합병조건에 관해서 교섭을 벌이는 일은 거의 없다. 실제로 재벌그룹 계열회사 간 합병에서는 그 시행 여부, 시기뿐 아니라 구체적인 합병비율까지 그룹 총괄조직에서 결정하는 것이 보통이다. 그러므로 합병비율이 어느 한쪽 회사의 주주에 불리하게, 그리고 결과적으로 그룹 전체를 지배하는 지배주주에게는 유리하게 정해진 것 아니냐는 의혹이 제기될 가능성이 높다.

---

4  아직 시간이 충분히 경과하지 않아 이번 사태에 관련된 법적 이슈를 포괄적으로 다룬 글은 별로 없다. 몇 가지 법적 이슈에 대한 간략한 소개로는 강정민/ 이은정, "삼성물산과 제일모직 합병과정에서 나타난 문제점 및 개선방안," 경제개혁이슈 2015-4호(2015. 7. 22) 참조.

5  민법상의 불공정한 법률행위(제104조)와 공정거래법상의 불공정 거래행위(제23조)는 그 예외라고 할 수 있다.

## (2) 불공정한 합병과 소수주주보호

불공정한 합병으로부터 주주를 보호하기 위한 법적 장치로는 다음과 같은 것을 들 수 있다.[6] (i) 주주총회의 특별결의, (ii) 주식매수청구권, (iii) 합병 무효의 소를 비롯한 저지형 구제수단, (iv) 이사에 대한 손해배상청구, (v) 자본시장법상의 합병 기준. 이것들 중 이번 사태에서 특히 관심을 모은 것은 (i)과 (v)이다. 이에 대해서는 항을 바꾸어 검토하기로 하고 이곳에서는 (ii)~(iv)만 간단히 살펴본다.

(ii) 반대주주의 주식매수청구권(상법 제522-3조, 자본시장법 제165-5조)은 실무적으로 많이 활용되는 구제수단이다. 특히 다수의 주주가 주식매수청구권을 행사하는 경우 매수자금의 부담 때문에 회사가 합병 자체를 포기하는 사례가 드물지 않다. 그러나 상장회사의 경우 주식의 매수가격은 거의 시가에 의하여 결정되기 때문에[7] 이번 사태에서와 같이 합병 비율의 기초가 되는 시가 자체에 불만이 있는 주주에게는 별 도움이 되지 않을 가능성이 크다.

(iii) 합병 무효는 합병으로 형성된 일체의 법률관계를 사후적으로 뒤집는 결과를 가져오므로 법적 안정성의 관점에서 쉽사리 인정하기 어렵다. 대법원도 "합병비율이 현저히 불공정한 경우"에는 합병이 무효로 선언될 수 있음을 인정하고 있지만(대법원 2008. 1. 10. 선고 2007다64136 판결),[8] 뒤의 설명과 같이 자본시장법의 기준에 따른 합병의 경우 무효를 인정할 가능성은 거의 없다.[9]

---

6  김건식, 회사법, 박영사, 2015, 760-761면.
7  자본시장법 제165-5조 제3항. 대법원 2011. 10. 13.자 2008마264 결정. 김건식, 앞의 책 (주 6), 834면.
8  다만 사안에서의 합병비율은 현저하게 불공정하지 않다는 이유로 원고의 무효주장을 배척하였다.
9  한편 사전적 구제수단으로 이사에 대한 위법행위 유지청구(상법 제402조)를 생각해 볼 수 있지만 역시 합병의 저지에 동원하는 것에는 어려움이 있다. 합병조건의 불공정에 따라

(iv) 이사에 대한 손해배상청구는 이론상으로는 생각해 볼 수 있지만 현실성은 별로 없다. 합병비율 이 소멸회사 주주에게 불리하게 정해진 경우 전통적으로 손해를 입은 주체는 회사가 아니라 주주로 본다.[10] 회사의 손해가 인정되지 않으면 주주의 대표소송이 허용될 여지는 없다. 다만 이사의 고의나 중과실의 임무 해태를 입증할 수 있다면 주주가 직접 이사에 대해서 책임을 물을 수 있을 것이다(상법 제401조). 그러나 뒤에서 설명하는 바와 같이 이사가 자본시장법에 따라 합병비율을 정한 경우 법원이 이사의 중과실을 인정할 가능성은 현실적으로 거의 없다.[11]

## (3) 자본시장법의 합병 기준

전술한 바와 같이 위 (ii)~(iv)의 구제수단은 합병의 공정성을 확보하는 데 각각 한계가 있다. 이번 사태에서 문제된 자본시장법의 특칙은 이런 한계를 고려하여 도입된 규정으로 볼 수 있다. 자본시장법은 시행령에서 상장회사의 합병 시 합병가액을 산정하는 기준(이하 '합병 기준')을 규정하고 있다(시행령 제176-5조 제1항).[12] 그에 따르면 합병가액은 합병계

---

손해를 입는 주체는 회사가 아니라 주주라고 보는 전통적인 견해에 따르면 불공정한 합병은 '회사에 회복할 수 없는 손해 를 발생시킨 염려가 있는 거래로 볼 수 없으므로 위법행위유지청구의 대상이 될 수 없을 것이다. 1987년 호남에틸렌 합병을 둘러싼 롯데 그룹과 대림산업 사이의 분쟁에서 같은 이유로 롯데 측의 위법 행위유지가 처분이 기각된 바 있다(서울지방법원 1987. 9. 9.자 87카37879 결정). 그러나 이런 형식론을 고수하는 것에는 의문이 있다. 김건식, 앞의 책(주 6), 761면.

10　다만 존속회사 주주에게 불리한 합병의 경우에는 회사의 손해를 인정할 여지가 있을 것이다. 김건식, 앞의 책(주 6), 761면.

11　설사 법원이 이사의 중과실을 인정하는 경우에도 이사의 재력이 충분치 않다면 주주의 권리구제는 실효를 거둘 수 없을 것이다.

12　이 규정은 1991년 12월 31일 구 증권거래법에서 처음 도입되었으나(제190-2조) 후에 자본시장법으로 옮겨졌다.

약체결일[13]을 기준으로 다음 (i)~(iii)의 산술평균가격을 기준으로 10퍼센트 내지 30퍼센트 범위에서 할인 또는 할증한 금액으로 한다(시행령 제176-5조 제1항 제1호, 제2호 가목).

  (i) 최근 1개월간 평균종가

  (ii) 최근 1주일간 평균종가

  (iii) 최근일의 종가

이처럼 자본시장법상 합병 기준은 거래소의 시가를 토대로 하고 있다. 합병 기준은 본격적인 교섭을 기대할 수 없는 계열회사 간 합병 시에 상장회사 소수주주를 보호하기 위하여 특별히 마련한 것이다. 후견적 색채가 짙은 이런 합병 기준은 선진 법제에서는 예를 찾기 어렵다. 그러나 달리 효과적인 주주 보호수단이 미비한 상황에서 나름 유용성이 없지 않았다. 이번 사태는 이런 합병 기준의 한계를 뚜렷이 부각시킨 계기가 되었다.

### (4) 합병 기준의 한계

자본시장법의 합병 기준은 명확하다는 장점이 있는 반면 다음과 같은 결함을 지니고 있다. 먼저 합병 기준은 특정 시점만이 아니라 일정 기간의 주가를 반영하도록 하고 있지만 지배주주가 유리한 시점을 택하여 합병을 추진할 여지는 여전히 남아 있다.[14] 나아가 지배주주에 유리하도록 해당 기간의 주가를 인위적으로 관리할 위험도 배제할 수 없다. 물론 주가 관리가 도를 넘는 경우에는 시세 조종으로 처벌될 수 있다. 그러나 노골적인 시세 조종은 자제하더라도 예컨대 주가에 악재가

---

13   이사회 결의일이 더 빠른 경우에는 결의일로 한다.
14   삼성물산 주식은 합병발표 직전까지 반년 사이 20퍼센트 하락한 반면에 제일모직 주식은 2014년 12월 상장 이후 45퍼센트 상승했다고 한다.

될 수 있는 조치를 앞당기고 호재가 될 수 있는 결정은 뒤로 미루는 방식으로 주가에 영향을 주는 것은 얼마든지 가능하다. 이런 의혹은 이번 사태에서도 제기된 바 있다.[15] 자본시장법의 합병 기준에 대한 보다 근본적인 의문은 인위적 간섭만 없다면 주식의 시가는 언제나 공정한 것으로 볼 수 있는가 하는 것이다.

공정성은 그야말로 추상적인 개념이다. 앞에서 설명한 바와 같이 독립한 당사자 사이에 정상적인 교섭을 거친 거래(이른바 arm's length transaction)라면 원칙적으로 공정성을 인정할 수 있을 것이다. 그러나 삼성물산과 제일모직과 같은 계열회사 간 합병에서 그런 교섭은 현실적으로 존재하지 않는다. 우리 법상 계열회사 사이의 합병비율에 불만이 있는 주주가 법적 구제를 구하는 경우 공정성에 관한 증명책임은 원칙적으로 주주가 부담한다. 공정성에 관한 판단은 결국 법원에 속하지만 그 판단은 상당한 시간과 노력을 요할 뿐 아니라 잘못될 위험도 크다. 합병비율은 결국 합병당사회사의 기업가치를 토대로 결정되는데 기업가치의 평가야말로 객관화 하기 어려운 일이기 때문이다.

자본시장법의 합병 기준은 바로 이러한 기업가치 평가의 부담과 남용을 최소화하기 위하여 도입된 것이다. 합병 기준은 현재 실무상 절대적 영향력을 발휘하고 있다. 금융감독당국은 합병비율이 합병 기준에 어긋난 경우에는 사실상 증권신고서 접수를 거부하고 있다. 대법원은 구 증권거래법상의 "요건과 방법 및 절차 등에 기하여 합병가액은 산정하고 그에 따라 합병비율을 정하였다면 그 합병가액 산정이 허위자료에 의한 것이라거나 터무니없는 예상 수치에 근거한 것이라는 등의 특별한 사정이 없는 한, 그 합병비율이 현저하게 불공정하여 합병계약이 무효로 된다고 볼 수 없다"고 판시한바 있다(대법원 2008. 1. 10. 선고 2007

---

15 일부에서는 삼성물산이 일부러 수주를 억제함으로써 주가를 하락시킨 것 아니냐는 의혹을 제기한 바 있다.

다64136 판결). 즉 합병 기준에 따르지 않는 합병은 현실적으로 불가능하고 그에 따른 합병은 원칙적으로 유효한 것으로 보고 있다.

바로 이런 감독당국의 실무와 판례야말로 이번 사태에서 삼성 측이 내세운 가장 강력한 논거였다. 그러나 이처럼 합병 기준의 구속력을 무제한 인정하는 실무의 태도가 타당한 것인지는 극히 의문이다. 합병 기준의 한계가 가장 극명하게 드러나는 것은 동일한 기업집단에 속하지 않는 독립한 상장회사 사이의 합병에서이다. 서로 독립한 두 회사가 정상적인 교섭 끝에 합병비율을 합병 기준이 제시한 것과 달리 정한 경우 그것을 굳이 막아야 할 이유는 없다. 현행 실무에 따르면, 어느 한쪽이 합병 기준에 따른 합병비율을 수용하지 않는 경우 합병 추진은 불가능하므로[16] 합병 기준은 합병을 막는 걸림돌이 된다.[17]

자본시장법의 합병 기준은 계열회사 사이의 합병의 경우에도 문제가 없는 것은 아니다. 엘리엇은 삼성물산의 자기자본은 합병 전 13조 4천억 원이고 합병 후 존속회사에서 삼성물산 주주가 차지하는 자기자본은 5조 6천억 원으로 7조 8천억 원이 감소한다고 주장하였다. 합병비율의 공정성을 판단할 때 자산가치는 하나의 고려요소에 불과하다. 현행 실무의 문제점은 삼성 측이 엘리엇의 주장이 일리가 있다고 판단한 경우에도 그 점을 고려하여 합병비율을 조정하기 어렵다는 것이다.[18] 이번 사안에서 삼성물산은 주주총회에서 특별결의요건을 가까스로 충족함으로써 합병을 관철시키는 데 성공했다. 그러나 만약 합병

---

16  실제로 과거 그런 사례가 없지 않았다.

17  그러나 이처럼 자본시장법 시행령이 회사가 합병조건을 결정할 자유를 제한하는 식으로 합병 기준을 정하는 것이 과연 헌법상 비례의 원칙에 합치하는 것인지 의문이 있다. 대법원은 구 증권 거래법 시행령상의 합병 기준이 재산권보장을 규정한 헌법 제23조 및 국민의 기본권 제한은 법률에 의해서만 제한된다고 규정한 헌법 제37조를 침해한 것이 아니라고 판시한 바 있다(대법원 2004. 12. 9. 선고 2003다69355 판결).

18  당장 합병비율을 조정할 수 없다면 결국 양 당사회사의 합의로 합병계약을 해제하고 적절한 시점을 기다려 다시 합병을 추진해야 할 것이다. 이러한 해법은 실무상 비현실적이다.

기준에 따른 합병비율에 대해 조금 더 많은 수의 주주가 반대표를 던졌다면 합병비율을 조정할 길도 없으므로 결국 합병은 성사될 수 없었을 것이다.[19]

주주보호장치가 미비한 후진국에서라면 자본시장법상 합병 기준과 같은 기계적인 규제의 효용을 인정할 수 있을 것이다. 과연 우리 법제의 수준이 아직도 불공정한 합병에 대해서 이처럼 경직적인 규제로 대처할 수밖에 없을 정도로 낮은 것일까?

### (5) 합병가액의 할증 가능성

합병 기준의 경직성은 2013년 자본시장법 시행령 개정으로 다소 완화되었다. 앞의 설명과 같이 개정 시행령은 소정의 공식에 따라 산정한 합병가액에 대해 10퍼센트 범위 내에서 할인 또는 할증을 허용하였다(제176-5조 제1항 제1호). 나아가 2014년에는 시행령을 다시 개정하여 계열회사 간 합병이 아닌 경우에는 합병가액을 30퍼센트까지 할인 또는 할증할 수 있도록 허용하였다.

이런 일련의 개정은 결국 합병 기준의 경직성을 완화시키기 위한 것으로 볼 수 있다. 그러나 합병가액의 할증이나 할인이 가능하게 됨에 따라 경영자와 법원의 부담은 증가할 수밖에 없다. 일정 범위 내의 조정이 명시적으로 허용된 현행 합병 기준하에서는 그 범위 내에서 특정의 합병가액을 택한 근거를 회사가 제시할 필요가 있을 것이기 때문이다.[20] 이번 사태에서는 개정된 합병 기준에 따라 합병이 이루어졌지만

---

19  조금 비현실적인 가정이지만 이사회에서 사외이사의 반대로 인하여 합병 결의가 통과되지 못한 경우에도 합병의 길은 막혔을 것이다.

20  물론 회사가 제시한 근거가 불합리한 경우에도 그것을 이유로 합병 자체를 막거나 경영자의 책임을 묻기는 쉽지 않을 것이다.

합병가액의 조정은 이루어지지 않았고, 그에 대한 근거도 제시되지 않았다. 그러나 현행 합병 기준하에서도 과거처럼 합병가액을 기계적으로 산정하는 실무를 그대로 고수하는 것에는 의문이 있다.

## 3. KCC에 대한 자기주식 처분

### (1) 가처분 결정

이번 사태에서 삼성 측의 승리를 가져온 또 하나의 요인은 삼성물산이 KCC에 처분한 자기주식에 대한 의결권 행사가 허용된 것이었다. 엘리엇은 KCC의 의결권 행사를 막기 위하여 법원에 의결권 행사금지 가처분을 신청했으나 제1심과 항고심 모두 엘리엇의 신청을 기각하였다(서울고등법원 2015. 7. 16.자 2015라20503 결정).

삼성물산의 자기주식 처분으로 인하여 의결권 지분이 희석된 엘리엇이 주장한 것은 선관주의의무와 충실의무(이하 양자는 '신인의무') 위반, 대표권 남용, 주주평등원칙 위반, 공서양속 위반 등 여러 가지이다. 이 주장들은 결국 법원에 의하여 모두 배척되었지만, 특히 중요한 것은 자기주식 처분에 대해 신주 발행에 관한 규정을 유추 적용할 수 있는지 여부와 자기주식 처분이 신인의무에 위반되는 것인지 여부라고 할 수 있다. 이하에서는 이 두 가지 쟁점을 항고심 결정을 중심으로 논의하기로 한다.

### (2) 자기주식의 법적 지위

자기주식 처분에 신주 발행에 관한 규정을 유추 적용할 것인지 여부와 관련하여 중요한 것은 자기 주식의 법적 지위를 어떻게 파악할 것인가의 문제이다. 자기주식에 대해서는 자산으로 보는 자산설과 미발행주식으로 보는 미발행주식설이 대립한다. 자산설은 우리 법원이 따르는 견해로 자기주식은 회사의 자산에 해당하며 자기주식을 처분하는 경우에도 총자산에는 변화가 없다고 본다.[21] 한편 미발행주식설은 자기주식의 취득은 실질적으로 출자의 환급 내지 회사의 일부 청산으로 보며 자기주식의 자산성을 부인한다. 미발행주식설은 실질을 중시하는 견해로 기업 회계에서는 물론이고[22] 미국, 독일, 일본 등 외국의 선진 입법례에서도 널리 채택되고 있다.[23]

상법은 원칙적으로 배당가능이익의 한도 내에서 자기주식 취득을 허용하고 있다(제341조 제1항). 자기주식의 자산성을 부정하는 경우에는 자기주식을 취득하는 만큼 배당가능이익이 감소할 것이므로 자기주식의 취득 규모도 제한을 받는다. 반면에 자기 주식의 자산성을 인정한다면 자기주식 취득에도 불구하고 배당가능이익은 그대로 유지될 것이다. 그렇다고 해서 다음 영업연도에도 같은 이익을 근거로 다시 자기주식을 취득할 수 있다고 볼 수는 없다. 자기주식 취득을 무제한 허용할수는 없기 때문이다. 그 대안으로는 배당가능이익의 한도를 적용할 때 전에 취득한 자기주식 가액까지 모두 포함하는 방법을 생각해 볼 수 있다. 그 대안에 따르면, 자기 주식을 자산으로 보는 결과 배당가능이익이 존재하더라도 과거에 자기주식을 많이 취득한 경우에는 더 이상 취득이 불가능할 수도 있다. 다만 배당가능 이익의 존재를 근거로 현금 배당이 가능한가의 문제가 남는다. 이 같은 경우 배당가능이익이 존재한

---

21  자산설에 입각한 하급심 판결로 서울중앙지방법원 2012. 1. 17.자 2012카합23 결정. 세법상으로도 자기주식 처분을 손익거래로 보아 차익에 과세하고 있다. 그에 대해서는 비판하는 견해가 유력하다. 이창희, 세법강의(제12판), 2014, 583-584면.

22  한국채택국제회계기준에서는 자본의 차감항목으로 규정하고(제1032호 문단 33, AG36) 자기주식의 처분으로 인한 손익은 자본잉여금 및 자본조정으로 처리하고 있다.

23  김건식, 앞의 책(주 6), 652-655면; 江頭憲治郎, 株式会社法(제5판), 有斐閣, 2014, 265면.

다고 보더라도 채권자이익의 보호를 고려하면 현금 배당은 허용할 수 없을 것이다. 그러나 이렇게 해석한다면 사실상 자기주식의 자산성을 부정하는 것과 마찬가지의 결과에 이르게 된다. 따라서 상법상으로도 미발행주식설을 취하는 편이 보다 자연스러운 해석이라고 할 것이다.

자기주식을 미발행주식으로 본다면 자기주식의 처분은 기능 면에서 신주 발행과 차이가 없다. 이에 대해서 항고심 법원은 자기주식의 처분이 자본금 증가를 가져오지 않고 기존 주주의 지분율이 변화하지 않는다는 점을 신주 발행과의 차이로 들고 있다.[24] 그러나 이러한 법원의 논리는 수용하기 어렵다.

먼저 자본금 증가 여부와 관련해서는 현행 상법에서와 같이 자본금의 기능이 축소되고 주식과 자본금의 연결도 완화된 상황에서[25] 자본금 증가 여부에 그토록 큰 의미를 부여할 필요가 있는지 의문이 있다. 한편 지분율 변화와 관련해서 항고심 법원이 자기주식의 처분으로 기존 주주의 지분율이 변화하지 않는 것으로 본 이유는 아마도 발행주식 총수에서 기존 주주의 보유주식이 차지하는 비율에 변화가 없다는 점 때문으로 보인다. 그러나 지분율과 관련하여 실제로 중요한 것은 주주총회에서 의결권 행사가 가능한 주식의 수에서 차지하는 비율이다. 의결권 행사가 정지된 자기주식을 취득한 제삼자가 해당 주식의 의결권을 행사하게 되는 경우에도 기존 주주의 지분율에 변화가 없다고 보는 것은 너무도 형식적이고 비현실적인 논리라고 할 것이다.

---

24  비슷한 취지를 밝힌 판결은 이미 여럿 존재한다. 판결의 논리에 대한 비판으로는 송옥렬, "자기주식의 경제적 실질과 그에 따른 법률관계," 법경제학연구 제11권 제1호(2014), 59-60면.
25  김건식, 앞의 책(주 6), 81면.

### (3) 신주 발행에 관한 규정의 유추 적용

앞에서 설명한 바와 같이 자기주식의 처분은 신주 발행과 기능상 매우 유사하다. 따라서 주주 관점에서는 신주 발행의 경우와 마찬가지로 의결권 지분과 재산적 지분이 침해될 우려가 있다. 이 경우 자기주식 처분 시에도 신주 발행 법리를 유추 적용할 수 있는지에 대해서는 다툼이 있다. 이 문제가 특히 부각되는 것은 경영권 분쟁이 있는 회사가 자기주식을 우호적 제삼자에게 처분하는 경우이다.[26]

이에 대해서는 대법원 판례는 아직 없고 하급심 판례만이 존재한다. 자기주식 처분을 신주 발행과 유사하다고 보아 신주 발행 무효의 법리에 따라 자기 주식 처분을 무효로 판단한 사례도 일부 존재하지만(서울서부지방법원 2006. 3. 24.자 2006카합393 결정; 서울서부지방법원 2006. 6. 29.자 선고 2005가합8262 판결), 자기주식의 처분에 신주 발행의 법리를 유추 적용할 수 없다고 보는 사례가 더 많다(수원지방법원 성남지원 2007. 1. 20.자 2007카합30 결정; 서울북부지방법원 2007. 10. 25.자 2007카합1082 결정).

항고심 법원은 자기주식 처분에 대해서 신주 발행에 관한 규정을 유추 적용할 명시적 근거가 없다는 점을 강조하고 있다.[27] 그러나 자기주식 처분이 기능적인 면에서 신주 발행과 유사하다는 점을 고려하면 자기주식 처분 시에도 기존 주주의 이익을 보호할 필요를 부정할 수 없다. 일본 회사법은 자기 주식 처분을 명시적으로 신주 발행과 동일하게 취급하고 있다.[28] 우리 상법에는 명시적인 규정이 없지만, 그렇다고

---

26  대법원은 정관에서 제삼자 배정이 허용되는 사유를 좁게 규정한 회사가 경영권 방어를 위하여 신주를 제삼자에게 배정하는 것은 주주의 신주인수권 침해라고 판시한 바 있다(대법원 2009. 1. 30. 선고 2008다50776 판결).

27  또한 2006년 법무부가 처음 입법예고한 회사법 개정안이 자기 주식 처분에 주주의 신주인수권을 준용하는 규정을 두었다가 결국 재계의 반대로 삭제된 것도 근거로 들고 있다.

28  江頭憲治郎, 앞의 책(주 23), 288면, 764면. 다만 일본 회사법은 주식양도가 제한되는 일부 회사를 제외하고는 원칙적으로 주주의 신주인수권을 인정하지 않기 때문에 자기주식

해서 자기주식 처분을 완전히 경영자의 자유에 맡길 수는 없을 것이다.

엘리엇이 신주 발행규정의 유추 적용을 구하는 취지는 크게 두 가지로 볼 수 있다. 하나는 자기주식 처분의 경우에도 기존 주주에게 신주 발행에서의 신주인수권에 상당하는 우선적 매수청구권을 인정해야 한다는 것이고 다른 하나는 자기주식 처분의 경우에도 신주 발행 무효의 소(상법 제420조)에 준하는 자기주식 처분 무효의 소를 인정해야 한다는 것이다. 항고심 법원은 그것을 모두 부정하였다. 법원이 자기주식에 대한 기존 주주의 우선적 매수청구권을 부정한 부분[29]은 타당하다고 판단된다. 신주인수권은 기존 주주의 보호를 위한 제도이지만 반드시 주주에게 그런 우선적 권리를 부여하는 방법으로만 기존 주주이익을 보호할 수 있는 것은 아니다. 신주인수권은 강력하지만 경직적인 제도로 오히려 회사재무 활동의 기동성을 저해하는 측면이 있다. 그러므로 자기주식 처분의 경우에도 일률적으로 주주에 대한 배정을 의무화하기보다는 후술하는 바와 같이 이사의 신인의무의 유연한 해석을 통해서 주주이익을 보호하는 것이 바람직할 것이다.

### (4) 신인의무와 공서양속

이번 가처분 결정에서 법원은 삼성물산의 자기주식 처분이 신인의무에 위반하는지 여부와 아울러 공서양속에 위반하는지 여부도 판단하였다. 신인의무는 주로 경영자의 책임과 관련이 있는 데 비하여 공서양속은 해당 행위의 효력과 관련이 있다. 그러나 이번 사안에서 양자에 대한 법원의 판시는 내용적으로 중복되므로 이곳에서는 양자를 함

의 처분 시에 기존 주주에게 우선매수청구권이 있는 것은 아니다.

29  엘리엇은 이를 주주평등원칙의 문제로 보고 있지만 그러한 성격규정이 적절한지에 대해서는 의문이 있다.

께 검토하기로 한다.

법원은 신인의무에 관해서는 "처분의 목적 등 여러 가지 사정을 종합하면" 신인의무 위반으로 볼 수 없다는 막연한 판시에 그치고 있다. 그러나 공서양속에 관해서는 "그 목적과 방식 · 가격 · 시기 · 상대방의 결정에서 합리적인 경영 판단의 범위를 벗어난 것이라고 보기 어렵고, 사회통념상 현저히 불공정한 처분이라고 할 수 없다"고 단정한 후 목적 등 개별 사항에 대해서 구체적인 판단을 제시하고 있다. 이 판시에서 특히 주목할 것은 신인의무에 관한 판시에서도 언급한 '처분의 목적'이다.

처분의 목적은 일차적으로 자기주식 처분이 자금 조달을 목적으로 하는 것이냐 아니면 단순히 주주총회결의에 영향을 주는 것을 목적으로 하는 것이냐의 차원에서 따져볼 수 있다. 이제까지 실제로 신주 발행의 목적에 관한 논의는 주로 이러한 차원에서 행해졌다. 제삼자 배정 증자와 관련하여 형성된 일본 판례법의 주요목적이론에 의하면 자금조달이 아닌 경영권 유지를 주된 목적으로 하는 신주 발행은 무효로 볼 것이다.[30]

그러나 항고심 법원은 자기주식 처분의 주된 목적이 합병 승인 결의의 통과를 위한 것임을 인정하면서도 다음과 같은 이유를 들어 그 처분의 유효를 선언하였다. "(합병 승인 결의를 성립시키려는 자사주 처분의) 목적이 이 사건 합병에 반대하는 일부 주주의 이익에 반한다고는 볼 수 있을지언정 그 자체로 회사나 주주 일반의 이익에도 반하는 것이라고 단정할 수 없고, 이 사건 합병 자체가 회사나 주주 일반의 이익에 반한다는 사정이 전제되어야 위와 같은 이 사건 처분의 목적도 합리성이 없는 것으로서 회사와 주주 일반의 이익에 반한다고 할 수 있을 것이다"(밑줄은 필자).

---

30 일본 판례는 경영권에 대한 다툼이 있는 상황에서 제삼자에게 신주를 발행하는 것은 원칙적으로 현 경영진의 경영권유지를 주요 목적으로 하는 것으로 추정하고 있다. 神田秀樹, 会社法(제16판), 弘文堂, 2014, 156-157면. 주요목적이론에 대해서는 비판적인 시각을 갖고 있지만 이 자리에서는 논하지 않기로 한다.

즉 법원은 합병 승인 결의의 통과를 목적으로 자기주식을 처분하는 것 자체를 문제로 보는 대신 승인 결의의 대상인 합병이 '회사나 주주 일반의 이익'에 반하는지 여부를 문제라고 보고 합병이 '회사나 주주 일반의 이익'에 반한다고 판단하는 경우에는 공서양속위반을 이유로 자기주식 처분을 무효로 볼 수 있는 길을 열어 준 것이다. 그렇다면 합병이 회사나 주주 일반의 이익에 부합하는지 여부는 무엇을 기준으로 판단해야 할까? 법원은 그 판단의 기준으로 합병의 필요성이나 삼성물산 가치 평가의 적절성 등을 검토하였다. 이번 사안에서 엘리엇이 반대의 근거로 내세운 것은 시장주가를 토대로 정한 합병비율이 부적절하다는 점이었으므로 그에 관한 판시에 초점을 맞추어 보자.

법원은 주식매수청구권의 평가에 관한 대법원 판시를 다음과 같이 인용하였다. "시장 주가가 순자산 가치나 수익가치에 기초하여 산정된 가격과 다소 차이가 난다는 사정만으로 위 시장주가가 주권상장 법인의 객관적 가치를 반영하지 못한다고 쉽게 단정할 수 없다(대법원 2011. 10. 13.자 2008마264 결정)." 이어서 법원은 자본시장법상 합병 기준에 따른"합병가액 산정이 허위자료에 의한 것이라거나 터무니 없는 예상수치에 근거한 것이라는 등의 특별한 사정에 대한 소명이 부족한 이 사건에서 순자산가치나 수익가치의 지표를 들어 이 사건 합병이 (삼성물산) 및 그 주주들의 이익이 침해(되)었다고 단정할 수 없다"는 결론을 내렸다. 즉 법원의 논리에 따르면, 합병 기준에 따른 합병은 특별한 사정이 없는 한 "회사와 주주 일반의 이익"에 반하지 않는다. 이 논리에 따르면 회사가 자기주식을 충분히 확보하고 있는 경우 자본시장법의 합병 기준에 따른 합병비율에 반대하는 주주의 의사는 자기주식 처분의 방법으로 쉽게 뒤엎을 수 있다.

이 논리의 부당성은 다음의 예에 비추어 보면 보다 분명하게 드러난다. 현재 주가가 1주당 5만 원인 X회사 주식을 A가 15만 원이라고 판단하고 취득한 경우를 생각해 보자. X회사가 계열회사인 Y회사와 합병계약을 체결하면서 자본시장법의 합병 기준에 따라 합병가액을 5만 원으로 산정하여 합병비율을 정하는 경우, 그 합병비율에 불만을 품은 A가 취할 수 있는 수단은 무엇인가? 합병 기준에 따라 합병비율을 정했으므로 판례에 따르면 합병 무효의 소로 구제받기 어려울 것이다. 주식매수청구권을 행사하더라도 회사의 매수가격은 판례(대법원 2011. 10. 13.자 2008마264 결정)에 의하면 원칙적으로 시장가격에 따라 결정할 것이므로 도움이 될 수 없다.

결국 A에게 남은 유일한 방법은 주주총회에서 반대하는 것이다. 물론 이 방법에 의하더라도 다른 주주들이 합병에 찬성한다면 A는 자신의 이익을 보호할 수 없다. 그것은 상법이 정한 다수결원칙에 따른 결과이므로 주주로서는 감수해야 할 것이다. 그러나 이사회가 자기주식을 이용하여 회사의사의 결정권을 가진 주주총회결의의 결과를 좌우하는 것은 주식회사 의사결정 원칙의 근본을 훼손하는 것으로 원칙적으로 허용할 수 없을 것이다.[31]

앞에서 설명한 법원의 견해에 의하면 경영자가 자기주식 처분을 통해 주주총회결의에 영향을 미칠 수 있는 여지가 크다. 예컨대 주식을 매집하여 주주 총회에서 기존 이사를 교체하고자 하는 외부 세력에 대항하기 위하여 회사가 우호적 제삼자에 자기주식을 처분하는 경우를 생각해 보자. 법원은 기존 이사진을 유지하는 것이 '회사나 주주 일반의 이익'에 반하는 경우가 아니라면 그러한 자기주식 처분을 유효로 보게 될 것이다.[32] 이런 결론은 제삼자에 대한 경영권 방어 목적의 신주 발행

---

31  회사가 주주의 의결권대리 행사를 권유하는 경우가 예외로 보일 수도 있다. 그러나 그것도 엄밀하게는 경영진에 의한 권유라고 할 것이다. 김건식/정순섭, 자본시장법(제3판), 두성사, 2013, 368-369면.

32  이처럼 경영권방어수단의 적법성을 '회사나 주주 일반의 이익'을 기준으로 판단하는 것은 일본 정부가 주도하여 마련한 기업가치보고서와 그에 입각한 매수방위책에 관한 지침에

을 신주인수권 침해라는 이유로 무효로 보는 판례(대법원 2009. 1. 30. 선고 2008다50776 판결)의 태도와 조화하기 어렵다.[33]

이런 법원의 태도가 그대로 유지된다면, 상장회사는 주주총회에 대한 지배력을 강화하기 위하여 보다 적극적으로 자기주식의 취득에 나서게 될 것이다. 이런 현상이 비합리적이고 비효율적임은 물론이다.

## (5) 무효 확인의 소를 제기할 권리 적격

신주 발행규정의 유추 적용을 구하는 또 하나의 목적은 자기주식 처분의 경우에도 신주 발행 무효의 소(상법 제420조)에 준하는 자기주식 처분 무효의 소를 인정해야 한다는 것이다. 법원은 신주 발행규정의 유추 적용을 부정하며 회사법상의 소로서의 자기주식 처분 무효의 소를 부정함은 물론이고 주주에게 자기주식 매매계약의 무효 확인을 구하는 일반 민사소송법상의 소를 제기할 적격도 부정하였다. 그 주된 논거로는 자기주식의 처분이 일반적인 회사 재산의 매각과 동일하다는 것을 들었다. 회사 재산의 매각에 대해서 대법원은 다음과 같이 분명히 판시한바 있다. "주식회사의 주주는 주식의 소유자로서 회사의 경영에 이해관계를 가지고 있다고 할 것이나, 회사의 재산 관계에 대하여는 단순히 사실상, 경제상 또는 일반적·추상적 이해관계만을 가질 뿐, 구체적 또는 법률상의 이해관계를 가진다고는 할 수 없으며(대법원 1979. 2. 13. 선고 78다1117 판결 참조), 주주는 직접 회사의 경영에 참여하지 못하고 주주총회의 결의를 통해서 또는 주주의 감독권에 의하여 회사의 영업에

---

서 기업가치를 기준으로 삼은 것과 발상을 같이한다고 볼 수 있다.

33 과거에도 하급심에서는 경영권방어 목적의 자기주식 처분에 대해서 회사나 주주들의 이익에 반하는 것이 아니라는 이유로 적법성을 인정한 예가 있다(서울지방법원 2003. 12. 23.자 2003카합4154 결정(SK와 소버린 사이의 분쟁)).

영향을 미칠 수 있을 뿐이다. 그러므로 주주는 일정한 요건에 따라 이사를 상대로 그 이사의 행위에 대하여 유지청구권을 행사하여 그 행위를 유지시키거나(상법 제402조) 대표소송에 의하여 그 책임을 추궁하는 소를 제기할 수 있을 뿐(상법 제403조), 직접 제삼자와의 거래 관계에 개입하여 회사가 체결한 계약의 무효를 주장할 수는 없다고 할 것이다"(대법원 2001. 2. 28.자 2000마7839 결정). 대법원은 이런 법리가 자기주식을 매도하는 계약을 체결하는 경우에도 마찬가지이므로 주주는 무효 확인을 구할 이익이 없다고 보고 있다(대법원 2010. 10. 28. 선고 2010다51413 판결). 그러나 자기주식을 일반 회사재산과 동일시하는 법원의 견해는 앞의 설명과 같이 따르기 어렵다.

항고심 법원은 자기주식의 취득에 따라 기존 주주의 의결권지분이 늘어난 것이 자기주식의 의결권을 제한함에 따른 반사적 이익에 불과하다고 보았다. 그러나 주주의 이익이 신주 발행에 대해서는 법적 이익이지만, 자기주식 처분에 대해서는 반사적 이익이라고 보는 것은 너무도 형식적인 견해로 찬성하기 어렵다. 현행 상법이 명시적으로 자기주식 처분에 신주 발행의 절차를 준용할 것을 요구하고 있지 않으나, 이것만을 근거로 자기주식 처분을 자본거래가 아닌 손익거래로 보는 것은 의문이다. 자기주식 처분에 신주 발행의 절차를 요구할 것인지는 입법 정책상 달리 정할 수 있을 것이기 때문이다.


## 4. 주주총회에서의 의결권 행사

### (1) 주주총회의 승인

앞에서 설명한 바와 같이 자본시장법의 합병 기준은 합병비율의 공정성을 담보하는 데 미흡할 뿐 아니라 비효율적인 측면이 있다. 그러므로 주주총회 승인이 한층 중요한 의미를 갖는다. 합병 기준에 따른 합병 비율에 불만이 있는 주주는 반대표를 던짐으로써 합병을 저지할 수 있기 때문이다. 상법상 합병은 특별결의사항이므로(제522조 제3항 → 제434조) 3분의 1을 넘는 소수주주의 반대만으로도 이를 막을 수 있다.[34] 이번의 대립이 팽팽했던 것도 이처럼 가중된 결의요건이 적용되었기 때문이다. 그러나 이번 사태는 이처럼 가중된 결의요건도 튼튼한 보호막이 될 수 없음을 보여 주었다.

## (2) 주주구성과 의결권 행사의 내용

이번 사태에서 삼성물산 주주총회에서의 의결권 행사에 대해 제대로 파악하기 위해서는 주주총회 당시의 주주구성과 의결권 행사의 내용에 관한 정보가 필요할 것이다. 주주구성에 관해서는 2014년 말 현재의 정보밖에 없지만 주주총회 당시까지 엘리엇의 주식 취득을 제외하고는 크게 바뀌지 않았을 것으로 짐작된다. 그에 따르면 삼성물산의 주주 구성은 다음과 같다.

| 계열회사 지분 | 16.9% |
|---|---|
| 우리사주 | 0.1% |
| 자사주 | 5.8% |
| 기관투자자 | 28.5%(국민연금 13.1%) |

---

34 이처럼 소수의 반대만으로 과반수 주주가 원하는 변화를 막을 수 있도록 하는 것이 효율적이라고 할 수 있는지는 의문이다. 합병의 공정성을 담보할 수 있는 다른 장치가 잘 작동한다고 판단되는 시점이 오면 과반수의 결의요건으로 변경하는 것이 바람직할 것이다. 그러나 비교법적으로 그러한 입법례는 아직 없는 것 같다. Reinier Kraakman 외/ 김건식 외 옮김, 회사법의 해부(The Anatomy of Corporate Law), 소화, 2014, 313-314면.

| | |
|---|---|
| 외국인투자자 | 27.6% |
| 개인 및 법인 | 21.1% |
| 합계 | 100.0% |

주주총회 결과 83.57퍼센트의 주주가 참석하여 합병 승인안은 58.91 퍼센트가 찬성하고 24.66퍼센트가 반대함으로써 찬성률 69.53퍼센트로 통과되었다. 위에 제시한 주주들이 의결권을 어떻게 행사하여 이런 결과가 나오게 되었는지는 분명치 않다. 그러나 각 주주의 유형별로 의결권 행사의 모습은 대강 짐작할 수 있다.

먼저 계열회사가 찬성표를 던진 것은 당연한 일이다. 이번 대립에서 결과의 예측이 쉽지 않았던 것은 계열회사 지분이 비교적 높지 않은 상황에서 특별결의요건을 충족시켜야 했기 때문이다.[35] 이번 대결에서 삼성 측이 승리를 거둔 이유는 여럿 있겠지만 큰 영향을 미친 것은 다음 두 가지라고 할 수 있다. (i) 국민연금을 포함한 국내 기관투자자는 거의 찬성표를 던졌다. (ii) 우호주주인 KCC에 처분된 자기주식에 대한 의결권 행사금지 가처분신청이 기각됨에 따라 찬성표가 증가하였다. (ii)에 대해서는 전술하였으므로 이곳에서는 (i)에 대해서만 살펴본다.


## (3) 국내의 기관투자자

삼성물산 주주총회에서 국내 기관투자자는 거의 예외 없이 삼성 측을 지지한 것으로 알려지고 있다. 엘리엇을 제외한 외국인 투자자와 개인 투자자의 표가 찬성과 반대로 나뉜 것을 고려하면 국내 기관투자자의 일치된 투표는 특기할 만하다.

---

35  만약 경영권 확보만이 문제였다면 예측은 훨씬 쉬웠을 것이다.

기관투자자의 의결권 행사는 국내에서도 이미 오래전부터 관심과 논의의 대상이었다. 투자대상기업의 지배구조를 향상시킴으로써 기업가치를 높이고 투자자이익을 보호한다는 관점에서 기관투자자의 적극적인 의결권 행사가 필요하다는 점에 대해서는 거의 다툼이 없다.[36] 최근 미국을 비롯한 외국에서는 기관투자자, 특히 헤지펀드가 적극적으로 이른바 주주행동주의(shareholder activism)에 나서는 경우가 대폭 늘고 있다.[37] 이번 엘리엇의 행동도 크게 보면 그런 국제적인 조류가 우리나라에 밀려온 사례라고 할 수 있다. 그러나 아직 국내 기관투자자는 기존 경영진에 반대표를 던지는 것을 주저하는 것이 보통이다. 재벌에 속하는 기관투자자의 경우 다른 재벌 지배주주의 심기를 거스르는 행동에 나서는 것은 쉽지 않다. 재벌에 속하지 않는 독립된 기관투자자의 경우에도 재벌로부터 퇴직연금의 운용 관리 업무를 맡는 등 다른 영업상 이익을 기대한다면 반(反)재벌로 비칠 수 있는 행동은 가급적 피하려 할 것이다. 기관투자자의 이런 행태는 결국 자신에게 돈을 맡긴 고객의 이익보다 자신의 이익을 앞세운 것으로 평가할 수 있다.

이번 사태에서 국내 기관투자자가 취한 행동이 모두 사익추구 때문이었다고 볼 확증은 없다. 합병을 성사시키는 것이 거시적, 장기적 관점에서 고객의 이익에 부합한다는 판단에 따라 행동한 것일 수도 있다. 그러나 앞에서 설명한 사익추구적 요소가 작용했을 가능성도 배제할 수 없으므로 기관투자자의 의결권 행사에 대해서는 앞으로 더 고민할 필요가 있을 것이다.

---

36 집합투자업자의 의결권 행사는 이제 재량이 아니라 의무로 보고 있다. 자세한 것은 김건식/정순섭, 앞의 책(주 31), 915-917면.

37 이에 관해서는 Jennifer G. Hill/Randall S. Thomas, Research Handbook on Shareholder Power, Edward Elgar, 2015에 실린 문헌 참조.

## (4) 국민연금

사실 이번 사태에서 국내 기관투자자보다 더 관심을 끌었던 것은 국민연금의 거취였다. 이번 사태에서 국민연금이 보인 행태는 내용은 차치하더라도 절차 면에서 문제가 있었던 것으로 보인다.

국민연금의 의결권 행사에 대해서 내부의 기금운용지침은 "의결권 행사는 원칙적으로 공단에서 행사하되, 공단에서 찬성 또는 반대의 판단을 하기 곤란한 안건은 주식 의결권 행사 전문위원회에서 결정한다"라고 규정하고 있다(제17조 제5항). 한편 그 하위 규정인 의결권 행사지침(이하 '의결권지침')에 의하면 의결권 행사는 원칙적으로 기금운용본부 산하 투자위원회가 결정한다(제8조 제1항).[38] 다만 찬성 또는 반대의 판단이 곤란한 안건은 각계의 이해관계를 대표하는 외부 전문가로 구성된 주식 의결권 행사 전문위원회(이하 '전문위원회')에 결정을 요청할 수 있다(의결권지침 제8조 제2항).[39] 기금운용지침은 '결정한다'라는 표현을 사용함으로써 마치 전문위원회에 대한 위탁이 강제되는 것 같은 뉘앙스를 풍기지만, 위임 자체는 의결권지침에서 보는 바와 같이 재량사항으로 볼 것이다.

실제로 이번 합병에 앞서 추진된 SK와 SK C&C 사이의 합병에서는 전문위원회에서 격론 끝에 반대의 결론을 냈고, 국민연금은 그에 따라 의결권을 행사한 것으로 알려졌다. 결국 국민연금은 이번 삼성 물산의 합병주주총회에서 찬성표를 던졌다. 그러나 SK 합병의 경우와는 달리

---

38  의결권 행사지침 제8조 제1항. 이병기, "국민연금기금의 주주권 행사 의무화 및 지배구조의 문제점과 과제," 한국경제연구원 정책연구 2012-11(2012), 27면.

39  전문위원회의 결정이 구속력이 있는지는 반드시 분명한 것은 아니지만 구속력이 있다고 볼 것이다. 지침에서 전문위원회에 "결정을 요청할 수 있다"는 문언(제8조 제2항)이나 전문위원회가 "결정한 의결권 행사 방향"을 주주총회 전에 공개하기로 결정한 경우 기금운용본부가 그 내용을 공개할 수 있다는 문언(제10조 제3항)은 구속력을 전제한 것으로 볼 수 있다.

전문위원회를 거치지 않았다. 앞의 설명과 같이 전문위원회에 대한 결정요청을 재량사항으로 보더라도 SK 합병에 비하여 이번 합병이 의사결정이 더 용이한 경우였는지는 의문이다.

또한 국민연금은 앞에서 설명한 전문위원회와 별도로 의결권 자문기관의 자문을 받을 수 있다(의결권 지침 제8조 제3항). 실제로 국민연금은 한국기업지배 구조원과 그러한 자문 계약을 체결하고 있다. 이번 사태에서 자문기관인 한국기업지배구조원이 반대의 의견을 제시하였음에도 국민연금은 이를 받아들이지 않았다. 사실 ISS(Institutional Shareholder Services)를 비롯한 다른 국제적 의결권 자문업체도 반대 의견을 제시한 바 있다. 물론 의결권 행사에 관한 최종적 의사는 결국 국민연금이 독자적으로 결정할 사항이므로 외부 자문기관의 의견과 다른 결정을 할 수도 있을 것이다. 그러나 사안의 중대성을 고려하면 그런 결정에 대해서는 나름의 논거를 제시할 필요가 있을 것이다.

현재 의결권지침상 국민연금은 의결권 행사 내역을 공개하게 되어 있다(제10조 제2항). 그러나 현재 의결권지침에 의하면 반대하는 경우에는 사유를 기재해야 하나, 찬성하는 경우에는 사유를 기재할 필요가 없다(의결권지침 별표 3 : 의결권 행사 내역 공시양식). 의결권지침은 합병에 대해서 '주주가치의 훼손이 있다고 판단되는 경우' 반대하도록 하고 있으므로[의결권지침 별표 2 : 국내주식 의결권 행사 세부기준 39(1)] 찬성하였다면 주주가치의 훼손이 없다고 판단하였기 때문으로 볼 것이다. 그러나 국민연금이 합병에 반대하는 경우에도 반대의 사유로는 단순히 '주주가치의 훼손'이라는 결론만을 기재할 뿐 그 판단의 근거에 대해서는 밝히지 않고 있다. 물론 국민연금이 판단의 근거를 매번 밝혀야 한다면 상당한 부담이 될 것이다. 그러나 이번 합병과 같이 판단의 경제적 효과가 크고 또 자문기관의 권고를 따르지 않는 경우에는 간단하게라도 그 근거를 밝히도록 강제할 필요가 있을 것이다. 설사 그 근거의 불합리를 이유로 의결권 행사의 의사결정을 법적으로 공격할 수 없다고 하더라도 그 근거에 대한 비판을 통해서 합리적인 의사결정을 유도할 수 있기 때문이다. 만약 지금처럼 의결권 행사에 대한 국민연금의 재량이 폭넓게 인정되고 그 근거를 구체적으로 밝힐 필요도 없다면, 국민연금의 영향력이 자칫 남용될 위험이 클 것이다.

국민연금의 주식 보유 비중이 증대됨에 따라 상장회사의 기업지배구조에서 국민연금의 역할은 커질 수밖에 없다.[40] 따라서 국민연금의 의결권 행사가 투명하고 합리적인 원칙에 따라 이루어질 수 있도록 제도를 정비할 필요가 있음은 물론이다.

## (5) 동시에 여러 회사 주식을 보유하는 주주의 의결권 행사

국민연금과 같이 동시에 여러 회사 주식을 보유하는 기관투자자의 의결권 행사에 관해서 한 가지 짚고 넘어갈 점이 있다. 예컨대 X회사와 Y회사의 이익이 충돌되는 거래의 사안에 대해 두 회사 주식을 동시에 보유하고 있는 주주 A가 X회사 주주총회에서 의결권을 행사하는 데 아무런 제약이 없는가? 이번 사태에서 국민연금은 삼성물산과 제일모직의 주식을 모두 보유하고 있었다.[41] 이 경우 국민연금의 의결권 행사는 이익충돌적 요소를 포함한다. 위의 예에서 합병비율이 X회사 주주에 불리하더라도 A가 보유하는 Y회사 주식의 가치 증가로 더 큰 이익을 얻는다면, X회사 주주총회에서 찬성하는 것이 A의 이익 극대화에 기여할 것이다.[42] 그러나 국민연금의 내부 방침은 보유주식 전체의 가

---

40 2015년 1분기 기준으로 국민연금이 5퍼센트 이상의 주식을 보유하는 회사는 166개사, 10퍼센트 이상을 보유하는 회사는 46개사에 달한다(http://fund.nps.or.kr/jsppage/fund/mcs/mcs_01.jsp) 참조.

41 KCC도 삼성물산 자기주식을 취득할 때 이미 제일모직의 주식을 보유하고 있었다.

42 이 경우 국민연금이 상법상의 특별이해관계인에 해당하는 것으로 볼 수 있는가? 이에 대

---

치 극대화가 아니라 개별 회사의 이익 극대화의 관점에서 의결권 행사의 방향을 정한다고 알려지고 있다. 국민연금의 이런 방침은 우리 기업 전반의 합리적인 기업지배구조의 관점에서 바람직한 것으로 판단된다. 위의 예에서 국민연금의 의결권 행사 때문에 X회사에서 주주에게 불리한 합병결의안이 통과되는 것은 X회사 주주보호의 관점에서 바람직하지 않기 때문이다.[43] 국민연금의 의결권 행사는 보유주식의 단기적인 가치 증대만이 아니라 지배구조 개선도 고려하도록 하고 있으므로(의결권지침 제4조의2) 이런 해석이 타당할 것이다. 그러나 국민연금이 아니라 순수한 영리 목적의 투자자에게도 비슷한 행동을 요구할 수 있는지는 앞으로 더 고민해 볼 문제라고 할 것이다.[44]

# IV. 입법론 내지 제도 설계의 관점

## 1. 서설

앞에서는 이번 사태에서 부각된 일부 회사법적 논점을 해석론의 관점에서 검토하였다. 그러나 이번 사태에 대해서는 해석론적 검토에서 한 걸음 벗어나 입법론 내지 제도 설계의 관점에서도 음미해 볼 필요가 있다. 이번 사태의 밑바닥에 깔려 있는 근본적인 문제에 대한 이해와

한 논의는 찾아보기 어렵지만 그렇게 보는 의견은 없는 것 같다. 다만 모자회사의 합병에서 자회사 주주총회의 결의와 관련하여 상대방인 모회사도 특별이해관계인으로 보지 않는 것이 통설이다. 합병의 상대방도 특별이해관계인으로 보지 않는 상황에서 상대방의 주주를 특별이해관계인으로 보기는 어려울 것이다.

43 국민연금이 이러한 행동을 감행한다면 계열회사 사이의 터널링을 통해서 사익을 추구하는 재벌총수와 다를 바 없을 것이다.

44 이 문제는 이른바 empty voting의 문제와 비슷한 측면이 있다.

고민 없이는 그로부터 발생하는 각종 분쟁을 원만하게 해결할 수 없기 때문이다. 이번 사태와 같은 분쟁이 일어난 이유는 무엇인가? 우리의 현행법과 실무에 따른 해결이 기업지배구조의 관점에서 바람직한 것인가? 만약 바람직하지 않다면 바람직한 기업지배구조를 정착시키기 위해서 할 일은 무엇일까? 이곳에서는 이런 물음과 관련하여 간단하게나마 나름의 소견을 밝히고자 한다.

## 2. 이번 사태의 근본적인 원인: 복잡한 소유구조와 이익충돌

현재 재벌의 소유구조는 복잡하면서도 다양하지만 적어도 다음 두 가지 면에서 공통점이 있다. 하나는 그룹 전체의 의사결정을 지배하는 지배주주가 존재한다는 점이고, 다른 하나는 지배주주의 경제적 지분이 그리 크지 않을 뿐 아니라 계열회사별로 다르다는 점이다. 이런 재벌의 소유구조는 흔히 지배소수주주(controlling minority shareholder) 체제라고 불린다. 현재와 같은 지배소수주주체제는 심각한 이익충돌을 낳을 수밖에 없다. 이익충돌의 모습은 다양하지만,[45] 가장 많이 논의되는 것은 계열회사 사이의 합병을 비롯한 각종 거래에 수반되는 이익 충돌이다.

이세 계열회사 사이의 거래에 대한 법적 규제는 과거에 비하여 크게 강화되었다. 상법상 이사회 승인을 요하는 거래의 범위가 대폭 확대되었을 뿐 아니라(예컨대 제542조의9 제3항, 제398조) 회사에 손해를 입혔다는 이유로 거래에 책임 있는 최고경영자에게 민사상이나 형사상으로 책임을 묻는 실제 사례도 종종 발생하고 있다. 그리하여 재벌의 지배주주가 사익추구를 위해서 노골적으로 한쪽 계열회사에 불리한 거래를 감행할

---

**45** 이에 관한 간단한 설명으로 김건식, 앞의 책(주 6), 848-855면.

위험은 전보다 줄어든 것이 사실이다.[46]

그러나 이번 사태와 같은 계열회사 사이의 합병은 그 발생 빈도가 높고 이익충돌이 심각한 것에 비하여 그에 대한 관심과 대응은 미흡했다. 이미 지적한 바와 같이 계열회사 주주의 보호는 거의 전적으로 자본시장법의 합병 기준에 맡겨져 있지만 지배주주가 마음먹고 자신의 이익을 추구하려고 달려드는 경우 합병 기준은 앞에서 설명한 바와 같이 큰 도움이 될 수 없다. 이번 사태가 극적인 대결로 치닫게 된 배경에는 현행 합병규제의 허점과 그에 대한 시장의 불신이 깔려 있다고 할 수 있다.

## 3. 규제의 개선

### (1) 법적 규제와 시장의 압력

앞에서 설명한 계열회사 사이의 내부거래나 합병은 이익충돌의 위험이 큰 거래이다. 이런 이익충돌 거래가 우리나라에서 아직 폭넓게 행해지는 것은 이익충돌에 대한 법적 규제나 시장의 압력이 모두 약하기 때문으로 짐작된다. 시장의 압력에 관해서는 후일로 미루고 이곳에서는 규제의 개선에 관해서만 언급하기로 한다. 개선안으로는 주주대표소송의 확대, 집단소송의 도입 등 여러 가지가 제시되고 있으나 이사회 승인의 실효성 강화와 계열회사 주식의 보유에 대한 규제만을 차례로 살펴본다.

---

46  아직 남은 문제 중 가장 심각한 것은 계열회사 사이의 부품이나 서비스 거래와 같은 일상적으로 일어나는 내부거래이다. 이러한 일상적인 내부거래는 상법(제542조의9)과 공정거래법(제11조의2)의 규율 대상이다. 이러한 내부거래는 장점도 있기 때문에 규율을 강화하기 어려운 측면이 있고 실제로 크게 문제된 사례도 별로 없다.

## (2) 이사회 승인의 실효성 강화

계열회사 사이의 합병이나 대규모 내부거래는 모두 이사회 승인을 요한다. 그러나 실제로 사외이사가 과반수 존재하는 이사회에서도 이익충돌거래에 제동을 거는 일은 거의 없다. 이사회 기능 부전의 원인으로는 사외이사의 독립성 부족이 단골로 지적되고 있다. 그러나 현행 법제하에서는 회사가 진정으로 독립적인 사외이사를 영입할 인센티브가 별로 없다. 이와 관련해서는 회사법 분야에서 미국을 대표한다고 볼 수 있는 델라웨어주의 사례를 참고할 필요가 있다. 델라웨어주 회사법은 회사를 처분하는 거래나 이해관계자와의 거래(related party transactions) 같은 이익충돌거래의 경우 절차의 공정성을 엄격히 요구하고 있다.[47] 이른바 '이해관계 없는(disinterested)' 이사에 의한 승인을 받지 못한 거래의 경우 피고인 이사가 거래의 공정성을 증명해야만 책임을 면할 수 있다. 실제로는 그런 증명이 쉽지 않기 때문에 회사가 이해관계 없는 이사의 승인을 받아 두고자 하는 것이 보통이다. 그러므로 회사는 이익충돌적인 거래에 대한 공격에 대비하기 위해서라도 이해관계 없는 이사를 미리 선임해 둘 인센티브가 있다. 여기서 강조할 것은 델라웨어주 법원은 이해관계를 상법에서 말하는'특별한 이해관계(제391조 제3항, 제368조 제3항)'보디 훨씬 디 넓게 해식하고 있기 때문에[48] 회사가 외견상으로만 독립적인 사외이사를 선임하는 데에는 위험이 따른다는 점이다.

이런 델라웨어주의 회사법 실무를 모방하는 것은 쉽지 않을 것이다. 다만 우리 법원이 이익충돌거래에서 특별한 이해관계를 넓게 해석하여 사내이사를 모두 배제한다면 이익충돌거래에 대한 규제의 실효성

---

47  보다 상세한 것은 김건식, "자기거래와 미국회사법의 절차적 접근방식," 회사법연구 Ⅰ, 소화, 2010, 95-126면 참조.

48  상세한 것은 Donald C. Clarke, "Three Concepts of the Independent Director," 32 Delaware Journal of Corporate Law 73, 102-08 (2007).

은 훨씬 높아질 것이다.

## (3) 계열회사 주식 보유에 대한 규제

이번 합병과 같은 이익충돌거래를 성사시킨 원초적인 힘은 결국 삼
성물산과 제일모직에 대한 총수 일가의 지배력에서 찾아야 할 것이다.
우리나라에서 총수 일가의 지배력은 직접 보유하는 지분보다는 계열
회사가 보유하는 지분에 의존하는 부분이 더 크다. 바꾸어 말해 회사
가 다른 계열회사 주식을 취득하는 것이 허용되지 않는다면 총수 일
가의 경영권은 유지될 수 없을 것이다. 따라서 근본적인 물음은 회사
가 다른 계열회사 주식을 보유하는 것을 어떻게 정당화할 수 있는가라
고 할 수 있다.

금융시장이 충분히 발달하지 않은 상황에서 우리 기업이 이만큼이
라도 성장하는 데에는 계열회사를 통한 자금조달이 한몫했음을 부정할
수 없을 것이다. 그러나 다른 한편으로 계열회사 주식의 인수는 상법
상 이해관계자거래(제398조)에 해당하지 않는 경우에도 이익충돌의 성
격을 부정할 수 없다. 이제껏 그런 거래를 법적으로 문제 삼은 경우는
거의 없었지만, 앞으로 계속 그러하리라는 보장은 없다. 특히 계열회
사 주가가 하락하는 상황에서 회사에 자금 수요가 발생하는 경우에는
해당 계열회사 주식을 왜 계속 보유해야만 하는지 정당화하기 어려울
것이다. 그 경우 외국인투자자와 같은 외부 주주 쪽에서 경영자에 대
한 손해배상책임을 묻는 것까지는 아니더라도 보유하는 계열회사 주식
을 처분하라는 압력을 가할 수는 있을 것이다. 이런 상황이 현실화하
는 경우에는 재벌체제를 지탱하는 지배소수주주체제가 영향을 받지 않
을 수 없을 것이다.

## 4. 소유구조에 대한 영향

이익충돌에 대한 규제가 강화될수록 현재와 같은 지배소수주주체제를 유지하기 어려워질 것이다. 이익충돌규제는 1997년 외환위기 이후 몇 차례 법 개정을 통해서 상당 부분 강화된 바 있다. 이익충돌규제를 한층 더 강화하는 것이 과연 가능할 것인가? 이익충돌규제의 실효성을 높이려면 법 개정과 아울러 법관의 적극적인 태도가 필요하다. 법 개정은 정치 변화의 산물이고 정치 변화는 여론의 변화에서 시작된다. 법관의 태도도 이런 환경적 변화의 영향을 받지 않을 수 없다. 이런 변화의 실현 여부나 실현 시기를 예측하는 것은 이 글의 범위를 넘는다.

이익충돌에 대한 규제 강화로 인하여 지배소수주주체제의 유지가 어려워진다면 총수 일가로서는 소유구조를 단순화하는 길을 택할 수밖에 없을 것이다. 그룹의 소유구조를 단순화하는 가장 단순한 방법은 완전자회사를 거느린 지주회사구조로 전환하는 것이다. 그 경우의 선택지로는 다음 두 가지를 생각해 볼 수 있다. (i)은 핵심적인 소수의 자회사만을 거느린 지주회사의 지배주식을 보유하는 방안이고, (ii)는 자회사를 다수 거느린 대규모 지주회사의 일부 주식만을 보유하는 방안이다.[49] 방안 (i)을 택하면 경영권은 확보할 수 있지만 그룹 규모를 크게 줄여야 하고, 방안 (ii)를 택하면 그룹 규모는 커지지만 경영권이 불안해지고 자식에게 경영권을 승계하는 것은 더욱 어려워진다.[50] 이런 문제점 때문에 (i)과 (ii)는 어느 것도 총수 일가로서는 선뜻 수용할 수 있는

---

**49** 현재 지주회사형태를 취하고 있는 재벌에서와 같이 자회사 주식 100퍼센트가 아니라 30퍼센트 내외만을 보유하는 경우도 생각해 볼 수 있으나, 그 경우 지주회사와 자회사 그리고 자회사 상호 간에 이익충돌의 여지가 존재한다. 자회사 사이에 거래가 거의 없다면 이익충돌은 감소하지만, 그 경우 지주회사는 실질적으로 사모펀드(private equity fund)와 별 차이가 없을 것이다.

**50** (ii)의 경우에는 경영권이 확보되지 않으므로 어느 범위까지 경영권 방어를 허용할지가 중요한 정책 과제로 대두될 것이다.

선택지가 아니다. 따라서 지배소수주주체제를 위협하는 이익충돌규제를 강화하는 변화에는 재계가 전력을 다하여 저항할 것으로 예상된다.

## V. 기업지배구조에 영향을 미치는 몇 가지 환경적 요소

### 1. 서설

이제까지는 이번 사태를 법 해석론과 제도 설계적 관점에서 살펴보았다. 이곳에서는 한 걸음 더 벗어나 이번 사태에 관련된 몇 가지 환경적 요소에 대해 언급하고자 한다. 기업지배구조의 형성과 작용에 영향을 주는 요소는 많다. 법규범에 한정하더라도 기업지배구조는 회사법 외에 자본시장법, 공정거래법, 세법 등 다양한 법 분야의 규율을 받고 있다. 그러나 법규범에 못지않게 중요한 것은 기업지배구조에 영향을 미치는 환경적 요소이다. 이런 환경적 요소에는 법원과 검찰, 언론, 정치권, 국세청과 공정거래위원회를 비롯한 행정부, 시민단체, 학계 등 국가를 구성하는 각 분야가 포함된다. 나아가 총수 일가를 비롯한 국민 전체를 지배하는 문화까지 기업지배구조에 영향을 주는 환경적 요소라고 할 수 있다. 이들과 법규범을 통틀어 기업지배구조를 뒷받침하는 인프라 내지는 제도(institution)라고 부를 수 있을 것이다. 이러한 의미의 '제도'가 국가나 국민경제의 발전에 결정적인 역할을 한다는 점은 이제 널리 받아들여지고 있다.[51] 제도가 기업지배구조에 작용하는 구체적인 양태를 파악하고 음미하는 것은 그 자체로 중요한 작업일 것이다. 이곳

---

51 그러한 명제를 뒷받침하는 최근의 대표적 문헌으로 Daron Acemoglu/James A. Robinson, "Why Nations Fail : The Origins of Power," Prosperity and Poverty (2012).

에서는 이번 사태의 진전과 관련해서 눈길을 끄는 요소 중 법원, 언론, 문화의 역할에 대해서만 간단히 살펴본다.

## 2. 법원

### (1) 기능적 사고와 기계적 해석

법은 사회가 직면한 문제를 해결하기 위한 수단이다. 이러한 기능적 사고에 따르면 법을 만들고 해석할 때 법의 실제 기능에 보다 주목할 필요가 있다. 그러나 이번 사태는 우리 법조계에서 아직 이런 기능적 사고가 충분히 자리 잡고 있지 않다는 느낌을 준다. 자기주식 처분을 둘러싼 분쟁에서 법원이 자기주식을 일반 재산과 동일시하여 그 취득과 처분에 일반 재산의 취득과 처분에 관한 법리를 적용하는 것이 바로 그 예이다. 법원이 법을 기계적으로 해석하는 대신 기능적 측면을 고려하여 해석한다면 법원의 부담이 가중되는 것은 불가피하다. 살인적인 사건 부담에 시달리는 우리 법원으로서는 아무래도 눈앞의 사건을 간단한 논리로 처리하는 쪽에 끌릴 소지가 크다. 그러나 법원이 기계적 해석에 만족한다면 결국 입법의 부담이 커질 수밖에 없다.

### (2) 룰과 스탠다드

경영자의 행동을 제약하는 규범은 형식상 룰(rule)과 스탠다드(standard)의 두 가지로 나눌 수 있다.[52] 룰은 특정 행위를 구체적으로 요구하거나 금지하는 것인 데 비하여, 스탠다드는 글자 그대로 추상적인 기

---

[52] 룰과 스탠다드에 관한 간단한 설명으로는 Reinier Kraakman 외/김건식 외 옮김, 앞의 책 (주 34), 76-78면.

준으로 그 구체적인 내용은 법원의 해석을 통해서 사후적으로 확정된다. 총수 일가와 일반 주주 사이의 이익충돌은 다양한 모습으로 나타날 수 있기 때문에 그것을 사전적으로 구체화하기는 어렵다. 따라서 이익충돌의 처리는 다소간 신인의무 같은 스탠다드에 의존하지 않을 수 없다. 그러나 앞에서 설명한 자본시장법의 합병 기준은 합병비율을 기계적으로 결정한다는 점에서 룰에 해당한다. 룰의 효용은 법원이 무능하거나 신뢰할 수 없을 때 특히 부각된다. 그러나 룰은 앞에서 설명한 바와 같이 경직적이라는 한계가 있으므로 스탠다드를 완전히 대체할 수는 없다.

과거 자기주식의 취득과 처분은 룰이 적용되는 영역이었다. 자기주식의 취득은 물론이고 그 처분과 소각도 엄격하게 제한되었다. 그러나 자기주식의 취득과 처분이 재무관리의 수단이라는 측면이 강조됨에 따라 그 규제는 선진국을 중심으로 크게 완화되는 추세이다. 이제 상법상 자기주식의 처분의 경우 경영자의 행동을 억제하는 주된 역할은 신인의무라는 일반적인 스탠다드가 맡고 있다. 이번 분쟁에서 삼성물산의 자기주식 처분에 대해서 법원은 신인의무를 기준으로 적용하면서도 상당히 경직적인 판단을 내렸다. 앞에서 상세히 살펴본 바와 같이 법원은 회사가 자본시장법상 합병 기준에 따른 합병을 추진하는 경우에는 자기주식 처분을 통해 주주총회결의에 영향을 주는 길을 열어 주었다. 이번 결정이 그대로 유지된다면 기업으로서는 당연히 자기주식을 가급적 많이 보유하려 할 것이다. 이런 전략적 행동을 막기 위해서는 자기주식 취득과 처분을 다시 제한할 필요가 있을 것이다. 자기주식의 취득 한도나 처분방법을 구체적으로 제한하는 규정, 즉 룰을 도입하자는 주장이 힘을 얻게 될 것이다. 이러한 룰로의 회귀가 결과적으로 기업의 유연한 재무관리를 저해할 것임은 물론이다.

## 3. 언론

스탠다드에 대한 의존도가 높아질수록 법 적용의 결과가 불명확한 회색 영역이 늘어날 수밖에 없다. 예컨대 합병의 경우 공정한 비율이란 선이 어느 곳에 그어질지는 분명치 않다. 그런 불확실성은 총수 일가의 행동을 위축시킬 수도 있지만, 반대로 악용의 소지도 없지 않다. 법제도의 악용을 견제하는 데에는 법보다 오히려 사회적 압력이 더 힘을 발휘할 수도 있다. 사회적 압력을 전달하는 것은 주로 언론, 특히 경제신문이 감당할 몫이다.[53] 언론에 의한 견제가 제대로 작동하려면 언론의 독립성이 전제되어야 할 것이다. 그러나 현재와 같이 언론이 기업으로부터의 광고 수입에 대한 의존도가 절대적인 상태에서는 아무래도 그런 견제 기능을 기대하기 어렵다. 심지어 광고 수입을 기대할 수 없는 주체에 대해서는 불리한 태도를 취할 우려도 완전히 배제할 수는 없다.[54] 기업 광고에 대한 언론의 의존은 기업 헌금에 대한 정치인의 의존과 마찬가지로 늘 경계할 필요가 있을 것이다.

## 4. 문화

아무리 법과 규제를 강화하더라도 총수 일가가 기어코 회사 재산을 빼돌리려고 나선다면 그것을 막는 데에는 한계가 있다. 법규제의 힘이 다하는 지경에서 영향력을 발휘하는 것이 문화라고 불리는 현상이다. 문화가 극적으로 등장하는 것은 경영권 승계의 국면에서이다. 재벌그

---

53  기업이 적절한 사외이사를 선임하고 사외이사가 제대로 활동하도록 촉구하는 것도 언론의 임무라고 할 것이다.

54  지난 10여 년간 외국인투자자와 국내기업 사이의 분쟁에서 국내 주요 미디어는 대부분 국내기업의 편을 들었다. 그런 현상이 광고 수입에 대한 고려에서 비롯된 것이라고는 믿고 싶지 않다.

룹의 이익충돌거래는 많은 경우 경영권 승계와 관련이 있다. 굴지의 상장 회사에서도 경영권은 거의 예외 없이 총수의 후손에게 승계되고 있는 것이 우리 현실이다. 자신이 일군 기업을 자식에게 물려주는 것은 우리나라에 국한된 현상은 아니다.[55] 그러나 영미의 대기업에서는 그러한 경영권 세습의 예가 드물다.

세계적 초일류 기업인 애플사의 창업자인 스티브 잡스는 자신의 꿈이 '위대한 제품을 만드는 영속적인 회사를 구축하는 것'이라고 했다.[56] 그는 훌륭한 제품을 만드는 것보다 돈 버는 것에 몰두하는 것 같다는 이유로 마이크로소프트나 제록스 같은 대기업 총수들을 내심 경멸하였다.[57] 그러나 전문경영인에게 자리를 물려주고 세상을 떠난 잡스는 물론이고 그가 깔본 최고경영자들 중에도 자식에게 기업을 물려주려고 시도한 자는 없었다.[58] 왜 미국의 기업가들은 자식에게 기업을 물려주려 하지 않는 것일까? 미국에서는 법제도상 일감 몰아주기나 합병의 방법으로 자식의 재산을 부풀리는 것이 힘든 것이 사실이다. 성급한 문화결정론은 자제해야겠지만, 한국과 미국의 이런 차이를 보며 문화의 차이를 떠올리지 않을 수 없다.

문화의 영향을 벗어날 수 없는 것이 인생관 내지 가치관이다. 우리나라의 정상급 기업인들이 인생에서 추구하는 가치 내지 성공적인 삶을 판단하는 기준은 미국과 크게 다른 것 같다. 자신이 일군(또는 선대로부터 물려받은) 기업을 대대손손 물려주는 것에 집착하는 현상이 지속되는 한 이익충돌규제의 실효성을 높이는 작업은 진전이 어

---

55  아시아는 물론 유럽에서도 후손에게 경영권이 승계되는 가족기업은 드물지 않다.

56  월터 아이작슨/안진환 옮김, 스티브 잡스, 민음사, 2011, 881면.

57  월터 아이작슨/안진환 옮김, 앞의 책(주 56), 883면.

58  심지어 마이크로소프트의 빌 게이츠 같은 이는 전문경영인에게 자리를 물려주었을 뿐 아니라 거의 전 재산을 자선사업에 바쳤다.

려울 것이다.[59]


## VI. 맺음말


지난여름 우리 사회를 달군 삼성그룹과 엘리엇의 대립은 우리 경제를 지배하는 재벌의 기업지배구조에 대한 관심을 촉발시킨 또 하나의 이벤트였다. 이번 사태에서 부각된 회사법적 논점은 우리 학계와 실무계가 해석론적으로는 물론이고 입법론적으로도 깊이 고민할 과제를 제시하였다. 아울러 이번 사태를 계기로 새삼 실감한 것은 재벌의 기업지배구조가 이제 더 이상 법적인 접근만으로 대처할 수 있는 문제가 아니라는 점이다. 앞으로는 법적인 해법을 궁리하는 작업에 못지않게 기업지배구조를 에워싼 환경, 인프라, 제도적 요소를 정비하는 데에도 힘을 쏟을 필요가 있다. 그러나 법을 고치는 것도 어렵지만 제도(institution)를 가꾸어 나가는 것은 훨씬 더 어려운 일이다. 수많은 사회구성원의 뜻을 모아 끈질긴 노력을 거듭해야만 일보의 진전을 이룰 수 있는 막막한 과제이다. 그러나 선진적인 제도 없이 선진적인 기업지배구조를 누릴 수 없고 진정한 의미의 선진국으로 나아갈 수도 없다는 점에서 쉽사리 포기할 수 없는 과제라고 할 것이다.

BFL 제74호(2015.11), 83-101면

---

59 우리나라에서 전문경영인체제의 이른바 '주인 없는 기업'이 성공적으로 운영되는 사례가 희소하고 외부 세력의 간섭에 취약한 현실을 고려하면 경영권 세습의 현상을 재벌총수의 가치관 탓으로만 돌리는 것은 부당할 수도 있다.

# 중국 국유기업의 민영화<sup>*</sup>: 중국 기업지배구조의 서론적 고찰

## I. 서론

지난 30여 년에 걸친 중국경제의 눈부신 성장은 세계적으로 관심을 끌고 있다. 같은 기간 동안 중국과 우리나라 사이의 경제교류도 놀랄 만큼 확대되었다. 중국의 경제와 기업을 우리가 제대로 이해할 필요가 있다는 점은 더 말할 나위도 없다. 그러나 "사회주의 시장경제"[1]라는 일견 상호모순적인 용어로 표현되는 중국의 경제체제는 "애매한 제도"[2]로 파악이 어려운 것이 사실이다. 중국경제의 "사회주의적" 색채를 보여주는 대표적 존재가 바로 국유기업(国有企业)(state-owned enterprises:

---

\* 초고에 대해서 귀중한 코멘트를 해주신 정영진 교수와 교정단계에서 도움을 준 서울대 대학원 최정연, 김염 양에게 감사드린다. 그리고 매우 상세하고 유익한 논평을 해주신 익명의 심사위원분들께 깊이 감사드린다. 상당 부분 논문에 반영하였으나 그 사실을 일일이 표시하지는 못했다. 또한 이 논문은 필자가 2013년 일본어로 발표한 다음 논문과 일부 중복되는 부분이 있음을 밝혀둔다. 金建植, 企業支配構造の変化―日本・韓国・中国の経験を素材にして, 会社・金融・法(上)(商事法務 2013) 135~185면.

1 张维迎, 从公司治理结构看中国国有企业改革, 企业理论与中国企业改革 (世纪文景 제3판 2015년) 3면. 최근 국제적으로는 국가사회주의(state capitalism)란 용어가 널리 사용되고 있다. Economist, The Rise of State Capitalism: The Emerging World's New Model, January 21, 2012 (special report).
2 加藤弘之, 「曖昧な制度」としての中國型資本主義 (NTT출판 2013년).

---

SOE)이다. 문화대혁명의 광풍이 잦아든 1970년대 말 개시된 "개혁개방 (改革開放)"후 급성장한 국유기업은 이제껏 개혁에 관한 담론에서 빠짐없이 등장하는 주제이다. 아직도 중국경제체제의 주축을 이루는 국유기업을 빼놓고는 중국경제와 기업지배구조를 논할 수 없다. 개혁개방이후의 경제발전과정에서 국유기업은 커다란 변화를 겪었고 그 변화는 아직 진행 중이다.[3] 지난 2015년 9월 13일 공산당중앙위원회와 국무원이 공동으로 발표한 "국유기업개혁 심화를 위한 지도의견"(关于深化国有企业改革的指导意见)("2015년 지도의견")은 국유기업 개혁에 대한 시진핑(习近平) 정권의 관심을 보여주는 좋은 예이다.

국유기업에 관한 이제까지 개혁의 방향을 한마디로 표현하면 민영화라고 할 수 있다.[4] 중국의 경제와 자본시장이 단기간에 일본을 추월하여 세계 제2위로 올라선 것도 국유기업 민영화에 힘입은 바 크다고 할 것이다. 국유기업 민영화는 중국 경제계의 지형과 기업의 지배구조에도 심대한 영향을 미쳤다. 이 글은 오늘날 중국 기업지배구조의 토대라고 할 수 있는 국유기업 민영화와 그에 따른 자본시장 발전을 검토하는 것을 목적으로 한다. 이 글의 구성은 다음과 같다. Ⅱ에서는 국유기업 개혁의 역사적 전개에 대해서 서술하고 Ⅲ에서는 국유기업의 민영화와 그에 따른 자본시장의 발전을 설명한다. Ⅳ에서는 점점 국가경제에서의 비중이 커지고 있는 민간기업의 성장에 대해서 살펴본다. 이어

---

3  국유기업개혁에 관한 최신 문헌으로 Deng Feng, *Indigenous Evolution of SOE Regulation, Reforming China's State-Owned Enterprises: Institutions, Not Ownership, in Regulating the Visible Hand?* (Oxford, Benjamin Liebman & Curtis J. Milhaupt eds. 2016).

4  국유기업주식의 일부를 민간에 매각한다고 해도 바로 민간에 의한 경영이 이루어지는 것은 아니다. 그러나 그런 경우에도 "부분적 민영화"라는 표현이 사용되는 경우가 많다. 중국에서는 후술하는 바와 같이 부분적 민영화라는 말 대신 혼합소유제라는 용어가 사용되기도 한다. 이 글에서는 편의상 전면적 민간매각과 혼합소유제를 모두 포괄하는 의미로 민영화란 용어를 사용하기로 한다.

서 Ⅴ에서는 중국 기업지배구조의 토대를 이루는 기업의 주식소유구조를 검토한 후 기업의 주식소유구조에 변동을 가져올 수 있는 기업의 자금조달에 대해서 간단히 언급하기로 한다. Ⅵ에서는 국유기업 개혁에 대한 전망을 시도함으로써 결론에 대신하고자 한다.

## Ⅱ. 국유기업 개혁의 역사적 전개: 회사화, 민영화, 혼합소유제

### 1. 개혁개방 이전[5]

1978년 개혁개방 이전에도 중국에 기업활동이 전혀 없었던 것은 아니다. 그러나 마오쩌둥(毛泽东)치하의 중국에서 자본주의적 의미의 민간기업은 사실상 존재하지 않았다. 국가와 국민의 생존에 필요한 상품이나 서비스는 대부분 정부부처가 직접 또는 부속기구를 통해서 제공했다. 즉 당시는 국가와 기업이 분리되지 않은 상태였다. 상품이나 서비스 생산을 맡은 "단위(单位)"가 존재했지만 무엇을 얼마만큼 생산할 것인지와 같은 기업경영의 기본사항도 독자적으로 결정하기보다 정부부처의 계획이나 지시를 따를 뿐이었다.[6] 그런 생산단위를 진정한 의미의 "기업"으로 보기 어려운 면이 있지만 편의상 국유기업으로 부르기로 한다.

---

5   이하 1과 2의 서술은 특별히 표시한 곳을 제외하고는 개혁개방에 관한 정책수립에서 핵심적 역할을 담당했던 우징리엔(吴敬琏)이 집필한 다음 책을 주로 참고하였다. 当代中国经济改革教程 (上海远东出版社 2010) 123-131면.
6   오일환, 중국 국유기업의 회사화에 관한 연구, 중국법연구 제2집(1999년12월) 203면.

국유기업은 경제적 목표뿐 아니라 정치적, 사회적 목표도 아울러 추구하였다. 정부가 특정 생산단위의 경영에 관한 지시를 내릴 때에도 당해 단위의 발전보다는 국가의 정치경제적 목표가 우선했다. 또한 국유기업은 종업원에게 임금을 지급하는 경제조직에 머물지 않고 종업원과 그 가족의 주거, 의료, 자녀교육을 포함한 전방위적 서비스를 제공하는 정치사회조직까지 겸했다.

국유기업에 대한 국가의 경영권은 종적(纵的)으로 뿐 아니라 횡적(横的)으로도 분할되어 행사되었다. 먼저 종적으로는 국유기업을 중요도에 따라 중앙정부와 지방정부에 나누어 배정하고 각 기업에 대한 경영권은 정부의 각 행정부문이 자신의 관할에 속하는 범위에서 행사하였다. 예컨대 투자 및 생산에 관한 결정은 계획위원회나 경제위원회와 같은 행정기관이, 관리자의 인사는 공산당과 정부의 인사부문이, 수입지출과 같은 재무사항은 재정부문이 담당하는 식의 체제로 운영되었다. 흔히 "오룡치수(五龙治水)"라고 불리는 정부부처의 공동경영이 효율과 거리가 먼 것이었음은 물론이다. 실제로 원자재와 생산물의 가격을 모두 정부가 결정하고 생산물의 판로도 정부가 정해주는 마당에 경영을 맡은 관리자가 굳이 효율을 추구할 인센티브도 없었다. 재정상 어려움이 발생하면 감세, 저리융자, 생산물 가격인상 등 다양한 방법으로 국가의 도움을 빌을 수 있기 때문에 국유기업의 방만한 경영을 막기 어려웠다. 결국 국유기업의 실적은 부진을 면치 못했고 그에 따라 국가재정적자는 매년 쌓여갔다. 이런 상황에서 개혁개방 후 국유기업개혁이 주된 과제로 등장한 것은 당연한 일이었다.

## 2. 초기의 개혁: 1978년~1992년

중국이 본격적으로 경제개혁에 나선 것은 1978년 공산당 제11차 중앙위원회 제3차 전체회의(三中全會) 이후의 일이다. 초기의 개혁은 흔히 이른바 "방권양리(放权让利)"라는 용어로 요약된다. 방권양리란 요컨대 개별 생산단위의 자율, 즉 "기업자주권(企业自主权)"을 확대하고 이윤의 분배를 허용하는 것을 가리킨다. 기업자주권의 확대는 생산단위가 계획에 따른 생산량을 달성한 후 위탁생산을 인수하거나 남는 물자나 생산품을 판매하고, 중간관리자를 채용하는 등의 행위를 허용하는 것을 의미한다. 이윤의 분배는 생산단위가 기업내부유보이윤의 일부를 종업원의 상여나 복지를 위하여 쓰는 것을 허용하는 것을 말한다.

방권양리는 궁극적으로 국가에 의한 경영이란 틀을 유지하면서도 기업에 활력을 불어넣기 위한 시도였다. 그러나 이런 미봉책으로는 침체된 국유기업을 살릴 수 없었다. 그렇다고 해서 기업자주권을 더욱 확대하면 기업이 내부관리자의 손아귀에 들어가게 되는 "내부자통제(內部人控制)"가 발생할 위험이 있었다.[7] 개선책으로 등장한 것이 바로 1983년경부터 시도된 "기업승포(企业承包)"이다.[8] 승포란 우리 민법상 도급과 유사한 것으로 개혁개방 초기 농업분야에서 성공을 거둔 바 있는 제도이다. 기업승포는 그것을 기업에 적용한 것으로 수급인인 생산단위가 도급인인 국가에 일정한 금액을 지급하고 남은 금액 또는 이익의 일부를 차지하는 제도이다.[9] 승포제는 단기간에 급속히 전국적으로 확산되었다. 그러나 승포제는 내부관리자가 기업의 장기적 이익보다 단기적 이익에 몰두하는 단점과 아울러 급속한 물가상승을 낳았다. 우여곡절 끝에 1990년을 전후하여 승포제는 동력을 상실하게 되었다.

승포제와 함께 주목할 것은 1988년 제정된 전민소유제공업기업법

---

7  내부자통제에 대한 우려는 차후 국유기업개혁에서 끊임없이 등장하는 테마이다.

8  "경영자승포책임제(经理承包责任制)"로 불리기도 한다. 국무원은 1986년 12월 제정한 "기업개혁 심화 및 기업활력 증강에 관한 약간의 규정(关于深化企业改革增强企业活力的若干规定)"에서 다양한 형식의 기업승포제를 추진하였다.

9  기업승포에 대한 간단한 설명으로는 张维迎, 주1, 143면 이하.

(全民所有制工業企業法)이다. 이 법은 기업의 소유와 경영의 분리(이른바 "양권분리(兩权分离)")를 제도화하기 위하여 기업의 공장장을 "법정대표자(法定代表人)"로 규정하고 그에게 통상 종업원에 인정되는 범위를 넘는 권한을 부여하였다.[10] 그러나 막강한 권한을 부여받은 법정대표자가 이해관계자와의 거래를 통해서 기업재산을 빼돌리는 등 부패를 일삼는 경우가 많았다.

## 3. 회사화[11]

위와 같은 다양한 개혁시도에도 불구하고 국유기업의 적자는 계속 누적되었다.[12] 국유기업 부진의 원인으로는 여러 가지가 제시되었지만[13] 가장 주목을 끈 것은 기업경영에 대한 정부부처의 간섭이었다. 정부는 논란 끝에 국유기업에 대한 무분별한 개입을 막기 위하여 국유기업의 회사화(公司化) 내지 주식제(股份制)를 채택하기에 이르렀다.[14] 국무원은 1986년 "기업개혁 심화 및 기업활력 증강에 관한 약간의 규정(国务院关于深化企业改革增强企业活力的若干规定)"을 제정하여 각 지방이 전민소유제의 중대형기업을 주식제로 전환할 수 있는 법적 근거를 마련하였다.[15] 1988년 정부주도로 작성된 한 보고서는 국유기업개혁의 기본원칙

---

10  회사형태로 전환하지 않은 국유기업에 대해서는 아직 이 법이 적용된다. 全民所有制工業企業法及其关联法规 (法律出版社, 2002년 9월), 1면.

11  국유기업의 회사화에 관한 국내 문헌으로 오일환, 주6, 201면 이하.

12  吳敬璉, 주5, 132-133면.

13  Nicholas R. Lardy, Markets over Mao (Peterson Institute 2014), 43~45.

14  당시 국유기업의 개혁방안을 둘러싸고 시장을 우선하자는 견해와 생산단위를 소유권에 기초하여 진정한 기업으로 전환하자는 견해가 대립했다. Deng, 주3, 6~7.

15  후술하는 바와 같이 정부가 회사법을 정식으로 채택한 것은 1993년의 일이다. 중국회사법에 관한 국내 개설서로는 이정표, 중국 회사법(박영사 2008년), 280면.

을 다음과 같이 정리한 바 있다.[16]

① 민영화는 하지 않는다.
② 국가재산의 상실을 막는다.
③ 국가소유경제의 우위를 유지한다.

이처럼 회사화가 바로 경영권을 민간에 넘기는 "민영화"(privatization)를 의미하는 것이 아니라는 점은 처음부터 분명하게 강조되었다. 이는 사회주의를 표방하는 중국으로서는 불가피한 것이었다. 이 방침의 정당성은 러시아와 동유럽에서 급속한 민영화가 실패함에 따라 한층 강화되었다.[17]

당국이 회사화를 통해서 노린 것은 두 가지이다. ① 기업경영에 대한 정부의 간섭을 막는다(이른바 "정부와 기업의 분리(政企分離)").[18] ② 급증하는 기업의 자금소요를 정부예산이나 은행대출 이외의 재원으로 충당한다.[19] 사실 ①을 완벽하게 달성하는 것은 사회주의체제와 모순되는 면이 있을 뿐 아니라 현실적으로도 어렵다. 그럼에도 불구하고 이 화두는 현재까지 유지되고 있다. 한편 ②는 외국투자자를 포함한 일반 투자자로부터 투자를 받는 것을 전제하고 있다. 민간투자를 받기 위한 국유기업 주식매각은 통상 "민영화"라고 불린다. 그러나 사회주의를 표방하는 중국에서는 국유재산의 매각에 대한 반감이 여전히 강하게 남아있기 때문에 민간주주의 참여를 "혼합소유제"내지 주주구성의 "다양

---

16  Carl E. Walter & Fraser J. T. Howie, Red Capitalism (Wiley 2012)(이하 Walter(2012)) 171.

17  Deng, 주3, 7~8.

18  1993년 개헌에서 국영기업이란 용어를 국유기업으로 바꾼 것도(제16조, 제42조) 이러한 사고가 작용한 것으로 볼 수 있을 것이다.

19  Walter(2012), 주16, 164.

화"라는 용어로 표현하는 경우가 많다.[20]

회사화가 본격적으로 시작된 것은 1992년 덩샤오핑(邓小平)이 그 유명한 남순강화(南巡讲话)에서 시장경제노선을 재확인한 후의 일이다.[21] 1993년 공산당 제14기 중앙위원회 제3차 전체회의는 국유기업을 현대기업제도로 전환한다는 방침을 정식으로 채택하였다.[22] 회사화의 법적 토대인 회사법이 마련된 것도 이 무렵의 일이다.[23] 1995년 국무원은 100대 국유기업을 회사화 대상으로 선정하였고 1996년에 이르기까지 약 5800개 국유기업이 회사화를 마쳤다.[24]

## 4. 국유기업과 혼합소유제

전술한 바와 같이 국유기업의 회사화는 정부부처의 경영간섭을 막는 것뿐 아니라 정부와 은행의 자금부담을 경감하는 것을 목적으로 했다. 국가의 재정부담을 덜면서도 기업의 자금조달을 돕기 위해서 1995년 제14기 5중전회는 두 가지 원칙을 채택하였다. ① 중소형 국유기업은 완전 민영화를 인정한다(이른바 "조대방소(抓大放小)"). ② 대형국유기업도 부분적으로 민간투자를 허용한다.

---

20  민간주주의 참여가 바로 민간에 의한 "경영"을 의미하는 것이 아니라는 점에서는 그러한 용어례도 이해할 수 없는 것은 아니다.

21  후술하는 바와 같이 국유기업의 외국거래소 상장도 남순강화 후 본격화되었다.

22  그러나 회사화가 이미 1980년대 초부터 시작했다는 견해도 있다. 오일환, 주6, 202면; Nicholas Calcina Howson & Vikramaditya S. Khanna, *The development of modern corporate governance in China and India, in China, India and the International Economic Order* (Cambridge, Muthucumaraswamy Sornarajah & Jiangyu Wang eds. 2010) 537.

23  회사법의 제정작업은 이미 1980년대 초부터 시작되었다. 1993년 회사법 제정연혁에 관한 간단한 설명으로 류준하이(刘俊海), 현대공사법(现代公司法)(法律出版社 제3판 2015년 上册) 60~61면.

24  张维迎, 주1, 154~155면. 이들 기업은 폐쇄성을 유지하기 위하여 대부분 유한책임회사 형태를 취하였다. 이정표, 주15, 283면.

---

원론적으로 자본주의국가에서 국유기업의 정당성은 시장기능이 제대로 작동할 수 없는 분야에 한해서 인정된다. 따라서 ①에서 기업규모의 대소를 민영화의 기준으로 삼은 것은 사회주의 노선을 버릴 수 없는 중국이 취한 일종의 타협에서 비롯된 특유한 현상이라고 할 것이다.[25] ①원칙에 따라 지방의 향진기업(乡镇企业)을 포함한 중소형 국유기업이 대거 민영화를 마치고 현재 민간기업의 주류를 이루고 있다.[26] 한편 ②에서 채택한 혼합소유제는 1999년 제15기 4중전회에서 발표된 "국유기업 개혁과 발전에서 약간의 중대문제에 관한 중공중앙의 결정(中共中央关于国有企业改革和发展若干重大问题的决定)"이란 문건(1999년 문건)에서 그 윤곽이 한층 명료해졌다. 1999년 문건은 혼합소유제의 기본방침을 다음과 같이 밝혔다.

> "국유자본은 주식제를 통하여 보다 많은 사회자본을 동원하여 조직할 수 있고 국유자본의 기능을 확대하여 국유경제의 통제력, 영향력, 견인력을 높일 수 있다. 국유대·중형기업, 특히 우위를 누리는 기업은 주식제 실행에 적합하고 규정에 따른 상장, 외자기업과의 합작투자, 상호출자 등의 형태를 통해서 주식제기업으로 전환하여 혼합소유제경제를 발전시킨다. 중요한 기업의 경우에는 국가가 지배주주가 된다."

결국 문제의 핵심은 어떠한 국유기업에 대해서 민간참여를 얼마만큼 허용할 것인가 하는 것이다. 1999년 문건은 이 문제에 관한 기준을 보다 구체적으로 제시하였는바 국유기업이 주도할 다음 네 가지 산업을 제외하고는 다른 분야의 국유기업에 대해서는 사실상 민간투자를

---

25  중국이 영리를 추구하는 국유기업을 민영화하지 않는 현실에 대한 설명으로 Deng, 주3, pp. 8~9.

26  예컨대 제조업분야의 국유기업은 1996년 127,600사에서 1999년 61,300사로 대폭 감소하였고 2003년에는 다시 34,280사로 다시 감소하였다. Lardy, 주13, p. 45.

허용하였다.

① 국가의 안전에 관한 산업(국방산업, 화폐의 주조 및 국가의 전략적 비축시스템 등)
② 자연독점 및 과점산업(우편, 전기통신, 전력, 철도, 항공 등)
③ 중요 공공재를 제공하는 산업(수도, 가스, 공공교통 및 항만, 공항, 수리시설, 중요 방호림공사 등)
④ 기간산업과 하이테크 산업 분야의 중핵기업(석유채굴, 철강, 자동차, 첨단전자산업 등)

이처럼 중국이 대형 국유기업까지 민영화 대상에 포함시키게 된 주된 이유는 국유기업의 부실을 해결하기 위한 것이었다.[27] 그러나 대형 국유기업의 민영화는 전술한 네 가지 산업에 해당하지 않는 경우에도 기득권집단의 반대에 부딪쳐 큰 진전을 보지 못했다. 국유기업 민영화를 추진하는 동력은 2000년대 초부터 약화되기 시작하여 2002년 적극적인 개혁노선을 따르던 쟝쩌민(江澤民) 정권이 물러나고 후진타오(胡錦濤) 정권이 들어선 후에는 한층 약화되었다. 나아가 2007년 시작된 국제 금융위기를 계기로 서구식 자본주의에 대한 신뢰가 흔들리면서 국유기업 개혁을 부르짖는 목소리는 힘을 잃게 되었다.

## 5. 최근의 동향 – 혼합소유제의 재부상

한동안 잠잠했던 국유기업 개혁의 물결은 최근 다시 높아지고 있다. 최근 동향 중 주목할 것은 시진핑 정부가 들어선 이후에 개최된 2013

---

27  1990년대 초기 국유기업의 70% 정도가 사실상 도산상태에 있었다고 한다. Deng, 주3, 12.

년 제18기 삼중전회이다. 삼중전회에서는 "개혁의 전면적심화에서 약간의 중대한 문제에 관한 중공중앙의 결정(中共中央关于全面深化改革若干重大问题的决定)"(이하 2013년 결정)이라는 문건이 채택되었다.[28] 2013년 결정은 "혼합소유제경제의 추진"이라는 구호를 다시 채택하고[29] 그 기본방침을 다음과 같이 정리하였다.

"국유자본, 집체자본(集体资本), 비공유자본(非公有资本)이 주식을 상호보유하고 상호융합하는 혼합소유제경제는 기본경제제도의 중요한 실현형식이고 국유자본의 기능확대, 가치의 유지·증가, 경쟁력 향상에 유리하며, 각종소유제의 자본이 장점을 취하고 단점을 보완하고 상호촉진하여 공동발전함에 유리하다. 더 많은 국유경제와 기타 소유제경제가 혼합소유제경제로 발전하는 것을 인정한다. 국유자본의 투자프로젝트에 비국유자본의 참여를 허용한다. 혼합소유제경제가 종업원지주를 실행하여 자본소유자와 노동자가 이익공동체를 형성하는 것을 허용한다."(제6조) 한편 국유기업의 주무부처인 국무원 국유자산감독관리위원회(国有资产监督管理委员会)("국자위") 부주임 황수허(黄淑和)는 전술한 기본방침을 다음과 같이 구체화하였다.[30]

① 일부 국가안전에 관한 국유기업과 국유자본투자회사, 국유자본운영회사의 경우에는 100% 국유로 한다.
② 국민경제에 깊이 관련된 중요산업과 중요분야의 국유기업의 경우에는 국유자본의 절대적 지배권을 유지한다.

---

28  원문은 http://news.xinhuanet.com/politics/2013-11/15/c_118164235.htm (2016년 4월 19일 방문)에서 취득가능.

29  그 밖에 "현대적 기업제도의 정비"와 "국유자산 감독관리체제의 개선"도 중점과제로 채택하였다.

30  黄淑和, "国有企业改革在深化"(2014년3期) (http://www.chng.com.cn/n31531/n647245/n805670/c1153143/content.html 2016년4월18일 방문).

③ 국민경제의 기둥인 산업 및 하이테크 기술혁신형 산업의 중요국
유기업의 경우에는 국유자본이 상대적 지배권을 유지한다.
④ 기타 국유기업의 경우에는 국가의 출자비율을 낮추고 경우에 따
라서는 국유자본을 완전히 철수한다.

위 ①과 ②의 원칙은 자본주의 국가의 공기업정책과 크게 다를 바
없다. 주목할 것은 ③원칙인데 이에 대해서는 뒤에 다시 언급하기로 한
다. 2014년 국자위는 혼합소유제의 추진대상으로 중앙 국유기업 6사를
선정하였고 경제계획의 주무부처인 "국가발전 및 개혁위원회(国家发展
和改革委员会)"는 2020년까지 모든 국유기업에 대해서 혼합소유제를 마
무리하기 위한 계획을 작성중인 것으로 알려지고 있다.[31]
2013년 결정은 2015년 9월 13일 공산당 중앙위원회가 국무원과 공동
으로 발표한 "국유기업개혁의 심화를 위한 지도의견(中共中央、国务院关
于深化国有企业改革的指导意见)"(2015년 지도의견)에서 재확인되었다. 국유
기업개혁을 위한 원칙을 담고 있는 2015년 지도의견은 혼합소유제경제
의 발전을 강조하며 비국유자본에 의한 국유기업개혁에의 참가, 국유
자본의 비국유기업에의 주식참여를 장려한다는 방침을 천명하고 있다.
즉 혼합소유제는 국유기업에 대한 민간자본의 참여만이 아니라 민간기
업에 대한 국유자본의 참여노 의미한다는 점을 분명히 하였다. 앞서 언
급한 기본방침③에서와 같이 국유자본이 시장에서 공공서비스, 하이테
크 기술, 생태환경보전 등 전략적 산업을 중심으로 유망한 민간기업에
주식투자를 행하는 것을 장려하고 있다. 민간기업에 대한 국유자본 참
여에 대해서는 국가에 의한 민간기업 지배를 초래하여 이른바 "국진민

---

31  Curtis J. Milhaupt & Wentong Zheng, *Reforming China's State-Owned Enterprises:
Institutions, Not Ownership, in Regulating the Visible Hand?* (Oxford, Benjamin Lieb-
man & Curtis J. Milhaupt eds. 2016) 175~176.

퇴(国进民退)"를 초래할 수도 있다는 비판이 제기되고 있다.[32]

# III. 국유기업 민영화와 자본시장의 발전

## 1. 민영화와 기업공개

전술한 바와 같이 "조대방소" 원칙에 따라 중소형 국유기업은 대부분 민영화되었다. 대형 국유기업의 경우에도 부분적 민영화가 진행되었다. 대형 국유기업에 대한 민간투자는 민간자본이 새로 발행되는 국유기업주식을 인수하는 방식으로 진행되었다. 개혁개방 초기에는 국내에 축적된 자본이 없었으므로 민간자본은 결국 외국투자자를 의미했다. 그러나 아무리 국유기업의 경영난이 심각하고 자금조달이 절실하더라도 명색이 사회주의 국가에서 국유재산을, 그것도 외국투자자에게, 넘기는 것은 쉬운 일이 아니었다.[33] 그럼에도 불구하고 이런 과감한 정책이 단행된 것은 당시 실력자인 덩샤오핑의 결단과 실무를 총괄한 주룽지(朱镕基)의 추진력에 힘입은 것이다.

외국투자자 유치를 위해서는 국유기업을 외국거래소에 상장할 필요가 있었다. 국유기업의 외국거래소 상장은 1990년대 초부터 시작되었다.[34] 대규모 외자유치의 대표적 사례는 1997년 성사된 차이나텔레컴

---

32  Milhaupt & Zheng, 주31, 198~201.

33  역사적으로 외국자본에 대한 반감이 짙게 남아 있는 중국에서 쉽게 단행할 수 있는 일은 아니었다.

34  1992년 화천자동차(华晨汽车集团控股有限公司)가 뉴욕거래소에 상장하고 1993년 칭따오맥주(青岛啤酒)가 홍콩거래소에 상장한 것이 대표적인 예이다. Carl Walter, Was Deng Xiaoping Right? An Overview of China's Equity Market, Journal of Applied Corporate Finance, Vol.266, No.3 8 (2014)(이하 Walter(2014)로 인용) 8.

(中国电信)의 기업공개였다.[35] 차이나텔레컴은 외국투자자에 25% 주식을 매각하여 40억 달러 이상을 조달하고 홍콩거래소와 뉴욕증권거래소에서 상장하였다. 그 이후 PetroChina나 Sinopec과 같은 초대형 국유기업과 중국은행 등 대형 국유은행들의 공개가 줄줄이 이어져 외자유치로 조달된 총금액이 1조 달러를 넘게 되었다. 이런 외자유치과정에서 월스트리트의 투자은행, 전문가집단으로부터 전수한 최신금융기법은 중국 자본시장이 성장하는 발판이 되었다.

## 2. 자본시장의 태동[36]

자본주의의 꽃인 자본시장이 마오쩌둥 체제하에서 피어나지 못한 것은 놀라운 일이 아니다. 개혁개방 후에도 자본에 대한 반감이 짙게 남아 있던 중국에서 자본시장의 발전은 더디게 진행되었다. 가장 기본적인 투자상품인 국채의 경우 1980년대 이르러 정부가 발행을 재개했지만 수요부족으로 결국 국유기업에 떠넘길 수밖에 없었다.[37] 당시 국채는 거래가 금지되었기 때문에 실질적으로 세금과 다를 바 없었다. 1980년대 후반에는 국유기업의 채권발행도 허용되었지만 불이행되는 사례가 많아 채권시장은 제대로 발달하기 어려웠다.

한편 주식의 발행은 이미 회사법 제정 전인 1980년대부터 시작되었다. 초기에는 주식과 사채의 구분조차 어려울 정도로 주식에 대한 이해가 부족해서 주식에 대해서 이자를 지급하는 사례도 있었다. 그러나 자본에 대한 부정적 시각에도 불구하고 한번 일어난 자본주의 바람은 날

---

35  China Telecom의 해외상장에 관한 흥미로운 일화에 대해서는 Henry M. Paulson, Jr., Dealing with China (Twelve, 2015), 43-56 참조.
36  이하의 서술은 Walter(2014), 주34, 8에 크게 의존하였다.
37  Walter(2014), 주34, 8.

로 세를 더하여 1988년 현재 주식을 발행한 단체의 수는 9000개에 이르렀다. 기업공개를 마친 대형 국유기업인 선전개발은행(深圳开发银行)이 1987년 주식분할과 아울러 거액의 배당을 실시하자 일반 국민들 사이에서도 주식투자에 대한 관심이 폭발적으로 일게 되었다. 1989년 천안문사태로 정국이 얼어붙고 외자유치에 제동이 걸렸음에도 불구하고 주식투자의 광풍은 전국을 휩쓸었다.

중국 정부가 1990년 상하이증권거래소, 그리고 1991년 선전증권거래소를 각각 설립한 것은 이런 투기열풍을 제도권내로 가져오려는 고려도 작용했던 것으로 보인다. 천안문사태의 여파로 성장이 더뎠던 이들 두 거래소는 전술한 1992년 덩샤오핑의 남순강화 후 급성장을 시작했다. 1992년 증권시장의 규제기관으로 증권감독관리위원회(证券监督管理委员会)(증감회)[38]가 설립된 것이나 회사법의 전신인 주식제기업시범방법(股份制企业试点办法), 유한회사규범의견(有限责任公司规范意见), 주식회사규범의견(股份有限公司规范意见)이 제정된 것도 개혁의 연장선에서 생겨난 변화라고 할 것이다. 중국 정부의 개혁노력은 1997년 아시아금융위기에도 불구하고 지속되어 1998년에는 자본시장의 기본 규제법인 증권법이 제정되었다.

## 3. 자본시장의 발전

중국 자본시장은 출발은 늦었지만 성장속도는 빨랐다. 1996년 상하이거래소 10대 상장회사의 시가총액은 179억 달러에 불과했지만 2009년 1조 630억 달러로 10여 년 만에 약 60배 성장하였다.[39] 2016년 1월 현

---

38 영문으로는 흔히 CSRC(China Securities Regulatory Commission)란 약칭으로 불리며 기업지배구조개선과 소수주주보호에 가장 적극적으로 임하는 정부기관이다.

39 Walter(2012), 주16, 164.

재 중국 증권시장은 홍콩을 제외한 상하이와 선전거래소의 시가총액만으로도 일본증권거래소를 추월하여 뉴욕증권거래소에 이어 세계 2위를 차지하고 있다.[40] 시가총액에는 실제 거래되지 않는 국유주식과 법인소유주식이 포함되기 때문에 과대평가된 면이 있는 점[41]을 감안하더라도 그 규모는 만만치 않다. 2010년 현재 개인투자자 수는 8천만 명에 달하고 그들이 보유하는 A주식은 전체의 약 30%에 달한다.[42] 그러나 실제로는 발행시장과 유통시장 모두 국유기업이나 거액투자자가 지배하고 있으며 실제로 소액투자자가 차지하는 비중은 미미한 실정이다.[43]

성숙한 자본시장의 주축은 기관투자자라고 할 수 있다. 증감회는 이미 1990년대 중반부터 기관투자자를 육성하려는 노력을 시작했다.[44] 그러나 상장주식 중 기관투자자 보유분은 17% 정도에 그치고 있다.[45] 중국의 기관투자자는 보유규모도 작지만 기업지배구조와 관련해서도 별 역할을 수행하지 못하고 있다.[46] 또한 장기투자보다 단기투자에 몰두한다는 점에서 개인투자자와 별 차이가 없다.[47] 기관투자자가 무력한

---

40  World Federation of Exchanges 홈페이지 (http://www.world-exchanges.org/home/index.php/statistics/monthly-reportshttp://www.world-exchanges.org) 참조.

41  Donald C. Clarke, Law Without Order in Chinese Corporate Governance Institutions, 30 Nw. J. Int'l L. & Bus. 131(2010), 152-153.

42  中国证券监督管理委员会, 中国资本市场二十年 (中信出版社 2012) 139~140면. 2015년 12월 말 현재 자연인투자자 수는 9,882만 여명, 비자연인투자자 수는 28만 여명에 달한다. 中国结算统计月报 2015年12月 2면. 한편 현재 중국에는 1억 5천만 계좌가 존재하지만 중복된 계좌를 제외하면 실제 투자에 활용되는 것은 3천만 계좌로 추산된다. Walter(2014), 주34, 15.

43  Walter(2014), 주34, 16.

44  국내펀드산업의 육성이나 A주식에 대한 적격외국기관투자자(QFII, qualified foreign institutional investor)의 투자허용은 모두 그 노력의 일환이라고 볼 수 있다. Walter(2014), 18.

45  Walter(2014), 주34, 15.

46  Wenge Wang, Ownership Concentration and Corporate Control in Chinese Listed Companies, 11 US-China Law Review 57, 68(2014).

47  Clarke, 주41, 155.

반면에 대형 국유기업 경영자는 회사 주가를 좌지우지 할 수 있는 힘을 갖추고 있으므로[48] 자본시장의 압력을 별로 느끼지 않고 있다.

중국 자본시장의 성장을 견인하는 것은 발행시장이다. 중국 정부는 자본시장 육성을 위해서 발행시장에 대한 기업의 접근을 엄격히 통제하였다. 이런 기본방침은 이미 1992년 홍콩거래소에 상장할 후보로 국유기업 9개사를 발표할 때부터 시작되었다.[49] 정부는 먼저 기업공개대상인 업종을 결정하고 정부부처와 지방정부별로 기업공개의 쿼터를 정하였다.[50] 따라서 정부가 주로 대형 국유기업을 우선적으로 공개한 것은 자연스런 일이다. 2000년 기업공개 쿼터제도가 폐지된 후 공개대상기업의 선정은 증권회사가 주도하고 있다.[51] 그러나 발행시장에 대한 정부 개입이 완전히 사라진 것은 아니다. 그 대표적인 예가 발행가격에 대한 간섭이다. 정부는 여러 이유에서 공개기업의 발행가격 인하를 유도하였으며 그 결과 거래개시 첫날 주가가 폭증하는 사례가 빈발했다.[52] 그 현상이 가장 심했던 2007년에는 첫날 상승폭이 평균 193%에 달했다. 도박장으로 변한 발행시장에 투기를 노린 투자자들이 몰렸다. 그리하여 심지어 청약률이 500배에 달하고 단일 건에 4000억 달러가 예탁되는 경우도 드물지 않았다.[53] 2006년 세계의 10대 기업공개 중 6건을 중국기업이 차지하고 합계 450억 달러를 조달한 것은 발행시장의 급

---

48  Walter(2014), 주34, 18.

49  Walter(2014), 주34, 9.

50  Lardy, 주13, 112.

51  Lardy, 주13, 113.

52  Walter(2014), 주34, 14~15.

53  Walter(2012), 주16, 164. 증감회는 주식인수가액의 미납사태를 막기 위하여 투자자로 하여금 인수금액 전액을 추첨기간 동안 예탁하도록 하였다. 따라서 주식인수금액을 마련하기 위하여 보유주식을 매각하는 경우가 적지 않았다. 이러한 문제를 개선하기 위하여 2015년 말 증감회는 관련규정(증권발행 및 인수관리방법(証券发行与承销管理方法) 제12조)을 개정하였다.

성장을 보여주는 절호의 증거라고 할 것이다.[54]

중국도 최근에는 창업활성화에 힘을 쏟고 있다. 2004년 선전거래소에 중소기업전용시장(중소기업판中小企業板)을 개설하였다. 그러나 상장요건이 엄격해서 뚜렷한 효과는 보지 못했다. 그리하여 2009년 다시 벤처기업에 특화된 특별시장(창업판(创业板)(ChiNext)을 개설하였다.[55] 중국의 벤처시장은 급속도로 발전하여 2015년 현재 투자규모기준으로 미국에 이어 세계 제2위를 차지하고 있다.[56]

전술한 바와 같이 사채시장은 주식시장보다도 늦게 발전하였다. 사채발행규모는 2000년대 중반에 이르러 겨우 주식을 앞질렀고 발행회사는 대부분 국유기업이다.[57]

## 4. 중국 자본시장의 특색

중국의 자본시장은 외형상 선진국 자본시장과 유사하지만 찬찬히 살펴보면 중국만의 독특한 특징이 드러난다. 시장규제기관인 증감회와 시장개설주체인 거래소는 물론이고 주식을 상장한 기업, 인수업무나 위탁매매업무에 종사하는 증권회사, 주요 기관투자자 등 자본시장의 주역들은 국가기관이거나 실질적으로 국가의 하부조직과 다름 없나. 그 결과 자본시장은 시장원리에 못지않게 정부의 입김이 강하게 작용하고 있다. 2015년 주식시장 폭락의 시점에 정부가 대규모로 개입한 것은 그 점이 극명하게 드러난 사례라고 할 것이다.

---

54 Walter(2012), 주16, 164.
55 이들 새로운 시장에 대해서는 중국증권감독관리위원회, 주42, 71~78면.
56 Lin Lin, Venture Capital and the Structure of Stock Market: Lessons from China (미발행원고 2016), 3.
57 Lardy, 주13, 112.

# Ⅳ. 민간기업의 성장

## 1. 서설

마오 체제하의 중국에서 민간기업은 사실상 존재하지 않았다. 개혁개방이 본격화한 1980년대부터 개인의 기업활동이 허용되면서 무수한 민간기업이 등장했고 그 규모도 급성장하였다. 현재 민간기업은 중국의 지속적인 고도경제성장을 지탱하는 기둥인 동시에 새로운 고용창출의 기반이다.[58] 기업에 대한 민간의 참여는 ① 중소국유기업의 인수[59], ② 민간기업의 신설, ③ 국유기업에 대한 투자의 세 가지 형태로 나눌 수 있다. 이들 중 ③은 부분적인 민간참여에도 불구하고 국유기업의 성격에는 변함이 없으므로 민간기업의 탄생경로는 주로 ①과 ②라고 할 수 있다. 민간기업이 부상함에 따라 중국 경제는 현재 ① 국유기업만이 존재하는 영역,[60] ② 민간기업끼리 경쟁하는 영역, ③ 민간기업과 국유기업이 공존하며 경쟁하는 영역의 세 가지 영역으로 나눌 수 있다.

## 2. 국가경제에서의 비중

중국 경제에서 국유기업이 차지하는 비중에 대해서는 정확한 통계를 구하기 어렵다. 그 주된 이유는 후술하는 바와 같이 국유기업의 범위가 명확하지 않기 때문이다. 그러나 민간기업의 비중이 커지고 있다(이른바 "민진국퇴(民进国退)")는 점에는 대체로 의견이 일치하고 있다.[61]

---

58  Lardy, 주13, 2.
59  향진기업의 인수를 포함한다.
60  통신업과 같이 국유기업 사이에 치열한 경쟁이 존재하는 분야도 있다. Deng, 주3, 23.
61  Lardy의 저서는 민진국퇴 현상을 뒷받침하는 대표적인 문헌이다.

국유기업은 민간기업에 비하여 수는 적지만 규모가 크기 때문에 국가경제에서 차지하는 비중도 높다. 그러나 그 비중은 시간이 흐름에 따라 점점 줄고 있다. 산업생산에서의 비중은 1978년에서 2011년 사이에 약 3/4에서 1/4로 감소하였다.[62] 자금조달의 면에서 국유기업이 전체 금융기관 대출액에서 차지하는 비중은 1995년 62%에서 2004년 43.5%, 2012년 29%로 크게 감소하였다.[63] 또한 연매출이 5백만 위안을 넘는 제조업체중 국유기업의 비중은 회사 수 기준으로는 1998년 39.2%에서 2010년 4.5%로 대폭 감소했지만 자산기준으로는 68.8%에서 42.4%로 감소하는데 그쳤다.[64]

이처럼 국유기업이 국가경제에서 차지하는 비중은 줄고 있지만 상장회사에서 차지하는 비중은 여전히 높은 편이다. 다만 구체적 통계는 개별 연구에 따라 상당한 차이를 보인다. 국가가 지배하는 기업[65]의 비중이 2000년 73%에서 2010년 21%로 하락했다는 연구가 있지만[66] 대체로 그 보다는 높은 수치를 제시하는 연구가 많다.[67] 2012년 기준으로 5년간 100대 상장회사에서 최대주주가 국유기업인 경우가 80%를 넘는다는 연구가 있는가 하면,[68] 상장회사의 70%가 궁극적으로 국가에 의

---

62  Lardy, 주13, 76.

63  Lardy, 주13, 106~107.

64  IBRD, China 2030 (2012), 110.

65  그 의미는 분명치 않지만 국가가 최대주주인 기업을 가리키는 것으로 추정된다. 경우에 따라서는 정부가 6%의 주식만을 갖는 경우에도 국가지배기업으로 분류된 일이 있다고 한다. Clarke, 주41, 144 n 39.

66  Martin J. Conyon & Lelong He, CEO Compensation and Corporate Governance in China (2012) at 21(available at: http://ssrn.com/abstract=2071001).

67  국유기업의 비중이 2/3를 넘는다는 연구로 Joseph Fan et. al., Translating Market Socialism with Chinese Characteristics into Sustained Prosperity, in: Capitalizing China (Joseph Fan & Randall Morck eds. University of Chicago 2013) 9. 다른 연구에서는 2003년 현재 상장회사의 84%가 정부의 주식보유를 통해서 지배되고 있다고 한다. Clarke, 주41, 142 n33.

68  Lin Lin, Regulating Executive Compensation in China: Problems and Solutions 32

하여 지배된다는 연구도 있다.[69]

## 3. 민간기업의 상대적 성과

중국에서도 상장회사의 성과는 주식소유가 분산된 회사보다는 어느 정도 집중된 회사가 좋다는 연구결과가 많다.[70] 그러나 국가가 지배하는 국유기업의 성과는 좋지 않다는 견해가 일반적이다. 일부 실증연구에 의하면 국가의 지분율이 높을수록 기업의 회계성과가 낮은 반면 법인과 개인의 지분비율이 높을수록 회사성과가 높다.[71] 또한 국유기업, 상장기업, 비공개기업 중에서 비공개기업의 성과가 가장 양호하다는 연구도 있다.[72] 국유기업의 부진한 성과를 극명하게 보여주는 것은 [표 1]이다. [표 1]은 국유기업과 민간기업의 자산수익률과 자본비용을 비교한 것이다. 그에 의하면 국유기업의 성과는 민간기업에 비하여 지속적으로 뒤처지고 있으며 최근에는 그 격차가 더욱 벌어지고 있다.

*Journal of Law and Commerce* 207, 230 (2014)

69  Juan Ma & Tarun Khanna, Independent Directors' Dissent on Boards: Evidence from Listed Companies in China (Working Paper 13-089 *Harvard Business School* 2013) 9.

70  Clarke, 주41, 159 n106에 열거된 문헌참조.

71  Larry Li et. al., A Review of Corporate Governance in China (2008), at 9-10(available at: http://ssrn.com/abstract=1233070); Wei He & Haibo Yao, Value Creation after State Transfers: New Evidence from China (발표일자 불명) 6~7 (http://ssrn.com/abstract=1929176).

72  Franklin Allen et al., Law, Finance and Economic Growth in China (2005) at 3(available at: http://ssrn.com/abstract=768704).

표 1    제조업의 자산수익률 대 자본비용(1997-2012)

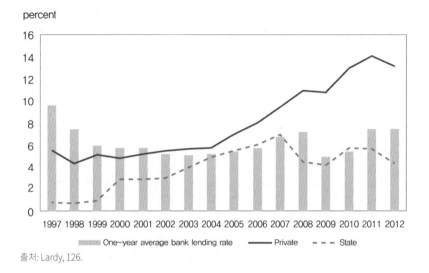

percent

1997 1998 1999 2000 2001 2002 2003 2004 2005 2006 2007 2008 2009 2010 2011 2012

▨▨▨ One-year average bank lending rate  ━━━ Private  - - - State

출처: Lardy, 126.

중국에서 국유기업은 은행으로부터의 저리융자, 토지이용의 특혜, 각종 인허가와 관련한 편의 등 민간기업에 비하여 다양한 특혜를 누리고 있다.[73] 유력 민간연구소의 연구보고서에 의하면 국유기업이 향유하는 다양한 보조금과 특혜를 고려하면 국유기업의 자기자본수익률(ROE)은 일부 기간 중에는 마이너스에 머물 정도로 낮다고 한다.[74]

국유기업의 성과가 부진한 이유는 분명치 않다. 경영자의 인센티브 부족, 사익추구, 정부의 간섭 등이 흔히 제시되는 요인이다.[75] 여하튼

---

73  1985년에서 2005년 사이에 정부가 국유기업에 제공한 지원의 규모는 명목상 금액으로 3100억 달러에 달한다고 한다. Milhaupt & Zheng, 주31, 195.

74  天则经济研究所课题组, 国有企业的性质,表现与改革 (2011) 52~53면. 국유기업이 받은 이자상의 특혜만으로도 이익을 초과한다는 연구도 있다. Milhaupt & Zheng, 주31, 195, n.53.

75  일부 견해는 경영자가 정부에 대한 배당부담을 줄이기 위하여 이윤규모를 일부러 축소할 가능성이 있음을 지적하고 있다. 张维迎, 주1, 148면.

국유기업의 성과에 대한 부정적 평가는 정부가 혼합소유제를 추진하는 동력을 제공하고 있다. 주지하는 바와 같이 공산당은 정권의 취약한 정통성을 높은 경제성장의 실적으로 뒷받침하고 있다. 그러나 최근 중국의 경제성장률은 계속 하락하여 2015년에는 6.9%로 7%선 밑으로 떨어졌다. 그리하여 정부가 경제성장률의 하락을 막기 위해서 국유기업의 효율을 높일 필요가 한층 절실해지고 있다.

## 4. 민간기업의 한계

전술한 바와 같이 개혁개방 이후 민간기업은 급속히 성장하여 국가경제에서 차지하는 비중도 늘고 있다. 그러나 민간기업의 역할을 평가하는 것은 주의를 요한다. 먼저 민간기업은 원래 "조대방소"정책의 결과 성장한 것이므로 아직 중소기업의 범주를 벗어나지 못한 경우가 대부분이다. 알리바바(阿里巴巴)나 화웨이(华为) 같은 초대형 기업도 없지 않지만 민간기업은 국유기업에 비하여 소규모인 것이 보통이다.[76] 대형 민간기업의 경우에도 기업운영이 공산당과 정부의 영향력 하에 있다는 점에서는 국유기업과 큰 차이가 없다.[77] 중국에서는 국유기업은 물론이고 민간기업의 경우에도 경영자는 대부분 공산당원이고[78] 당이나 정부와 연결고리를 갖고 있다.[79] 나아가 민간기업에서도 당원이 일정 수 이

---

76  민간기업에 대비한 국유기업의 규모를 극명하게 보여주는 통계가 있다. 2009년 중국의 대형 국유기업인 차이나 모바일과 시노펙(Sinopec: China Petroleum & Chemical Corporation)은 중국의 500대 민간기업의 총이익을 초과하였다. Lardy, 주13, 48~49.

77  Milhaupt & Zheng, 주31, 176.

78  Joseph Fan et. al., *Translating Market Socialism with Chinese Characteristics into Sustained Prosperity, in: Capitalizing China* (Joseph Fan & Randall Morck eds. University of Chicago 2013) 9, 13.

79  최근 연구에 의하면 중국의 100대 민간기업의 창업자나 사실상의 지배주주 중 95%가 전국인민대표자대회와 같은 정부나 당의 조직의 전, 현직 구성원이라고 한다. Milhaupt & Zheng, 주31, 194. 이런 현상은 "부와 권력의 통합"으로 불리기도 한다. *Id.* 195.

상 존재하면 당원조직을 두어야 한다(중국 회사법 제19조). 실제로 회사법
상의 기관과 당원조직의 구성원은 중복되는 경우가 많다고 한다. 따라
서 민간기업도 공산당과 정부의 정책이나 지시를 무시할 수는 없을 것
이다.[80] 오히려 민간기업 쪽에서 특혜(rent)를 목적으로 정부와 "관계"를
돈독히 하려고 나서는 경우도 있다. 이처럼 중국의 대기업은 주식의 소
유구조와 무관하게 정부의 영향권 내에 있다는 점에서[81] 혼합소유제의
추진에 대해서 큰 의미를 부여하지 않는 견해도 있다.


# V. 기업의 주식소유구조

## 1. 서설

어느 나라에서도 기업의 주식소유구조에 관하여 믿을 만한 정보를
얻기는 쉽지 않다. 중국에서는 그것이 특히 더 어렵다. 소유구조는 국
유기업인지 민간기업인지에 따라 큰 차이가 있다.[82] 민간기업은 대부
분 지배주주가 존재한다는 점에서 한국의 재벌기업과 근본적으로 다르
지 않다. 한편 국유기업의 소유구조는 독특한 형태를 보인다. 국유기업
소유구조의 변화를 이해하기 위해서는 먼저 중국에 특유한 주식의 구
분부터 제대로 이해할 필요가 있다.


---

80  민간기업에 대한 정부의 비법적 통제수단에 대해서는 Milhaupt & Zheng, 주31, 196~198.
81  국가에 의한 포획(state capture)이 사용되기도 한다. Milhaupt & Zheng, 주31, 181.
82  그러나 실제로는 예컨대 핑안보험(中国平安保险(集团)股份有限公司)과 같이 주식소유
   가 분산되고 있어 국유기업과 민간기업의 어느 편에 속하는지 불분명한 경우도 없지 않다.
   Milhaupt & Zheng, 주31, 178~179.

## 2. 주식의 구분[83]

중국 회사법도 우선주를 비롯한 종류주식의 발행을 허용하고 있다 (제131조). 그러나 회사법상의 종류주식보다는 회사법과 무관한 주식의 구분이 더 중요한 의미를 갖는다. 주식의 구분은 복잡하여 이해가 쉽지 않다. 주식의 구분이 복잡하게 된 주된 이유는 중국 정부가 국유기업을 전면적으로 민영화하는 대신 경영권을 유지하는 점진적 개혁을 택하였기 때문이다. 전술한 바와 같이 정부는 국유기업의 효율을 높이고 부실한 재무상태를 개선하기 위하여 회사화와 동시에 부분적인 민영화를 실시하였다. 그러나 이 과정에서 국유기업의 경영권이 혹시라도 민간으로 넘어갈 가능성을 봉쇄하기 위하여 주식을 구분하였다.[84]

1992년 국가경제체제개혁위원회(国家经济体制改革委员会)[85]가 제정한 주식회사규범의견(股份有限公司规范意见)은 ① 국가주식(国家股), ② 법인주식(法人股), ③ 개인주식(个人股)(자연인과 종업원), ④ 외자주식(外资股)의 4가지 기본유형을 정하였다(제24조). 주식의 구분이 이처럼 독특하게 된 이유는 주식을 그 권리의 내용에 따라서 구분하는 대신 발행을 뒷받침하는 자산의 원천을 기준으로 구분했기 때문이다. 따라서 이들 4가지 유형의 주식은 정책적으로 유통제한여부에 차이를 두었을 뿐 모두 보통주식으로 내용에 차이가 없다.[86]

개혁개방 후 대형 국유기업을 해외에 상장할 때 먼저 회사화를 거쳤다. 정부는 정부부처에 속하는 기업자산을 분리하여 회사에 출자하였다. 그 출자에 대해서 발행된 주식은 출자된 기업자산의 출처가 어느

---

83  주식의 구분, 특히 국유주식에 관한 국내문헌으로 이정표, 중국비유통주개혁에 관한 법적 고찰, 중국법연구 제6집(2006년12월) 277면.

84  Walter(2014), 주34, 9.

85  전술한 국가발전 및 개혁위원회의 전신으로 1998년 폐지되었다.

86  이정표, 주15, 286~287면.

곳인지에 따라 ① 국가주식과 ② 법인소유주식으로 구분되었다. ① 국가주식은 정부부처가 출자한 국유자산에 대해서 발행된 주식으로 정부에 귀속된 것을 말한다.[87] ② 법인주식은 기업법인이나 법인격 있는 사업단위나 사회단체가 출자한 자산에 대해서 발행된 주식으로 법인의 성격에 따라 국유법인주식과 민간법인주식으로 나눌 수 있다. 국유법인주식은 법인격이 있는 국유기업이 자산을 별개의 회사에 출자하여 취득한 주식을 가리킨다.[88] 예컨대 출자된 자산이 국유기업이 사내에 유보된 이익으로 취득한 것인 경우에는 그 국유기업인 법인에 배정되었다. 국가주식은 물론이고 국유법인주식도 궁극적으로 국가가 소유하는 것이라는 점에 차이가 없고 그런 의미에서 양자는 국유주식으로 부를 수 있다.[89] 국가주식과 국유법인주식은 국유자산의 헐값 매각이라는 비판과 뜻하지 않은 양도로 인한 민영화의 위험을 막기 위하여 유통을 제한하였다(유통제한주식).[90]

한편 ③ 개인주식은 국유기업이 국내의 개인이나 기관투자자 등으로부터 새로 투자를 받고 발행한 주식을 말한다. 개인주식은 국유자산이 아닌 민간자금을 근거로 새롭게 발행된 주식이므로 유통을 허용하였다. 개인주식에는 종업원소유주식도 포함되지만 종업원소유주식은 취득 후 3년간 거래가 제한된다(주식회사규범의견 제30조 제5항). 개인주식은 통상 A주식이라고 불리며 A주식에 대한 외국인 투자는 당초 금지되었지만 2002년부터 적격외국기관투자자(QFII: qualified foreign institutional investor)에 한하여 투자가 허용되고 있다.

---

87  이정표, 주15, 283면.

88  이정표, 주15, 283~284면.

89  股份有限公司国有股权管理暂行办法(1994년 제정, 2008년 실효) 제2조 제4항.

90  다만 국유법인주식은 법인 간에는 국유자산관리기관의 승인을 받으면 양도가 가능하다는 점에서 국가주식과 구별되었다. 그러나 실제로 양도가 이루어지지는 않았다. 이정표, 주 15, 285면.

끝으로 ④ 외자주식은 외국과 홍콩 등의 투자자에게 발행된 외화표시주식을 가리킨다. 외자주식은 상장된 거래소에 따라 다른 알파벳 문자로 표시되고 있다. 즉, 국내 거래소에 상장된 것은 B주식[91], 홍콩거래소에 상장된 것은 H주식, 뉴욕증권거래소에 상장된 것은 N주식, 런던거래소에 상장된 것은 L주식, 싱가폴거래소에 상장된 것은 S주식으로 불린다.

1990년대 국유기업의 해외상장이 처음 추진될 당시에는 국유기업은 극심한 자금난에 시달리고 있었다. 그럼에도 불구하고 국유자산을 외국투자자에게 처분한다는 점에 대해서는 부정적인 정서가 강했다. 이처럼 자산의 원천을 기준으로 주식을 구분하고 국유자산을 근거로 발행한 주식은 국가에 귀속되고 유통을 금지한다는 논리는 국유자산 해외처분에 대한 국내 보수세력의 비판을 피하기 위한 측면이 있었다.[92]

## 3. 유통제한의 완화

주식의 복잡한 구분은 국유기업주식의 소유와 거래의 비효율을 초래하였다. 하나의 국유기업이 국가주식, 법인주식, A주식과 아울러 여러 종류의 외자주식(B주식, H주식, N주식 등)을 동시에 발행하는 것이 가능할 뿐 아니라 실제 그런 사례도 존재했다. 종래 국유주식, 기타의 유통제한주식, 유통주식은 대략 각 1/3씩 차지하는 것으로 알려졌다.[93] 이들 각 유형의 주식은 같은 회사가 발행한 것임에도 불구하고 규제기관, 거래장소, 투자자 등 여러 면에서의 차이 때문에 주가도 상이했

---

91  2001년부터는 국내 투자자의 투자도 허용되고 있다.

92  Walter(2014), 주34, 10.

93  Clarke, 주41, 145~146면; 이정표, 주15, 278면.

다.[94] 특히 법인주식은 유통이 제한되었지만 법인이 자금조달을 위해서 그것을 처분하고자 하는 수요가 컸다. 이런 비효율적인 주식구분에 대해서는 비판이 많았다.[95] 마침내 2005년 정부는 유통제한주식의 거래를 점진적으로 허용한다는 방침(이른바 "주식분리개혁(股权分置改革)")을 정하고 그 절차를 위한 규정을 공포했다.[96]

이 개혁과 관련하여 흥미로운 점은 기존 A주식에 대해서 대가를 지급했다는 점이다. 유통제한주식은 유통가능한 A주식에 비하여 시장에서 상당히 할인된 가격으로 거래되었다. 따라서 유통제한주식의 거래를 허용하려면 상대적으로 손해를 보는 A주식에 대해서 보상할 필요가 있었다. 정부는 A주식에 대해서 주식(워런트 포함)이나 현금을 제공하거나 유통제한주식의 일부를 소각하는 방식으로 보상한다는 방침을 정했다.[97] 구체적인 보상방법은 각 기업 별로 교섭을 통해서 정했다. 한편 정부는 유통제한이 풀린 주식의 출하로 인한 주가 폭락을 막기 위하여 개혁을 단계적으로 실시하였다.[98] 즉 2년 동안 거래를 금지하고 유통에 증감회의 승인을 얻을 것을 요구하였다.[99]

2005년의 개혁을 통해서 2011년 현재 99%에 달하는 주식이 유통가

---

94 Walter(2014), 주34, 13.
95 주식구분의 불합리가 부각된 대표적인 예로 2004년 차오상은행(招商银行)이 발행한 전환사채를 눌러싼 논의라고 할 수 있다. Deng, 주3, 19.
96 2005년 "상장회사 주식분리에 대한 개혁 지도의견(关于上市公司股权分置改革的指导意见)"과 그에 근거하여 제정된 "상장회사 주식분리개혁 관리방법(上市公司股权分置改革管理办法)"이 그것이다. 개혁에 관해서 상세한 것은 이정표, 주15, 290면 이하. Yeung, 11~19면. 정부의 거래허용방침은 반드시 국가소유주식의 처분을 의미하는 것은 아니었지만 시장주가의 상승을 초래하였다. Andrea Beltratti et. al., The Stock Market Reaction to the 2005 Non-Tradable Share Reform in China(2011) (European Central Bank Working Paper No. 1339).
97 Walter(2014), 주34, 13.
98 이미 2001년 국유주식의 대량 매도에 대한 우려 때문에 주가가 폭락한 후 4년간 시장에서는 저주가상태가 지속되었다.
99 Walter(2014), 주34, 14.

능한 A주식으로 전환되었다.[100] 그러나 유통제한은 풀렸지만 실제 정부는 보유주식의 처분에 신중한 태도를 취하고 있다. 그리하여 아직도 국가가 지배하는 주식의 비중은 60%에 달하고 있다.[101]

## 4. 국유기업의 관리와 국유자산감독관리위원회

### (1) 국유자산감독관리위원회에 의한 지배

과거 국유기업은 여러 정부부처의 간섭을 받았기 때문에 자율적인 경영이 어려웠다. 정부부처의 개입은 국유기업의 성과를 악화시키는 원인으로 지적되었다. 2003년 국무원은 국유기업을 중국의 대표기업[102]으로 육성하기 위하여 국유기업 관리를 전담하는 국유자산감독관리위원회(国有资产监督管理委员会)(국자위)[103]를 설치하였다. 국자위는 중앙정부뿐 아니라 지방정부에도 설치되어 지방국유기업의 관리를 맡고 있다. 2016년 현재 중앙정부 국자위의 관리를 받는 국유기업은 106사[104]로 세계 굴지의 기업을 망라하고 있다는 점에서 "세계 최대의 지주회사"라고 불린다.[105]

현재 국자위에 의한 국유기업의 지배는 다음과 같은 구조를 취하고

---

100  중국증권감독관리위원회, 주42, 34면.

101  Walter(2014), 주34, 14.

102  구미의 학계에서는 흔히 "national champion"이란 용어가 사용된다.

103  1988년 재무부의 하위부서로 설립된 국가국유자산관리국을 승격시킨 조직으로 영문으로는 보통 SASAC (State-owned Assets Supervision and Administration Commission)으로 불린다. 싱가폴의 Temasek을 모델로 삼았지만 국자위는 국유기업의 규제기관을 겸하고 있다는 점에서 Temasek과 차이가 있다. 싱가폴 모델을 채택한 경위에 대해서는 Deng, 주3, 11~13.

104  국자위 싸이트에서 발표한 중앙기업 명부리스트 참조.
http://www.sasac.gov.cn/n86114/n86137/c1725422/content.html.

105  Lardy, 주13, 50.

있다. 국자위의 지배를 받는 국유기업은 기업집단의 형태를 취하고 있다.[106] 기업집단의 최상층에는 지주회사(国有控股公司)[107]가 존재하고 실제로 사업은 지주회사 하위에 있는 사업자회사를 통해서 수행한다.[108] 국유지주회사는 통상 회사법상 국유독자회사(国有独资公司)(제64조 이하)의 형태를 취하며 국가가 그 지분의 100%를 보유한다.[109] 국유지주회사가 지배하는 사업자회사는 규모가 클 뿐 아니라 상장된 경우가 많다.[110] 즉 혼합소유제는 지주회사가 아니라 사업자회사 차원에서 실시되고 있다.[111]

## (2) 국자위의 기능

법적으로는 국가가 국유지주회사의 주주지만 국가를 대신하여 주주역할을 수행할 책임은 국자위에 속한다. 국자위의 임무는 다음 두 가지라고 할 수 있다. ① 정부부처의 경영간섭을 차단함으로써 국유기업의 자율성을 확보하는 것과 ② 민간기업의 주주와 마찬가지로 국유기

---

106 기업집단의 보다 구체적인 구조에 관해서는 Li-Wen Lin and Curtist J. Milhaupt, We are the (National) Champions: Understanding the Mechanisms of State Capitalism in China (Working Paper No. 409 November 1, 2011) 18~23(available at: http://ssrn.com/ abstract=195 2623). 기업집단의 형태를 취한 것은 중국이 경제개발을 시작할 때 과거의 일본과 한국의 기업집단을 모델로 하였기 때문이라고 한다. Id. 14~16.

107 이러한 국유지주회사에 대한 최신 국내 문헌으로 김종우, 중국 국가지주회사 지배구조와 자본제도 최신 동향 및 입법과제, 중국법연구 제22집(2014년 12월), 49면.

108 吳敬璉, 주5, 136면.

109 국유독자회사는 중국 회사법상 유한회사(有限责任公司)에 속하므로(회사법 제2장) 주식회사(股份有限公司)에서와는 달리 주식(股份)대신 지분(股权)이란 용어를 사용한다. 다만 회사법상 유한회사 사원은 주식회사의 경우와 마찬가지로 주주로 불린다.

110 예컨대 중국국전집단회사(中国国电集团公司)의 경우에는 5개의 상장사업자회사를 포함한 수백 개의 산하조직으로 이루어져있다. Lardy, 주13, 51.

111 중국해양석유총공사(中国海洋石油总公司: CNOOC)는 자회사 34사 거의 전부가 정부가 40 내지 65%를 보유하는 혼합소유제 회사라고 한다. Milhaupt & Zheng, 주31, 178.

업의 경영을 감독하고 관리하는 것이 그것이다. 그러나 국자위는 ①
과 ②중 어느 하나도 제대로 수행하지 못하는 것이 아닌가 하는 비판
을 받고 있다.

먼저 사회주의 체제의 중국에서 위 ①의 "정기분리(政企分离)"를 실
천하는 데는 한계가 있다.[112] 과거 국자위가 오히려 정부의 정책상 필요
를 이유로 국유기업 경영에 간섭하는 경우도 없지 않았다.[113] 2009년 시
행된 기업국유자산법은 국유기업[114]에 대한 경영간섭을 막기 위해서 국
자위에게 출자자로서의 권한행사만을 허용하고 있지만(제11조 이하)[115]
그것이 얼마나 실효를 거둘 수 있을지는 의문이다.

### (3) 국자위의 국유기업 감독

보다 근본적인 의문은 과연 국자위가 위 ②의 주주 역할을 제대로
수행하고 있는지 여부이다. 싱가폴 모델에서는 국영투자회사인 테마섹
(Temasek Holdings)이 지배주주임에도 불구하고 개별 국유기업은 소유와
경영이 분리된 미국의 상장회사와 마찬가지로 경영의 자율성을 보장받
고 있다.[116] 반면에 중국의 국자위와 그 감독대상인 국유기업사이의 관
계는 아직 정착되지 않은 상태이다. 중국 회사법상 주주는 막강한 권한
이 있고 국자위는 국유지주회사의 유일한 주주라는 점을 고려하면 국

---

112 Deng, 주3, 14~15.
113 대표적인 예로 2006년 국자위는 국유기업의 부동산투기 등을 막기 위한 목적으로 국유
　　기업의 본업(主業)을 특정하고 본업에 속하지 않는 업무용자산은 처분하도록 하는 내용의
　　규정을 채택하였다. Deng, 주3, 21.
114 보다 엄밀하게는 기업국유자산법 제5조상의 국가출자기업을 말한다.
115 상세는 吳敬璉, 주5, 139~141면.
116 싱가폴의 국유기업에 대한 최근 문헌으로는 Cheng Han Tan et. al., State-Owned En-
　　terprises in Singapore: Historical Insights into a Potential Model for Reform, 28 Co-
　　lumbia Journal of Asian Law (2015)(forthcoming) 참조.

자위가 국유기업의 구체적인 경영결정에 과도하게 간섭할 위험이 없지 않다. 그러나 실제로는 국자위의 권한남용보다는 감독의 소극성이 더 문제로 지적되고 있다.[117]

국자위가 감독에 소홀한 이유로는 먼저 국자위의 인사권의 한계를 지적할 수 있다. 중요한 국유기업의 경우 당서기, 최고경영자(总经理), 이사회의장 등 최고위간부 3인의 인사권은 국자위가 아니라 공산당 조직부가 행사한다.[118] 대형 국유기업의 최고경영자로는 공산당이나 정부의 고위 간부가 임명되기 때문에 기관서열이 상대적으로 높지 않은 국자위로서는 통제력이 미치지 않는 경우가 적지 않다. 또한 국자위는 국유기업의 성과를 높일 인센티브가 부족할 뿐 아니라 다양한 국유기업의 경영을 감독할 만한 전문지식과 경영정보를 갖추고 있지 않다.[119]

상장된 사업자회사에는 외부주주들이 존재하므로 경영상 투자자이익을 중시할 필요가 있다. 그러나 국유기업의 정상에 있는 지주회사에는 외부주주가 없고 주주역할을 해야 할 국자위는 감독에 소극적인 까닭에 과거 국유기업의 문제였던 "내부자통제"의 문제가 여전히 존재한다는 비판이 많았다.[120] 국유기업이 이익확대를 위해서 자신의 본업과는 무관한 부동산개발이나 금융업에 뛰어드는 경우가 적지 않았다.[121]

전술한 2013년 삼중전회의 결정에서는 국유자산관리의 강화를 천명하였다. 국자위는 장차 구체적 경영결정에 관여함이 없이 투자자 역할을 충실히 하는 방식으로 국유기업 관리감독을 강화한다는 방침을 밝

---

117  예컨대 Milhaupt & Zheng, 주31, 191~192.

118  Lardy, 주13, 51; Richard McGregor, The Party: The Secret World of China's Communist Rulers (*Harper Perennial* 2010) 46.

119  그리하여 실제로는 구체적인 경영결정과 관련하여 관련정부부처의 도움을 받는 경우가 있다고 한다. Deng, 주3, 15.

120  이정표, 주15, 288면.

121  2011년 현재 중앙정부 국유기업 117사 중 87사가 금융업에 진출하고 있다고 한다. Deng, 주3, 22.

혔다.[122] 2013년 결정에서 국자위와 국유기업 사이에 "국유자본운영회사"와 "국유자본투자회사"를 두기로 한 것(제6조)도 투자자로서의 감독을 현실화하려는 시도로 평가할 수 있을 것이다.

## 5. 기업의 소유구조와 자금조달

### (1) 상장회사의 소유구조

이곳에서는 국유기업과 민간기업을 포함한 일반적인 상장회사의 주식소유구조에 대해서 간단히 살펴보기로 한다.[123] 기업의 소유구조는 기업지배구조에 결정적인 영향을 미치는 요소이다. 기업의 소유구조는 ①소유분산도와 ②주주의 속성이라는 두 가지 면에서 접근할 수 있다. 먼저 ①소유분산도부터 살펴본다. [표 2]는 최대주주의 지분율 변화를 보여준다. [표 2]에 의하면 최대주주의 지분율은 처음보다는 다소 낮아졌지만 최근 수년간 36%선을 유지하고 있다.

**표 2** 　최대주주의 지분율 변화(단위: %)

|  | 2003 | 2004 | 2005 | 2006 | 2007 | 2008 | 2009 | 2010 | 2011 |
|---|---|---|---|---|---|---|---|---|---|
| 평균 | 42.65 | 41.90 | 40.46 | 36.56 | 36.19 | 36.36 | 36.60 | 36.67 | 36.30 |
| 최고 | 85.00 | 85.00 | 84.98 | 98.86 | 100.00 | 86.42 | 95.10 | 95.95 | 99.00 |
| 최저 | 1.06 | 2.25 | 4.24 | 4.54 | 0.82 | 3.74 | 3.64 | 3.50 | 2.20 |

출처: CSMAR Database, Wang, 74 Table 5.

보다 관심을 끄는 것은 ②주주속성에 따른 소유구조이다. 그것은 사

---

122　黄淑和, 주30.

123　상장회사의 소유구조에 관한 최근의 논문으로 Wenge Wang, Ownership Concentration and Corporate Control in Chinese Listed Companies, 11 *US-China Law Review* 57 (2014).

회주의 국가인 중국에서 국가가 지배하는 기업의 비중이 어느 정도인가를 보여주는 지표이기 때문이다. 전술한 바와 같이 상장회사 중 국유기업의 비중에 대해서는 통계가 엇갈리고 있다. 이처럼 연구결과가 엇갈리는 주된 이유는 실제로 주주의 속성을 파악하기 어렵기 때문이다. 전술한 바와 같이 주식은 귀속주체에 따라 국가주식, 법인주식, 개인주식, 외자주식으로 나뉜다. 외자주식을 발행한 상장회사는 시장 전체로는 소수에 불과하다. 국가주식은 2005년 개혁 후 대부분 개인주식인 A주식으로 전환되었다. A주식에는 국가주식이 포함되고 있지만 그 비중은 정확히 파악하기 어렵다.[124]

[표 3]은 상장회사를 최대주주의 속성에 따라 분류한 것이다. 그에 의하면 2011년 현재 국가와 국유법인이 최대주주인 경우는 43.78%에 달한다. 반면에 국내의 자연인이 최대주주인 기업은 2003년 1.22%에 불과했지만 2011년 31.78%로 대폭 증가했다.

**표 3**  상장회사 최대주주의 속성 (CSMAR자료에 의한 Wang의 표87면을 요약)

|  | 2003 | 2004 | 2005 | 2006 | 2007 | 2008 | 2009 | 2010 | 2011 |
|---|---|---|---|---|---|---|---|---|---|
| State | 74.71 | 71.05 | 69.66 | 65.13 | 62.26 | 63.44 | 56.66 | 49.12 | 43.78 |
| DLP | 22.99 | 25.46 | 26.69 | 30.13 | 30.25 | 30.22 | 21.47 | 21.24 | 20.72 |
| Foreign | 1.07 | 0.85 | 1.00 | 1.49 | 1.89 | 2.11 | 3.09 | 3.45 | 3.72 |
| DP | 1.22 | 2.63 | 2.64 | 3.25 | 5.01 | 4.23 | 10.77 | 26.17 | 31.78 |

State: 국가와 국가소유법인;  DLP: 국내법인; Foreign: 외국의 자연인과 법인; DP: 국내자연인
출처: CSMAR Database, Wang, 87 Table 10을 요약한 것임

## (2) 기업의 자금조달: 은행차입의 우위

주식소유구조에 변화를 일으킬 수 있는 요소는 기업의 자금조달이

---

124  Wang, 주46, 69.

다. 기업이 자금조달을 주식발행에 의존하는 비중이 높아질수록 주식소유가 분산될 가능성이 높다. 그러나 현재 중국 기업이 자금조달을 자본시장에 의존하는 정도는 미미하다. 자본시장이 충분히 발달하지 못한 상태에서 기업의 자금조달은 주로 은행에 의존할 수밖에 없었다. 특히 국유기업의 경우에는 은행차입이 상대적으로 용이했기 때문에 은행차입에 대한 의존도가 높다. 중국의 대규모 은행은 모두 국유기업으로 이윤동기가 약하기 때문에 대출심사기준이 그다지 엄격하지 않았다.[125] 또한 대규모 은행은 국책은행의 성격이 강하여 국유기업에 대한 대출에서 정치적 고려를 앞세우는 경우가 많았다.[126] 그 결과 부실채권의 비중이 높아질 수밖에 없었다. 2007년 현재 대규모 상업은행의 부실채권은 채권액의 8.05%에 달하기도 했다.[127] 그러나 국유기업의 채무는 사실상 국가의 보증을 받은 것과 마찬가지였기 때문에 실제의 신용위험은 그렇게 높지 않았다.

그렇다고 해서 기업의 자금조달을 마냥 은행차입에만 의존할 수는 없다. 기업이 지나치게 은행차입에 의존하면 기업의 위험이 은행에 집중되고 시스템리스크가 발생할 위험이 높아지기 때문이다. 당국이 자본시장에서의 자금조달을 촉진하기 위해서 자본시장육성에 나선 것은 당연한 일이다. 정부는 자본시장을 육성하기 위하여 발행자격이 있는 기업을 제한하였을 뿐 아니라[128] 전술한 바와 같이 발행가액결정에도

125  Clarke, 주41, 156~157. 또한 은행이 국유기업이 경영에 간섭하는 일도 없었다.

126  Larry Li et. al., A Review of Corporate Governance in China (2011), 15(available at: http://ssrn.com/abstract=1233070).

127  Li, 주126, 15. 그러나 2010년에는 1.31%로 감소했다. 中国银行业监督管理委员会 홈페이지 http://www.cbrc.gov.cn. 실제 불량채권비율은 보다 높다는 견해로 Franklin Allen et al., China's Financial System: Opportunities and Challenges, in Capitalizing in China (Joseph Fan & Randall Morck eds. University of Chicago (2013) 79~82.

128  M. M. Fonseka et. al., Equity Financing Capacity and Stock Returns: Evidence from China(2012) at 6-7(available at: http://ssrn.com/abstract=2118616).

간섭하였다. 또한 증감회와 국가발전 및 개혁위원회(国家发展和改革委员会)가 매년 주식발행규모를 결정하였다.[129] 주식발행이 허용된 기업은 주로 대형 국유기업에 한정되었다. 한편 기업 측에서도 자본시장은 시세변동이 심했기 때문에 자본시장에서의 자금조달을 꺼렸다.[130] 또한 전술한 바와 같이 채권시장이 발달하지 못하여 사채발행도 미미한 상태에 머물렀다.[131]

### (3) 기업 자금조달의 현황

국유기업의 관점에서 자금조달의 원천은 전술한 은행차입 외에 자체조달자금, 정부예산, 외국인의 직접투자로 나눌 수 있다. 초기에는 정부예산이 중요했고 기업공개단계에서는 외국인 직접투자가 중요했다. 그러나 기업이 성장함에 따라 자체조달자금의 비중이 증대되었다.[132] 상장법인의 경우 자체조달자금은 전체 자금조달액의 약 45%에 달하고 있다.[133]

주식회사의 신주발행의 경우 중국 회사법은 기존 주주에게 명문으

---

129  Li, 주126, 15면; Allen, 주127, 166면.

130  Howson/Khanna, 544.

131  이례적이지만 중국의 사채시장은 주식시장에 비할 수 없을 정도로 미미한 상태이나. 陈雨露/马勇, 中国金融体系大趋势(中国金融出版社 2011) 63면; William T. Allen & Han Shen, Assessing China's Top-Down Securities Markets, in Capitalizing in China (Joseph Fan & Randall Morck eds. University of Chicago (2013) 163면. 2011년에 비로소 상장회사의 사채발행규모가 신주발행규모를 초과했다고 한다. 中国上市公司市值管理研究中心, 弱市引发市值结构剧烈变化 缩水倒逼市值管理行为活跃(2011年中国A股市值年度报告, 2012) 21면.

132  자체조달자금은 1994년부터 2009년 사이에 매년 23.6%씩 증가하여 2009년 말에는 2조2132억 달러에 달했지만 국내은행으로부터의 차입은 5657억 달러에 그쳤다. Allen et. al., 주127, 73. 이곳에서 말하는 자체조달자금에는 유보이익은 물론 지방정부의 투자액, 주식이나 사채발행을 통해서 조달한 자금도 포함된다.

133  Allen et. al., 주127, 73.

---

로 신주인수권을 부여하고 있지는 않다.[134] 그리하여 신주발행 시에는 주주배정방식보다는 제3자배정방식이 채용되는 경우가 많다.[135] 기업의 자금조달수단으로서 신주발행은 아직 별로 중요하다고 할 수 없다. [표 4]는 자본시장에서의 주식발행액과 은행대출증가액의 변화를 보여준다.[136] 그에 따르면 주식발행의 규모는 과거 20년간 크게 증가했지만 여전히 은행대출증가액에는 크게 미달하고 있다.[137]

**표 4** 2002년-2013년 중국 자금조달 규모 통계표 (단위: 억 인민폐).

| | 사회 자금조달 규모 | 인민폐 대출 | 외국환 대출(인민폐로 환산) | 위탁대출[138] | 신탁 대출 | 할인 없는 은행 어음 | 회사채 | 비금융기업이 중국내 주식을 통한 자금조달 |
|---|---|---|---|---|---|---|---|---|
| 2002 | 20,112 (100%) | 18,475 (91.9%) | 731 (3.6%) | 175 (0.9%) | — | −695 (−3.5%) | 367 (1.8%) | 628 (3.1%) |
| 2003 | 34,113 (100%) | 27,652 (81.1%) | 2,285 (6.7%) | 601 (1.8%) | — | 2,010 (5.9%) | 499 (1.5%) | 559 (1.6%) |
| 2004 | 28,629 (100%) | 22,673 (79.2%) | 1,381 (4.8%) | 3,118 (10.9%) | — | −290 (−1.0%) | 467 (1.6%) | 673 (2.4%) |

134 김명남, 중국 신주발행제도에 관한 법적 고찰, 서울대학교 대학원 법학석사논문 (2014년 8월) 52면. 유한회사의 경우에는 원칙적으로 주주가 보유지분에 비례하여 새로 발행되는 지분을 인수할 권리를 갖는다(중국 회사법 제34조).

135 반대로 주주배정방식이 압도적이라는 견해도 있다. Fonseka, 주128, 5.

136 김명남, 중국 신주발행제도에 관한 법적 고찰, 서울대학교 대학원 법학석사논문 (2014년 8월) 14면.

137 2002년 통계에 의하면 은행대출이 2177억 달러에 달하였지만 주식발행은 89억 달러에 불과했다. Clarke, 주41, 153~154면.

138 위탁대출(委托貸款)은 기업 간 대출이 금지되는 중국에서 대출기업이 은행을 통해서 차입기업에 자금을 제공하는 수단이다. 대출기업이 차입기업, 금리 등 대출의 기본조건을 정하여 은행에 위탁하고 은행은 채무자를 감독하고 자금을 회수하는 업무를 담당하는 형태의 대출을 말한다.

| | | | | | | | | |
|---|---|---|---|---|---|---|---|---|
| 2005 | 30,008 (100%) | 23,544 (78.5%) | 1,415 (4.7%) | 1,961 (6.5%) | — | 24 (0.1%) | 2,010 (6.7%) | 339 (1.1%) |
| 2006 | 42,696 (100%) | 31,523 (73.8%) | 1,459 (3.4%) | 2,695 (6.3%) | 825 (1.9%) | 1,500 (3.5%) | 2,310 (5.4%) | 1,536 (3.6%) |
| 2007 | 59,663 (100%) | 36,323 (60.9%) | 3,864 (6.5%) | 3,371 (5.7%) | 1,702 (2.9%) | 6,701 (11.2%) | 2,284 (3.8%) | 4,333 (7.3%) |
| 2008 | 69,802 (100%) | 49,041 (70.3%) | 1,947 (2.8%) | 4,262 (6.1%) | 3,144 (4.5%) | 1,064 (1.5%) | 5,523 (7.9%) | 3,324 (4.8%) |
| 2009 | 139,104 (100%) | 95,942 (69.0%) | 9,265 (6.7%) | 6,780 (4.9%) | 4,364 (3.1%) | 4,606 (3.3%) | 12,367 (8.9%) | 3,350 (2.4%) |
| 2010 | 140,191 (100%) | 79,451 (56.7%) | 4,855 (3.5%) | 8,748 (6.2%) | 3,865 (2.8%) | 23,346 (16.7%) | 11,063 (7.9%) | 5,786 (4.1%) |
| 2011 | 128,286 (100%) | 74,715 (58.2%) | 5,712 (4.5%) | 12,962 (10.1%) | 2,034 (1.6%) | 10,271 (8.0%) | 13,658 (10.6%) | 4,377 (3.4%) |
| 2012 | 157,630 (100%) | 82,037 (52.0%) | 9,163 (5.8%) | 12,838 (8.1%) | 12,845 (8.1%) | 10,498 (6.7%) | 22,551 (14.3%) | 2,507 (1.6%) |
| 2013 | 172,904 (100%) | 88,917 (51.4%) | 5,848 (3.4%) | 25,465 (14.7%) | 1,848 (1.1%) | 7,750 (4.5%) | 18,022 (10.4%) | 2,219 (1.3%) |

자료출처: 중국인민은행 "중국화폐정책집행보고", 2002년-2013년 자료정리[139]
http://www.pbc.gov.cn/publish/zhengcehuobisi/359/index.html

# VI. 국유기업 개혁의 전망 – 맺음말을 겸하여

최근 중국 정부는 혼합소유제를 국유기업의 개혁방안으로 제시하고
있다. 국유기업 주식의 분산을 공언하고 있지만 중국 정부가 그 경영권
을 민간으로 넘기는 선까지 나아갈 가능성은 적어도 가까운 장래에는

---

139 본 자료는 일정기간 동안 중국 경제실체가 금융체계를 통해 조달한 자금총액을 통계한 것
이다. 여기서 말하는 사회 자금조달 규모= 인민폐 대출+외환대출(인민폐로 환산)+위탁대
출+신탁대출+할인 없는 은행어음+회사채권+비금융기업이 중국경내 주식을 통한 자금
조달+보험회사 배상금+부동산 투자+기타 등을 포함한다. 따라서 상술 통계표의 사회 자
금조달 총액은 각항을 합산한 수치보다 크다.

없는 것으로 판단된다. 회사화가 바로 민영화를 의미하는 것이 아니라는 점은 처음부터 강조하였거니와 그 방침이 달라졌다고 볼만한 근거는 아직 없다. 정부가 강조하는 혼합소유제란 좋게 보자면 시장의 압력을 강화하여 경영자의 업무수행을 개선하기 위한 것이고 나쁘게 보자면 경영권은 그대로 유지하면서 민간자금을 조달하려는 것이다. 민간주주 지분율이 상승함에 따라 시장의 압력이 커지는 것은 사실이다. 그러나 정부가 경영권을 유지하는 한 적대적 기업인수가 일어날 여지는 거의 없다.[140]

적대적 기업인수가 불가능한 상태에서 민간주주의 비중이 커질수록 소수주주보호를 요구하는 목소리는 높아질 것이다. 중국에서 소수주주를 보호하는 제도적 장치는 아직 충분하다고 보기 어렵다. 회사법상 주주보호규정이 크게 강화된 것은 사실이다. 그러나 실제로 집행은 제대로 되지 않고 있다. 예컨대 주주대표소송이 제기되고 있기는 하나 상장회사 경영자를 상대로 하는 대표소송은 실제로 드물다.[141] 법원이 정치적으로 민감한 소송의 접수를 거부해왔기 때문이다.[142] 설사 법원이 소송을 받아준다 해도 공정한 판결이 내려진다는 보장은 없다.[143] 법적

---

140 다만 최근 한 민간기업에서 적대적 기업인수 시도가 일어난 바 있다. 彭冰: 没有"毒丸"谁是万科的"白衣骑士"(http://yuanchuang.caijing.com.cn/2015/1224/4039699.shtml) (2016년4월29일 방문).

141 2011년까지 1건에 불과했다. Donald Clarke & Nicholas C. Howson, Pathway to Minority Shareholder Protection: Derivative Actions in People's Republic of China (2001), 21 (available at http://ssrn.com/abstract=1968732).

142 중국의 법원은 법적 근거가 없음에도 정치적으로 민감한 사건의 수리를 거부한 예가 많다. 江偉/肖建國編, 民事訴訟法 (제5판 中國人民大學出版社 2011) 77면(廖永安). 다만 2015년 사법개혁의 일환으로 최고인민법원은 수리거부를 제한하는 규정을 채택하였으므로 앞으로는 수리가 거부되는 경우는 줄어들 것으로 기대된다. 最高人民法院关于人民法院登记立案若干问题的规定(2015), 제2조, 제9조, 제10조.

143 최근 당국이 재판의 독립성을 강조하고 있긴 하지만(2016년 2월 最高人民法院이 발표한 "中国法院的司法改革"이란 제목의 백서참조) 진정한 삼권분립의 추구와는 거리가 멀다. 중국에서 재판의 독립은 주로 지방 성급 이하의 법원을 지방정부의 영향력으로부터

장치 뿐 아니라 소수주주를 보호할 수 있는 법외(法外)적인 제도도 미흡한 상태이다. 우리나라에서와는 달리 주주이익을 표방하는 시민단체의 활동은 찾아보기 어렵고 주주보호에 대한 미디어의 관심도 크지 않다.

이처럼 소수주주 보호장치가 정비되지 않은 상태에서 정부가 혼합소유제를 추진하는 것에 대해서는 비판도 있다.[144] 그러나 국유기업에 대한 민간참여의 확대를 반드시 부정적으로 볼 필요는 없다. 혼합소유제를 추진할수록 소수주주보호 법제를 강화하라는 요구도 높아질 것이다. 또한 경영자의 실적에 대한 시장의 압력도 커질 것이다. 물론 혼합소유제의 추진에도 불구하고 정부는 경영권을 포기하지 않을 것이다. 그러나 이것도 적어도 단기적으로는 반드시 부정적으로 볼 필요가 없다. 경제에 대한 정부 간섭이 일상적인 중국에서 정부의 지배하에 있다는 것은 장점도 없지 않을 뿐 아니라[145] 신뢰할 만한 전문경영인을 쉽게 찾을 수 있을지 의문이기 때문이다.

현재 중국이 국유기업을 대폭 민영화할 가능성은 없지만 민영화를 택한다면 원론적으로 다음 3가지 방안을 생각해볼 수 있다. ① 제일 용이한 방안은 외국투자자에게 처분하는 것이다. 그러나 이 방안은 정치적인 면에서 현실성이 거의 없을 것이다. ② 국내 민간기업에 인수시키는 것도 아직은 쉽지 않을 것이다. 현재 민간기업에는 거의 예외 없이 지배주주가 존재한다. 민간기업이 대형 국유기업을 인수하는 과정에서 신주를 발행하는 경우에는 지배주주 지분은 희석될 가능성이 높다. 그

---

독립시키는 것을 의미한다. 중국의 법원은 법적으로 공산당의 지시를 받도록 되어있을 뿐 아니라 현실적으로도 법관이 공산당 지시를 거스를 것을 기대하기는 어렵다. 다만 정치적 중요성이 덜한 일반 민상사사건에서는 비교적 재판의 독립성이 비교적 잘 지켜지고 있다고 한다. Jiangyu Wang, Company Law in China (Edward Elgar 2014), 238~239.

144  Milhaupt & Zheng, 주31.

145  다만 국유기업에 대한 특혜는 시장에서 경쟁을 제한하는 측면이 있기 때문에 국가적 관점에서는 바람직하진 않을 것이다.

럼에도 불구하고 지배주주가 경영권을 유지하려면 한국식의 지배소수주주체제를 도입할 수밖에 없을 것이다. 그런 체제는 경제력집중을 심화시키고 빈부격차를 더욱 악화시킨다는 점에서 정치적으로 택하기 어려울 것이다. ③ 마지막 대안은 미국식의 분산형 소유구조를 택하는 것이다.[146] 분산형 소유구조는 경영자에 의한 지배를 의미한다. 경영자지배가 자리 잡은 미국에서는 경영자지배에서 발생하는 대리문제를 처리하는 제도적 장치가 어느 정도 정비된 상태이다. 그러나 그러한 대리문제를 처리하는 법제나 인프라가 미비한 중국에서 분산형 소유구조가 제대로 작동할 수 있을지는 의문이다.

이런 상황을 고려하면 설사 공산당이 진심으로 국유기업의 민영화를 원한다 해도 자신의 경영권을 완전히 포기하는 선까지 나가기는 적어도 당분간은 어려울 것으로 판단된다. 결국 현재 정부가 추진하는 혼합소유제는 일종의 타협책으로 이해할 수 있다. 그러나 혼합소유제의 원만한 추진을 위해서도 주주이익 보호는 한층 강화할 필요가 있을 것이다. 이는 본격적인 기업지배구조의 문제에 속한다. 중국의 기업지배구조는 그 자체만으로도 방대한 연구테마로 그에 대한 연구는 후일로 미룰 수밖에 없다. 이 글의 부제를 기업지배구조의 서론적 고찰이라고 붙인 것도 그 때문이다.

중국법연구(한중법학회) 제28집(2016.5) 126–167면

---

[146]  중국학계에서는 아직 주식소유가 분산된 미국식 소유구조를 이상형으로 보는 경향이 강하다. Clarke, 주41, 158.

# 03 기업지배구조의 변화:
일본, 한국, 중국의 경험을 素材로 하여

## I. 서론

수년 전 몇몇 외국 학자들과 함께 "동아시아에서의 기업지배구조의 전환"이란 제목의 영문책자를 출간한 일이 있다.[1] 당시 함께 편집을 맡았던 Milhaupt 교수는 그 제목을 왠지 못내 탐탁해하지 않았다. 그러나 더 나은 대안을 찾지도 못했기 때문에 책은 결국 그 제목으로 발간되었다. 이 제목에 대한 그의 불만은 그가 쓴 서론을 읽고서야 비로소 이해할 수 있었다. 그는 서론의 제목을 붙이면서 전환(transformation)이란 단어 앞에 괄호를 넣고 "불규칙하고 불완전하며 예측불가능한"(uneven, incomplete, and unpredictable)이란 문구를 추가하였다. 동아시아 여러 나라에서 진행 중인 기업지배구조의 변화를 바로 전환이라고 단정하는 것이 거북했던 것이다.

이 글의 목적은 이처럼 다소 혼란스런 상태인 동아시아 기업지배구조를 개괄적으로 조망하는 것이다. 앞의 책에서는 대만도 대상으로 삼았지만 이 글에서는 일본, 한국, 중국 세 나라만을 다루기로 한다. 이

---

1 Hideki Kanda et al. eds., Transformation of Corporate Governance in East Asia (2008 Routledge).

들 세 나라는 지리적으로 인접하고 있을 뿐 아니라 역사적, 문화적, 경제적으로 밀접한 관련이 있다. 그리고 세 나라는 모두 한자문화권에 속하며 정도의 차는 있지만 유교적 전통을 공유하고 법제도면에서는 모두 기본적으로 대륙법계에 속한다. 또한 기업지배구조 측면에서 특히 주목할 것은 이들 세 나라가 모두 정부주도의 경제성장과정을 경험했다는 점이다.[2]

그러나 이러한 공통분모에도 불구하고 세 나라의 기업지배구조 현실은 상당한 차이를 보이고 있다. 이러한 기업지배구조의 차이가 단순히 경제발전수준의 격차에서 비롯된 것 같지는 않고, 또 이들 세 나라의 기업지배구조가 모두 변화의 과정에 있지만 구체적인 변화의 양상은 반드시 같은 것은 아니다. 세 나라 기업지배구조의 다양하고 역동적인 변화의 모습은 그 자체로도 몹시 흥미롭지만 비교기업지배구조의 관점에서 주목할 필요가 있다. 특히 앞으로 기업지배구조의 변화를 빚어내는 역학관계와 변화과정을 지배하는 질서와 논리를 해명하는 작업이 필요할 것이다. 이 글은 그러한 본격적인 작업이 다뤄야 할 몇 가지 논점을 제시하는 정도로 그치기로 한다. 또한 이 글의 대상은 극히 광범하고도 복합적이기 때문에 그에 대한 개괄적인 서술은 (때로는 과도하게) 단순화할 수밖에 없다는 점을 지적해두고자 한다.

이 글은 다음과 같은 순서로 진행한다. 첫째, 본격적인 논의에 앞서 이 글의 대상인 기업지배구조에 관하여 몇 가지 개념상의 문제점을 정리한다(Ⅱ). 둘째, 세 나라의 기업지배구조의 현상(現狀)과 변화를 네 가지 측면에서 살펴본다(Ⅲ). 셋째, 기업지배구조의 현상과 변화에 대한 고찰을 토대로 주관적인 평가와 전망을 시도하기로 한다(Ⅳ).

---

2  특히 중국에서는 그러한 정부주도의 경제성장이 아직도 진행 중이다.

## II. 예비적 검토

### 1. 기업지배구조의 의의: 광의와 협의

기업지배구조는 지극히 유연한 개념으로 논자에 따라서 서로 다른 의미로 사용되고 있다. 그러나 기업지배구조에 관한 논의는 크게 두 가지로 나누어 볼 수 있다. 먼저 넓은 의미로는 주주뿐 아니라 채권자, 근로자, 소비자 등 기업의 각종 이해관계자들(stakeholders)의 상호관계에 관한 논의를 대상으로 한다. 기업의 주인은 누구인가, 기업의 목적은 무엇인가라는 물음은 그 논의의 주된 소재이다. 반면 좁은 의미로는 기업의 주인이 주주라는 전제에 입각하여 소유와 경영의 분리로 인한 경영자(또는 지배주주)와 일반 주주 사이의 이익충돌, 즉 경제학에서 말하는 대리문제(agency problem)의 해결에 관한 논의를 가리킨다.

기업지배구조에 관한 이제까지의 담론은 광의와 협의의 논의, 그리고 규범적 논의와 실증적 논의가 서로 얽히고 섞여 다소 혼란스런 상황이라고 할 수 있다. 다만 과거에는 좁은 의미의 기업지배구조가 논의의 중심이었지만 최근에는 넓은 의미의 기업지배구조가 더 관심을 끌고 있는 것으로 보인다. 광의의 기업지배구조는 다양한 이해관계자들 사이의 갈등을 내포하고 있기 때문에 정치적 성격을 강하게 띨 수밖에 없다. 광의의 기업지배구조는 경제에 대한 정부의 관여도, 산업구조, 노사관계, 언론, 사법제도 등 다양한 생태적 요소의 영향을 받는 종속변수이고 이러한 생태적 요소의 밑바닥에는 정치적 힘이 작용하고 있기 때문이다.[3] 광의의 기업지배구조에 관한 논의는 이해관계가 복잡하고

---

3  이러한 관점에 입각한 대표적인 연구로는 Peter Gourevitch & James Shinn, Political Power and Corporate Control: The New Global Politics of Corporate Governance (Princeton 2005).

객관적 측정이 어렵기 때문에 협의의 논의에 비하여 학문적 엄격성을 유지하기 어려운 것이 사실이다. 그러나 기업지배구조의 비교연구에서 보다 중요한 것은 광의의 관점이다. 따라서 이 글에서도 세 나라의 기업지배구조를 보다 광의의 관점에서 조망하기로 한다.

## 2. 기업지배구조 논의의 구성 요소

기업지배구조에 대한 비교연구에서 특히 관심을 끄는 것은 기업지배구조의 변화이다. 기업지배구조의 변화에 관해서는 두 견해가 팽팽히 대립하고 있다. 하나는 각국의 기업지배구조가 결국 주주이익을 중시하는 영미식모델로 수렴할 것이라는 견해이고[4] 다른 하나는 기업지배구조가 일단 정착하면 이른바 경로의존성(path dependence) 때문에 그 변화가 어렵다는 견해이다.[5] 현재 "이론상의 교착상태"(theoretical stale-mate)[6]에 빠진 이 논의를 이 글에서 되풀이할 생각은 없다. 다만 기업지배구조가 워낙 복합적이고 다중적인 개념인 까닭에 그 변화를 논할 때에는 무엇을 기준으로 판단할 것인지 유의할 필요가 있음을 강조하고 싶다. 어쩌면 기업지배구조의 변화에 관한 논의의 혼란은 상당 부분 개념상의 불명확성에서 비롯된 것일지도 모른다.

실제로 기업지배구조의 변화는 여러 차원에서 일어날 수 있다. 일부 학자들은 소유구조의 변화에, 다른 학자들은 사외이사나 주주대표

---

4 대표적인 견해로는 Henry Hansmann & Reinier Kraakman, The End of History for Corporate Law, 89 Georgetown Law Journal 439 (2001).

5 대표적인 문헌으로는 Lucian Bebchuk & Mark Roe, A Theory of Path Dependence in Corporate Governance and Ownership, 52 Stanford Law Review 127 (1999).

6 Li-Wen Lin and Curtist J. Milhaupt, We are the (National) Champions: Understanding the Mechanisms of State Capitalism in China (Working Paper No. 409 November 1, 2011) 50.

소송과 같은 제도의 변화에 주목한다. 그러나 광의의 기업지배구조에 관한 논의의 핵심은 기업이 실제로 무엇을 목적으로 운영되는가 - 그리고 나아가 당위적으로 무엇을 목적으로 운영되어야 하는가 - 라는 물음일 것이다. 기업의 목적은 기업운영의 방향을 결정짓는다는 점에서 기업지배구조의 가장 기본적인 요소이다. 그러나 기업의 실제 운영이 무엇을 목적으로 하는지 외부에서 객관적으로 파악하기는 어렵다. 기업의 목적을 파악하는 실마리를 제공하는 것은 기업의 의사결정을 통제하는 주체이다. 기업의 통제주체가 누구인가에 따라서 기업운영의 행태가 달라질 가능성이 있다. 기업의 통제주체가 지배주주인 경우에는 아무래도 지배주주의 이익이 중시될 것이다. 반면 주식소유가 분산된 회사에서는 주주이익이 상대적으로 중시되지 않을 가능성이 높다.

실제로 누가 기업의 통제주체인가는 회사법이 아니라 각 기업의 소유구조에 따라 결정된다. 따라서 기업의 통제주체를 파악하기 위해서는 당해 기업의 주식소유구조를 살펴볼 필요가 있다. 기업의 소유구조, 특히 상장기업의 소유구조에 관한 정보는 비교적 용이하게 취득할 수 있다. 이제까지 기업지배구조에 관한 많은 연구가 기업지배구조에 영향을 주는 각종 환경요소와 소유구조와의 상관관계를 대상으로 삼아온 것은 바로 그 때문이라고 할 수 있을 것이다.[7]

기업의 소유구조는 여러 요소의 영향을 받지만 특히 기업의 자금조달행태와 밀접한 관련이 있다. 과거에는 기업지배구조를 기업금융의 측면에서 자본시장중심모델이나 은행중심모델로 구분하는 경우가 많았다. 자금조달을 자본시장이 아닌 은행에 의존하는 체제에서는 주식

---

7 이러한 연구는 실로 무수하지만 대표적인 예로는 Mark Roe, Political Determinants of Corporate Governance: Political Context, Corporate Impact (Oxford, 2003); La Porta et. al., Law and Finance, 106 Journal of Political Economy 1113 (1998); Corporate Ownership Around the World, 54 Journal of Finance 471 (1999); Investor Protection and Corporate Governance, 58 Journal of Financial Economics 3 (2000).

소유의 분산은 진전되기 어렵다. 또한 자본시장에 의존하는 기업은 기업의 목적과 관련해서 주주이익을 중시할 압력을 받게 된다.

기업지배구조에 관한 논의에서 결코 무시할 수 없는 것은 기업의 통제주체의 행동이 기업목적에 부합하도록 담보하는 각종의 법적 또는 비법적(非法的) 장치이다. 기업의 소유구조나 자금조달행태가 주로 경제학자들의 연구대상이었다면 이러한 담보장치에 대해서는 주로 회사법학자들이 주목해왔다고 할 수 있다.

한편 경제학계에서는 기업지배구조를 구성하는 이러한 요소들이 회사의 실적이나 주가에 미치는 영향에 대한 실증연구를 활발하게 진행하고 있다. 기업지배구조의 실제 효과에 관한 실증연구는 기업지배구조에 관한 정책적 논의에 영향을 미친다는 점에서 중요한 의미를 갖는다. 그러나 이 글에서는 극히 제한적으로만 언급하기로 한다.

## 3. 기업지배구조를 보는 네 가지 시점

앞서 언급한 기업지배구조 논의의 구성요소는 기업지배구조에 관한 비교연구에서 일종의 기준점으로 활용할 수 있을 것이다. 이 글에서는 세 나라의 기업지배구조를 다음과 같은 네 가지 시점, 즉 기업의 소유구조, 자금조달행태, 기업의 통제주체와 목적, 그리고 통제주체에 대한 견제장치로부터 접근하고자 한다. 이하에서는 경제발전의 순서에 따라 일본, 한국, 중국의 기업지배구조의 현상과 변화에 대해서 차례로 검토하기로 한다.

# III. 기업지배구조의 현상과 변화

## 1. 기업의 소유구조

### (1) 분산형과 집중형

기업의 소유구조는 분산정도에 따라 분산형과 집중형으로 나눌 수 있다. 분산형은 미국, 영국, 일본 등 일부에 불과하고 나머지 국가는 대부분 집중형에 속하는 것으로 알려져 있다. 집중형에서는 지배주주가, 그리고 분산형에서는 전문경영자가 통제주체가 될 가능성이 높다. 기업의 통제주체와 관련해서는 주식소유의 분산도와 함께 분산의 형태도 중요하다. 지배주주가 과반수 주식을 보유하는 경우도 있지만 10% 미만의 주식을 보유하면서도 계열회사의 주식보유를 적절히 활용함으로써 기업집단 전체를 안정적으로 지배하는 예도 많다. 그런 경우 지배주주의 경제적지분(cash flow right)는 10% 미만이지만 의결권지분(control right)은 훨씬 더 크다. 이처럼 실제로 소수지분을 가지고 지배하는 주주를 지배소수주주(controlling minority shareholder: CMS)라고도 부른다.[8] 지배소수주주는 일반주주와 인센티브가 불일치하지만 경영권에 대한 위협이 별로 없기 때문에 선문경영자의 경우보다 훨씬 더 심각한 대리문제를 낳는다.

기업의 소유구조는 객관적인 파악이 가능하다는 것이 장점이지만 세 나라의 기업소유구조와 그 변화를 객관적으로 비교할 수 있는 자료는 찾기 어렵다. [표 1]은 정치학자인 Gourevitch와 Shinn의 책에 나온

---

8   지배소수주주체제에 대한 문헌으로 Lucian A. Bebchuk et al., Stock Pyramids, Cross Ownership and Dual Class Equity: the mechanisms and agency costs of separating control from cash flow rights, in: Randall Morck ed., Concentrated Corporate Ownership (University of Chicago 2000) 445.

각국 소유구조의 비교표를 간추려 만든 것이다.[9] [표 1]은 20% 이상을 보유한 개인지배주주의 지배를 받는 기업의 시장가치가 전체기업의 시장가치에서 차지하는 비중을 보여준다.

| 표 1 | 주요국가의 주식소유분산도(%) |
| --- | --- |
| 일본 | 4.1 |
| 중국 | 5 |
| 미국 | 15 |
| 영국 | 23.6 |
| 한국 | 31.8 |
| 말레이시아 | 42.6 |
| 인도 | 43 |
| 대만 | 45.5 |
| 태국 | 51.9 |
| 이태리 | 59.6 |
| 브라질 | 63 |
| 독일 | 64.6 |
| 프랑스 | 64.8 |
| 인도네시아 | 67.3 |
| 칠레 | 90 |

Gourevitch와 Shinn의 표에 포함된 대상국가 전체의 평균은 47이며 대부분 국가는 40에서 70 사이에 위치한다. 따라서 그 표에 따르면 일본은 물론이고 일반의 통념과는 달리 중국과 한국도 분산형에 속하는 셈이다.[10] 그러한 결과는 위 통계가 지배주주를 20% 이상을 보유하는 "개인"주주로 보고 "법인"주주는 포함시키지 않았기 때문에 생겨난 것이다. 따라서 각국의 기업소유구조를 보다 정확하게 파악하기 위해서

---

9   Gourevitch & Shinn, 주3, 18. 통계의 기준년도는 나라마다 다소 차이가 있지만 대체로 2000년 전후를 기준으로 삼고 있다.

10   이 점은 Gourevitch & Shinn도 인정하고 있다. Ibid.

는 각국의 사정을 개별적으로 들여다볼 필요가 있다.

## (2) 일본: 주식상호보유와 안정주주

위 [표 1]에 의하면 일본의 기업소유구조는 분산형에 속한다. 그러나
처음부터 분산형 소유구조를 가졌던 것은 아니다. 19세기 후반 정부주
도의 경제개발과정에서 형성된 재벌은 피라미드형 지주회사구조를 취했
다.[11] 그러나 제2차 세계대전 후 이들 재벌은 미군정에 의하여 해체되어
독립적인 기업들로 재편되었다. 지주회사가 보유하고 있던 주식은 강제
적으로 분산되고 지배주주들이 밀려난 자리에는 근로자 출신의 전문경영
자들이 들어서게 되었다. 주식을 매입할 정도의 재산을 갖고 있지 않았던
전문경영자들은 이른바 안정주주를 확보함으로써 경영의 안정을 도모하
였다. 안정주주란 일반주주들과는 달리 배당이나 주가상승보다는 거래
관계의 유지 등 다른 목적으로 주식을 보유하는 주주로 주거래은행(main
bank)과 같은 금융기관이나 거래관계 있는 기업이 대부분이었다. 안정주
주는 당연히 기업의 경영성과와 무관하게 기존 경영자에 우호적이면서도
단기적으로 처분할 의도를 갖지 않았다. 이들 회사는 거꾸로 안정주주인
회사에 대해서 안정주주역할을 맡는 경우도 많았다. 이러한 경우를 특히
주식상호보유(이른바 株式持合い)라고 부른다. 이러한 주식의 상호보유를
포함한 안정주주의 존재는 분산형에 속하는 미국이나 영국과 다른 일본
의 특징이라고 할 수 있다. 내부승진을 통해서 경영조직의 정상에 오른
경영자는 보유주식은 없지만 안정주주에 의존함으로써 외부주주의 위협

---

11  일본 기업소유구조의 변화에 관한 문헌으로는 예컨대 宮島英昭/新田敬祐, 「株式所有構
造の多樣化とその歸結」, 『日本の企業統治』(宮島英昭 編)(東洋經濟新報社 2011) 105
면 이하; Randall K. Morck & Masao Nakamura, A Frog in a Well Knows Nothing of
the Ocean – A History of Corporate Ownership in Japan, in: A History of Corporate
Governance Around the World (Randall Morck ed. University of Chicago, 2007).

으로부터 "경영의 자립성"을 확보할 수 있었다.

이러한 주식상호보유현상은 1960년대 자본자유화를 계기로 급속히 확산되었다.[12] 안정주주의 지분은 1960년대 후반부터 2000년에 이르기까지 과반수를 점하였다. 그러나 안정주주의 지분은 1990년 버블붕괴 후 지속적으로 감소추세에 있다는 것이 중론이다.[13] 이러한 사정을 보여주는 것이 [표 2]이다. [표 2]는 1955년부터 2005년 이후에 이르기까지 이른바 내부자와 외부자의 보유비율의 변화를 보여준다. 여기서 내부자는 대체로 안정주주와 큰 차이가 없다. [표 2]는 1965년 이후 시작된 내부자우위체제가 버블붕괴 후 급속히 약화되어 1990년대 후반에 이르러 붕괴되었음을 보여준다.

표 2　　주식소유구조의 장기변화

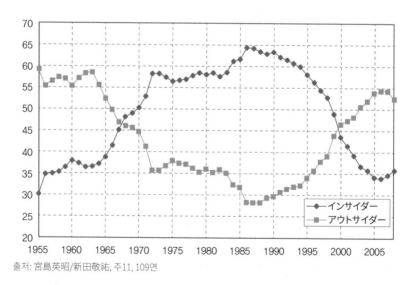

출처: 宮島英昭/新田敬祐, 주11, 109면

12　得津 晶,「持合株式の法的地位(1)――株主たる地位と他の法的地位の併存――」,『法学協会雑誌』125巻3号、2008年、470頁以下; 中東正文/松井秀征 編, 会社法の選択 (商事法務 2010) 469-474면(松井秀征 執筆).

13　得津, 주12, 485頁; コーポレート ガバナンスに関する 法律問題研究会, 報告書 株主利益の観点からの法規整の枠組みの 今日的意義 (2011) 28-29면.

한편 [표 3]은 [표 2]의 내부자와 외부자가 어떤 주주들로 구성되었고 그것이 지난 60년간 어떻게 변화해왔는지를 보여준다.

**표 3** 주주유형별 주식소유분포(%)

|  | 2010 | 1985 | 1949 |
|---|---|---|---|
| 정부 | 0.2 | 0.8 | 2.8 |
| 은행, 보험회사 | 22.5 | 42.2 | 9.9 |
| 증권회사 | 1.8 | 2.0 | 12.6 |
| 사업법인 | 24.3 | 24.1 | 5.6 |
| 개인 | 29.1 | 25.2 | 69.1 |
| 외국인 | 22.2 | 5.7 | 0 |

출처: 東京証券取引所, 平成22年度株式分布状況調査の調査結果について(2011)

[표 3]에서 괄목할 것은 두 가지 변화이다. 첫째, 지난 60년 사이에 은행, 보험회사와 사업법인의 비중이 대폭 높아진 것이다. 이들 대부분은 안정주주역할을 위해서 보유되고 있는 것으로 짐작된다. 그러나 1985년에서 2010년 사이에는 사업법인의 비중에는 변화가 없지만 은행과 보험회사의 비중은 거의 절반으로 감소하였다. 이들 비중의 감소는 사업법인과의 사이에 상호보유관계가 해소됨에 따른 것이다. 사업법인은 1980년대 후반부터 자본시장에서의 자금조달이 가능해짐에 따라 은행의존도가 낮아진 반면에 은행은 특히 1990년대 후반 금융위기를 계기로 사업법인의 주식을 계속 보유하기가 어려워진 것이 상호보유관계가 해소된 원인이라고 할 수 있을 것이다.[14]

---

14  또한 2002년 시행된 銀行等株式保有制限法도 은행의 보유비율하락에 기여한 것으로 평가된다.

둘째, 은행과 보험회사가 후퇴한 후 비중이 높아진 것이 외국인 투자자이다. 1985년 5.7%에 불과했던 외국인 보유비율은 90년대에 지속적으로 상승하여 2006년 말에는 28%에 달했으나 2007년 시작된 세계금융위기를 계기로 하락세로 바뀌어 2010년 22.2%로 하락하였다.[15] 외국인투자는 단지 비중이 커졌을 뿐 아니라 과거와는 달리 기업지배구조에 적극적인 펀드투자자(이른바 activist fund)가 늘어났다. 그리고 이들의 위협 때문에 감소추세이던 주식상호보유가 2005년 이후 사업법인을 중심으로 다시 늘고 있다는 견해도 주장되고 있다.[16] 그러나 현실적으로 보유주식의 시가변동을 손익계산서에 반영할 것을 요구하는 국제회계기준이 도입된 상태에서 주식상호보유를 강화하는 것은 쉽지 않다는 관측도 있다.[17]

끝으로 같은 분산형에 속하는 영미의 주식소유구조와의 차이로 기관투자자의 역할에 대해서 주목할 필요가 있다. 미국에서는 기관투자자가 상장주식의 50% 이상을 보유할 뿐 아니라 특히 연금기금의 경우 주주이익을 위해서 적극적으로 나서고 있는데 반하여 일본에서는 기관투자자의 비중도 낮고 의결권행사를 통한 경영자 견제에 소극적이란 관측이 일반적이다.[18] 그러나 최근의 연구에 따르면 국내기관투자자의 보유비율이 20% 전후에 달하고 행동양식도 외국인투자자와 큰 차이가 없게 되었다고 한다.[19]

15  상세한 것은 宮島英昭/新田敬祐, 주11, 115-118면.
16  得津, 주12, 486-7頁; 宮島英昭/新田敬祐, 주11, 125-126면.
17  宮島英昭/新田敬祐, 주11, 130면.
18  미국과 일본의 주주행동의 차이에 대해서는 江頭憲治郎, 企業と団体(会社法の基本問題(2011)所收) 39-47면 참조.
19  宮島英昭/保田隆明『変貌する日本企業の所有構造をいかに理解するか』9,36頁(FSA Institute Discussion Paper Series, 2012年)

## (3) 한국: 계열회사를 통한 주식보유와 지배소수주주

한국의 기업소유구조는 한마디로 지배소수주주체제라고 할 수 있다. 일부 금융지주회사와 공기업 민영화의 산물인 일부 대기업을 제외하고는 거의 모든 기업에 지배주주가 존재한다. 대기업 지배주주는 통상 수십 개의 크고 작은 상장, 비상장 법인으로 구성된 기업집단을 지배한다. 이들 기업집단은 통상 재벌이라고 불리며 그 지배주주는 총수라고 불린다.

1960년대 경제발전 초기에는 기업의 자금조달은 은행차입을 비롯한 간접금융에 의존하였으므로 창업자들은 회사주식의 대부분을 보유하였다. 1960년대 말부터 정부가 자본시장 육성정책을 추진함에 따라 창업자의 지분은 차츰 낮아졌지만 1980년대까지도 창업자의 지분은 20%가 넘고 계열회사가 보유하는 지분은 미미하였다.[20] 그러나 1990년대에 이르러 총수의 지분이 평균 10%선으로 떨어지고 대신 계열회사 지분이 30%대로 상승하였다. 2010년 현재 53개 기업집단중 개인지배주주인 총수가 있는 기업집단의 내부지분율[21]은 50.5%에 달하며 그 중 총수지분율은 2.12%, 총수일가 지분율은 4.4%, 계열회사 지분율은 43.58%이다.[22] 총수지분율은 규모가 큰 기업집단일수록 더 낮다. 이들의 소유구조는 [표 4]에서 보는 바와 같이 지난 20년간을 보더라도 상당히 안정된 모습을 보여주고 있다.

---

20  김건식 외, 기업집단 규율의 국제비교(공정거래위원회 연구용역보고서)(2008) 75면.
21  총수개인, 총수일가, 그리고 계열회사의 지분율 모두 합한 수치를 말한다.
22  공정거래위원회, 2011년 공정거래백서 295면.

| 표 4 | 상위 10대 기업집단(총수 있는 경우)의 내부지분율 변화 |

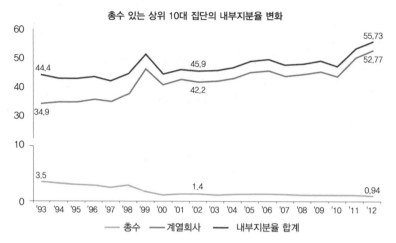

총수 있는 상위 10대 집단의 내부지분율 변화

— 총수　— 계열회사　— 내부지분율 합계

출처: 2012년 대기업집단 주식소유현황 및 소유지분도에 대한 정보공개(공정거래위원회 보도자료 2012-07-02)

[표 4]에서 보는 바와 같이 총수일가가 직접 보유하는 지분은 하락했지만 계열회사를 이용한 순환출자나 피라미드식 주식보유를 통해서 전체 기업집단에 대한 지배력을 유지하고 있다.[23] 기업집단의 구체적인 소유구조는 다양할 뿐 아니라 변화를 계속하고 있다. [표 5]는 2012년 현재 한국 최대 기업집단인 삼성그룹의 소유구조를 보여준다. 소유구조는 지극히 복잡하지만 분명한 것은 최정상에 개인 지배주주가 자리잡고 있다는 점이다. 이러한 사정은 다른 기업집단에서도 큰 차이가 없다.

23　공정거래위원회 발표에 의하면 2008년 현재 삼성그룹의 지배소수주주의 경제적 지분은 3.57%인데 비하여 의결권지분은 28.88%이고 현대차그룹의 경우에는 그 수치가 각각 6.62%와 37.05%이다. 공정거래위원회, 2008년도 집단단위대응비교(괴리도/의결권승수)

표 5 | 삼성그룹의 소유구조

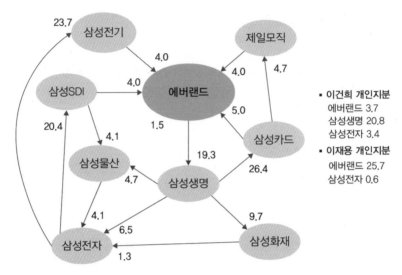

출처: 공정거래위원회

[표 5]가 보여주는 바와 같이 한국의 기업집단에서는 계열회사들이
일본의 "안정주주"와 같은 역할을 하고 있다. 재벌은 정경유착, 세습경
영, 비관련 다각화 등 여러 면에서 비판의 표적이 되었다. 특히 소유구
조와 관련해서는 미미한 지분으로 절대적인 경영권을 행사한다는 지
적이 많았다. 또한 [표 5]와 같은 복잡한 소유구조에 대해서는 투명성
의 관점에서 비판을 받았다. 정부는 1999년부터 소유구조의 단순화를
위하여 기업집단이 지주회사구조로 전환하는 것을 정책적으로 유도하
였다. 이러한 정부정책의 결과 2010년 현재 96개의 지주회사가 존재한
다.[24] 나아가 재벌의 지주회사전환을 보다 용이하게 하기 위하여 상장
자회사의 경우 지주회사가 그 주식을 20%만 보유하여도 지주회사요건

24   12개 금융지주회사를 포함한 수치이다. 공정거래위원회, 2011년 공정거래백서 303면.

을 갖춘 것으로 보았다(독점규제 및 공정거래에 관한 법률 제8조의2 제2항 제2호). 그 때문에 지주회사구조를 취한 기업집단의 경우에도 여전히 소수의 실질적 지분으로 다수의 계열회사를 거느리는 지배소수주주체제는 그대로 남아있다.

지배소수주주체제가 구체적으로 어떠한 모습인지는 위의 서술에서 짐작할 수 있다. 그렇다면 나머지 주주들의 모습은 어떠한가? 이를 위해서는 [표 6]을 참조할 필요가 있다.

**표 6** 유가증권시장 소유자별 주식소유분포(2010년, %)

| 정부 | 4.67 |
|---|---|
| 기관투자자 | 14.59 |
| 일반법인 | 27.72 |
| 개인 | 36.55 |
| 외국인 | 16.48 |

출처: 한국거래소

[표 6]은 2010년 현재 한국거래소의 제1부 시장이라고 할 수 있는 유가증권시장의 소유자별 주식소유분포를 보여준다. 이러한 분포는 2000년 이후 다소 변화가 없지 않지만 기조는 그대로 유지되고 있다. [표 6]은 두 가지 흥미로운 점을 보여준다. 첫째, 일본과 비슷하게 일반법인의 보유비중이 비교적 높다는 점이다. 그러나 일본과는 달리 이 수치 중 상당부분은 계열회사의 보유분일 것이다. 둘째, 외국인의 지분이 과거보다는 낮아졌지만 아직 상당히 높다는 점이다. 실제로 대기업의 외국인 지분은 더 높을 가능성이 높다. 거래소 홈페이지에 의하면 주식 수가 아닌 시가기준의 외국인 지분비율은 2011년 말 현재 32.87%로 주식

수를 기준으로 한 [표 2] 수치의 거의 두 배에 달한다.

한국의 주식소유구조는 과거에 비하면 크게 분산되었지만 지배주주의 경영권은 계열회사의 주식보유를 통해서 그대로 유지되고 있다. 더 이상 분산이 진행되면 경영권 안정을 보장할 수 없는 상태에 이르렀기 때문에 가까운 장래에 분산이 더 진행될 것인지는 의문이다. 지난 10년간 주식소유구조에 큰 변화가 없는 것도 지배주주의 지분비율이 이제 더 이상 낮출 수 없는 한계점에 도달하였기 때문으로 추측된다.

### (4) 중국: 국유기업과 공산당

#### 1) 회사화

[표 1]은 중국의 기업소유구조를 분산형으로 분류하고 있다. 그러나 개인지배주주를 기준으로 삼은 [표 1]의 통계는 아직도 국가소유주식의 비중이 높은 중국의 현실을 제대로 반영하고 있지 않다. 일본이나 한국과 달리 중국의 기업소유구조는 국가소유지분의 비중이 압도적으로 높은 것이 특징이다. 중국이 공산당이 지배하는 국가라는 점에서 보면 이러한 특징은 당연한 것이다. 중국은 국유기업의 효율을 높이기 위하여 다방면에 걸쳐 노력했지만 결손이 계속 증가했다.[25] 그리하여 정부는 1993년 드디어 국유기업의 효율을 높이기 위한 방안으로 국가의 기업활동을 회사형태로 전환한다는(회사화) 방침을 정했다. 그리고 회사화를 뒷받침하기 위해서 1993년 회사법을 제정하였다. 회사화의 목적은 회사의 일상적인 운영으로부터 정부의 영향을 배제함으로써 효율을 높이기 위한 것이었다. 그러나 회사화가 바로 민영화를 의미하는 것은 아니었다.

---

25  吳敬璉, 当代中国经济改革教程(上海远东出版社 2010) 132-133면.

## 2) 민영화의 지연

정부에 의한 직접 관리에서 벗어나 새로이 태어난 국유기업의 민영화는 좀체 진행되지 않았다. 동구권의 민영화와는 달리 중국은 국가안보나 경제안전을 위하여 석유화학, 통신, 항공해운, 석탄 등 주요산업의 경우 부분적으로 주식을 처분하였을 뿐으로 국가가 지배권을 유지하였다.[26] 이처럼 구태여 일부 주식이라도 민간에 처분한 것은 경영자에게 시장의 압력을 가함으로써 경영효율을 높이기 위한 것이었다. 이들 주식은 1990년 상해와 심천에 설립된 증권거래소에 상장되었다. 이들 두 거래소의 시가총액은 2011년 현재 동경증권거래소의 규모를 넘어서 중국증권시장은 홍콩을 제외하고도 세계 3위를 차지하고 있다.[27] 중국의 증권거래소가 그 역사가 일천함에도 불구하고 규모가 큰 것으로 나타나는 것은 실제로 거래가 되지 않는 국유주식과 법인소유주식이 모두 시가총액에 포함되고 있기 때문이다.[28] 2010년 현재 개인투자자의 수는 8천만 명에 이르고 그들이 보유하는 상장주식(A주식)은 전체 약 30%에 달하고 있다.[29] 민간보유주식의 상당부분은 주로 기관투자자가 보유하고 있지만 이들도 장기적 시각을 갖기 보다는 투기적으로 행동한다고 한다.[30]

## 3) 주식의 거래제한

과거 이들 국유기업의 주식은 거래제한주식과 거래가능주식으로 구

---

26  Wei He & Haibo Yao, Value Creation after State Share Transfers: New Evidence from China (no date) at 5-6(available at: http://ssrn.com/abstract=1929176).

27  World Federation of Exchanges 홈페이지(http://www.world-exchanges.org) 참조.

28  Donald C. Clarke, Law Without Order in Chinese Corporate Governance Institutions, 30 Nw. J. Int'l L. & Bus. 131(2010) 152-153.

29  中国证券监督管理委员会, 中国资本市场二十年 (中信出版社 2012) 139-140면.

30  Clarke, 주28, 155.

분되었다. 전자에는 국유주식, 법인소유주식,[31] 근로자소유주식이 포함
되고 후자에는 국내 상장회사의 주식 중 중국투자자만 투자할 수 있는 A
주식, 외국인도 투자할 수 있는 B주식, 홍콩증권거래소에 상장된 H주식
이 포함된다. 거래제한주식은 뜻하지 않게 국유기업이 민영화되는 것을
제도적으로 방지하기 위하여 도입한 것이었다. 과거에는 국유주식, 나머
지 거래제한주식, 거래가능주식이 각각 1/3 정도를 차지하였다.[32]

　이러한 일부 주식의 거래제한은 주식가격의 왜곡을 초래하였다.
2005년 정부는 거래제한주식의 거래를 점진적으로 허용하기로 방침을
정하고 그 절차를 위한 규정을 공포하였다.[33] 이러한 정부방침의 시행
에 따라 2011년에는 거래가능주식의 비중이 99%에 달하게 되었다.[34] 그
러나 형식적으로는 이처럼 거래가능주식이 증가했다고 하더라도 현실
적으로 정부는 처분에 대해서 신중을 기하고 있다.

### 4) 국유주식의 관리

　국가소유의 주식은 2003년 설립된 국무원 국유자산감독관리위원회
(국자위)가 관리한다. 현재 국자위가 관리하는 국유기업은 기업집단의
형태를 취하고 있다.[35] 기업집단의 최상층에는 "국가투자공사"와 같은

---

31　주로 국유기업과 같은 법인이 보유하는 주식으로 법인간에는 거래가 가능하다는 점에서
　　국유주식과 구별된다.

32　Clarke, 주28, 145, 146.

33　이에 관하여 상세한 것은Wai Ho Yeung, Non-Tradable Share Reform in China: March-
　　ing Towards the Berle and Means Corporation? Comparative Research in Law
　　and Political Economy (CLPE) Research Paper 48/2009, Vol. 5, No. 9 (2009), at
　　11-19(available at: http://ssrn.com/abstract=1515957). 정부의 거래허용방침은 반드
　　시 국가소유 주식을 처분하겠다는 것은 아니었지만 시장에서는 주가의 상승을 초래했다.
　　Andrea Beltratti et. al., The Stock Market Reaction to the 2005 Non-Tradable Share
　　Reform in China(2011)(European Central Bank Working Paper No. 1339).

34　中国证券监督管理委员会, 주29, 34면.

35　기업집단의 보다 구체적인 구조에 관해서는 Lin & Milhaupt, 주6, 18-23. 기업집단 형태를
　　취하게 된 것은 중국이 경제개발을 시작하면서 과거 일본과 한국의 기업집단을 모델로 삼

이른바 "국가수권투자기구"라고 하는 지주회사가 존재하고 이는 지주회사로서 사업자(子)회사의 주식을 보유할 뿐 직접 사업을 수행하지는 않는다. 이들 사업자회사는 상장되어 있는 경우가 많다. 최상층의 지주회사 주식을 100% 소유하는 국자위는 처음에는 마치 이사회와 마찬가지로 사업자회사의 경영을 간섭했지만 2009년부터 시행된 "기업국유자산법"은 회사법상의 주주로서의 권한행사만 허용하고 있다.[36]

## 5) 국유기업의 비중과 성과

국유기업이 중국 경제에서 차지하는 비중은 점차 줄어들고 있지만 아직 상당한 비중을 차지하고 있다. 연매출 5백만 위안이 넘는 제조업체에서 국유기업의 비중은 수를 기준으로 1998년의 39.2%에서 2010년에는 4.5%로 대폭 감소하였지만 자산 기준 비중은 68.8%에서 42.4%로 감소하였을 뿐이다.[37] 상장기업 중 국유기업이 차지하는 비중에 대해서는 연구에 따라 큰 차이가 있다. 중국의 상장기업에서 국가가 지배하는 기업[38]의 비중이 2000년의 73%에서 2010년에는 21%로 하락하였다는 연구가 있는가 하면[39] 국유기업의 비중은 2/3를 넘는다는 연구도 있다.[40]

중국에서도 상장회사의 성과는 주식소유가 분산된 회사보다는 어느

---

앉기 때문이라고 한다. Id. 14-16.

36  상세는 吳敬璉, 주25, 139-141면.

37  IBRD, China 2030(2012), 110.

38  그 의미는 분명치 않지만 국가가 최대주주인 기업을 가리키는 것으로 짐작된다. 경우에 따라서는 정부가 6%의 주식만을 가진 경우에도 국가지배기업으로 분류되는 일이 있다고 한다. Clarke, 주28, 144 n39.

39  Martin J. Conyon & Lelong He, CEO Compensation and Corporate Governance in China (2012) at 21(available at: http://ssrn.com/abstract=2071001).

40  Joseph Fan et. al., Capitalizing China (2011) at 7(available at: http://ssrn.com/abstract=1972735). 다른 연구에 의하면 2003년 현재 상장회사의 84%가 정부의 주식보유를 통하여 지배되고 있다고 한다. Clarke, 주28, 142 n33.

정도까지는 집중된 회사가 더 좋다는 연구결과가 많다.[41] 그러나 국가가 지배주주인 경우에는 성과가 좋지 않다. 일부 실증연구에 의하면 국가의 지분이 높을수록 기업의 회계적 성과는 낮은 반면 법인이나 개인의 지분비율이 높을수록 회사의 성과도 높다.[42] 또한 국유기업, 상장기업, 비공개기업 중에서 비공개기업의 성과가 가장 양호하다는 연구도 있다.[43] [표 7]은 비국유기업의 수익률이 국유기업의 수익률을 큰 폭으로, 그리고 지속적으로 상회함을 보여준다.

**표 7** 국유기업과 비국유기업간의 수익률 비교

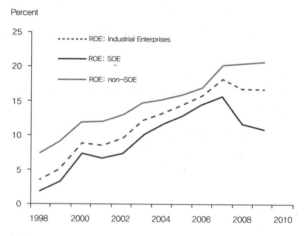

출처: IBRD, China 2030(2012), at 111

## 6) 민간기업

전술한 바와 같이 현재 중국의 자본시장에서 민간기업의 비중은 크

41  Clarke, 주28, 159 n106에 열거된 논문 참조.
42  Larry Li et.al., A Review of Corporate Governance in China (2008), at 9-10(available at: http://ssrn.com/abstract=1233070); He & Yao, 주26, at 6-7.
43  Franklin Allen et al., Law, Finance and Economic Growth in China (2005) at 3(available at: http://ssrn.com/abstract=768704).

게 증가하였다. 그러나 민간기업의 소유구조는 아직 집중도가 높다. 상장기업 최대주주의 평균지분이 2000년에서 2010년 사이에 45.10%에서 36.54%로 하락하였을 뿐이다. 같은 기간 외국인주주지분은 1%에서 2%로 증가하였을 뿐이다. 그러나 민간기업의 경우도 당의 영향력 하에 있다는 점에서는 국유기업과 큰 차이가 없다. 한 연구에 의하면 주요 상장 민간기업도 당의 지시를 받을 뿐 아니라 민영화된 국유기업의 경영자는 대부분 당원이라고 한다.[44]

## 2. 자금조달

### (1) 은행중심형과 자본시장중심형

기업의 자금조달행동은 기업지배구조에 영향을 미친다. 영향은 크게 두 가지로 나눌 수 있다. 하나는 기업의 목적에 미치는 영향이다. 기업이 신주발행을 통한 자금조달에 의존하는 비율이 커지는 만큼 투자자의 관심을 끌기 위해서 주주의 이익을 중시하게 된다. 이른바 금융시장의 압력을 받게 되는 것이다. 다른 하나는 소유구조에 미치는 영향이다. 소유구조에 주는 영향은 신주발행이 주주배정방식인지 일반공모방식인지에 따라 다를 것이다. 일반공모방식으로 행해지는 경우에는 주식소유가 분산될 가능성이 더 높다. 정부가 주도하는 경제발전의 초기단계에서는 통상 은행에 의존할 수밖에 없다. 자본시장이 제대로 작동하려면 고도의 인프라가 필요한 반면에 은행을 통한 자금의 융통은 기본적인 법제도만 갖추면 가능하기 때문이다.[45] 또한 경제개발을 주도하

---

44  Fan, 주40, at 7, 10.
45  자본시장의 발전에 필요한 인프라에 대해서 상세한 것은 Bernard Black, The Legal and Institutional Preconditions for Strong Securities Markets, 48 U.C.L.A. L.REV. 781 (2001).

는 정부가 부족한 자금의 배분에 관여하기에도 은행중심모델이 편리하다. 한중일 세 나라도 모두 은행중심모델에서 출발하였다. 그러나 기업의 자금조달을 은행에 과도하게 의존하는 경우에는 기업의 파탄이 금융기관의 재무위기로 이어져 시스템위험을 초래할 위험이 높다. 따라서 어느 정도 경제성장이 진전되면 자본시장을 육성할 필요가 생기게 된다. 세 나라는 자금조달행태의 면에서도 상당한 차이를 보이고 있다.

기업의 관점에서 주식발행을 통한 자금조달의 중요성을 파악하기 위해서는 연간 자금조달액에서 주식발행이 차지하는 비중이 얼마나 되는가에 관한 통계정보가 필요하다. 그리고 세 나라의 상황에 대한 올바른 비교평가가 가능하려면 그 통계정보가 같은 기준에 의하여 마련될 필요가 있을 것이다. 그러나 그에 관해서 신뢰할 만한 통계정보는 찾을 수 없었다.[46] 그러므로 주식발행을 통한 자금조달이 갖는 비중에 대한 비교평가는 훗날로 미루기로 한다.

## (2) 일본

제2차 세계대전 후 일본 경제의 재건과정에서 기업은 자금을 주로 은행에 의존하였다. 이 과정에서 이른바 주거래은행(main bank)은 기업금융은 물론이고 기업지배구조에서도 중요한 역할을 담당하였다. 은행차입에 의한 자금조달은 고도성장기가 끝나는 1970년대 중반부터 약화되었다. 그러한 현상은 기업의 부채비율의 변화로 나타났다. 비금융회사의 부채비율은 1970년대 중반까지는 지속적으로 상승하다가 1970년대 후반부터 하락추세로 전환한 후 20년간 점진적인 하락을 지속한 후

---

46  주요국 거래소들로 구성된 단체인 World Federation of Exchanges(http://www.world-exchanges.org)에서 발표한 통계가 있지만 본문에서 제시한 다른 통계와 너무 차이가 나서 그대로 사용할 수 없었다.

1999년부터는 급속히 하락하였다.[47] 이에 대해서는 일본 재무성 재무종합정책연구소가 작성한 자기자본비율의 변화에 관한 [표 8]에서도 나타나 있다. [표 8]에 의하면 제조업의 자기자본비율은 1970년대 중반부터 상승을 시작하여 2010년에는 45%에 이르고 있다.

**표 8**　일본 기업의 자기자본비율의 변화

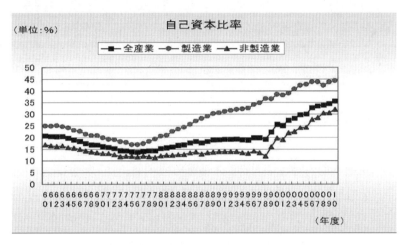

㈜ 전산업 및 비제조업은 금융업과 보험업을 제외.
출처: 일본 재무성 재무종합정책연구소, 법인기업통계연보

　은행차입에 대한 의존도가 낮아지는 것과는 반대로 자본지장에 대한 의존도는 높아졌다. 비금융업의 자금조달상황에 관한 [표 9]는 바로 그 점을 잘 보여주고 있다. 차입대비 주식의 비율은 1980년에는 겨우 반을 넘겼지만 1990년에는 100%를, 그리고 2005년에는 200%를 초과하였다.[48]

---

47　Tokuo Iwaisako et. al., Debt Restructuring of Japanese Firms: Efficiency of Factor Allocations and the Debt-Labor Complementarity (PRI Discussion Paper Series (No.11A-01)(2010) 2.
48　2010년 주식의 비중이 낮아진 것은 금융위기에 따른 자본시장의 기능저하로 인한 것이다.

표 9 법인기업부문의 자금조달구성비 (잔고기준)

|  | 1980 | 1990 | 2000 | 2005 | 2010 |
|---|---|---|---|---|---|
| 차입 | 42.2 | 36.5 | 36.2 | 22.4 | 31.3 |
| 증권 | 27.1 | 43.1 | 42.0 | 58.2 | 42.5 |
| 주식 | (23.1) | (37.3) | (35.2) | (52.9) | (35.2) |
| 사채 | (2.2) | (2.3) | (5.3) | (4.1) | (5.8) |
| 기업간신용 | 24.3 | 14.6 | 16.2 | 12.8 | 15.4 |
| 기타 | 6.4 | 5.8 | 5.6 | 6.6 | 10.8 |
| 합계 | 477.4 | 1,358.7 | 1,198.0 | 1,421.8 | 1,056.7 |

구성비는 %, 합계는 조엔
출처: 日本証券経済研究所, 日本の証券市場(2012年) 5면

[표 9]는 스톡 기준으로 현실적으로 주식발행을 통한 자금조달의 중요성을 제대로 파악하기 위해서는 플로우 기준의 통계가 필요하다. [표 10]은 상장기업의 주식관련증권에 의한 자금조달규모를 보여준다. 주식발행을 통한 자금조달규모는 자본시장의 상황에 따라 크게 변화하고 있지만 2011년에는 10년 전 수준으로 감소하였다. 다만 유상증자는 대부분 주주배정발행이 아닌 공모증자나 제3자배정증자의 형태로 이루어지고 있다.

**표 10** 상장기업의 주식관련증권 발행에 의한 자금조달

단위: 건, 백만엔

|  | 국내 | | 해외 | | 합계 |
|---|---|---|---|---|---|
| 2011 | 83 | 670,468 | 11 | 708,471 | 1,378,939 |
| 2010 | 88 | 2,133,453 | 21 | 1,642,325 | 3,775,779 |
| 2009 | 98 | 3,041,218 | 27 | 2,439,423 | 5,480,642 |
| 2008 | 88 | 858,449 | 24 | 829,025 | 1,687,474 |

日本証券経済研究所, 日本の証券市場(2012年) 4면.

| 2007 | 211 | 729,116 | 38 | 753,606 | 1,482,723 |
| 2006 | 415 | 3,255,559 | 58 | 1,595,625 | 4,851,184 |
| 2005 | 406 | 2,116,456 | 55 | 469,080 | 2,585,536 |
| 2004 | 403 | 1,846,386 | 154 | 1,846,129 | 3,692,516 |
| 2003 | 201 | 832,637 | 76 | 1,237,643 | 2,070,281 |
| 2002 | 190 | 788,229 | 39 | 782,800 | 1,571,029 |

출처: 일본 증권업협회

## (3) 한국

한국 기업의 자금조달도 은행중심모델로 출발하였다. 1960년대 이후 고도성장 과정에서 기업의 부채비율은 폭발적으로 증가하였다. 1997년 외환위기를 맞이할 당시 일부 대기업의 부채비율은 1000%를 넘기도 했다. 외환위기 후 정부가 200%선을 가이드라인으로 제시하는 등 재무구조개선을 유도한 결과 기업의 부채비율은 크게 하락하였다. 2010년 현재 제조업 부채비율은 101.53%이고 대기업은 더 낮아서 86.32%에 불과하다.[49]

한편 [표 11]이 보여주는 바와 같이 직접금융을 통한 자금조달 또한 점차 감소하는 모습을 보이다 2007년도부터 증가하였다. 직접금융은 회사채 발행이 대부분으로 예컨대 2010년 주식발행액은 10.3조원으로 전체 실적 123.2조원의 10%에도 미달하였다. [표 12]에 의하면 주식발행은 기존 상장회사의 유상증자가 대부분이고 기업공개가 차지하는 비중은 2010년을 제외하고는 10%를 조금 넘는 정도에 불과하다.[50]

---

49 한국은행 경제통계시스템(ecos.bok.or.kr).
50 2011년 상장법인의 자금조달실적은 기업공개 2.4조원, 유상증자 10.5조원 합계 12.9조원이다. 금융감독원 보도자료(2012.1.20), 1면.

| 표 11 | 최근 10년간 직접금융실적 |
| --- | --- |

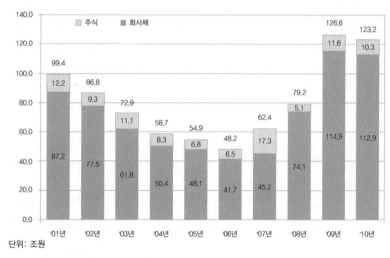

단위: 조원

출처: 금융감독원 보도자료(2011.1.17) 4면.

| 표 12 | 주식발행의 구분: 기업공개와 유상증자 |
| --- | --- |

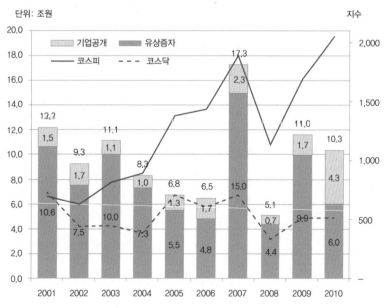

출처: 금융감독원 보도자료(2011.1.17) 5면.

주목할 것은 유상증자에서 공모발행이 차지하는 비중이 낮다는 점이다. [표 13]에 의하면 2011년 유가증권시장 상장법인[51]이 행한 45건의 주식발행 중 일반공모는 단 1건에 불과하였다. 기업공개와 일반공모를 합쳐도 금액 면에서는 14%에 미달한다. 이처럼 주식발행이 주로 주주배정방식으로 행해지는 이유는 무엇보다도 지배소수주주가 지분이 희석되는 것을 꺼리기 때문일 것이다. 또한 주주들의 상당수가 계열회사인 상황에서 주주배정증자는 자금을 보다 안정적으로 확보할 수 있다는 장점이 있다. 그러나 거꾸로 계열회사의 재무상태가 좋지 않은 상황에서는 자금조달이 어렵다는 단점도 존재한다. 실제로 일부 연구에 의하면 기업의 투자가 당해기업의 수익 보다는 오히려 그룹전체의 수익과 관계가 있다고 한다.[52]

표 13    2011년 주식발행의 세부구분

|  | 건수 | 금액(억원) |
|---|---|---|
| 주주배정증자 | 26 | 56,370 |
| 제3자배정증자 | 5 | 30,437 |
| 일반공모 | 1 | 299 |
| 기업공개 | 13 | 13,590 |
| 주식발행 합계 | 45 | 100,696 |

출처: 금융감독원, 2011년 유가증권시장 상장법인 직접금융현황(2012)

---

51　제2부시장 격인 코스닥시장 상장법인을 제외한 것임을 주의할 것.

52　Randall K. Morck et al., Finance and Governance in Developing Economies(December 2011) at 7(available at SSRN: http://ssrn.com/abstract=1981829).

## (4) 중국

중국에서 기업의 자금조달은 주로 은행에 의존하였다. 중국에서 대형은행은 모두 정부가 소유하고 있다.[53] 이들 은행은 국유기업이나 정부와 관련 있는 민간기업에 —— 많은 경우 정치적인 고려에 따라 —— 자금을 대규모로 제공하고 있다.[54] 중국의 은행은 대출심사나 채무자인 기업에 대한 감독을 수행할 능력은 물론이고 그런 인센티브도 없었다.[55] 은행은 사실상 모두 국가소유인 까닭에 이윤추구동기가 그다지 강하지 않다. 그러한 경향은 부실채권의 규모에서도 찾아볼 수 있다. 2007년 말 현재 대형 상업은행의 부실채권은 다른 은행에 비하여 훨씬 많아서 총채권액의 8.05%에 달하였다.[56] 이러한 부실채권은 대부분 국유기업에 대한 채권이다. 여러모로 정부의 지원을 받는 국유기업은 상대적으로 도산위험이 낮으므로 부실채권의 위험은 당장 실현되는 것은 아니다. 그러나 경기악화가 지속되면 시스템 전체의 위험으로 연결될 수 있다.

기업측에서 보면 은행차입은 중요하지만 그 비중이 압도적인 것은 아니다. 기업의 자금조달원은 은행차입, 자체조달자금, 정부예산, 외국인에 의한 직접 투자의 4가지로 나눌 수 있다. 기업이 성장함에 따라 차츰 자체조달자금의 비중이 커지고 있다.[57] 그러나 주식이나 사채

---

53  La Porta et al., Government Ownership of Banks(2000) at 7(available at SSRN: http://ssrn.com/abstract=236434).

54  Larry Li et. al., A Review of Corporate Governance in China (2011), 15(available at: http://ssrn.com/abstract=1233070).

55  Clarke, 주28, 156-157.

56  Li, 주54, 15. 그러나 2010년 수치를 보면 1.31%까지 줄어들었다. 중국은행업감독관리위원회 웹사이트. http://www.cbrc.gov.cn.

57  여기서 말하는 자체조달자금에는 유보이익은 물론이고 지방정부의 투자액, 주식이나 사채발행을 통하여 조달한 자금도 포함된다.

발행을 통한 자금은 일부에 지나지 않는다고 한다. 자체조달자금은 지난 1994-2009년 사이에 매년 23.6%씩 증가하여 2009년 말에는 2조2132억 달러에 달하였지만 국내은행으로부터의 차입은 5,657억 달러에 그쳤다.[58] 상장법인의 경우 자체조달자금이 전체자금조달의 약 45%를 차지하고 있다.[59]

중국 정부는 국유기업의 자금조달을 돕기 위해서 1990년 상해와 심천에 증권거래소를 설립하였다. 그러나 자본시장 도입 초기단계인 현재는 정부의 간섭이 강하다. 증권감독관리위원회(증감회)는 일정한 요건을 갖춘 상장회사에게만 주식이나 회사채를 발행하는 것을 허용하고 있다.[60] 또한 증감회와 국가발전 및 개혁위원회와 매년 주식발행규모를 결정하고 있다.[61] 주식발행은 주주배정방식보다도 제3자배정방식을 채용하는 경우가 훨씬 더 많다.[62] 주식시장의 규모는 일본을 앞섰다는 조사도 나오고 있지만 실제 주식발행은 기업의 자금조달수단으로서는 아직 그다지 중요하지 않다. 자본시장에서 주식발행액과 은행대출증가액의 변화를 보여주는 [표 14]에 의하면 주식발행의 규모는 과거 20년 사이에 크게 증가했지만 여전히 은행대출증가액에는 훨씬 미치지 못하였다.[63]

---

58 Franklin Allen et al., China's Financial System: Opportunities and Challenges (2011) 9(available at: http://ssrn.com/abstract=1945259).

59 Ibid.

60 M. M. Fonseka et. al., Equity Financing Capacity and Stock Returns: Evidence from China(2012) at 6-7(available at: http://ssrn.com/abstract=2118616).

61 Li, 주54, 15.

62 반대로 주주배정방식이 압도적이라는 견해도 있다. Fonseka, 주60, 5.

63 2002년 통계에 의하면 은행대출이 2177억 달러였지만 주식발행은 89억 달러에 불과하였다. Clarke, 주28, 153-154.

**표 14**  국내주식발행과 은행대출 증가액(단위: 억위안)

| 연도 | 국내주식발행(A) | 은행대출증가액(B) | A/B(%) |
|------|------|------|------|
| 1993 | 314.54 | 6335.40 | 4.96 |
| 1994 | 138.5 | 7216.62 | 1.91 |
| 1995 | 118.86 | 9339.82 | 1.27 |
| 1996 | 341.52 | 10683.33 | 3.20 |
| 1997 | 933.82 | 10712.47 | 8.72 |
| 1998 | 803.57 | 11490.94 | 6.99 |
| 1999 | 897.39 | 10846.36 | 8.27 |
| 2000 | 1541.02 | 13346.61 | 11.55 |
| 2001 | 1182.13 | 12439.41 | 9.50 |
| 2002 | 779.75 | 18979.20 | 4.11 |
| 2003 | 823.10 | 27702.30 | 2.97 |
| 2004 | 862.67 | 19201.60 | 4.49 |
| 2005 | 338.13 | 16492.60 | 2.05 |
| 2006 | 2463.70 | 30594.90 | 8.05 |
| 2007 | 7722.99 | 36405.60 | 21.21 |
| 2000 | 3534.95 | 41703.70 | 8.48 |
| 2009 | 5051.51 | 95940.00 | 5.27 |
| 2010 | 9587.93 | 79510.73 | 12.06 |

출처: 중국증권감독관리위원회, 증국증권선물통계연감 (2011).

## 3. 기업의 통제주체와 목적

### (1) 서설

기업의 실제 운영은 기업이 추구하는 목적에 따라 크게 달라질 수 있다. 또한 기업의 목적은 기업의 통제주체가 누구인지에 따라 영향을 받는다. 기업을 누가 통제하는지는 기업의 소유구조를 토대로 파악할 수 있다. 이곳에서는 앞서 살펴본 기업의 소유구조와 자금조달행태를 토대로 기업의 통제주체와 목적에 대해서 논하기로 한다.

### (2) 일본: 사원출신 전문경영자

일반적으로 분산형 소유구조에서는 기업의 통제주체는 주주가 아닌 전문경영자이다. 일본에서 소유가 분산된 대기업의 통제주체는 사원 출신의 전문경영자이다. 종래 일본 기업의 전문경영자는 미국의 경우와는 달리 주주보다는 근로자 이익을 중시하는 것으로 알려져 왔다.[64] 이러한 미국과 일본의 전문경영자의 차이는 법제도의 차이에서 비롯된 것은 아니다. 사실 미국과 일본의 회사법, 특히 성문의 회사법전은 내용 면에서 큰 차이가 없다. 일본의 전문경영자는 대부분 같은 회사의 사원으로 입사하여 경영조직의 정상에 오른 자이다. 이들이 시시각각으로 변하는 주주들보다 일생 회사생활을 같이 보낸 동료와 부하들과 더 동질감을 느끼는 것은 극히 자연스런 일이다.[65]

---

64　西山忠範, 支配構造論(1980) 49-68면.

65　일본의 68개 기업 경영자들에 대한 설문조사 결과 회사의 주인이 주주라고 답한 경우는 3%에 불과하였다고 한다. Masaru Yoshimori, "Whose Company Is It? The Concept of the Corporation in Japan and the West." Long Range Planning, Vol. 28, No. 4(1995) at 33-44(Franklin Allen et. al., Stakeholder Capitalism, Corporate Governance and

사원출신 경영자는 자신이 속하는 조직의 장기적인 발전을 추구한다. 이러한 장기적인 이익추구는 회사의 다양한 이해관계자의 이익에도 부합하였다. 회사의 근로자는 물론이고 채권자인 금융기관이나 거래처도 모두 회사의 장기적인 발전을 바란다. 오로지 문제가 될 수 있는 것은 주주이익과의 조화여부이다. 그러나 기업이 고도성장을 지속하던 시기에는 주주이익도 다른 이해관계자의 이익과 크게 충돌할 여지는 별로 없었다.

사원출신 경영자가 주주이익으로부터 비교적 자유로웠던 것은 시장의 압력을 덜 받았기 때문이다. 앞서 살펴본 바와 같이 주식소유는 폭넓게 분산되었지만 경영자의 지위는 안정주주의 도움으로 확보할 수 있었다. 안정주주들은 주로 회사와의 거래관계를 유지하기 위한 수단으로 주식을 보유하였기 때문에 경영자는 단기적인 경영성과나 배당에 크게 구애받지 않고 장기적인 관점에서 회사를 경영할 수 있었다. 또한 자금조달은 주로 은행에 의존하였기 때문에 자본시장의 압력으로부터도 비교적 자유로웠다. 주거래은행을 비롯한 안정주주가 회사경영에 간섭하는 것은 회사가 경영위기에 빠진 경우에 국한되었다. 따라서 회사가 정상적인 운영을 계속하는 한 경영의 자립성은 유지될 수 있었다.

현재도 대부분 회사에서 사원출신 경영자가 경영을 맡고 있다는 점에는 큰 차이가 없다. 그러나 과거에 비해서는 여러 이유로 주주이익을 고려할 필요가 현저하게 높아졌다. 무엇보다 중요한 변화의 요인은 주식소유구조의 변화이다. 금융기관의 주식처분으로 안정주주체제는 크게 약화되었다.[66] 기존 체제를 지탱해온 안정주주구조가 무너지면 변화가 불가피할 것이다.[67] 이와 관련하여 주목할 것은 외국인 주주

<hr>

Firm Value(2009) 35에서 재인용).

66  안정주주체제를 위협하는 요인에 관한 간단한 설명으로 中東/松井編, 주12.

67  poison pill에 대한 경제계의 관심이 갑자기 확산된 배경에는 안정주주체제의 후퇴에 따른

의 증가이다. 앞서 언급한 바와 같이 현재 외국인 주주의 보유비율은 20%선을 넘고 있다. 이들은 대부분 장기적 성장보다는 단기수익을 목적으로 하는 펀드들이다. 한 실증연구에 의하면 외국인보유비율이 높을수록 종업원 수가 감소하고 배당률이 높다고 한다.[68] 일부 실증연구에 의하면 외국인 보유비율과 기업의 성과 사이에는 正의 상관관계가 있다고 한다.[69]

이러한 주식소유구조의 변화가 기업행동에 어떠한 영향을 미치는지는 [표 15]와 [표 16]이 극명하게 보여준다.[70]

**표 15**

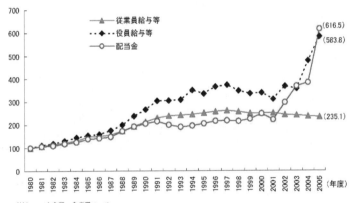

従業員給与等·役員給与等·配当金の推移（1980〜2005）（大企業）

(注)　· 大企業 · 全産業ベース
　　　· いずれも 1980 年=100
　　　· 従業員給与等=従業員給与+福利厚生費
　　　· 役員給与等=役員給与+役員賞与
（資料）「法人企業統計」（財務省）

경영자들의 불안이 깔려있는 것으로 판단된다. 그러나 poison pill도 주주이익을 중시하라는 투자자들의 압력을 막는 것에는 한계가 있다. 이른바 일본형 poison pill은 작동에 주주승인을 요하기 때문에 미국식 poison pill보다는 훨씬 더 주주이익에 친화적이다.

68　福田 順, コーポレート ガバナンスの進化と日本經濟(2012) 135, 151면.
69　宮島英昭/新田敬祐, 주11, 138면 이하.
70　星屋和彦/永田久美子, 企業行動の変化と経済成長 利益分配: 法人企業統計を用いた企業部門のマクロ分析 (PRI Discussion Paper Series (No.07A-03) 2007), 23, 29면.

[표 15]는 대기업에서 배당금과 종업원 및 임원의 급여가 변화하는 모습을 보여준다. 배당금과 임원급여가 지속적으로 상승하고 특히 2001년부터 급속히 상승하는데 비하여 종업원급여는 거의 제자리에 머물고 있다. 흥미로운 것은 모든 기업을 대상으로 하는 경우에 임원급여는 종업원급여와 마찬가지로 별 변화가 없다는 점이다.

표 16

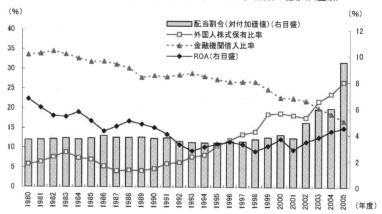

外国人株式保有比率・金融機関借入比率・ROAと配当割合の推移（大企業）

[표 16]은 최근 부가가치 대비 배당비율의 상승 추세가 외국인주식 보유비율의 변동에 상응하고 있음을 보여준다.

## (3) 한국: 지배소수주주의 세습적 지배

거의 모든 한국 기업의 통제주체는 아직 지배주주라고 해도 과언이 아니다. 지난 20년간 지배주주의 경제적 지분은 크게 낮아졌지만 의결권 지분은 아직 높은 수준을 유지하고 있기 때문에 그들의 경영권은 매우 안정적이다. 지배주주들도 주주지만 이들이 추구하는 이익은 반드시 일반 주주와 같지 않다. 지배주주들은 애초에 지배주식을 처분할 의사가 없기 때문에 주가의 상승에 집착하지 않는다.[71] 한편 지배주주는 자신의 왕국과도 같은 기업집단을 자식들에게 물려주기를 원하기 때문에 단기적인 고수익 보다는 장기적인 성장에 관심을 갖는다. 아마도 한국 기업의 눈부신 성장은 이러한 지배주주들의 집념과 노력에 힘입은 바가 적지 않을 것이다.

지배주주의 이러한 인센티브는 기업의 다른 이해관계자들의 인센티브와 상당 부분 일치한다. 한국 기업에도 전문경영자가 존재한다. 대기업일수록 전문경영자의 역할이 더 큰 것이 보통이다. 전문경영자는 통상 그 기업의 사원으로부터 출발하여 그 지위에 오른 자라는 점에서는 일본의 사원출신 경영자와 차이가 없다. 가장 큰 차이는 한국의 전문경영자는 지배주주의 엄격한 통제를 받기 때문에 자기 부하들인 근로자의 이익보다는 지배주주의 이익을 중시할 수밖에 없다는 점이다.

지배주주의 관점에서는 전문경영자의 능력에 못지않게 중요한 것이 자신에 대한 충성도이다. 이러한 상황에서 경영자가 자기가 모시는 지배주주가 마음에 들지 않는다고 해서 그를 떠나 새로운 지배주주 밑으로 옮겨가는 것은 쉽지 않다. 전직의 기회가 제한되는 전문경영자로서는 보수의 크기보다도 경영자 지위를 계속 유지할 수 있는지가 중요한

---

71  오히려 주가가 높아질수록 상속세의 부담이 커질 수 있기 때문에 후계자에게 상속을 마치지 않은 상황에서는 주가상승을 달가워하지 않는 경우도 있다.

의미를 갖는다. 그러므로 전문경영자도 지배주주와 마찬가지로 단기적인 성과보다는 장기적인 성장을 선호하게 마련이다. 또한 사실상 종신고용이 보장되는 정규직 근로자와 회사와 지속적인 거래를 원하는 거래처가 회사의 장기적인 성장을 선호하는 것은 물론이다.

지배소수주주체제의 가장 큰 문제는 일반주주의 이익과 충돌될 가능성이 높다는 점이다. 가장 전형적인 이익충돌은 지배주주가 자신의 사익을 위해서 회사의 부를 빼돌리는 이른바 터널링(tunneling)이라고 할 수 있다. 실제로 재벌총수들이 각종 터널링행위로 인하여 민형사상 책임을 추궁 당한 사례는 요즘도 끊이지 않고 있다. 그러나 이처럼 경영권의 사적 이익(private benefit of control)을 노골적으로 추구하는 행위는 이제 한국에서도 회사법을 비롯한 각종 규제강화로 쉽지 않게 되었다.[72]

일반주주의 이익과 충돌하는 경우가 터널링행위에 한정되는 것은 아니다. 한국에서 기업의 경영권은 거의 예외 없이 지배주주의 아들에게 승계되고 있다. 이들 경영권승계는 지배주주의 희망에 따른 것이지만 그것이 반드시 일반주주의 이익에 합치될 것이라는 보장은 없다.

지배소수주주체제는 나름의 장점과 단점이 공존하는 체제이지만 구체적으로 그것이 성과에 어떻게 영향을 미치는지는 아직 판단하기 어렵다. 2003년의 한 연구에 의하면 재벌에 소속된 기업은 독립된 기업에 비하여 기업가치의 감소를 보인다고 한다.[73] 그 근거로는 이익극대화 대신 이익의 안정을 추구한다는 점, 수익성이 낮은 업종에 과도하게 투자한다는 점, 부실한 계열회사를 지원한다는 점 등을 들고 있다. 이러한 인식은 종래 일반적으로 널리 퍼져있었던 것이 사실이다. 그러나 현

---

72 요즘 재벌총수의 민형사책임을 인정한 판결이 계속 나오고 있는 상황을 고려하면 적어도 재무상태가 건전한 기업에서는 노골적인 사적이익추구행위를 감행할 가능성은 높지 않을 것이다.

73 Stephen P. Ferris et. al., The costs (and benefits?) of diversified business groups: The case of Korean chaebols, Journal of Banking & Finance 27 (2003) 251-273.

재의 상황에서도 같은 결과가 나올 것인지 단정하기는 어렵다.

지배소수체제는 지난 20년간 큰 변화가 없이 유지되고 있다. 다만 앞서 언급한 바와 같이 외국인 보유비중이 상당히 높고 대규모 기업일수록 그 비중이 높다. 일본에서와 마찬가지로 외국인 보유비중의 증가는 배당률을 높이는 효과를 낳고 있다. 한 연구에 의하면 5% 이상을 보유한 외국인 주주가 있는 경우에는 배당률을 높아진다고 한다.[74]

### (4) 중국: 지배주주로서의 국가와 관료경영자

앞서 살펴본 바와 같이 중국 국유기업의 지배주식은 국가가 통제하고 있다. 원래 국유기업은 원래 정부부처가 운영하던 국영기업을 회사화한 것이므로 처음에는 정부부처의 영향을 많이 받았다. 그러나 2003년 국자위로 주식이 집중된 이후에는 차츰 국자위가 투자자의 관점에서 기업에 대한 통제를 차츰 강화하고 있다.[75] 현실적으로 일상적인 경영은 경영자가 담당할 수밖에 없으므로 경영자를 어떻게 선임하는가가 중요하다. 실제로 경영자를 선임하는 것은 공산당이다.[76] 공산당은 경영자를 당해 기업의 내부나 외부의 전문경영자 중에서 선임하는 것이 아니라 당이나 정부의 간부 중에서 선임하는 경우가 많다.[77] 이들 관료경영자는 정부와 기업 사이를 오가면서 출세가도를 걷는다.[78]

---

74  Soojung Kim et. al., Impact of Foreign Institutional Investors on Dividend Policy in Korea: A Stock Market Perspective, Journal of Financial Management and Analysis, 23(1)(2010 10-26.

75  吳敬璉, 주25, 139-142면; Lin & Milhaupt, 주6, 35-36.

76  小口彦太/田中信行, 現代中國法(2판 成文堂 2012) 47면; Richard McGregor, The Party: The Secret World of China's Communist Rulers (Harper Perennial 2010) at 46.

77  중국 국유기업의 관료경영자에 대해서 상세한 것은 張珍宝, 중국 회사형 국유기업의 지배구조에 관한 연구 – 관료경영자제도를 중심으로 - (서울대 법학박사학위 논문 2011).

78  Lin & Milhuapt, 주6, 66.

이러한 국유기업의 현실에서는 두 가지 이익충돌이 문제된다. 먼저 문제되는 것은 지배주주가 존재하는 기업에서 통상 존재하는 지배주주와 일반주주 사이의 이익충돌이다. 지배주주인 국가로서는 기업의 운영 시에 주주로서의 이익에 못지않게 국가의 정책적 필요를 고려하지 않을 수 없다. 국가로서는 기업의 성과도 중요하지만 정치, 경제, 사회적 이익을 극대화하기를 원할 것이다.[79] 즉 국가는 국유기업의 경영을 통해서 고용기회확보, 특정산업의 통제, 내부자를 위한 이익확보 등의 정책목표를 추구한다고 여겨진다.[80] 이처럼 기업외부적인 목표를 추구하는 것은 주주이익과 충돌할 가능성이 있다. 다만 기업이 고도성장을 지속하는 한 일반주주가 이러한 이익충돌을 문제 삼을 여지는 크지 않을 것으로 보인다.

국유기업에서 부각되는 또 하나의 이익충돌은 주주의 이익과 관료경영자의 사익과의 충돌이다.[81] 관료경영자는 당이나 정부에서 승진하는 것을 목표로 삼을 가능성이 높다. 기업경영의 성과가 관료경영자에 대한 당의 평가에 얼마나 영향을 주는지는 분명치 않다. 최근에는 관료경영자의 보상을 기업성과에 연동시킴으로써 기업의 실적을 높이려는 시도가 행해지고 있다. 2005년 스톡옵션이 도입된 것은 그러한 시도의 일환이라고 할 수 있다.[82] 최근의 실증연구에 의하면 CEO보수가

---

79  Lin & Milhuapt, 주6, 46. 이해관계자이익에 대한 고려는 회사법도 명시하고 있다. 사회적 책임 있는 경영을 명하는 제5조와 감사회 1/3이상을 종업원대표로 구성할 것을 명하는 제118조.

80  Donald Clarke & Nicholas C. Howson, Pathway to Minority Shareholder Protection: Derivative Actions in the People's Republic of China (2011) at 3(available at: http://ssrn.com/abstract=1968732).

81  Yeung, 주33, 10.

82  그러나 실제로 스톡옵션을 실시하는 회사는 아직 2-3%에 불과하다. Martin J. Conyon & Lerong He, CEO Compensation and Corporate Governance in China (2012), at 5(available at: http://ssrn.com/abstract=2071001).

회계상의 실적과 正의 상관관계에 있고[83] 정치적인 승진의 가능성이 기업성과와 正의 관계에 있다고 한다.[84] 이들 연구에 의하면 관료경영자가 경제적 이익을 추구하든 정치적 승진을 노리든 회사의 성과를 높일 유인이 있다고 할 것이다.

이처럼 국유기업의 일반 주주는 이중적인 대리문제에 직면한다. 기업가치의 향상이 국가가 추구하는 다른 정책 목표나 관료경영자의 사익추구행위에 의하여 희생될 위험이 적지 않다. 그러나 이러한 관료경영자의 지배가 반드시 일반 주주에게 불리한 측면만 있는 것은 아니다. 경제에 대한 정부의 개입이 광범하고 의사결정에 아직 "관계"가 중요한 중국에서 공산당과 정부에 연줄을 갖고 있는 관료경영자가 훨씬 유용할 수도 있다.[85] 그러나 일부 연구에 의하면 관료경영자가 경영하는 국유기업이 그렇지 않은 기업에 비하여 주가, 수익, 매출증가의 면에서 모두 뒤떨어진다고 한다.[86]

## 4. 통제주체에 대한 견제장치

### (1) 견제장치의 요소

협의의 기업지배구조에 관한 논의에서는 기업의 통제주체가 주주이

---

83  Conyon & He, 주39의 논문. 주가와도 상관관계가 있지만 더 약하다고 한다.

84  Jerry Cao et. al., Political Promotion, CEO Incentives, and the Relationship between Pay and Performance (2011)(available at: http://ssrn.com/abstract=1914033).

85  일부 연구에 의하면 정치적인 연줄이 있는 회사는 자본비용이 낮다고 한다. Narjess Bou-bakri et. al. Political Connections and the Cost of Equity Capital (2012)(available at: http://ssrn.com/abstract=1589688).

86  J. P. H. Fan et. al., Politically connected CEOs, corporate governance, and post-IPO performance of China's newly partially privatized firms. Journal of Financial Economics 84(2)(2007), 330–357.

익을 위하여 일하도록 담보하는 장치가 관심의 대상이다. 그러한 견제 장치는 대체로 다음과 같은 요소들로 구성된다.

① 회사내부기관에 의한 통제 - 이사회, 감사, 주주총회 등
② 소송에 의한 통제 - 이사의 신인의무와 주주대표소송 등
③ 정보공시와 외부감사제도
④ 시장에 의한 통제 - 경영권시장, 자본시장 등
⑤ 기타 - 정부, 사회규범, 언론 등

이러한 견제장치는 나라마다 정도의 차이는 있지만 상당한 변화를 겪어왔다. 그 구체적 형태와 기능도 나라마다 차이가 있지만 특히 ①과 ②의 측면에서는 공통분모가 늘어가고 있다. 개별 견제장치에 관해서는 이미 기존 연구가 많이 축적되고 있으므로 이 글에서는 몇 가지 특징적인 점만을 간단히 언급하고 넘어가기로 한다.

## (2) 일본

일본에서는 종래 전문경영자가 주주이익을 존중하도록 만드는 견제 장치가 거의 작동하지 않았다. 위 5가지 요소 중 어느 것도 크게 실효성이 있었다고 말하기 어렵다. ①과 관련하여 입법자들은 실효성을 발휘하기 어려운 감사의 권한강화에 주력해왔다. 감사의 권한강화는 사외이사의 도입을 저지하기 위한 차원에서 행해진 측면이 있다.[87] 2002년 상법개정으로 주식회사가 감사대신 사외이사로 구성된 감사위원회를 설치하는 길이 열렸지만 그다지 활용되지 못하였다.

---

87  이러한 현상은 1974년 회사법개정시에 이미 나타난 바 있다. 中東正文/松井秀征 編, 會社法の選擇(商事法務 2010) 413-414면(松井秀征 執筆).

②의 소송에 의한 견제도 1993년 주주대표소송의 인지액을 현실화하기 전에는 별로 활발하지 않았다. 또한 소송에 의한 견제는 경영자가 적극적으로 주주이익을 침해하는 경우에 비로소 작동할 수 있다. 경영자가 단순히 주주이익을 열심히 추구하지 않는다고 해서 소를 제기하기는 어렵다.

③의 정보공시와 외부감사제도는 지속적으로 강화되어 왔다. 그러나 ③은 부정행위를 억제하는 기능은 강하지만 경영자로 하여금 주주이익을 추구하게 하는 기능은 미약하다.

이러한 상황에서 중요한 것은 ④의 시장에 의한 견제이지만 그것도 제대로 작동하지 않았다. 경영권시장은 안정주주체제에서는 뿌리를 내릴 여지가 없었다. 또한 은행중심모델을 따른 결과 자본시장이 상대적으로 덜 발달되었기 때문에 자본시장의 압력도 그다지 크지 않았다.[88]

⑤에 의한 견제도 미약했다. 경영자가 사익을 추구하는 행위는 별로 심하지 않았고 주주이익을 존중해야 한다는 인식도 별로 강하지 않았기 때문이다.

이상의 견제장치는 최근 주주이익의 중요성이 점차 부각됨에 따라 전반적으로 강화되고 있는 것으로 판단된다. ①과 관련해서는 결국 좌절하기는 했지만 2012년 회사법 개정 중간시안에 사외이사선임을 강제하는 안이 포함되었던 것을 주목해야 할 것이다. 최근 있었던 올림퍼스사에서 분식회계 스캔들을 수습하는 대책의 일환으로 이사회가 사외이사중심으로 재구성된 것도 흥미롭다. 이는 사외이사가 외부의 신뢰를 얻기에 보다 효과적이라는 판단에서 비롯된 것으로 보인다.

②와 관련해서 주주대표소송을 비롯한 각종 회사소송은 크게 증가

---

88　奧村宏, 粉飾資本主義(동양경제신보사 2006)에서는 고주가경영이란 제목 하에 몇 가지 사례를 소개하고 있지만(24-51면) 그 사례들은 일반 대기업이 투자자 압력을 의식하여 단기성과를 높이기 위한 노력을 기울이는 것과는 거리가 멀다.

하였다. 주주대표소송의 증가로 과거에는 이론적인 개념에 불과하였던 이사의 신인의무의 규범화가 크게 진전되었다. ③의 정보공시나 외부감사와 관련해서는 이제 가장 앞서 있다는 미국과 비교해도 별 차이가 없을 정도로 강화되었다. 1억엔 이상을 받는 이사의 보수를 개별적으로 공시하도록 한 것[89]은 그 극적인 예라고 할 것이다. ④와 관련하여 경영권시장은 과거와는 비할 수 없이 활성화되었다. 이른바 일본판 포이즌필의 확산은 경영권에 대한 위협을 느끼는 기업이 늘고 있음을 보여준다. 또한 적대적 기업인수에 대한 방어와 관련하여 "기업가치"나 "주주이익"과 같은 개념이 크게 부각된 것도 특기할 만하다.

⑤에 관한 변화는 외부인으로서 평가하기 주저되는 것이 사실이다. 그러나 기업가치보고서와 지침이 정부의 뒷받침에 의하여 제정된 것을 보거나 최근 올림퍼스사 스캔들에 대한 언론의 반응을 보면 일본 기업의 내부자중심적 지배구조에 개선의 여지가 있다는 인식이 널리 퍼져 있음을 알 수 있다.

### (3) 한국

한국의 지배소수주주체제에서는 분산형 소유구조에서 발생하는 경영권 불안의 문제는 없지만 그 대신 지배주주와 일반주주 사이의 이해충돌이 문제된다. 앞서 언급한 다섯 가지 견제장치는 과거 한국에서도 거의 작동하지 않았다. 그러나 1997년 외환위기를 계기로 그것이 대폭 강화되었다. 변화는 비교적 손쉽게 바꿀 수 있는 ①과 ②를 중심으로 이루어졌다.

①의 예로 상장회사에 대해서는 사외이사의 선임을 의무화되었고

---

89   江頭憲治郎, 株式会社法(第4版 2011年) 421면.

대규모 상장회사에 대해서는 이사의 과반수를 사외이사로 선임하도록 하고 있다.[90] 그리하여 2011년 통계에 의하면 유가증권시장 상장회사의 경우 평균 이사회 규모는 6.7명이고 그 중 32.8%에 달하는 2.3명이 사외이사이다.[91] 과거에는 이사회를 실제로 개최하는 대신 의사록만을 작성하는 것이 일반적인 관행이었다. 그러나 현재 사외이사가 있는 상장회사에서는 실제로 이사회가 개최되는 것이 보통이다. 사외이사들이 주로 지배주주의 의사에 따라 선임되기 때문에 독립성이 떨어진다는 지적이 많지만 적어도 지배주주의 부하들만으로 구성된 과거의 이사회에 비해서는 훨씬 기능이 강화되었다는 점을 부정하는 이는 많지 않다.

②와 관련해서는 주주대표소송을 제기할 수 있는 주주의 지주요건이 대폭 인하되었다. 그 결과 [표 17]에서 보는 바와 같이 주주대표소송의 수가 대폭 증가하였다.

**표 17** 주주대표소송의 수: 1997. 1. 1. – 2010. 5. 30.

| 연도 | 제소건수 | 소송결과 | | | |
| | | 원고승소판결확정 | 패고승소판결확정 | 진행중 | 취하 |
| --- | --- | --- | --- | --- | --- |
| 1997 | 2 | 2 | – | – | — |
| 1998 | 4 | 2 | 2 | – | — |
| 1999 | 4 | – | 4 | – | — |
| 2000 | 2 (1)* | – | 1 | – | 1 (0) |
| 2001 | 2 | – | 2 | – | – |
| 2002 | 4 | 2 | 1 | – | 1 |
| 2003 | 6 | 4 | 2 | – | – |

90  상법 제542조의8, 시행령 제34조.
91  오덕교, 유가증권시장과 코스닥시장의 지배구조 실태분석, 기업지배구조리뷰 59권 (2011.12) 46면.

| 2004 | 9 | 6 | 2 | 1 | – |
|---|---|---|---|---|---|
| 2005 | 9 (8)* | 4 | 4 | 1 (0) | – |
| 2006 | 8 | – | 7 | 1 | – |
| 2007 | – | – | – | – | – |
| 2008 | 3 | 1 | – | 2 | – |
| 2009 | – | – | – | – | – |
| 2010 | 2 | – | – | 2 | – |
| 합계 | 55 (53)* | 21 | 25 | 7 (6) | 2 (1) |

*2000년과 2005년 각1건의 소송이 신문에는 보도가 되었으나 소송결과를 확인할 수 없었다.

출처: Hyeok-Joon Rho & Kon-Sik Kim, Invigorating Shareholder Derivative Actions in South Korea, at 214 (in Dan W. Puchniak et. al. eds., The Derivative Action in Korea: A Comparative and Functional Approach (Cambridge 2012)).

그 밖에 지배주주에 대해서 업무상배임과 같은 형사책임을 묻는 소송도 끊이지 않고 있다. 실제로 삼성, 현대자동차, SK, 한화와 같은 대규모그룹의 지배주주들도 이러한 형사소송에서 유죄판결을 받은 바 있다. 그러나 이들은 유죄가 인정된 경우에도 집행유예를 받거나 바로 사면을 받는 경우가 많아서 법집행의 공정성에 대해서 비판이 끊이지 않고 있다. 그러나 이제 주주이익을 침해하는 행위에 대해서 민형사소송이 제기될 수 있다는 점은 널리 인식되고 있기 때문에 과거와 같이 지배주주들이 회사재산을 빼돌리는 이른바 터널링 행위를 감행할 가능성은 높지 않은 것으로 보인다. [표 17]에서 2007년 이후 주주대표소송이 급속히 감소하고 있는 것은 그러한 추측을 뒷받침하는 것 같다.

③의 기업공시와 외부감사제도는 아마도 1997년 외환위기 이후 가장 강화된 분야라고 할 수 있다. 부실공시나 부실감사를 이유로 경영자나 회계법인에 대해서 손해배상책임을 묻는 소는 실제로 드물지 않다.

한편 ④와 관련하여 경영권시장은 아직 일본만큼 활성화되고 있지 않다. 적대적 기업인수가 시도되어 실제로 성공된 사례가 없는 것은 아니다. 그러나 대기업을 상대로 시도된 경우는 극히 드물다. 시민단체나 외국인투자자가 지배주주를 견제하기 위하여 대표이사의 해임이나 이사의 선임을 시도한 경우는 몇 건 있지만[92] 그것이 적대적 기업인수를 목적으로 한 것이라고 보기는 어렵다. 이처럼 대기업에 대한 적대적 기업인수의 가능성은 그렇게 높은 것 같지는 않다. 그러나 실제로 지배주주 쪽에서 느끼는 불안은 회사에 따라 차이가 있지만 상당히 큰 것으로 보인다. 경영권방어수단에 대한 경제계의 높은 관심은 그 증거라고 할 것이다.

⑤와 관련해서도 다소간 변화의 조짐이 없지 않다. 주주이익에 대한 일반 국민의 인식이 높아진 것은 분명한 것 같다. 과거 관행으로 인식되었던 "일감몰아주기"[93]에 대해서는 일찍부터 시민단체 등이 문제를 제기하였다. 최근 공정거래위원회가 이러한 일감몰아주기를 공정거래법상의 부당지원행위로 보아 과징금을 부과한 결정[94]을 내린 것이나 회사기회에 관한 규정(제397조의2)이 상법에 새로이 도입되는 등의 변화는 달라진 여론의 뒷받침이 없이는 어려웠을 것이다.

## (4) 중국

중국에서 주주이익을 침해하는 행위는 다양한 형태로 행해지고 있다.[95] 국유기업이든 민간기업이든 지배주주가 회사재산을 빼돌리는 터널링행위는 드물지 않은 것으로 보인다. 한 연구에 의하면 터널링의 규모는 2002년 967억 위안으로 이 금액은 같은 해에 증권시장에서 조달한

---

92 소버린펀드와 SK, 스틸파트너스와 KT&G 사이의 분쟁이 그 예이다,

93 회사가 지배주주나 그 자식이 개인적으로 지배하는 다른 회사를 우대하여 거래하는 행위이다.

94 2007.10.24. 공정거래위원회 전원회의 의결 제2007-504호(사건번호 2007조사0845).

95 Yeung, 주33, 10.

자금액에 상당하였고 그 금액은 이듬 해 배로 증가하였다.[96]

  정부는 비교적 일찍부터 이 문제를 시정하기 위한 노력을 하고 있다. 특히 ①과 ②의 측면에서는 급속히 한국과 비슷한 방향으로 나아가고 있는 것으로 보인다. 2001년 8월 중국 증감위는 "상장회사 독립이사제도에 대한 지도의견"을 발표하여 2003년 6월까지 이사회 구성원의 1/3이상을 사외이사로 선임할 것을 요구하였다.[97] 이어서 2005년 개정 회사법에서는 상장회사는 국무원규정에 따라 독립이사를 선임한다고 규정하였다(제123조). 그리하여 2010년 현재 이사회 구성원 37%가 사외이사라고 한다.[98]

  2005년 개정 회사법은 주주대표소송을 명시적으로 도입하였다(제152조). 특기할 것은 중국의 주주대표소송은 이사뿐 아니라 지배주주와 같은 "타인"도 피고로 삼을 수 있다는 점이다. 중국 기업에 거의 예외 없이 지배주주가 존재하고 지배주주에 의한 터널링이 문제되는 상황을 고려하면 오히려 한국보다 실효성 있는 규정이라고 할 것이다. 주주대표소송은 실제로 많이 제기되고 있다.[99] 그러나 주식회사보다는 주로 규모가 작은 유한책임회사에서만 이용되고 상장회사가 관련된 소송은 2011년 현재 단 한건에 불과하다.[100] 그러나 국유기업의 상장자회사 경영자에 대해서 대표소송이 제기되는 경우 법원이 과연 제대로 판결을

---

96  Clarke & Howson, 주80, 5.
97  趙立新 外, 走出困境 - 獨立董事的 角色定位, 職責与責任(2010) 3면.
98  Conyon & He, 주39, 47.
99  어느 연구자가 중국의 법률관계 데이터베이스인 Pkulaw로 검색한 결과 1999년부터 2011년 사이에 78건의 대표소송이 검색되었으며 이들은 모두 유한책임회사에 관한 소송이었다고 한다. 최정연, 중국의 주주대표소송에 관한 연구(서울대학교 법학석사학위논문 2013년) 19-20면.
100  Clarke & Howson, 주80, 21. 이들은 그처럼 상장회사의 경우 주주대표소송이 적은 것은 법원이 사건의 접수를 거부하기 때문이 아니냐는 의문을 제기하고 있다. Id. 22. 중국의 법원은 법적 근거가 없음에도 불구하고 정치적으로 민감한 사건의 수리를 거부한 예가 많다. 江偉/肖建國編, 民事訴訟法 (제5판 2011년) 77면(廖永安 집필).

내릴 수 있을지는 지켜볼 일이다. 법원이 지방정부나 당의 통제를 받고 있는[101] 중국의 현실을 고려하면 관료경영자를 상대로 제기된 소송에서 법원이 소신에 따라 판결을 내리기 쉽지 않을 것이기 때문이다.[102]

정부가 국유주식에 대한 거래제한을 완화하기로 결정한 시점에는 일부 적대적 기업인수의 가능성에 대한 기대가 표시된 적이 있었다. 그러나 아직 중국에서 실제로 적대적 기업인수가 실현된 예는 찾기 어렵다. 공산당이 대기업에 대한 관심과 영향력을 그대로 유지하는 한 가까운 장래에 적대적 기업인수가 발생할 가능성은 그렇게 높지 않은 것으로 보인다.

끝으로 중국에서는 법 이외의 제도적 견제장치, 특히 시민사회적 제도(civil-society institution)가 제대로 작동하고 있지 않다.[103] 변호사나 회계사와 같은 전문직의 능력이나 신뢰도가 미흡하고[104] 한국이나 일본에서와 같이 투자자이익을 위하여 활동하는 시민단체는 존재하지 않는다. 대신 증감회가 일본이나 한국의 감독기관과는 달리 상장회사의 기업지배구조에 관해서도 관여하고 있지만 그 실효성에는 한계가 있다.[105]

## 5. 소결

이상에서 살펴본 세 나라 기업지배구조의 현상을 요약하면 다음과

---

**101**  법원에 대한 당의 우위에 관해서는 McGregor, 주77, 23-26. 법관이 법원 내외부 권력의 영향을 받고 있다는 점은 중국 학자들도 지적하고 있다. 贺卫方, 司法改革的困境路径, 胡舒立/王烁 編, 2013: 关键问题(2013년) 188면.

**102**  Clarke, 주28, 182. 최근에는 정치적으로 그다지 민감하지 않은 일반적인 재판의 신뢰도는 크게 향상되었다고 하는 평가도 없는 것은 아니다. 예컨대 www.chinalawblog.com이나 www.chinahearsay.com과 같은 블로그 참조.

**103**  보다 상세한 것은 Clarke, 주28, 136 참조.

**104**  Clarke, 주28, 161-162.

**105**  Clarke, 주28, 169-180.

같다.

첫째, 소유구조와 관련하여 일본은 분산형, 그리고 중국은 집중형으로 분류할 수 있다. 한국의 지배소수주주체제는 경제적 지분은 분산되었지만 의결권 지분은 집중되었다는 점에서 일종의 중간형이라고 부를 수 있을 것이다. 분산형에서 발생하는 경영권의 불안을 일본 기업은 안정주주를 이용하여 해소하고 있다.

둘째, 통제주체와 관련하여 일본은 사원출신 경영자가 지배하고 있는데 반하여 한국은 지배주주가 지배하고 있다. 중국은 지배주주 격인 정부(궁극적으로는 공산당)와 경영을 맡은 관료경영자가 권한을 분담하고 있다는 점에서 차이가 있다.

셋째, 기업목적과 관련해서 일본, 한국, 중국은 모두 장기적 이익을 중시한다는 점에서 비슷하다. 다만 한국에서는 적어도 현재까지는 지배소수주주의 사적 이익이 보다 중시되었다. 한편 중국에서는 관료경영자가 회사의 이익 대신 자신의 사적 이익을 추구할 위험이 있다.

넷째, 경영자에 대한 견제장치와 관련해서는 적어도 공식적인 법제도의 측면에서는 세 나라의 제도가 비슷한 방향으로 수렴하고 있는 것으로 보인다.


# IV. 주관적 평가와 전망

## 1. 기업지배구조 변화의 양상

앞서 언급한 바와 같이 기업지배구조의 수렴여부에 관해서는 아직 논의가 계속 중인 상태이다. 그러나 기업지배구조가 비록 안정적이기는 하지만 변화가 불가능한 것은 아니다. 한 나라의 기업지배구조는 그것을 둘러싼 생태계의 산물, 즉 종속변수라고 할 수 있다. 기업지배구조의 환경이 변화하면 기업지배구조 자체도 변화할 수 있다.

앞서 언급한 바와 같이 기업지배구조라는 개념이 워낙 복합적이고 다중적인 개념인 까닭에 그 변화를 무엇을 중심으로 판단해야 하는지가 분명치 않다. 그러나 우리가 기업지배구조에 관심을 갖는 이유가 근본적으로 기업이 실제로 어떻게 움직이는가 - 그리고 나아가 (더 욕심을 부리자면) 기업이 당위적으로 어떻게 움직여야 하는가 - 를 이해하기 위한 것이라고 한다면 특히 주목할 것은 기업의 통제주체와 목적이라고 할 것이다. 그리고 그것을 뒷받침하는 것이 기업의 소유구조이다. 세 나라의 기업지배구조를 기업의 소유구조, 통제주체와 기업목적을 중심으로 정리한 것이 [표 18]이다.

**표 18**  세 나라 기업지배구조의 특징

|  | 일본 | 한국 | 중국 |
|---|---|---|---|
| 소유구조 | 분산형/안정주주체제 | 지배소수주주체제 | 국유(법인소유포함) |
| 통제주체 | 종업원출신 경영자 | 지배소수주주 | 공산당/관료경영자 |
| 기업목적 | 회사(근로자)이익 | 지배주주이익 | 공산당/관료경영자 |

기업의 소유구조가 변화하는 것은 간단한 일은 아니다. 집중형 소유구조가 분산형으로 변화하는 것도 어렵지만[106] 분산된 소유구조가 다시 집중형으로 바뀌는 것도 쉽지 않을 것이다.[107] 그러나 통제주체가

---

106  이 점에 대해서는 이미 Bebchuk과 Roe가 상세히 논한 바 있다. Lucian Bebchuk & Mark Roe, A Theory of Path Dependence in Corporate Governance and Ownership, 52 Stanford Law Review 127 (1999).

107  그 예외가 캐나다라고 할 수 있다. 실제로 캐나다에서는 19세기 초 지배주주가 지배하는 기업집단이 많았지만 그 후 주식소유의 분산이 진전되어 19세기 중반 무렵에는 미국이나

바뀌는 것은 더욱 어려운 일이다. 앞서 살펴본 바와 같이 세 나라의 기업소유구조는 지난 수십 년간 상당한 변화를 겪었다. 일본에서는 금융기관의 지분이 감소된 반면에 외국인 주주의 지분이 증가하였다. 한국에서는 지배주주가 직접 보유하는 지분은 대폭 감소하였고 중국에서도 국가소유지분의 비중은 상당히 감소하였다. 그러나 통제주체의 면을 보면 별 변화가 없다. 일본에서는 안정주주체제가 사업법인을 중심으로 유지됨에 따라[108] 사원출신 경영자체제에는 큰 변화가 없다. 버블 붕괴 후 다양한 제도개선노력에도 불구하고 일본의 기업지배구조에는 변화가 없다는 견해[109]의 밑바닥에는 바로 이런 인식이 깔려 있는 것으로 보인다.

한국의 지배주주는 과거와는 달리 계열회사의 주식보유라는 방법을 통해서 통제주체로서의 지위를 유지하고 있지만 그룹 내에서의 지위는 여전히 확고하다. 최근 재벌에 대한 여론의 악화를 계기로 재벌개혁논의가 다시 고개를 들고 있지만 그것이 계열회사의 주식보유에 대한 직접적인 규제로 이어질 수 있을지는 의문이다. 중국에서도 국유기업의 주식을 계속 분산시켜왔지만 그 궁극적인 통제주체가 공산당이라는 점에는 변화가 없다. 앞으로 공산당체제가 변하지 않는 상황에서 공산당의 통제가 불가능할 정도로 주식소유를 분산시킬 것을 기대하기는 어렵다.

영국과 같이 분산형 소유구조가 정착되었다. 그러나 그 후 다시 소유집중이 시작되어 20세기말에는 가족이 지배하는 기업집단체제로 복귀하였다. Randall K. Morck et al., The Rise and Fall of Widely Held Firm – A History of Corporate Ownership in Canada, in: A History of Corporate Governance Around the World (Randall Morck ed. University of Chicago, 2007).

108  得津, 주12, 484-485면.

109  예컨대 John O. Haley, Heisei Renewal or Heisei Transformation: Are Legal Reforms Really Changing Japan?, 19 J. JAPANESE L. 5, 13 (2005). 그는 1990년대 회사법개정은 어느 때보다도 빈번했지만 일본의 기업지배구조의 근본은 변하지 않았다는 결론을 내렸다.

기업목적은 통제주체가 누구인지에 크게 의존한다. 그러나 통제주체에 비하여 기업목적은 환경의 변화에 따라 보다 유연하게 변화할 수 있다. 일본에서 [표 15]가 보여주는 바와 같이 대기업의 경우 주주에 대한 배당과 임원급여가 증가하고 있는 것은 그러한 변화의 한 가닥을 보여주는 것이라고 할 수 있다. 한국에서는 1997년 외환위기 이후 주주이익에 대한 고려가 크게 강화되었다. 한편으로 지배주주가 터널링 행위를 감행하기 어려운 환경이 조성된 것은 물론이고 외국인 보유비율이 높은 기업에서는 영업이익과 배당에 신경을 쓰고 있다. 중국에서도 정부의 통제권이 위협받지 않는 범위에서는 주주이익에 대한 배려를 아끼지 않는 것으로 보인다.

기업의 소유구조나 통제주체, 기업목적을 변화시키는 것에 비하여 통제주체에 대한 견제장치를 변화시키는 것은 상대적으로 용이하다. 이 분야에서는 세 나라에서 모두 상당한 제도상의 변화가 있었고 그 부분에서는 일부 수렴이 있다고 할 수 있을 것이다.

## 2. 기업지배구조의 변화를 초래하는 동인

위와 같은 기업지배구조의 변화에 영향을 주는 요소는 많다. 법제도의 변화도 그중 하나라고 할 수 있다. 법제도의 변화는 정치적 여론의 뒷받침 없이는 일어나기 어렵다. 정치적 여론을 움직이는 것은 스캔들이나 위기인 경우가 많다. 그러나 스캔들이나 위기의 여파는 성격상 일시적이므로 그로 인한 여론도 시간의 흐름에 따라 약화되는 것이 보통이다. 기업지배구조의 변화를 보다 지속적으로 촉진하는 것은 경제환경의 변화라고 할 수 있다.

일본의 기존 기업지배구조는 경영자, 정치인, 관료라는 이른바 "철의 삼각형"(iron triangle)에 의하여 뒷받침되었다. 사원출신 경영자가 안정주주의 지원을 받아 회사의 장기적 이익을 추구하는 체제는 회사의 이해관계자와 정부의 이익에 부합하였음은 물론이고 여론의 지지도 받았다. 그러나 기존의 삼두체제에 대한 여론의 지지는 특히 1990년 버블의 붕괴를 계기로 급속히 약화되었다. 일련의 스캔들로 인하여 이들에 대한 국민의 신뢰는 붕괴되었다. 기업지배구조에 관한 법제도가 버블 붕괴 후 급속히 변화한 것은 그러한 위기와 스캔들의 영향이 작용한 것으로도 볼 수 있을 것이다. 그러나 일본에서도 기업지배구조의 변화를 가져오는 보다 심층적인 원인은 경제환경의 변화에서 찾아야 할 것이다. 대기업의 자금조달이 은행차입에서 자본시장으로 전환된 것, 금융위기를 맞은 은행이 보유하던 사업법인의 주식매각에 나선 것, 외국인 투자자의 보유비율이 증가한 것, 적대적 기업인수의 등장 등의 변화는 모두 기업지배구조에 관한 제도와 실무의 면에서 주주이익의 위상을 높이는데 기여한 것으로 판단된다. 그러나 최근 회사법 개정과 관련하여 사외이사 선임의 의무화가 좌절된 것에서 보는 바와 같이 기존의 기업지배구조를 고수하려는 경영자집단의 의지와 영향력은 아직 강력하다.[110] 개인적으로는 이러한 경영자집단의 영향력은 일본 기업, 특히 제조업의 강한 경쟁력에서 비롯된 것이 아닌가 추측하고 있다. 그렇다고 한다면 기업지배구조의 보다 근본적인 변화는 제조업체의 경영자들이 신뢰를 잃는 상황이 와야 비로소 가능하다는 추측도 가능할 것이다.

한국에서도 1997년의 외환위기를 계기로 기업지배구조에 관한 법제도가 정비되었다. 그 후 재벌총수의 터널링 행위에 대한 형사소추와 주주대표소송이 계속 반복되면서 기업지배구조에 대한 일반의 인식이 강화되고 제도개선의 시도가 힘을 얻게 되었다. 그러나 한국에서도 기업지배구조의 변화와 관련하여 더 중요한 것은 경제환경의 변화이다. 지

---

110 최근 올림퍼스사 스캔들과 같이 내부자중심 경영체제에 대한 의문을 야기하는 스캔들이 속출했음에도 불구하고 그러한 시도가 좌절된 것에 주목할 필요가 있다.

배주주는 계열회사의 보유주식을 이용하여 경영권을 확보하고 있지만 과거에 비해서 기관투자자와 외국인 주주를 포함한 일반주주들의 보유 비율이 높아진 것이 사실이다. 이들이 모두 반기를 드는 경우에는 아무리 지배주주라도 경영권을 잃을 가능성이 높다. 그러나 이제까지 그러한 가능성은 거의 실현된 적이 없다. 기관투자자를 포함한 일반주주들은 상대적으로 좋은 실적을 거둔 대기업 지배주주에 대해서 큰 불만이 있는 것 같지 않다. 투자자들로서는 회사의 안정적인 경영을 담보할 뿐 아니라 정부, 국회, 언론 등 사회의 권력집단을 보다 효과적으로 다룰 수 있는 지배주주가 사라지는 것에 오히려 불안을 느낄 수도 있다. 이제까지 지배소수체제에 대한 비판의 소리는 투자사들보다는 학계와 시민단체에서 나오는 경우가 많았다. 그러나 이러한 상황이 한없이 지속될 것으로 단정할 수는 없다. 현상에 변화가 일어날 수 있는 경우로는 크게 두 가지를 생각해볼 수 있다. 하나는 대기업의 실적이 악화되어 지배주주의 경영능력에 대한 신뢰가 무너지는 경우이다. 예컨대 삼성전자나 현대자동차와 같이 이제까지 탁월한 실적을 보여준 대기업이 부진에 빠지는 시점이 되면 지배소수주주체제에 대해서 보다 심각한 고민을 하게 될 것이다. 다른 하나의 경우는 지배소수체제가 경제전체에 미치는 악영향이 일반 국민들에게도 널리 인식되어 개혁에 대한 요구가 커지는 경우이다.

후자의 가능성과 관련하여 주목할 것은 최근 진행 중인 여론의 동향이다. 최근 지배주주중심의 재벌체제에 대한 여론의 관심은 주주이익관점 보다는 이른바 양극화의 관점으로 향하고 있다. 현재와 같은 재벌중심의 경제체제에서 재벌에 속하지 않은 중소기업이 제대로 성장하기는 극히 어렵다. 재벌에 속하는 기업은 외부기업과 거래하는 것이 유리하더라도 계열회사의 제품이나 서비스를 우선적으로 구매하는 경우가 많다. 외부기업이 용케 재벌기업과 거래를 튼 경우에도 이익을 많이 얻기는 어렵다. 독자적인 기술을 갖고 창업한 중소기업의 경우에도 재벌기업이 매수단가를 계속 낮추는 바람에 곤란을 겪는 사례가 많다. 이처럼 중소기업의 경영환경이 열악하다 보니 대학졸업자가 창업에 나서는 것은 물론이고 심지어 중소기업에 취업하는 것도 주저하게 되었다. 이러한 기업의 양극화는 현재의 재벌중심 경제체제에 대한 여론을 크게 악화시켰다.[111] 이러한 비판적인 여론이 향후 어떠한 형태로 기업지배구조에 영향을 줄지는 예측하기 어렵다. 과거와 마찬가지로 이런 부정적 여론은 선거기간 중 잠시 머리를 내밀었다가 슬그머니 사라질 수도 있기 때문이다.

중국에서 기업지배구조의 변화는 정부(공산당)가 주도하고 있다. 국유기업과 관련된 스캔들은 없지 않았지만 한국이나 일본에서와 같은 위기는 겪지 않았다. 기업지배구조를 개선하기 위한 정부의 노력은 위기나 스캔들 때문이 아니라 경제환경의 변화를 고려한 선제적인 시도로 볼 수 있다. 중국의 국유기업은 규모 면에서 엄청나게 성장했지만 그 성과가 반드시 만족스런 것은 아니다. 국유기업의 성과가 미흡한 이유 중 하나는 관료경영자에 대한 압력과 견제가 충분하지 않기 때문이라고 할 수 있다. 국유기업이 어려워지면 국유기업에 대출한 은행도 어려움을 겪을 수 있다. 1990년대 초 중국이 상해와 심천에 증권거래소를 개설하여 자본시장을 육성하기로 한 것은 국유기업의 경영효율성을 높이고 국유기업에 은행 대신의 자금조달원을 제공하기 위한 것이었다.[112] 중국 정부는 자본시장을 육성하기 위하여 주주이익보호에 관심을 기울이고 있다.[113]

---

111  최근에는 재벌가의 딸들이 운영하는 베이커리 때문에 동네의 소규모 제과점이 문을 닫게 되었다는 뉴스가 큰 관심을 끌면서 이들이 그 사업을 포기하는 일도 있었다.

112  Li, 주54, 18.

113  Lin & Milhaupt, 주6, 48.

관료경영자의 사익추구행위를 막는 것도 쉬운 일은 아니다. 그러나 더 어려운 것은 관료경영자의 효율적인 경영을 유도하는 것이다. 효율적인 경영을 유도하는 방안으로 가장 쉽게 생각할 수 있는 것은 기업을 보다 민간기업처럼 만드는 것이다. 실제로 정부는 보유주식을 점진적으로 처분함으로써 일반주주의 비중을 높이고 있다. 대다수 중국의 학자들은 주식소유가 분산된 미국식 소유구조를 이상형으로 동경하고 있다.[114] 그러나 이러한 국유기업의 사유화가 어느 선까지 진행할 수 있는지는 의문이다. 국유기업에 투자하는 투자자의 관점에서도 정부의 지분하락은 반드시 환영할 일은 아닐 것이다. 어차피 정부의 개입이 광범하게 이루어지는 사회주의국가에서 정부가 지분을 갖는 기업은 여러 가지로 특혜를 누릴 수 있기 때문이다. 정부의 관점에서도 국유기업이 주주이익 이외의 정치사회적 목적을 수행해야 한다면 관료경영자의 지위를 위협할 정도까지 정부지분이 낮아지는 것은 수용하기 어려울 것이다. 이는 기업지배구조의 변화가 어디까지 가능한가의 문제로 연결된다.

## 3. 기업지배구조 변화의 한계

어느 사회에서나 기업을 누가 통제하고 어떠한 목적을 위하여 운영하는가라는 기업지배구조의 핵심요소는 경제적으로는 물론이고 정치적으로도 중요한 문제이다. 또한 기업지배구조를 뒷받침하는 법제도도 정치적인 성격을 지닌다. 기존의 기업지배구조는 당연히 그 사회, 그 시점의 정치적 세력관계, 나아가 기득권층의 이익을 반영한다고 할 수 있다. 따라서 기업지배구조를 변화하는 것은 당시의 정치적인 환경이

---

114    Clarke, 주28, 158.

그것을 허용하는 경우 그 한도 내에서만 가능하다고 할 것이다.

일본의 기존 기업지배구조를 뒷받침하던 경영자, 정치인, 관료의 삼두체제가 갖는 영향력은 과거보다 크게 약화되었다. 그러나 경단련으로 대표되는 경영자집단의 힘은 여전히 강력하다. 반면에 주주이익을 중시하는 미국식 자본주의를 추구하자는 투자자집단의 목소리는 아직 미약한 상태이다. 최근 회사법개정에서 사외이사의 의무화가 좌절된 것은 그러한 세력관계가 아직 크게 변화하지는 않았다는 점을 보여주는 증거라고 할 수 있다.

한국에서도 기업지배구조와 관련된 개혁이 가장 극적으로 진행된 것은 외환위기로 인하여 재벌체제에 대한 신뢰가 무너지고 최초로 정권이 교체된 시기였다. 초기의 개혁은 김대중정부 초인 1990년대 말에 집중되었다. 그러나 재벌체제는 안팎으로 광범한 기득권층의 지지를 받는 체제였다. 새 정부도 급속히 기득권층에 포섭되면서 개혁의 동력은 크게 상실되었다. 이른바 10년의 진보정권을 거치면서도 재벌의 지배소수주주체제는 전혀 달라진 것이 없었다. 2008년 다시 보수정권이 들어선 후에는 기업지배구조에 대한 관심은 더욱 줄어들었다. 뒤에 언급하는 바와 같이 심지어 과거의 성과가 오히려 후퇴한 측면도 없지 않다.

지난 20년 사이에 기업지배구조와 관련된 중국의 제도변화는 거의 유례를 찾기 어려울정도로 획기적인 것이었다. 이제까지의 개혁은 주로 국유기업의 효율성을 제고하기 위한 것으로 궁극적인 기득권층인 공산당의 이익을 위협하는 단계에까지는 이르지 않았다. 그러나 고도경제성장이 끝나는 단계가 되면 주주이익에 대한 목소리가 더 높아질 것으로 보인다. 나아가 공산당체제에 변화가 발생하는 경우에는 관료경영자 중심의 기업지배구조도 큰 변화를 겪을 수밖에 없을 것이다.

## 4. 기업지배구조 변화의 위험 - 한국의 예

기업지배구조의 변화는 변화에 대한 압력과 변화를 원치 않는 기득권층의 힘과의 상관관계에 따라 결정될 것이다. 변화에 대한 압력은 현재 한국에서 가장 강하고 중국에서 가장 약한 것으로 보인다. 지배소수주주체제와 재벌중심체제에 대해서는 이제 일부 학자나 시민단체만이 아니라 주요 언론과 여당도 문제점을 지적하고 있다. 반면 아직 고도성장을 계속하고 있는 중국에서는 관료경영자체제의 개선을 요구하는 목소리는 상대적으로 높지 않은 것 같다.

한편 근본적인 변화를 원치 않는 기득권층의 힘은 역시 주관적인 평가이지만 중국이 한국과 일본에서보다 앞선 것 같다. 이런 관점에서 보면 기존 기업지배구조가 변화할 가능성은 현재 한국에서 가장 큰 것으로 판단된다. 한국에서 현재 기업지배구조에 관한 불만은 지배소수주주체제에 집중되고 있다. 기존의 제도개선이 주로 지배소수주주의 권한남용을 억제하는 것에 치중하였다면 최근의 논의는 보다 근본적으로 지배소수주주의 존재자체를 대상으로 삼고 있다. 심지어 여당에서도 환상형 주식보유를 규제하는 법안을 제출한 상태이다. 그렇지만 지배소수주주체제에 대한 불만이 지배소수주주의 교체로 이어질 가능성은 높지 않은 것 같다.

지배소수주주체제에 대한 대안으로 생각해볼 수 있는 것은 영미식의 전문경영인체제이다. 그러나 현재 한국에는 전문경영인이 경영하는 기업은 수도 적을 뿐 아니라 심각한 취약점을 보이고 있다. 한국에 현재 지배주주가 없는 대기업은 일부 금융지주회사와 POSCO나 KT같은 극소수 민영화된 대기업이 있을 뿐이다. 이들 이른바 "주인 없는 기업"은 영미에서와 같은 전문경영인체제를 취하고 있다. 이사회에는 사외이사들이 압도적 다수를 차지하고 있을 뿐 아니라 감사위원회, 보상위원회와 같은 위원회도 사외이사들이 주도하고 있다. 또한 CEO도 사외이사가 중심이 된 추천위원회에서 선임하고 있다. 이들 기업이 기업지배구조에 관한 각종 평가에서 높은 점수를 얻고 있는 것은 당연한 일이다. 그러나 최근 이들 주인 없는 기업의 기업지배구조에 대해서는 의혹의 눈길이 가해지고 있다. 2008년 보수정권이 들어선 후 집권층과 가까운 인사들이 대거 이들 기업의 사외이사로 선임된 것으로 알려지고 있다.[115] 심지어 일부 기업에서는 집권층이 최고경영자 선출에 관여했다는 소문도 무성하다.

지배소수주주체제를 왕정(王政)에 비유한다면 전문경영인체제는 민주정(民主政)에 비유할 수 있다. 민주정과 마찬가지로 전문경영인체제가 제대로 작동하기 위해서는 그것을 뒷받침하는 인프라가 필요하다. 그러한 인프라가 제대로 갖춰지지 않은 상황에서 갑자기 전문경영인체제가 들어서면 자칫 집권층의 전리품 같은 존재로 전락할 우려가 없지 않다.


## V. 결론

각국의 정치적, 경제적 상황은 같지 않고 각국의 상황에 따라 적합한 기업지배구조가 달라지는 것은 당연한 일이다. 어느 곳에서도 적합할 수 있는 기업지배구조 같은 것은 없다. 어느 나라의 기업지배구조도 나름의 장점이 있기 때문에 뿌리를 내리는 것이다. 그러나 정착된 기업지배구조도 그 폐해가 효용보다 커지게 되면 변화에 대한 압력이

---

[115] 신문기사에 의하면 금융지주회사나 시중은행 사외이사로 선임된 207명 중 정권과 가까운 인사가 73명으로 3분의 1 이상을 차지한다고 한다(서울경제신문 2012.5.15. http://economy.hankooki.com/ArticleView/ArticleView.php?url=finance/201205/e20120515165037117450.htm&ver=v002 2012.5.18. 방문).

생기게 된다. 일본의 안정주주를 활용한 전문경영자체제는 회사의 장기적인 이익을 추구하는 안정적 경영으로 일본경제의 부활과 도약에 기여하였다. 한국의 지배주주체제도 장기적 관점의 과감한 결정을 가능케 함으로써 비약적 성장을 달성하였다. 정부와 기업이 아직 완전히 분리되지 않은 중국의 기업지배구조는 시장경제체제의 인프라가 미흡한 상황에서 초래될 수 있는 불확실성을 최소화하는 기능을 한 것으로 볼 수 있다.

이 글에서 논한 바와 같이 세 나라의 기업지배구조는 일견 현상이 유지되고 있는 것처럼 보이지만 변화의 조짐도 없지 않다. 통제주체의 면에서는 거의 변화가 없지만 견제장치의 면에서는 상당한 변화가 있고 그 변화의 방향은 대체로 주주이익을 중시하는 쪽을 향하고 있는 것으로 보인다. 그간 주주이익이 상대적으로 경시된 경향이 있었다는 점을 고려하면 이러한 변화는 바람직한 측면이 없는 것은 아니다. 문제는 자칫 너무 단기적인 주주이익에 치중할 가능성이 있다는 것이다.[116] 그 경우에는 지속적인 성장을 저해할 수 있을 뿐 아니라 근로자를 비롯한 이해관계자와의 갈등이 야기될 우려가 있다. 주주이익과 이해관계자 이익을 조화하는 문제는 바로 넓은 의미의 기업지배구조의 문제이고 오늘날 세계 모든 자본주의 국가에서 마주하는 문제이기도 하다.[117] 이 문제에 대해서는 정답이 없고 결국 정치적으로 결정될 수밖에 없다. 그러한 의미에서는 세 나라의 기업지배구조는 앞으로도 결국 글머리에 인용한 Milhaupt 교수의 표현과 같이 "불규칙하고 불완전하고 예측불가능한" 변화의 길을 걸을 수밖에 없

---

116   다만 중국에서는 당장 그러한 가능성이 그리 크지는 않은 것 같다.

117   주주이익에 관한 믿음이 가장 강하다고 볼 수 있는 미국에서도 이 논의는 최근 더 주목을 받고 있는 것 같다. 최근의 예로는 Lynn Stout, The Shareholder Value Myth: How Putting Shareholders First Harms Investors, Corporations, and the Public (Berret-Koehler 2012).

을 것으로 보인다.

會社 · 金融 · 法(上)(岩原紳作외 편)(2013.11), 商事法務, 135-185면

(번역 : 田中佑季)

*추기: 평소에 가깝게 지내며 여러 가지로 신세를 많이 졌던 동경대 岩原, 山下, 神田 세분 교수들의 환갑을 기념하기 위하여 기획된 논문집에 기고한 논문을 국문으로 번역한 글이다. 우리나라와 중국에 관한 부분은 다른 곳에서 발표한 글과 중복되는 부분이 있지만 일본에 관한 부분은 따로 발표한 일이 없어서 이번 기회에 포함하기로 했다. 원래 국문으로 작성된 원고를 훌륭한 일어로 번역해준 타나카씨에게 새삼 감사의 뜻을 표하고 싶다.

# 제2편

# 관계자거래

# 01 기업집단과 관계자거래

## I. 서설

이익충돌 규제는 회사법의 기본 과제이다.[1] 이익충돌의 여러 형태 중 우리가 특히 주목할 것은 지배주주와 일반주주 사이의 이익충돌이다.[2] 주주 사이의 이익충돌은 특히 기업집단에 속하는 회사에서 복잡한 모습으로 나타난다. 이는 오래 전부터 널리 알려진 주제로 이미 국내외적으로 무수한 연구가 발표된바 있다.[3] 그럼에도 불구하고 논의는 수그러들기는커녕 오히려 열기를 더하고 있는 느낌이다. 예컨대 2014년 EU 집행위원회(European Commission)는 상장회사의 관계자거래에 대한 규제와 관련하여 주주권지침(shareholder rights directive) 개정안을 공표한 바 있

---

1  김건식 외, 회사법(제2판 2016) 24-26면.
2  경영자와 주주 사이의 이익충돌이나 주주와 채권자 사이의 이익충돌에 대한 법적 대응에 관해서는 이 글에서 논하지 않는다.
3  필자의 논문만 해도 다음과 같은 것들을 들 수 있다. 콘체른에서의 소수주주보호, 회사법연구 I (2010, 논문출판연도 1992) 319면; 기업집단에서의 소수주주보호, 회사법연구 I (2010, 논문 출판연도 1994) 354면; 재벌과 소수주주보호, 기업지배구조와 법(2010, 논문출판연도 1995) 139면; 재벌총수의 사익추구행위와 회사법, 기업지배구조와 법(2010, 논문출판연도 2006) 171면.

다.[4] 한편 미국 회사법 의 선도자인 델라웨어주 대법원은 2014년 소수
주주 축출을 위한 친자회사합병과 같은 전형적 이익충돌거래도 독립
이사로 구성된 위원회의 승인과 소수주주 과반수 동의 등 일정 요건을
갖추면 경영판단으로 보호받을 수 있다는 판결로 주목을 끈 바 있다.[5]

재벌이라 불리는 대규모 기업집단이 경제는 물론 정치, 사회, 문화
의 영역에서 위세를 떨치고 있는 우리나라에서 이 문제는 특히 절실하
게 다가온다. 재벌의 성장사가 크고 작은 이익충돌거래로 점철되어 있
으며 그에 대한 규제는 재벌의 운영방식은 물론이고 나아가 그 미래의
모습까지 결정지을 수 있기 때문이다.

이 글의 목적은 이런 문제의식을 토대로 기업집단에서의 이익충돌
에 대한 전반적인 규제체계를 음미하는 것이다. 이익충돌이 등장하는
국면은 실로 각양각색이지만 이 글에서는 편의상 가장 기본적 유형인
계열회사 사이의 거래에 초점을 맞추기로 한다.[6] 그런 거래는 공정거래

---

4   European Commission, Proposal for a Directive of the European Parliament and of
    the Council amending Directive 2007/36/EC as regards the encouragement of long-
    term shareholder engagement and Directive 2013/34/EU as regards certain elements
    of the corporate governance statement, Article 9c, available at http://eur-lex.europa.
    eu/legalcontent/ EN/TXT/?uri=COM:2014:213:FIN)(이하 Proposal for a Directive). 이
    에 관한 문헌으로 Luca Enriques, Related Party Transactions: Policy Options and Re-
    al-World Challenges (With a Critique of the European Commission Proposal)(ECGI
    Working Paper Series in Law No. 267/2014 (2014); Holger Fleischer, Related Party
    Transactions bei börsennotierten Gesellschaften: Deutsches Aktien(konzern)recht
    und Europäische Reformvorschläge, BETRIEBS-BERATER 2691 (2014); Jochen
    Vetter, Regelungsbedarf für Related Party Transactions?, 179 ZEITSCHRIFT FÜR
    DAS GESAMTE HANDELSRECHT UND WIRTSCHAFTSRECHT 273 (2015).

5   Kahn v. M&F Worldwide Corp., 88 A.3d 635, 642 (Del. 2014). 이에 관한 문헌으로
    Bernard S. Sharfman, Kahn V. M&F Worldwide Corporation: A Small But Significant
    Step Forward in the War Against Frivolous Shareholder Lawsuits, 40 Journal of Cor-
    poration Law 197 (2014).

6   기업집단에서의 회사법상 쟁점을 전반적으로 검토한 최근 문헌으로 천경훈, 기업집단의
    법적 문제 개관, BFL 제59호(2013.5) 6면; 神作裕之, 親子会社とグループ経営, 株式会
    社法大系(江頭憲治郎編2013), 57면.

---

법상 내부거래(11–2조 1항)로 불리기도 하지만 이 글에서는 국제 학계의 용례에 따라 관계자거래(related party transaction)란 용어를 사용하기로 한 다.[7] 관계자거래에 대한 규제로 한정하더라도 그에 관련된 쟁점은 부지 기수이다. 이 글에서는 실무적 관점보다는 주로 거시적 제도설계의 관 점에서 기존 규제 전반을 훑어보기로 한다.[8]

이 글의 순서는 다음과 같다. 먼저 II에서는 원론적인 측면에서 관 계자거래에 대한 규제방식을 살펴본다. III에서는 II의 서술을 토대로 관계자거래에 관한 현행 법규제의 몇 가지 문제점을 검토한다. IV에서 는 종합적인 관점에서 규제강화와 관련된 몇 가지 논점을 짚어보기로 한다.


## II. 원론적 고찰

### 1. 관계자거래와 터널링

기업의 경계는 경영자가 기업의 사업활동을 내부적으로 수행할 것 인가(자체조달) 아니면 외부의 시장에서 조달할 것인가(이른바 외주(out-sourcing))에 따라 결정된다.[9] 우리가 살펴볼 관계자거래는 자체조달과 외주 사이의 중간 지점에 존재한다. 예컨대 총수O가 지배하는 기업집

---

7　공정위 발표에 의하면 대기업집단에서 관계자거래의 비중은 감소되는 추세이긴 하지만 2014년 현재 12.4%를 차지하고 있다. 공정거래위원회, 2015년 대기업집단 내부거래 현황 정보공개(http://www.ftc.go.kr/news/policy/competeView.jsp?news_no=2673&news_div_cd=12016.6.16. 방문).

8　관계자거래의 실무적 쟁점에 관한 최근 논문으로 이준택 외, 내부거래에 대한 공정거래법 및 상법상 사전 규제의 실무상 쟁점, BFL 제78호(2016.7) 52면; 윤성운 외, 공정거래법에 의한 터널링규제, BFL 제78호(2016.7) 24면.

9　김건식 외, 주1, 4면.

단X에 속하는 회사A와 회사B가 서로 거래하는 경우를 생각해보자. 이 예에서 A와 B의 의사결정이 각 회사의 관점이 아니라 그룹X(내지 총수 O)의 관점에서 이루어질수록 자체 조달에 접근하고 반대의 경우에는 외주에 접근한다.

이런 관계자거래의 가장 큰 문제는 거래조건이 어떻게 정해지는가에 따라 A와 B사이에 부당한 부(富의) 이전이 일어날 수 있다는 점이다.[10] 부당한 부의 이전을 학계에서는 흔히 터널링(tunneling)이라 부른다.[11] 터널링 위험에 대한 가장 근본적인 대책은 관계자거래를 전면 금지하고 자체조달이나 외주 중 하나를 선택하게 만드는 것이다. 그러나 현재 선진국 중에서 그런 과격한 해법을 택한 나라는 없는 것 같다. 관계자거래를 막지 않는 이유는 나름 장점이 있기 때문이다.[12] 관계자거래를 통해서 A와 B가 모두 이익을 얻을 수 있다면 구태여 막을 이유가 없다.[13] 시장이 충분히 발달되어 있지 않은 경우라면 믿을 수 있는 거래처 확보란 면에서는 A가 계열회사 B와 거래하는 것이 더 효율적일 수 있다. 그리하여 현재 관계자거래 규제는 전면 금지가 아니라 터널링 최소화를 추구하는 것이 일반 추세라고 할 수 있다.

10  거래조건은 총수O의 지분비율이 높은 회사에 유리하게 결정될 가능성이 클 것이다.

11  터널링에 관한 대표적인 논문으로 Simon Johnson, et. al, Tunneling, 90 American Economic Review 22-27 (2000). 터널링은 ① 내부자가 회사의 현금흐름을 탈취하는 현금흐름 터널링, ② 내부자가 자신에 유리한 가격으로 회사와 자산거래를 감행하는 자산 터널링, ③ 내부자가 주식을 회사나 다른 주주로부터 저가로 취득하는 주식 터널링의 세 유형으로 구분할 수 있다. Vladimir Atanasov et. al., Law and Tunneling, 37 Journal of Corporation Law 1 (2011). 우리나라에서는 ③도 많지만 이 글에서는 주로 ②만을 다루기로 한다. 적용되는 논리의 면에서 두 유형에 차이는 거의 없다.

12  관계자거래의 장점에 관한 간단한 서술로는 Kraakman et.al., The Anatomy of Corporate Law (2nd ed. 2009)(김건식 외 옮김, 회사법의 해부(2014)(이하 "해부")의 면수로 인용) 248-249면.

13  B에게는 손해지만 A의 이익이 그것을 초과하는 경우도 사회적 관점에서는 이익으로 볼 수 있다는 논리도 불가능한 것은 아니다.

## 2. 규제의 개요

관계자거래와 터널링은 여러 법 분야가 관심을 갖는 대상이다.[14] 특히 중요한 경우는 다음과 같다. ① 터널링은 어느 한쪽 회사 주주의 이익을 해친다는 점에서 회사법의 주된 관심사이다.[15] ② 회사가 관계자거래를 통해서 자신의 세금부담을 부당하게 감소시키는 경우에는 법인세법상 부당행위계산의 부인(52조)과 같은 세법 문제를 야기한다.[16] ③ 터널링은 형법상 배임으로 처벌받을 수도 있다. 터널링에 대한 형사처벌은 우리나라뿐 아니라 프랑스, 이태리 등 국가에서 빈번하게 발생하고 있다.[17] ④ 독특하게도 우리나라는 공정거래법에도 관계자거래를 규제하는 규정을 두고 있다(11-2조, 23조, 23-2조).

관계자거래에 대한 주된 법적 규제수단으로는 정보제공, 이사회를 비롯한 각종 기관에 의한 승인, 거래의 공정성요건 등을 들 수 있다.[18] 전술한 바와 같이 관계자거래는 장점도 있기 때문에 그것을 완전히 봉쇄하는 입법례는 찾기 어렵다. 그러나 예외적으로 이사 등에 대한 신

---

14 송옥렬, "기업집단 내부거래 및 일감몰아주기 규제 근거의 검토", 상사법연구 제33권 제3호 (2014.11) 308-309면.

15 회사법 이론상 지배주주에게 손해배상책임을 인정하는 논리로는 지배주주를 사실상 이사로 보거나 지배주주의 신인의무를 인정하거나 이사의 충실의무위반에 가담하였음을 이유로 불법행위책임(제3자의 채권침해)을 인정하는 등의 선택지가 있다. 神作裕之, 주6, 79면.

16 국제조세상으로는 이른바 이전가격문제가 발생한다. 국제조세조정에 관한 법률 제4조 등. 한편 우리나라에서는 별도로 일감몰아주기에 관한 특별규정(상속세 및 증여세법 45-3조 1항)까지 두고 있다.

17 우리나라에서 부실계열회사에 대한 지원을 이유로 재벌총수가 형사처벌 받은 대표적인 사례로는 한화그룹의 김승연 회장 사건을 들 수 있다. 자세한 것은 천경훈, "한화 판결의 주요 법적 쟁점", BFL 제64호 (2014.3), 67-70면.

18 Luca Enriques, Related Party Transactions: Policy Options and Real-World Challenges (With a Critique of the European Commission Proposal)(ECGI Working Paper Series in Law No. 267/2014 (2014) 14-27.

용제공과 같은 일부 거래는 금지되고 있다.[19] 총수일가에 대한 신용제공이 다반사였던 과거 현실에 비추어 납득이 가는 면도 없지 않지만 궁극적으로는 일반 관계자거래와 마찬가지로 승인대상으로 삼는 것이 타당할 것이다.

이상의 규제를 위반한 관계자거래에 대해서는 거래의 무효, 손해배상, 과세, 형사처벌, 과태료, 과징금 등 다양한 제재를 가하고 있다. 이하에서는 관계자거래에 대한 규제수단 중 금지를 제외하고 강도가 약한 것부터 살펴보기로 한다.

## 3. 거래정보의 제공

관계자거래에 대한 정보의 제공은 두 가지 차원에서 논할 수 있다. ① 회사내부 승인절차에서의 정보제공과 ② 회사외부의 투자자에 대한 정보제공이 그것이다. ①의 대표적인 예는 관계자거래를 승인하는 이사회에 판단에 필요한 정보를 제공하도록 하는 것이다. ②의 대표적인 예는 상장회사로 하여금 사업보고서 등 공시서류에 관계자거래에 관한 정보를 포함하도록 하는 것이다.[20] 또한 재무제표 작성을 규율하는 회계기준에는 물론이고 재무제표에 대한 감사를 규율하는 감사기준에도 보통 관계자거래에 관한 규정이 있다 [21] 한편 우리나라에시는 ①과 ② 외에 공정거래법도 관계자거래에 관한 정보제공을 요구하고 있다(11-2조). 이에 대해서는 후술한다.

규제수단으로서 정보제공의 가장 큰 장점은 상대적으로 비용이 크

---

19  Sarbanes-Oxley Act §402; 상법 제542조의9 제1항.
20  상세한 것은 해부, 주12, 250-259면.
21  그러나 실제로 우리나라와 같이 감사인의 보수가 낮은 곳에서는 감사인이 이런 기능을 제대로 발휘할 것인지는 의문이다. 해부, 주12, 256면.

지 않다는 것이다. 정보를 마련하는데 비용이 들기는 하지만 관계자거래 자체에 제한을 가하는 것은 아니다. 소규모거래에 대해서 정보제공부담을 감면한다면 그 비용은 한층 감소할 것이다.[22] 집행이 쉽다는 점도 장점이다. 정보제공이 없거나 부실한 경우 이사회 승인을 무효로 보거나 과태료 등 행정제재를 가하거나 손해배상책임을 부과할 수 있기 때문이다.

물론 정보제공이 언제나 실효를 거둘 수 있는 것은 아니다. 이사회에 정보를 제공하더라도 이사가 독립적이지 못하다면 별 효과를 기대할 수 없다. 또한 사업보고서에 관계자거래에 관한 정보를 기재하더라도 기관투자자와 애널리스트 같은 자본시장 주체들이 소극적이라면 그다지 소용이 없을 것이다.

## 4. 회사기관에 의한 승인

### (1) 승인의 의의

실제로 관계자거래에 대한 가장 보편적인 규제수단은 이사회 승인을 요구하는 것이다. 입법례에 따라서는 주주총회 승인을 요구하는 경우도 없지 않다. 이사회와 주주총회에 의한 승인은 모두 회사내부기관에 의한 사전적 통제라는 점에서 공통된다. 이사회 승인은 중립적인 전문가에 의한 판단을 도모할 수 있다는 것이 장점인데 비하여 주주총회 승인은 관계자거래에 직접 이해관계를 갖는 주주가 결정한다는 것이 장점이다. 회사기관에 의한 승인 시에 후술하는 거래의 공정성을 고려

---

22  EU 개정안에서는 관계자거래를 규모에 따라 세 등급으로 나누어 상이한 규제를 가하고 있다. Enriques, 주18, 28-29. 그에 의하면 자산 1%에 미달하는 거래는 규제대상에서 제외하고 있다.

해야 함은 물론이다. 그러나 공정성과 아울러 (또는 앞서서) 고려할 것은 거래의 필요성이다. 아무리 조건이 공정하더라도 회사의 관점에서 필요한 거래가 아니라면 승인을 거부해야할 것이다. 그러므로 승인 요건은 공정성 요건과 별도로 독자적인 의미가 있다.

## (2) 이사회 승인

이사회는 주주총회에 비하여 개최가 간편하다는 장점이 있다. 또한 이사는 정보를 확보하고 소화하고 판단하는 전문성 면에서도 주주에 앞선다. 다만 그 장점이 제대로 발휘되려면 판단주체인 이사의 독립성이 필요하다. 이사의 독립성을 요구하는 강도는 나라에 따라 차이가 있다. 우리나라는 독립성 면에서는 비교적 관대한 편이라고 볼 수 있다.[23] 통설인 개인법설에 의하면 이사가 관계자거래에서 회사이익과 충돌하는 개인적 이해관계가 없는 한 의결권 행사는 제한되지 않는다.[24]

이와 대조적으로 미국 델라웨어주법원은 이사의 독립성에 대해서 매우 엄격한 태도를 취하고 있다. 델라웨어주법원은 "이해관계 없는"(disinterested) 사외이사의 판단에 대해서만 경영판단으로 보호하고 있다.[25] 그 결과 이해관계 없는 사외이사만으로 위원회를 구성하여 외부 전문가의 자문을 받아 공정성을 판단하도록 하는 실무가 관행으로 정착되고 있다.[26] 벨기에에서도 3인의 독립이사로 위원회를 구성하고 전

---

23 다만 사외이사 선임이 부분적으로 강제되는 상장회사에서는 이사회의 독립성이 다소 보완되는 면이 있다.

24 김건식 외, 주1, 361-363면. 실무상으로는 지배주주 영향력 하에 있는 사내이사도 관계자거래에 대해서 의결권을 행사하는 것이 일반적이다.

25 김건식, 자기거래와 미국회사법의 절차적 접근방식, 회사법연구 I (2010 논문발행연도 1994) 100면. 델라웨어주법원은 이해관계를 매우 엄격하게 해석하고 있다.

26 전문가의 활용은 영국의 상장규정(sponsor의 자문에 관한 UKLA Listing Rule 13.6.1.(5))이나 소수주주축출에 관한 일본의 실무에서도 찾아볼 수 있다. 2014년 발표된 EU지침 개

문가의 도움을 받도록 하는 절차를 택하고 있다.[27]

제도상으로만 보면 승인기관의 독립성과 관련하여 보다 엄격한 것은 중국이다. 중국 증권감독관리위원회는 상장회사에 대해서 이사회 정원의 1/3 이상을 2명 이상의 독립이사로 충원하도록 하고 있다(상장회사 독립이사제도 도입에 관한 지도의견(关于在上市公司建立独立董事制度的指导意见) 1조 3항). 또한 독립이사는 관계자거래에 대해서 거부권을 가질 뿐 아니라(5조 1항 1호)[28] 소수주주이익을 침해한다고 여겨지는 중요한 사항(관계자거래 포함)에 대해서는 의견을 표시할 의무가 있다(6조 1항).[29]

## (3) 주주의 승인

관계자거래에 대한 승인권한을 이사회나 독립이사 대신 주주총회에 맡기는 것도 생각해볼 수 있다. 우리 상법도 과거 이사의 경업에 대해서 주주총회 승인을 요구했으나 1995년 개정 시에 이사회 승인사항으로 변경한 바 있다. 전술한 바와 같이 주주총회 승인은 관계자거래에 대해서 직접 이해관계를 갖는 주주가 결정한다는 것이 장점이다. 다만 주주총회에 승인권한을 부여하는 것에 대해서는 몇 가지 생각해볼 점이 있다. ① 과연 주주에게 관계자거래를 판단할 수 있는 전문성이나 인센티브가 있는가? 전문성뿐 아니라 시간과 비용을 투입할 인센티브도

---

정안에 의하면 일정 규모 이상의 관계자거래에는 독립적인 제3자로 하여금 거래조건이 시장의 조건에 부합하고 소수주주 관점에서 "공정하고 합리적"(fair and reasonable)인지 여부에 대한 보고서를 첨부해야 한다고 하고 있다. Proposal for a Directive, 주4, 24(sub art. 9c para. 1).

27  Klaus Hopt, Groups of Companies: A Comparative Study on the Economics, Law, and Regulations of Corporate Groups (ECGI Law Working Paper No. 286/2015, 2015) 17.

28  총액이 3백만 위안이나 회사순자산의 5%를 넘는 중대거래에 한한다.

29  다만 독립이사가 실제로 이런 강력한 권한을 제대로 행사하고 있는지에 대해서는 의문이 없지 않다.

있는 기관투자자 비중이 커질수록 이 문제를 걱정할 필요는 없을 것이다. ② 주주 수가 많은 회사의 경우 주주총회 개최가 번거로운 것이 사실이다. 그러나 일상적이 아닌 대규모 관계자거래의 경우에는 주주총회 승인의 효용이 비용보다 클 수 있다.[30] 또한 기업집단의 운영상 일상적으로 이루어지는 관계자거래의 경우에는 포괄승인을 허용함으로써 비용을 줄이는 방안도 있다.[31] ③ 보다 까다로운 것은 관계자거래를 승인하는 주주총회에서 지배주주 영향력을 어느 정도까지 배제할 것인지의 문제이다. 지배주주 참여를 허용한다면 그의 의사가 결정을 좌우할 가능성이 높다. 반대로 지배주주 참여를 배제하여 소수주주의 과반수찬성(majority of minority: MOM)을 요한다면 불공정한 거래를 최소화할 수 있을 것이다. MOM은 영미에서 도입되기 시작하여 프랑스 등 대륙법계 국가로 확산되고 있다.[32] 그러나 MOM는 소수주주의 기회주의적 행동을 초래할 위험이 큰 것도 사실이다.

## (4) 승인의 효과

이사회(또는 주주총회) 승인에 어떤 효과를 부여할 것인가도 중요한 문제이다. 이 문제는 ① 승인이 없는 경우와 ② 승인이 있는 경우의 두 가지 경우로 나누어 검토할 필요가 있다. 먼저 승인 없는 관계자거래에 대해서 우리 법상으로는 무효로 보는 견해가 통설·판례이다(상대적 무효설).[33] 이사회 승인의 결여를 무효사유로 본다면 규제의 실효성이 높아

---

30  EU개정안에서도 관계자거래 규모가 자산 5%를 초과하거나 회사의 "이익이나 매출에 중대한 영향을 주는" 경우에 한하여 주주총회 승인을 요하고 있다. Proposal for a Directive 24-25 (sub art. 9c para. 2). 또한 완전자회사와의 거래의 경우에는 모든 규제를 면제하고 있다.
31  EU 개정안도 제한된 범위에서 주주총회의 포괄승인의 여지를 인정하고 있다.
32  해부, 주12, 270. EU 개정안도 관계자의 의결권행사를 금하고 있다.
33  김건식 외, 주1, 420-421면.

질 것이다.[34] 한편 델라웨어주 회사법에 의하면 이사회 승인이 없더라도 이사가 거래의 공정성을 증명하는 경우에는 손해배상책임을 면할 수 있다(144조 a항 3호). 공정성에 대한 사후통제가 적절하게 작용한다면 승인 없는 거래를 무효로 볼 필요가 줄어드는 것은 사실이다. 그러나 전술한 바와 같이 조건은 공정하지만 회사관점에서는 필요하지 않은 거래를 막는다는 차원에서 승인절차를 강제할 필요가 있다.

관계자거래에 대한 승인에 어느 정도의 의미를 부여할 것인지에 관해서도 몇 가지 선택지가 있다. ① 승인에 가치를 덜 부여하는 나라의 대표적인 예는 우리나라이다. 우리나라에서는 관계자거래에 대한 승인이 있더라도 거래 조건이 불공정하다면 손해배상책임이 발생할 수 있다.[35] 실제로 이사회 승인을 받았음에도 불구하고 자기거래로 인한 회사의 손해에 대해서 이사의 책임을 인정한 사례가 존재한다.[36] ② 승인에 높은 가치를 부여하는 나라의 예로는 영국을 들 수 있다. 영국에서는 승인만 있으면 일단 신인의무를 다한 것으로 보고 내용상의 공정성은 따지지 않는다.[37] ③ 우리나라와 영국 사이에 있는 법으로는 델라웨어주법을 들 수 있다. 델라웨어주 회사법에 따르면 이사나 주주의 승인을 받은 경우에도 원고가 거래의 불공정성을 증명하여 손해배상책임을 묻는 길이 막혀있지는 않다.[38] 다만 엄격한 승인절차를 거친 거래는 경영판단으로 보호한다는 점에서 우리나라와는 차이가 있다. 미국에서는 일반 이사의 자기거래보다 모자회사사이의 거래에서 보다 엄격한 기준

---

34  다만 거래의 안전을 위해서 관계자거래의 범위를 분명히 할 필요가 있을 것이다.

35  김건식 외, 주1, 422-423면.

36  대표적인 예로 대법원 2005. 10. 28. 선고 2003다69638판결(삼성전자대표소송사건).

37  Luca Enriques et. al., Related-Party Transactions, Anatomy of Corporate Law, The Anatomy of Corporate Law (3rd ed. Oxford forthcoming) n.114.

38  김건식, 자기거래와 미국회사법의 절차적 접근방식, 회사법연구I(2010 논문발행연도 1994) 100면.

을 적용하고 있다.[39] 지배주주가 존재하는 경우 이사회의 중립성을 확보하는 것이 한층 어려울 것이라는 점에서 그 태도는 이해할 수 있다. 독립이사로 구성된 위원회뿐 아니라 소수주주의 과반수가 승인한 축출합병을 경영판단으로 보호한 최근 델라웨어주 대법원 판결은 승인에 대한 엄격한 시각을 반영한 것으로 볼 수 있다.[40]

## 5. 거래의 공정성

### (1) 절차와 내용의 공정성

관계자거래 규제의 목적은 회사가 관계자와 불필요한 거래를 하는 것을 막고 필요한 거래의 경우에도 그 공정성을 담보하는 것이다. 이제껏 학계의 관심은 거래의 필요성 보다는 공정성에 집중되었다. 일반적으로 공정성요건은 거래의 내용만이 아니라 절차에도 적용된다(상법 398조). 이처럼 내용과 절차의 공정성을 요구하는 것은 델라웨어 판례법상의 완전한 공정기준(entire fairness standard)[41]의 영향을 받은 것으로 보인다.

절차의 공정성은 여러 사항을 고려하여 판단한다. 소수주주 축출을 수반하는 모자회사 합병에 관한 선도적 판결인 Weinberger v. UOP판결에 의하면 절차의 공정성은 거래의 시기, 추진경위, 구조, 교섭, 이사

---

39 Enriques et. al., 주37, n.147의 본문 다음 문단.

40 Kahn v. M&F Worldwide Corp., 88 A.3d 635, 642 (Del. 2014). 이에 관한 문헌으로 Bernard S. Sharfman, Kahn V. M&F Worldwide Corporation: A Small But Significant Step Forward in the War Against Frivolous Shareholder Lawsuits, 40 Journal of Corporation Law 197 (2014).

41 자기거래의 경우에 적용되는 내재적 공정기준(intrinsic fairness standard)과 실질적으로 차이가 없는 것으로 이해된다. 加藤貴仁, グループ企業の規制方法に関する一考察(3), 法學協會雜誌 129권 10호(2012) 56면.

에 대한 정보제공, 승인의 확보과정 등을 모두 고려하여 판단한다.[42] 이처럼 절차의 공정성을 요구하는 이유는 결국 거래내용의 공정성을 확보하기 위한 것이다.[43] 최근 델라웨어주 형평법원은 유명한 Trados 판결에서 이사가 이해관계가 있고 독립성이 없고 매매과정이 불공정 하였더라도 매매가격이 공정하다면 완전한 공정기준을 충족한다고 판시한 바 있다.[44]

## (2) 내용의 공정성과 독립당사자기준

거래내용의 공정성에 대한 판단은 막연할 수밖에 없다. 특히 외부 자로서는 공정여부를 판단하기 어렵다. 공정여부의 판단기준으로 제시 된 여러 기준 중 가장 주목을 끈 것은 독립당사자기준(arm's length test)이 다.[45] 독립당사자기준은 회사가 독립한 상대방과의 사이에서도 관계자 거래와 같은 내용으로 거래를 행하였을 경우에 충족된다. 독립당사자 기준은 명쾌하면서도 설득력 있지만 다음과 같은 한계도 있다.[46] ① 독 립당사자기준에 가장 근접한 것은 시장가격이지만 관계자거래에서는 시장가격이 존재하지 않는 경우가 많다. 우리 재벌에서 흔히 찾아볼 수 있는 IT서비스나 광고거래 등은 적절한 시장가격을 찾기 어렵다. ② 독 립당사자기준은 특정 거래의 공정성에 초점을 맞추기 때문에 A와 B가 공동으로 사업을 영위하며 갖는 장기적인 이해관계를 적절히 반영하기 어렵다. ③ 독립당사자기준을 충족하는 거래조건은 특정 수치(예컨대 3

---

42  Weinberger v. UOP, Inc., 457 A.2d 701, 711 (Del. 1983).
43  미국에서도 마찬가지로 보고 있다. Sharfman, 주40, 201-202.
44  In re Trados Inc. S'holder Litig., 73 A.3d 17, 75-77 (Del. Ch. 2013).
45  김건식, 기업집단에서의 소수주주보호: 미국회사법을 중심으로, 회사법연구I(2010 논문 발표 연도 1994) 376-378면.
46  상세한 것은 加藤, 주41, 62-64면.

만 원)로 정해지기 보다는 특정 수치의 "범위"(예컨대 만 원에서 만 2천 원 사이의 금액)로 정해지는 것이 보통이다. 저명한 회사법학자인 알렌(William Allen) 교수는 과거 판사시절 독립당사자기준의 가격은 "합리적인 매도인이 당시 상황에서 공정한 가치의 범위에 속한다고 볼 가격"을 말한다고 판시한 바 있다.[47] 그러므로 지배주주는 관계자거래의 조건을 공정한 범위 내에서 정하면서도 상당한 이익을 거둘 여지가 있다.[48] 우리 경제계에서 만연한 일감몰아주기를 상법상의 규제만으로 억제하기 어려운 것은 바로 이 때문이기도 하다. ④ 독립당사자기준의 근본적인 한계는 거래의 필요성을 확보하는데 별 도움이 되지 않는다는 점이다. 앞의 예에서 B가 부실에 빠진 계열회사 A의 자금난을 해소해주기 위하여 A의 부동산을 매입하는 경우 가격만 공정하게 책정되면 B의 이익이 보호된다고 볼 것인가? 독립당사자기준을 좁게 해석하면 시장가격과 유사한 조건으로 거래하기만 하면 B의 손해가 없다는 결론에 이를 수도 있다. 그러나 B에게는 A의 부동산이 필요하지 않거나 부동산 매입으로 인해 보다 더 유망한 사업기회를 포기해야하는 경우라면 가격이 공정하다고 해도 그 거래는 B에게 손해라고 할 수 있다.

위 ②를 제외한 문제는 독립성을 갖춘 이사에게 의사결정을 맡긴다면 어느 정도 완화할 수 있을 것이다.[49] 독립적 이사로 구성된 위원회가 외부전문가의 도움을 받아 의사결정을 주도한 경우에는 일응 독립당사자기준이 충족된 것으로 볼 수 있다. 독립당사자기준을 이처럼 운용한다면 결국 전술한 이사회 승인요건이나 절차의 공정성에 접근하게 될 것이다.

---

47  Cinerama, Inc. v. Technicolor, Inc., 663 A.2d 1134, 1143 (Del. 1994).
48  국제조세법상 이전가격(transfer pricing)에 관한 논의에서도 독립당사자기준의 한계가 이미 명확히 드러났지만 아직 뚜렷한 대안을 찾지 못한 상태이다. 간단한 논의는 이창희, 세법강의(12판 2014) 692-699면.
49  김건식, 주45, 376-377면.

## (3) 그룹관점과 각사관점의 조화

위 ②에서 본 바와 같이 독립당사자기준은 결국 각사(各社)관점에서
특정 거래의 공정성을 판단하는 것이다. 그러나 앞의 예에서 A와의 거
래가 당해 거래만 떼어놓고 보면 B에 불리하더라도 그로 인하여 결국
기업집단을 유지, 발전시킬 수 있다면 장기적으로는 B에게도 유리할
수 있다. 이처럼 각사관점을 유지하면서 그룹관점을 반영하는 것은 쉬
운 일이 아니다. 그룹관점을 가장 폭넓게 도입하는 시도는 독일 콘체른
법에서 찾아볼 수 있다. 그러나 콘체른법이 그룹경영의 융통성과 소수
주주보호의 조화를 이루고 있는지는 아직 다툼의 대상이다.[50]

그룹이익과 각사이익의 대립이 극명하게 부각되는 것은 부실계열회
사 지원의 경우이다. 앞의 예에서 B가 부실계열회사 A를 지원함으로써
손해를 피하거나 이익을 기대할 수 있다면 그것을 허용할 필요가 있다.
이 문제에 대한 접근방식은 나라에 따라 차이가 있다. 가장 융통성 있
는 것은 프랑스 법원이 로젠블룸판결에서 채택한 방식이다.[51] 로젠블
룸판결에서는 몇 가지 요건을 충족하는 경우에 한해서 지원을 인정하
고 있다. 그러나 현실적으로는 지원행위 때문에 회사가 도산에 이르지
않는 한 책임을 묻지 않는다고 한다.[52] 우리 판례도 지원이 허용될 여
지를 완전히 부정하지는 않지만[53] 아직 그룹이익을 이유로 지원을 긍
정한 사례는 찾기 어렵다.[54]

---

50  Enriques et. al., 주37, n. 125-127의 본문.
51  Cass. crim., 4 February 1985 (Rozenblum), Dalloz 1985, p. 478, Revue des Sociétés
    1985, 648; 김재협, 그룹에 있어 회사재산 남용죄에 관한 프랑스 법원의 태도, 인권과 정
    의 431호(2013.2) 118면.
52  Enriques et. al., 주37, n. 131의 본문.
53  대법원 2007. 10. 11. 선고 2006다33333 판결 등.
54  물론 형사사건의 경우 형량을 줄이거나 민사사건의 경우 손해배상액을 감경하는 기능을
    한 경우는 있을 수 있다.

### (4) 주주대표소송과의 관련

현재 관계자거래의 공정성을 요구하지 않는 입법례는 드물다. 그러나 공정성요건의 집행은 나라에 따라 큰 차이를 보인다.[55] 공정성 여부가 문제가 되는 것은 주로 이사 등에 대한 손해배상책임을 묻는 소송에서이다. 그런 소송은 주주대표소송의 형태로 제기되는 것이 보통이다. 주주대표소송을 도입한 나라는 꾸준히 증가하고 있다. 그러나 대표소송의 활용도는 나라에 따라 큰 차이를 보인다. 미국과 일본은 대표소송이 비교적 활발하게 이용되는 나라이다. 그러나 미국에서도 불공정한 관계자거래를 이유로 관계자의 책임을 인정한 사례는 드물다. 그 이유는 이사나 주주에 의한 승인요건을 충족함으로써 원고에게 증명책임을 전환하거나 승인요건을 갖추지 못한 경우에는 대부분 화해가 성립되기 때문으로 짐작된다. 일본에서도 공정성이 부정되는 사례는 별로 없다고 한다.[56]

주지하는 바와 같이 우리나라에서는 대표소송을 제기하는 것이 여러 가지 이유로 용이하지 않다. 대표소송의 길이 거의 막혀있다 보니 불공정한 관계자거래가 확산되고 그 불공정의 정도도 심해진 것으로 보인다. 다만 일단 관계자거래에 대해서 대표소송이 제기되거나 배임으로 기소된 경우에는 책임이 인정된 예가 드물지 않다.


## 6. 규제의 주체

### (1) 의의

전술한 관계자거래에 대한 규제의 배후에는 규제를 주도하는 주체

---

55  Enriques et. al., 주37, n. 132-141의 본문.
56  Id. n.116 다음의 문장.

가 존재한다. 규제주체의 성격, 능력, 인센티브에 따라 규제의 실제 모습은 큰 차이를 보일 수 있다. 이하에서는 주요 규제주체에 대해서 살펴보기로 한다.

## (2) 검찰

관계자거래에 대한 규제수단 중 가장 강력하면서도 간편한 것은 형벌이다. 따라서 형사처벌을 주도하는 검찰도 규제주체가 될 수 있다. 주주대표소송이 활발하지 않은 우리나라에서는 그 공백을 메우는 것은 형사처벌이다. 이런 현상은 비단 우리나라에 국한된 것은 아니다. 프랑스나 이태리 같은 나라에서도 기업의 총수가 배임죄로 구속되는 일은 드물지 않다. 관계자거래 규제에서 검찰의 역할을 완전히 부정할 수는 없을 것이다. 그러나 그에 대한 의존도를 높이는 것은 다음과 같은 이유로 바람직하지 않다. ① 형벌의 대상은 명확하게 획정해야 하므로 문제되는 관계자거래를 빠짐없이 규율하기 어렵다. 그렇다고 해서 대상을 추상적으로 규정한다면 처벌대상이 모호해질 것이므로 정당한 거래조차 위축시킬 우려가 있다. ② 검찰권의 행사는 아무래도 정치적인 영향을 받을 가능성이 높다.[57] ③ 검찰은 일반적으로 기업활동에 대한 전문성이 떨어지거나 일반 주주와는 다른 인센티브를 가질 우려가 있다.

이런 점을 고려하면 장기적인 관점에서는 검찰에 대한 의존도를 낮출 필요가 있다. 배임죄의 구성요건을 보다 명확히 함으로써 불확실성을 줄이자는 주장은 이미 수차 제기된 바 있다. 그와 동시에 대안적인 규제수단인 주주 대표소송을 활성화할 필요가 있을 것이다.

---

57 정치적 압력은 정치권뿐 아니라 여론에서 나올 수도 있다.

## (3) 행정규제기관

검찰의 대안으로 생각해볼 수 있는 것은 행정규제기관이다. 우리나라에서 라면 공정거래위원회나 금융위원회가 그에 해당한다. 후술하는 바와 같이 공정거래위원회는 이미 상당한 역할을 수행하고 있다. 금융위원회도 관여도는 낮지만[58] 상황에 따라서는 보다 적극적으로 나설 여지도 없지 않다.[59] 이들 행정규제기관은 법원이나 검찰에 비하여 다음과 같은 장점이 있다. ① 전문성을 갖추기가 상대적으로 더 용이하다. ② 관계자거래에 대해서 선제적이고 체계적인 정책을 수립하고 일관되고 효율적으로 집행할 수 있다. ③ 법원이나 검찰과 달리 규범형성에 보다 적극적으로 관여할 수 있다. ④ 기관의 영향력 확대를 위해서 관계자거래에 대한 규제에 적극적으로 나설 인센티브가 있다. 반면에 다음과 같은 단점도 존재한다. ① 검찰과 마찬가지로 정치적 압력에 취약하다. ② 담당 공무원이 영향력 확대를 위해서 과도한 규제를 가하거나 기업계와 유착하여 규제를 왜곡할 위험이 있다.

이상의 장단점은 나라에 따라 차이가 있을 것이다. 결국 관계자거래 규제를 행정규제기관에 얼마나 의존할 것인지는 당해 국가의 제반 사정을 고려해서 정할 수밖에 없을 것이다. 소송에 의한 견제가 제대로 작동하지 않는 상황에서는 당분간 규제기관에 의존하는 것이 불가피할 수도 있다.[60]

---

58  상장회사합병에 대한 자본시장법 시행령 제176조의5 제1항은 그 대표적인 예라고 할 수 있다.

59  중국에서는 증권감독관리위원회가 큰 역할을 담당하고 있다. 미국의 학자 중에는 원칙적으로 관계자거래를 금지하고 SEC에게 승인권을 부여하자는 주장도 있다. Robert C. Clark, Corporate Law (1986) 188.

60  송옥렬, "기업집단 내부거래 및 일감몰아주기 규제 근거의 검토", 상사법연구(2014.11) 311면.

## (4) 법원

일반추상적인 개념인 공정성을 최종적으로 판단하는 것은 결국 법원이다. 그리하여 어느 나라에서도 관계자거래 규제는 다소간 법원의 손을 빌리고 있다. 그 규제의 효율은 법관의 전문성과 독립성에 크게 좌우될 수밖에 없다.[61] 법관이 공정성과 같은 일반개념을 적절하게 해석적용하려면 상당한 재량을 가져야 한다. 예컨대 미국 델라웨어주 형평법원의 경우 법관은 엄청난 재량을 행사한다. 델라웨어주 법관은 공정성에 관련된 여러 요소를 토대로 의심스러운 정도를 고려하여 심사강도를 달리 한다고 한다.[62]

이처럼 법관에 재량을 부여하기 위해서는 전제조건이 필요하다. 독립성과 전문성이 뒷받침되지 않은 법관의 재량은 재앙을 초래할 수도 있기 때문이다.[63] 법원의 역할과 관련해서 유념할 것은 법원은 수동적으로 기능할 수밖에 없는 조직이라는 한계이다. 제소되지 않는 사건에 대해서 법원이 나설 수는 없다. 따라서 법관이 제 기능을 수행할 수 있도록 관계자거래의 피해자가 법원에 접근하는 길을 넓혀줄 필요가 있다.

## (5) 기타

전술한 공적인 규제주체 외에 사적 영역에서도 관계자거래를 견제

---

61  관계자거래규제에서의 법원의 중요성을 강조한 최근 논문으로 Ronald Gilson, A Model Company Act and a Model Company Court (Stanford Law and Economics Working Paper No. 489 2016) (http://ssrn.com/abstract=2750256).

62  이는 흔히 냄새기준(smell test)이라고 불린다. 해부, 주12, 279면 주121.

63  법관의 전문성과 관련해서는 회사사건을 전담하는 특별부나 특별법원의 설치를 고려해볼 필요가 있을 것이다. 델라웨어주 법원의 판례가 회사법분야에서 누리고 있는 높은 평판은 형평법원과 대법원 법관의 전문성에 의해서 뒷받침되고 있다.

할 수 있는 주체가 존재한다. 가장 먼저 떠오르는 것은 자본시장의 구성요소라고 할 수 있는 거래소, 기관투자자, 투자은행, 애널리스트, 미디어[64] 등이다. 이 들을 일괄하여 시장 인프라라는 명칭으로 부르기로 한다. 거래의 공정성이나 필요성은 어차피 명확하지 않은 개념이기 때문에 공적 규제를 작동하는 데는 한계가 있다. 공정성이나 필요성에 의문이 있는 관계자거래는 시장 인프라에 의한 압력으로 견제하는 편이 더 효과적일 수 있다. 사실 시장 인프라가 튼튼하게 자리 잡고 있는 나라에서는 관계자거래에 대한 공적 규제가 상대적으로 덜 중요할 수도 있다.[65] 그러나 현실적으로 시장 인프라가 효과적으로 작동하는 나라는 지구상에 그렇게 많지 않은 것 같다.[66]

## III. 현행 법규제의 검토

관계자거래에 관한 우리 현행 법규제도 다양한 요소로 구성되어 있다. 그 구체적인 논점을 빠짐없이 살펴보는 것은 이 글의 범위를 넘는다. 이하에서는 전술한 원론적 고찰을 토대로 현행 법규제의 몇 가지 논점만을 간단히 살펴보기로 한다.

---

64  미디어의 역할에 관해서는 Alexander Dyck et al., The Corporate Governance Role of the Media: Evidence From Russia, 63 Journal of Finance 1093, 1097 (2008).

65  미국에서 터널링의 문제가 심각하지 않은 것은 법규제보다는 이들 시장 인프라의 역할이 더 크다는 견해도 있다. Vladimir Atanasov et. al., Law and Tunneling, 37 Journal of Corporation Law 1, 24 (2011) 법원을 포함한 시장 인프라가 발달하지 않은 상태에서는 터널링을 제대로 규제하기 어렵다는 견해로 Enriques 주4 논문 참조.

66  지난 해 삼성물산합병을 둘러싼 분쟁에서 우리 시장 인프라의 역할에 대해서는 김건식, 삼성물산 합병사례를 통해 본 우리 기업지배구조의 과제 - 법, 제도, 문화 -, BFL 제74호 (2015.11) 83면 이하 참조.

## 1. 정보의 제공

전술한 바와 같이 관계자거래에 대한 정보의 제공은 ① 회사기관의 승인을 위한 정보제공과 ② 주주를 포함한 투자자에 대한 정보제공으로 나눌 수 있다. ③ 그 밖에 우리나라에서는 공정거래법도 관계자거래에 대해서 일정한 정보제공을 요구하고 있다(11-2조). 먼저 ①과 관련하여 현행 상법은 회사와 거래하는 관계자로 하여금 이사회에 대해서 중요사실을 밝힐 것을 명하고 있다(398조). 중요사실의 내용에 대해서는 규정이 없다. 이사회 승인이 의미를 갖기 위해서는 거래의 공정성을 뒷받침하는 구체적인 사항에 관한 정보를 제공하도록 해야 할 것이다. 관계자거래의 공정성에 관해서 외부전문가나 감사가 작성한 의견서가 대표적인 예이다.

②에 속하는 규제는 여러 가지가 있다. ㉠ 상법은 상장회사의 경우 일정한 거래를 이사회 승인사항으로 하는 동시에 그에 대해서 다음 정기주총에서 일정한 사항을 주주총회에 보고하도록 하고 있다(542-9조 3항, 4항, 시행령 35조 8항). ㉡ 자본시장법은 투자자의 투자판단을 돕는다는 차원에서 일정한 관계자거래에 관한 정보제공을 요구하고 있다. 자본시장법은 상장회사가 제출해야 하는 사업보고서(159조 1항)에 "회사의 대주주 또는 임직원과의 거래 내용"을 기재하도록 하고 있다(시행령 168조 3항 6호).[67] 사업보고서보다 권리구제의 차원에서 보다 효과적인 것은 주요사항보고서(자본시장법 161조)에 공시하는 것이다. 그러나 관계자거래가 있다고 해서 반드시 주요사항보고서를 제출해야 하는 것은 아니다.[68] ㉡ 자본시장법상 사업보고서 공시의 또 하나의 단점은 관계자

---

67  이 규정은 반기보고서와 분기보고서의 경우에도 준용되고 있다(시행령 170조 1항).

68  다만 관계자거래가 "대통령령에 정하는 중요한 영업 또는 자산"의 양수도에 해당하는 경우에는 주요사항보고서의 제출이 요구될 뿐이다(자본시장법 161조 1항 7호). 한편 관계자거래가 주요경영사항(유가증권시장 공시규정 7조 1항 2호 나목(2))에 해당하는 경우에는

거래의 공정성을 판단하는데 필요한 정보가 충분히 제시되지 못한다는 점이다.[69]

우리 법상 관계자거래에 대한 시의적절한 정보제공은 오히려 ③ 공정거래 법상 규제에 의하여 이루어지고 있다. 공정거래법은 상호출자제한기업집단에 속하는 회사의 대규모내부거래에 대해서[70] 미리 이사회 의결 후 공시하도록 하고 있다(11-2조 1항). 상장회사의 경우에는 이사회 의결 후 1일 이내에 공시해야 한다는 점(대규모내부거래에 대한 이사회 의결 및 공시에 관한 규정 6조 1항)은 시의적절이란 면에서 실효성이 더 높다. 그러나 공시할 때에는 거래의 조건을 명기하도록 하고 있을 뿐 조건을 어느 정도로 구체적으로 기재해야 하는지에 대해서는 아무런 규정이 없다(위 규정 7조 1항). 그리하여 실효성 있는 공시가 이루어지지 않을 가능성이 높다. 공시가 제대로 이루어지지 않은 경우에 대한 제재는 과태료(공정거래법 69조의2)에 불과하기 때문이다(위 규정 11조).

거래조건에 대한 구체적 사실의 공시가 부담스런 또 하나의 이유는

---

당일 거래소에 신고해야 한다.

69  금융위의 증권의 발행 및 공시 등에 관한 규정(4-3조)은 사업보고서 기재사항을 규정하면서도 관계자거래에 관한 정보를 구체적으로 명시하고 있지 않다. 이와 관련하여 주목할 것은 기업회계기준이다. 사업보고서를 제출할 때에는 재무제표를 첨부하고 회계감사인의 감사의 견을 기재하도록 하고 있다(시행령 168조 4항). 상장법인에 적용되는 국제회계기준은 관계자거래의 경우 회사가 독립당사자기준에 따랐음을 입증할 수 있는 경우에 한하여 그 사실을 공시하도록 하고 있다(기업회계기준서 제1024호 문단 17. 문단21). 나아가 회계감사기준에 의하면 "경영진이 특수관계자와의 거래가 독립된 당사자 간의 거래에 통용되는 조건과 동등한 조건으로 수행되었다고 주장한 경우, 감사인은 그러한 주장에 대해 충분하고 적합한 감사증거를 입수하여야 한다"(감사기준서(550 특수관계자 24)).

70  아래 사항의 거래금액이 그 회사의 자본총계 또는 자본금 중 큰 금액의 100분의 5 이상이거나 50억 원 이상인 대규모내부거래행위를 하는 경우, 미리 이사회의결을 거친 후 이를 공시하도록 한 제도이다. ① 특수관계인을 상대방으로 하거나 특수관계인을 위하여 자금, 유가증권, 자산을 제공 또는 거래하는 행위 ② 동일인 단독 또는 동일인의 친족과 합하여 20% 이상 출자한 계열회사(동일인이 자연인이 아닌 기업집단 소속회사, 지주회사의 자회사 · 손자회사 · 증손회사 제외)를 상대방으로 하거나 동 계열회사를 위하여 상품 또는 용역을 제공 또는 거래하는 행위

경영상 기밀과 관련된 사항이기 때문이다. 상세한 사항을 일반에 공시하기 어렵다면 대안으로 독일 주식법상 사실상 콘체른에서의 종속보고서(312조)와 같이 외부감사인이나 감사회에 의한 감사는 받지만 그 보고서 자체는 일반에 공개하지 않는 방안도 검토할 필요가 있다.[71]

## 2. 이사회 승인 – 절차적 통제

### (1) 승인대상 거래의 범위

관계자거래에 이사회 승인을 요하는 이유는 이익충돌 위험 때문이다. 그 취지를 살리자면 승인대상인 관계자거래에는 이익충돌 여지가 있는 거래를 모두 포함시켜야 할 것이다. 반면에 이익충돌 위험이 크지 않은 거래는 승인 절차에 소요되는 시간과 비용을 고려하여 승인대상에서 제외할 필요가 있다. 이와 관련해서는 ① 관계자의 확대와 ② 포괄승인의 개선이라는 두 가지 점만을 간단히 언급하기로 한다.

①과 관련하여 2011년 개정 전 상법 제398조는 회사가 이사와 거래하는 경우만을 이사회 승인 대상으로 삼았다. 그러나 이익충돌은 이사 외에도 주요주주나 그가 지배하는 자회사와 같은 기타의 관계자와 거래하는 경우에도 존재한다는 점에서 과소규제의 위험이 있었다. 2011년 상법개정으로 거래상대방인 관계자의 범위는 대폭 넓혀졌지만 계열회사 전체를 포괄하지 못하는 것이 단점이다. 다만 상장회사의 경우 특례규정인 제542-9조 제3항에서 적용 대상을 공정거래법상의 계열회사에까지 확대함으로써 이 문제는 상당 부분 해소되었다(시행령 35조 5항,

---

71  Klaus Hopt, Groups of Companies: A Comparative Study on the Economics, Law, and Regulations of Corporate Groups (ECGI Law Working Paper No. 286/2015, 2015) 12-13.

35조 4항 2호 나목).[72]

②가 문제되는 것은 계열회사사이에 일상적으로 반복되는 거래의 경우이다. 이익충돌규제가 효과적으로 이루어질 수 있다면 포괄승인 대상을 확대하는 것이 효율적일 것이다.[73] 상법은 상장회사에 대해서는 그런 특례를 규정하고 있다. 즉 "상장회사가 경영하는 업종에 따른 일상적인 거래" 중 ㉠ 약관에 따른 거래와 ㉡ 미리 이사회에서 거래총액의 승인을 받아둔 거래의 경우 에는 예외적으로 이사회 승인을 면제하고 있다(542-9조 5항). 기업실무상 중요한 것은 ㉡이다. 실제로 상장회사에서는 매년 이사회에서 한차례 거래총액의 승인을 행하는 것이 일반관행이다. 다만 승인 시에는 계열회사별 거래한도만이 제시될 뿐 개별 거래의 구체적 조건은 제시되지 않는 경우가 많다. 거래조건을 검토함이 없이 맹목적으로 행하는 승인에 큰 의미를 부여할 수 없음은 당연하다. 그러므로 승인의 실효성을 살리기 위해서는 적어도 거래조건을 결정하는 기준정도는 제시할 필요가 있을 것이다.

## (2) 이사의 독립성

이사회 승인이 이익충돌 억제의 실효를 거두려면 판단주체인 이사의 독립성이 요구됨은 물론이다. 현행 우리 법제는 이 점에서 특히 허술하다. 통설인 개인법설에 의하면 이사가 회사이익과 충돌하는 개인적 이해관계가 없는 한 의결권 행사가 제한되지 않는다.[74] 그리하여 지

---

72  시행령 35조 4항 2호 나목에서는 그냥 계열회사라고 하고 있지만 그 규정의 모태라고 할 수 있는 자본시장법 시행령 8조 2호 나목에 비추어 공정거래법상의 계열회사를 가리킨다고 볼 것이다.

73  EU개정안에서도 1년 이내에는 제3자 보고서 요건을 한번만 제출할 수 있는 길을 열어두고 있다. Proposal for a Directive, 24 (sub art. 9c para. 1).

74  김건식 외, 주1, 361-363면.

배주주 영향력 하에 있는 사내이사도 관계자거래에 대해서 버젓이 의결권을 행사하는 것이 현재 일반 실무이다. 상장회사의 경우에는 일부 사외이사 선임이 강제되고 있기 때문에 (상법 542조의8) 문제의 심각성은 조금 덜한 것이 사실이다. 그러나 이사회 승인의 실효성을 높이기 위해서는 이사의 이해관계를 델라웨어법원과 마찬가지로 넓게 해석할 필요가 있다.[75] 다만 이사의 이해관계를 넓게 해석하는 경우 승인 효과에 관한 불확실성이 커질 수 있다. 이 문제에 대해서는 후술한다.

물론 이처럼 이해관계를 넓게 해석하거나 사외이사의 독립성요건을 한층 강화한다고 해도 이사의 친 지배주주 성향을 완전히 배제할 수는 없다.[76]

사외이사후보가 될 수 있는 인재풀이 제한되어 있을 뿐 아니라 인간관계가 복잡하게 얽혀있는 우리 사회에서 인간적 유혹을 뿌리치는 사외이사가 당장 많이 등장하기를 바랄 수는 없기 때문이다. 이사회의 독립성을 강화하기 위해서는 전술한 바와 같이 이해관계 없는 사외이사만으로 위원회를 구성하고 외부전문가의 자문을 받도록 하는 방안을 고려할 필요가 있다.

### (3) 승인의 효과

전술한 바와 같이 승인의 효과는 ① 승인이 없는 경우와 ② 승인이 있는 경우의 두 가지 경우로 나누어 볼 필요가 있다. 먼저 ①과 관련하여 우리 판례와 학설상 승인 없는 관계자거래는 무효로 보고 있다(이른

---

[75] 만약 법원의 소극적인 해석이 우려된다면 아예 입법으로 그 취지를 분명히 할 수도 있을 것이다.

[76] 미국에서도 사외이사에 대한 불신은 끊임없이 제기되고 있다. 예컨대 Atanasov, 주11, 40-41면.

바 상대적 무효설). 공정성에 대한 사후적 통제가 원만하게 이루어질 수 있다면 이사회 승인 없는 거래를 반드시 무효로 볼 필요는 없다는 입론도 가능하다. 그러나 전술한 바와 같이 공정성 요건만으로 터널링을 막기는 현실적으로 어렵다는 점에서 승인 없는 거래는 무효로 보는 것이 타당할 것이다.

②와 관련해서는 승인요건과 아울러 승인의 효과도 강화할 필요가 있을 것이다. 이사의 독립성을 엄격하게 요구하고 거래에 관한 구체적 정보를 제공하도록 요구하는 경우에는 거래에 대한 책임을 묻는 소송에서 거래의 공정성과 관련된 불확실성은 가급적 줄여줄 필요가 있다. 영국에서와 같이 공정성에 대한 공격을 봉쇄하지는 않더라도 델라웨어에서처럼 이사의 결정을 경영판단원칙으로 보호하는 방안을 고려해 볼 수 있을 것이다.

## 3. 거래의 공정성

상법은 관계자거래에 대해서 이사회 승인과 아울러 내용과 절차의 공정성도 요구하고 있다(398조). 그러나 공정성의 의미에 대해서는 아무런 실마리를 제공하고 있지 않다. 어차피 공정성은 추상적인 개념으로 법관이 구체적 사안을 해결하는 과정에서 구체화될 수밖에 없다.

앞서 언급한 이사의 독립성이나 정보제공은 모두 절차의 공정성과 관련이 있다. 그 밖에 절차의 공정성을 뒷받침하는 중요한 요소로는 외부전문가의 관여를 들 수 있다. 우리 법원은 외부전문가의 관여가 지닌 긍정적 효과를 이미 여러 차례 인정한 바 있다(대법원 2005. 10. 28. 선고 2003다69638 판결; 수원지방법원 여주지원 2003. 12. 12.자 2003카합369 결정 등).

내용의 공정성은 특히 사전에 구체적으로 정의하기 어렵다. 관계자거래가 주로 기업집단과 관련하여 발생하고 있는 우리 현실에서 고민할 문제는 공정성의 판단에서 그룹관점을 얼마만큼 존중할 것인가 하는 점이다. 관계자거래가 그룹전체의 이익에 기여할 가능성이 있음은 부정할 수 없다.[77] 그러나 대법원은 그 가능성을 인정하면서도 그룹이익을 위하여 계열회사 이익을 양보하는 것에 대해서는 아직 조심스런 태도를 취하고 있다. 최근 한화그룹의 부실계열회사 지원행위에 대한 형사책임을 묻는 사안에서 대법원은 "대규모 기업집단의 공동목표에 따른 집단이익의 추구가 사실적, 경제적으로 중요한 의미를 갖는 경우도 있을 수 있으나, … 개별 계열회사도 별도의 독립된 법인격을 가지고 있는 주체로서 그 각자의 채권자나 주주 등 다수의 이해관계인이 관여되어 있고, 사안에 따라서는 대규모 기업집단의 집단이익과 상반되는 고유이익이 있을 수 있는 점, … 지원 계열회사를 선정하는 과정에서 다른 계열회사와의 형평 등을 감안한 합리적이고 객관적인 기준이 적용되었다고 보기 어려울 뿐만 아니라, 그러한 지원행위로 인하여 상당한 경제적 부담 내지 위험을 안게 된 지원계열회사에 대하여 그 부담이나 위험에 상응하는 현재 또는 장래의 적절한 보상이 마련되지도 아니한 점" 등을 감안하여 지원을 주도한 경영자들의 형사처벌을 승인한 바 있다(대법원 2013. 9. 26. 선고 2013도5214 판결).

## 4. 공정거래법상 부당지원규제

### (1) 부당지원규제의 개요

우리 공정거래법은 다른 입법례와는 달리 관계자거래를 겨냥한 규정을 일부 도입하고 있다. 대규모내부거래에 대한 이사회 승인과 공시

---

77　송옥렬, 주60, 318면.

에 대해서는 이미 언급하였다. 이곳에서는 나머지 규정만을 간단히 살펴본다.[78]

공정거래법 제23조 제1항은 사업자가 일정한 불공정거래행위를 하는 것을 금지하고 있다. 그 중에서 관계자거래와 관련하여 중요한 것은 제7호 가목의 부당지원행위이다. 그에 의하면 사업자는 "특수관계인이나 다른 회사에 대하여 가지급금 · 대여금 · 인력 · 부동산 · 유가증권 · 상품 · 용역 · 무체재산권 등을 제공하거나 상당히 유리한 조건으로 거래"함으로써 그를 지원하는 행위를 금지된다.[79] 대법원은 이 규정의 취지가 "공정한 거래질서의 확립과 아울러 경제력집중의 방지에 있[다]"고 보고 있다(대법원 2004. 10. 14. 선고 2001두2881 판결).[80] 부당지원행위는 법문상 특수관계가 없는 "다른 회사"와의 거래에 대해서도 적용되므로 반드시 관계자거래만을 대상으로 한 것은 아니다. 그러나 도입 후 이 규정은 주로 터널링을 규제하는데 활용되었다.[81] 한편 2010년을 전후해서 재벌의 일감몰아주기가 여론의 주목을 받게 되었다. 그리하여 2013년 출범한 새 정부는 일감몰아주기를 막는다는 명목으로 제23조의2를 새로 도입하였다. 제23조의2에는 "특수관계인에 대한 부당한 이익제공 등 금지"라는 제목이 달려있다. 제23조의2의 대상인 부당한 이익제공은 제23조의 부당지원행위와 두 가지 면에서 구별된다. ① 주체가 모든 사업자가 아니라 일정한 기업집단에 속하는 회사에 한정된다. ② 이익을 얻는 주체는 일반 회사가 아니라 특수관계인에 한한다. 그러나 상대

---

78 규제연혁과 내용에 대한 간단한 설명으로 송옥렬, 주60, 312-316면; 권오승 외, 독점규제법(제4판 2015 법문사) 274-288면.

79 공정거래위원회는 "부당한 지원행위의 심사지침"을 제정하여 구체적 판단기준을 제시하고 있다. 공정거래법 시행령 제36조 제1항 관련 별표 1의2 제10호.

80 상세한 것은 서정, "부당한 지원행위 규제에 관한 연구", 서울대학교 박사학위논문(2008), 10-19면.

81 터널링 규제를 위해서는 지원받은 주체도 제재할 필요가 있기 때문에 2013년 법개정 시에 지원받은 주체도 제재대상에 포함시켰다.

방을 부당하게 우대한다는 점에서는 부당지원행위과 부당한 이익제공 사이에 큰 차이가 없다. 제23조의2 제1항이 제시한 4가지 행위유형 중 제1호와 제3호는 부당지원행위와 마찬가지로 정상적인 조건보다 "상당히 유리한 조건으로 거래하는 행위"를 대상으로 삼고 있다. 제2호는 회사가 유망한 "사업기회를 제공하는 행위"로 넓은 의미에서는 제1호와 제3호와 마찬가지로 부당한 이익제공에 해당한다고 볼 수 있다. 제4호는 이른바 일감몰아주기에 관한 규정이다.[82] 이 규정의 배경에는 거래조건이 특수관계인에 "상당히 유리"하지 않더라도 일감을 몰아주는 자체가 부당한 이익제공에 해당한다는 판단이 깔려있다.[83] 그러나 이 규정을 엄격히 적용하는 경우에는 현재 많은 재벌에서 일상적으로 행해지는 내부거래가 봉쇄됨으로써 그룹의 유지가 어려울 것이라는 현실적인 판단에 따라 예외를 인정하였다. 그리하여 "기업의 효율성 증대, 보안성, 긴급성 등 거래의 목적을 달성하기 위하여 불가피한 경우로서 대통령령으로 정하는 거래"에 대해서는 일감몰아주기에 대한 규제가 적용되지 않는다(23조의2 2항).[84]

## (2) 규제에 대한 비판과 반론

앞서 언급한 공정거래법상 부당지원행위(23조 1항 7호 가목)나 부당한 이익제공(23조의2 1항)은 모두 부당지원이란 면에서는 차이가 없다. 따라서 이하에서는 편의상 양자를 모두 부당지원이란 용어로 부르기로 한다. 공정거래법상의 부당지원규제와 같은 규제는 다른 나라에서

---

82  사업능력, 재무상태, 신용도, 기술력, 품질, 가격 또는 거래조건 등에 대한 합리적인 고려나 다른 사업자와의 비교 없이 상당한 규모로 거래하는 행위.

83  그런 의미에서는 제23조의2의 제목을 "등"을 빼고 "부당한 이익제공"이라고만 해도 무방했을 것으로 여겨진다.

84  제23조나 제23조의2의 위반에 대해서는 과징금을 부과할 수 있다(24-2조 2항).

는 찾기 어렵다.[85] 부당지원규제에 대해서는 그것이 공정거래법의 본령이라 할 수 있는 경쟁제한과 관련성이 부족하다는 비판이 많았다.[86] 반면 대법원은 부실계열회사의 지원을 위해서 현저히 높은 가격으로 신주를 인수한 사안에서 그 회사가 "그가 속한 해운업 관련 시장에서 퇴출을 면하고 사업자로서의 지위를 유지·강화할 수 있게 함으로써 당해 시장에서의 공정하고 자유로운 경쟁을 저해할 우려가 있다"고 판시하며 경쟁제한과의 관련을 긍정하고 있다(대법원 2005. 4. 29. 선고 2004두3281 판결 등).

부당지원규제에 대한 비판의 근거로 제시되는 것은 다양하다.[87] 가장 극적인 것은 부당지원으로 인하여 부실한 계열회사가 시장에서 존속할 수 있다면 오히려 시장에서의 경쟁이 촉진되는 것이 아니냐는 논리라고 할 수 있다.[88] 그러나 부당지원의 경쟁제한효과를 부정하는 논리는 상식적으로 납득하기 어렵다. 어려움에 처하더라도 항상 계열회사의 "부당한" 지원까지 받을 수 있는 회사(A)와 순전히 자력으로 생존해야하는 독립기업(B) 사이의 경쟁을 과연 공정한 것으로 볼 수 있을까? 도산위험이 낮은 A는 인재나 자금이나 거래처를 확보하는 면에서 B보다 우위에 설 것이다. 그런 A가 이미 진출해있는 사업분야에 B가 뒤늦게 진출을 결정하는 것은 불가능한 것은 아니라도 쉬운 일은 아니다. B가 이미 사업을 하고 있는 경우라도 A와 가격 경쟁을 벌이는 것은 자제

85  Yong Lim & Geeyoung Min, Competition and Corporate Governance: Teaming Up to Police Tunneling, 16 Northwestern Journal of International Law & Business(2016) 266, 269.

86  예컨대 송옥렬, 기업집단 부당내부거래 규제의 법정책적 이해, 서울대 법학 46권 1호(2005) 227면; Lim & Min, 주84, 282.

87  상세한 것은 송옥렬, 주60, 327-335면.

88  주진열, 공정거래법상 부당지원행위 규제에 대한 비판적 고찰, 서울대 법학 제53권 제1호(2012) 650-651면.

할 가능성이 높다.[89] 또한 일감몰아주기가 폭넓게 행해지는 경우에는 B 같은 독립기업이 거래할 수 있는 고객은 점점 줄어들 것이라는 점에서 경쟁이 제한될 수밖에 없다.[90] 그러므로 계열회사 사이의 부당지원이 방치된다면 재벌의 계열회사가 그렇지 않은 회사에 비해서 경쟁상 우위를 차지할 수밖에 없고 결국 경제력집중을 피할 수 없을 것이다.[91]

## (3) 평가

공정거래법상 부당지원규제가 경쟁제한을 억제하는 기능과 아울러 소수주주와 채권자 이익을 보호하는 기능도 수행하는 것은 부정할 수 없다. 다른 입법례와는 달리 우리 공정거래법상 부당지원규제가 활성화된 이유로는 여러 가지를 생각해볼 수 있다. ① 관계자거래가 재벌의 사업에서 차지하는 비중이 크고 재벌의 팽창을 뒷받침하고 있다. ② 관계자거래에 대한 다른 법, 특히 상법의 규제가 미흡한 상황에서 그 공백을 공정거래법이 채운 측면이 있다. ③ 부당지원규제의 활성화는 자신의 관할을 확대함으로써 영향력을 강화하려는 공정거래위원회의 노력에 힘입은 바 크다.

공정거래법의 부당지원규제는 검찰에 의한 형사처벌과 함께 우리나라에서 불공정한 관계자거래를 견제하는 기능을 수행하고 있다. 회사법상 규제가 제대로 작동하지 않는 상황에서 부당지원규제가 순수한

---

89 Lim & Min, 주84, 284.

90 Id. 288.

91 A와 B가 동일한 회사의 사업부문으로 운영되는 경우에는 설사 상호간에 지원이 있더라도 부당지원의 문제가 발생하지 않는다. A와 B가 독립된 회사로 운영되는 경우에도 법적 형식만을 달리할 뿐이므로 부당지원을 문제 삼지 말아야 한다는 주장도 존재한다. 그러나 동일 회사 내의 내부적 지원과 별개 회사 사이의 부당지원을 과연 동일하게 취급해야 할 것인지는 의문이다. 대법원은 완전자회사에 대한 지원행위도 부당지원규제의 대상이 된다고 보고 있다(대법원 2004. 11. 12. 선고 2001두2034 판결 등).

의미의 경쟁법적 규제와 다르다는 이유로 그것을 축소하거나 포기하는 것을 지지하기는 어렵다.[92] 그러나 공정거래위원회와 같은 행정규제 기관에 의한 규제는 전술한 바와 같이 단점도 존재한다. 장기적으로는 관계자거래에 대한 회사법상의 규제를 강화하는 한편으로 부당지원규제에 대한 의존도를 줄여나가는 것이 바람직할 것이다.

## IV. 종합적 고찰

### 1. 관계자거래규제의 개선에 관한 몇 가지 논점

관계자거래와 그에 대한 규제는 여러 요소가 복합적으로 작용하여 빚어낸 산물이다. 현재 우리나라에서 터널링의 의심이 있는 관계자거래는 너무 많고 그에 대한 규제는 미흡한 것이 현실이다. 이곳에서는 관계자거래 규제의 개선에 관한 몇 가지 현실적인 논점을 살펴보기로 한다.

### 2. 규제강화의 방향

관계자거래에 대한 실제 규제는 다양한 수단으로 구성된다. 보편적인 수단으로는 정보제공, 이사회와 같은 회사기관에 의한 승인, 신인의무와 공정성요건 등이 있는가 하면 우리나라에 특유한 것으로서 검찰, 공정거래위원회, 금융위원회 등 행정기관에 의한 규제가 있다. 한

---

92  관계자거래에 대한 공정거래법상의 규제를 지지하는 견해로는 Haksoo Ko, Dealing with Corporate Self-Dealing in Korea: A New Institutional Law and Economics Approach 17 Asia Pacific Law Review. 201 (2009).

편 다른 선진국에서와는 달리 거래소는 우리나라에서 별 역할을 못하고 있다.

각 규제수단의 실효성은 여러 요소에 의하여 좌우된다. 정보제공은 사외이사, 기관투자자, 미디어의 역량이나 의지가 뒷받침하지 않는다면 제대로 기능할 수 없다. 회사기관의 승인은 사외이사의 독립성이나 전문가의 관여가 확보되는 경우에 비로소 실효를 거둘 수 있다. 또한 거래의 공정을 달성하기 위해서는 주주대표소송을 활성화할 필요가 있다. 이런 요소가 제대로 갖춰지기까지는 결국 검찰과 행정규제기관의 역할을 부정할 수 없다.

## 3. 소유구조와 규제강화

관계자거래는 소유구조와 밀접한 관련이 있다. 우리나라에서 터널링이 의심되는 관계자거래가 많은 이유는 우리 기업 대부분이 기업집단형태를 취하고 있을 뿐 아니라 그 소유구조가 복잡하기 때문이다. 관계자거래가 활발한 또 하나의 이유는 그에 대한 규제가 미흡해서라고 할 것이다. 그러나 관계자거래규제를 강화하는 것은 기업집단 이익에 배치되므로 기업집단의 영향력이 큰 경우에는 실행하기 어렵다. 이런 사정은 외국에서도 마찬가지이다.[93] 기업집단이 상대적으로 많이 존재하는 유럽에서는 관계자거래에 대한 규제가 상대적으로 엄격하지 않다고 한다.[94] 한편 소유구조가 변화하면 관계자거래규제를 강화하라는 압력이 강해질 수도 있다. 기관투자자, 특히 외국 투자자의 지분이 늘수록 규제개선을 외치는 목소리가 커질 것이다.

93  Enriques et. al., 주37, 33.
94  Id. 30.

## 4. 기업집단에 대한 영향

관계자거래에 대한 규제가 강화되면 기업집단 사이의 거래는 불편해질 수밖에 없다. 일상적으로 관계자거래에 의존하는 기업집단으로서는 두 가지 선택지를 생각해볼 수 있다. ① 외부의 비계열회사와 거래하는 것과 ② 계열회사의 100% 자회사화와 같은 소유구조 단순화를 통해서 관계자거래의 이익 충돌을 제거하는 것이 그것이다. ①이 가능하려면 시장이 충분히 발달하여 시장에서 회사가 원하는 수준의 제품이나 서비스를 쉽게 구매할 수 있어야 한다. 시장이 미성숙한 상태라면 계열회사와 거래하는 편이 주주이익에도 부합할 것이다. 그러나 전문지식이 없어 단정할 수는 없지만 우리나라에서도 점차 외주의 비중이 늘고 협력업체와의 분업이 원만하게 행해지는 것을 보면 ①이 가능할 정도로 시장이 성숙되고 있는 느낌이다.

②의 소유구조 단순화를 가장 철저히 실천하는 방안은 기존 기업집단을 지주회사와 완전자회사의 피라밋 체제로 전환하는 것이다. 지주회사가 계열 회사 주식 전부를 매입하려면 엄청난 규모의 자금이 필요할 것이다. 그러므로 아무리 지주회사 규모를 확대한다고 적어도 계열회사 일부는 포기할 수밖에 없을 것이다. 그 경우 경제력집중이 완화되겠지만 그것이 경제계 전반에 미칠 파장은 판단하기 어렵다

## 5. 지배주주의 선택

위 4에서 제시한 두 가지 선택지는 어느 것도 재벌총수의 관점에서는 선뜻 택하기 어렵다. 그러므로 재벌총수가 관계자거래규제를 강화하는 움직임에 대해서는 저항하는 것은 당연하다. 이런 태도가 바뀔 여지는 없는 것일까? 이제껏 관계자거래에 대한 허술한 규제는 총수일가

에 유리하게 작용했던 것이 사실이다. 그러나 규제의 불확실성으로 말미암아 예상치 못한 민사, 형사, 행정상의 제재를 받을 위험도 존재한다. 일부 재벌이 정부 및 정치권에 대한 로비에 힘을 쏟는 것은 바로 그 위험을 최소화하기 위한 노력의 일환으로 볼 수 있다. 그러나 권력과의 유착이 항상 안전을 보장하는 것은 아니다. 또한 반재벌정서가 깊어가는 것도 장기적 관점에서 부담이 아닐 수 없다. 언젠가는 관계자거래를 통한 터널링에 집착하기보다 선진적인 기업조직과 거래관행을 채택하기를 원하는 재벌총수의 수가 늘어날 수도 있을 것이다.

# V. 결어

국가경제에서 자본시장이 중요해질수록 터널링을 최소화할 필요도 커진다. 우리나라에서도 터널링을 막기 위한 규제는 실제로 강화되어 왔고 앞으로도 강화될 것이다. 관계자거래에 대한 현행 규제는 미흡할 뿐 아니라 체계적인 정합성도 부족하다. 현행 규제에 대해서 기관투자자나 시민단체 쪽은 물론이고 재계에서도 불만을 갖는 것은 그 때문이라고 할 수 있다. 관계자거래규제의 중요성에도 불구하고 현행 규제가 제대로 정비되지 못한 이유는 다음과 같이 정리할 수 있을 것이다. ① 규제를 종합적으로 총괄하는 주체가 불분명하다보니 법무부, 검찰, 공정거래위원회, 금융위원회의 규제활동이 서로 무관하게 추진되고 있다. ② 재벌에 대한 정치적 시각의 변화에 따라 규제의 모습도 변화해 왔다. ③ 관계자거래에 대한 합리적인 규제체계를 갖추는데 필요한 전문역량이 아직 부족하다는 점도 인정하지 않을 수 없다.

관계자거래는 여러 관점과 여러 법 분야가 교착하는 영역이다. 국제적으로도 각 나라의 규제방식에는 상당한 차이가 존재한다. 현재 관계

자거래에 대한 관심이 외국에서도 고조되고 있는 것은 우리에게는 다
행스런 일이다. 우리로서는 외국에서의 논의를 충분히 참고하여 우리
현실에 맞는 규제체제를 갖춰 나가야할 것이다. 관계자거래의 복합적
인 성격에 비추어 그에 대한 규제체제를 모색할 때에도 기능적이면서
도 종합적인 시각을 유지할 필요가 있을 것이다.

상사법연구 제35권 제3호(2016.8), 103-133면

# 02 중국의 기업집단과 관계자거래

## Ⅰ. 서설

이 논문은 2016년 한국상사법학회 학회지인 상사법연구에 발표한 "기업집단과 관계자거래"라는 글의 자매편에 해당한다.[1] 무대가 중국이란 점을 빼면 주제는 앞의 논문과 차이가 없다.[2] 따라서 분석의 관점이나 다루는 쟁점이 앞의 논문과 大同小異한 것은 당연한 일이다. 그럼에도 불구하고 구태여 관계자거래에 관한 중국 법제에 주목하는 이유는 무엇인가? 그 이유로는 다음 두 가지를 들 수 있다. 첫째, 관계자거래는 중국의 경제체제와 기업지배구조에서 매우 보편적으로 발견되는 현상이다. 후술하는 바와 같이 중국 경제에서도 기업집단은 압도적인 비중을 차지하고 있고 계열회사 사이의 관계자거래는 일상다반사에 속한다. 관계자거래의 남용은 오랜 골칫거리로 당국은 그 통제를 위해서 다방면의 조치를 시도해왔다. 그 과정에서 형성된 관계자거래에 관한

---

[1] 김건식, "기업집단과 관계자거래", 『상사법연구』 제35권 제2호, 2016, 9면.
[2] 이 분야에 관한 가장 상세한 중국문헌으로는 钟凯, 『公司法实施中的关联交易法律问题研究』, 中国政法大学出版社, 2015. 국문 문헌으로는 조금 오래되었지만 홍매, "중국의 기업집단 내부거래에 관한 연구", 서울대학교 법학석사논문, 2007.

법제는 중국 기업지배구조를 파악하고 평가하는데 소홀히 할 수 없는 부분이다. 둘째, 다양한 요소로 구성된 중국 법제가 어떻게 작동하는지를 비교법적 관점에서 이해하는 것은 우리 법제를 보다 객관적으로 평가하고 개선하는 작업에도 적잖은 참고가 될 수 있을 것이다. 이 글은 관계자거래에 관한 현행 규제의 각종 구성요소를 검토하여 규제의 전체상을 파악하는 것을 목적으로 한다.[3]

관계자거래에 대한 일반론은 앞의 논문에서 이미 제시한 바 있으므로 이곳에서는 두 가지 기본사항만을 간단히 다시 짚고 넘어가기로 한다. 첫째는 관계자거래의 범위에 관한 사항이다. 관계자거래는 넓게는 회사와 이사 내지 지배주주 사이의 거래까지 포함하는 것으로 보지만 이 글에서는 회사가 모회사를 포함한 계열회사를 상대방으로 하여 추진하는 거래만을 가리키는 의미로 사용한다.[4] 이 같은 의미의 관계자거래는 기업집단의 존재를 전제하는 것이므로 이 글에서는 중국 기업집단의 연혁과 현황에 대해서 잠시 언급하기로 한다. 둘째는 관계자거래의 明暗에 관한 사항이다. 관계자거래는 효용과 폐해가 함께 잠재된 거래이다. 특히 부품시장이나 금융시장이 충분히 발달하지 않은 나라에서는 기업이 미성숙 상태의 시장을 대체하는 수단으로 관계자거래를 이용하는 경우가 많다.[5] 반면에 관계자거래의 폐해는 기업집단 총수

---

3  실제로 규제의 전체상을 파악하는 것은 말처럼 쉽지 않다. 중국의 관계자거래에 관한 기존 문헌은 규제의 일부만을 다루고 있는 경우가 대부분이다.

4  한 걸음 더 나가서 회사기회의 유용, 이사의 보수와 같이 이익충돌의 모든 유형을 포함시키는 경우도 있다. 김건식 외, 『회사법의 해부』, 소화출판사, 2014(Kraakman et.al., *Anatomy of Corporate Law*, 2nd ed., Oxford, 2009)의 번역서), 246-247면.

5  H. H. Shin & Y. S. Park, "Financing constraints and internal capital markets: evidence from Korean chaebols", 5 *Journal of Corporate Finance*, 1999, pp.169–191; T. Khanna & K. Palepu, "Is group affiliation profitable in emerging markets: an analysis of diversified Indian business groups", 55 *Journal of Finance*, 2000, pp.867–891; S. Claessens et. al., "The benefits and costs of group affiliation: evidence from East Asia", 7 *Emerging Market Review*, 2006, pp.1–26.

가 회사의 부를 빼돌리는, 이른바 터널링(tunneling)의 수단으로 악용되는 것이다.[6] 터널링과 유사하면서도 구별할 개념으로 자금난에 빠진 계열회사를 돕는 지원성거래(propping)가 있다.[7] 지원성거래는 지원주체의 관점에서는 터널링으로 볼 수 있지만 지원대상인 계열회사의 생존이 지원주체에 장기적으로 이익이 될 수도 있다는 점에서 긍정적인 측면도 병존한다. 관계자거래를 봉쇄하는 입법례를 찾기 어려운 것은 그 효용을 무시할 수 없는 현실 때문이라고 할 수 있다.

이 글은 다음과 같은 순서로 진행하기로 한다. Ⅱ에서는 본격적인 논의에 앞서 중국의 기업집단과 관계자거래 현황을 간단히 살펴본다. 이어서 관계자거래에 대한 규제를 규범의 종류에 따라 회사법 규제(Ⅲ), 행정상 규제(Ⅳ), 거래소 규제(Ⅴ), 형사상 규제(Ⅵ)를 차례로 검토한다. 끝으로 이들 규제에 대한 평가와 시사점(Ⅶ)을 제시한 후 결론을 맺기로 한다.

---

6   터널링에 관한 대표적인 논문으로 Simon Johnson, et. al., "Tunneling", *90 American Economic Review*, 2000, pp.22–27. 터널링은 ① 내부자가 회사의 현금흐름을 탈취하는 현금흐름 터널링, ② 내부자가 자신에 유리한 가격으로 회사와 자산거래를 감행하는 자산 터널링, ③ 내부자가 주식을 회사나 다른 주주로부터 저가로 취득하는 주식 터널링의 세 유형으로 구분할 수 있다. Vladimir Atanasov et. al., "Law and Tunneling", *37 Journal of Corporation Law 1*, 2011. 이 글에서는 주로 ②만을 다루기로 한다.

7   중국에서의 터널링과 지원성거래에 관한 문헌으로 W. Q. Peng et. al., "Tunneling or propping: Evidence from connected transactions in China", *17 Journal of Corporate Finance 306*, 2011. 이 논문에 따르면 상장회사 지배주주는 회사의 재무상태가 건전한 경우에는 터널링을, 그리고 부실할 때에는 지원성거래를 시도한다.

## II. 기업집단과 관계자거래의 진전

### 1. 기업집단의 출현과 현황

중국에서 기업집단은 저절로 생겨난 것이 아니라 정부 정책의 산물이다. 중국 정부가 기업집단을 육성하기로 방침을 정한 것은 1980년대 중반의 일이다.[8] 중국 당국이 기업집단을 선호하게 된 것은 그것이 신기술 도입, 재무성과 안정, 국제경쟁력 제고에 도움이 된다고 판단하였기 때문이다.[9] 개혁개방 당시에는 민영기업이라고 할 만한 것이 거의 존재하지 않은 상태였기 때문에 정부는 국유기업을 기업집단으로 재편하는 작업을 개시하였다. 그리하여 1991년 57개 대형 국유기업을 기업집단으로 편성하였으며 1990년 초반에는 이미 기업집단이 7천개를 넘어서기에 이르렀다.[10]

기업집단의 확산은 정부의 의도적인 육성정책에 따른 것이지만 중국 국유기업의 해외상장과정에서 한층 촉진된 측면도 있다. 1990년대 중국 정부는 국유기업의 자금수요를 충족하기 위하여 해외시장에서의 상장을 적극 추진하였다. 당시 국유기업은 다양한 사업을 영위하고 있었지만 외국투자자의 투자선호를 맞추기 위하여 우량한 일부 사업부문만을 자회사로 분리하여 상장하는 경우가 많았다. 국유기업의 분리상장은 국내에서도 행해졌다. 상해나 심천 증권거래소의 상장요건은 매

---

8   이런 정책은 1987년 "기업집단의 설립과 발전에 대한 몇 가지 의견"에서 구체적으로 표현된 바 있다. 상세한 것은 홍매, 앞의 논문, 5-9면.

9   Jia He et. al., "Business Groups in China", 22 *Journal of Corporate Finance 166*, 2013, p.168. 중국이 모델로 삼은 일본과 한국의 경제가 기업집단에 의존하고 있다는 점도 영향을 주었다. Benjamin L. Liebman & Curtis J. Milhaupt, "Introduction: The Institutional Implications of China's Economic Development", in Liebman & Milhaupt eds., Oxford, 2016, xvi-xvii.

10   Jia He et. al., 앞의 논문, 168면.

우 엄격해서 그 요건을 충족하기 위해서 기업을 분리하는 경우가 많았다. 이처럼 분리상장된 기업과 기존 기업은 자연히 기업집단을 형성하게 되었다.

현재 중국에 기업집단이 많다는 점에 대해서는 다툼이 없다. 다만 신뢰할 만할 최근 통계수치는 쉽게 찾을 수 없다. 한 연구에 의하면 2006년 현재 공식적으로 인정된 기업집단 수는 2,856개이고 그에 직속한 자회사가 27,950사, 종업원은 3천만 명에 달한다.[11]

## 2. 관계자거래의 규모

중국 경제계에서는 기업집단이 보편적인만큼이나 기업집단 내부의 관계자거래도 보편적인 현상이다. 특히 원래 하나의 경제적 단위로 운영되던 국유기업이 기업집단으로 재편된 경우 그 현상은 더욱 두드러졌다. 개혁개방 전에도 국유기업은 부품을 외부로부터 조달하기보다는 자체적으로 생산하는 것을 선호하는 경향이 있었다.[12] 따라서 국유기업의 일부가 자회사로 분리된 상황에서 같은 기업집단에 속하는 모회사와 거래를 지속하는 것은 불가피했다.[13]

이와 관련하여 흥미를 끄는 것은 개혁개방 후 시장이 발달함에 따라 부품을 시장에서 구입하는 비율(외주율)이 높아졌다는 점이다.[14] 한 연구에 따르면 개혁개방 후 20년 사이에 대부분 산업분야에서 외주율

11  Jia He et. al., 앞의 논문, 167면.
12  Zhang, Yifan, "Essays on Industrial Organization in China's Manufacturing Sector", Ph.D. dissertation University of Pittsburgh, 2005, p.16; Raymond M. K. Wong et. al., "Are Related-Party Sales Value-Adding or Value-Destroying? Evidence from China", 26 Journal of International Financial Management & Accounting 1, 2015, p.4.
13  Wong et. al., 앞의 논문, 4면.
14  Zhang, Yifan, 앞의 논문, 16면.

이 높아져서 31개 산업분야 중 27개에서 수직적 전문화가 진행되었다고 한다.[15] 앞으로 시장의 발달이 지속된다면 중국에서도 관계자거래에 대한 의존도가 감소하고 수직적 전문화가 촉진될 것이라는 추론도 가능할 것이다. 그러나 이 같은 변화에도 불구하고 아직 중국 기업은 관계자거래에 대한 의존도가 높다. [표 1]에 의하면 2007년 현재 80%를 넘는 상장회사가 관계자거래를 행하고 있고 그 거래규모는 해마다 증대되고 있다.[16] 이처럼 상장회사 대부분이 관계자거래를 행하고 있음에도 불구하고 실제 재판에서 관계자거래가 문제된 회사는 절대 다수가 주식회사가 아닌 유한회사이다.[17]

**표 1**  중국 상장회사의 관계자거래[20]

|  | 거래한 상장회사 비율(%) | 관계자거래 규모(1억위안) |
|---|---|---|
| 2002 | 85.2 | 5846 |
| 2003 | 89.5 | 9073 |
| 2004 | 92.9 | 28976 |
| 2005 | 90.3 | 37006 |
| 2006 | 98.2 | 45907 |
| 2007 | 82.0 | 120808 |

15  Zhang, Yifan, 17면. 외주율은 특히 중국의 연안지역에서 높다고 하는데 이는 연안지역이 상대적으로 시장이 발달한 결과로 짐작된다.
16  한편 다른 연구에 의하면 2001년 현재 약 1,000사의 상장회사 중에서 내부자거래가 매출에서 차지하는 비율이 30%를 넘는 회사가 110여사에 달하고 그 비율이 50%를 넘는 회사도 50여사에 달한다. 홍매, 앞의 논문, 16면.
17  王军, 『中国公司法』, 高等教育出版社, 2015, 348면.
18  钟凯, 앞의 책, 29면.

## 3. 관계자거래의 유형

중국에서 관계자거래 유형은 다양하지만 담보제공, 상품거래, 자금제공의 세 가지 유형이 특히 중요하다.[19] 관계자거래에서 차지하는 비율 면에서는 현재 담보제공의 경우가 가장 높아서 2007년에서 2010년까지 상장회사 통계를 보면 55%에서 62%사이를 오가고 있다. 그러나 2006년 이전에는 자금제공의 비중이 컸다. 당시에는 계열회사사이의 無이자 내지 低이자 자금거래가 널리 행해졌다. 증감회는 2003년 상장회사를 상대로 관계자에 대한 자금거래를 금지하고 기존 거래관계는 일정기간 내에 해소하도록 명하였다.[20] 2005년 말 당시 상장회사 1,308사중 374사가 계열회사와 자금거래를 하고 있었고 대출채권이 총 자산의 8.6%를 차지하였다.[21]

관계자거래를 거래 상대방을 중심으로 분류하면 2003년에서 2009년까지의 상장회사 통계수치를 기준으로 상장회사와 모회사 사이의 거래가 평균 41.47%를 차지하고 그 다음으로는 상장회사와 계열회사와의 거래가 평균 24.41%를 차지한다.[22] 반면에 상장회사와 투자자 개인이나 고위경영자와의 거래는 미미하여 예컨대 상장회사와 개인투자자(그리고 그 친족)와의 거래는 평균 0.01%에 불과하다.

---

**19** 자세한 것은 钟凯, 앞의 책, 30-31면.

**20** 문건의 명은 "상장회사와 관계자사이의 자금거래 및 상장회사의 대외담보에 대한 약간의 문제에 관한 통지"(关于规范上市公司与关联方资金往来及上市公司对外担保若干问题的通知)이다.

**21** Guohua Jiang et. al., "Tunneling through Non-Operational Fund Occupancy: An investigation based on officially identified activities", *32 Journal of Corporate Finance 296*, 2015.

**22** 钟凯, 앞의 책, 31면. 다른 연구에 의하면 건수로는 계열회사와의 거래가 더 많지만 규모는 모회사 및 지배주주와의 거래가 더 크다고 한다. 홍매, 앞의 논문, 40면.

## 4. 터널링과 지원성거래

전술한 바와 같이 관계자거래는 터널링이나 지원성거래와 같은 비정상적인 거래로 악용될 위험이 크다. 지배주주나 경영자의 사익을 위한 터널링을 최소화할 필요가 있음은 물론이다. 그러나 터널링은 계열회사 지원을 위해서 이루어지기도 한다. 지원성거래는 상장된 계열회사가 관리종목으로 지정되는 것을 피하기 위한 목적으로 행해지는 경우가 많다. 또한 국유기업의 경우 계열회사의 고용유지와 같은 정치적 목표를 위해 지원성거래를 실행할 가능성도 있다.[23] 이 같은 지원성거래는 장기적으로 지원하는 회사의 이익에도 부합할 수 있기 때문에 무조건 봉쇄하기는 어려운 측면이 있다.[24]

## 5. 관계자거래의 경제적 효과

전술한 바와 같이 기업집단에서의 관계자거래는 역기능 뿐 아니라 순기능도 존재한다. 양자 중 어느 쪽이 더 큰지는 일률적으로 말하기 어렵다. 이에 관한 실증연구는 여기서 길게 논할 여유가 없다. 관계자거래가 경영성과에 주는 영향에 관한 한 연구에 의하면 상장회사에서 관계자거래의 비중이 높을수록 회사의 영업실적이 악화된다.[25] 한편 관

---

23  Maggie Pan Williams, "Prejudicial related-party transactions of listed companies in China: evidence of motivating and enabling influences", Ph.D. thesis RMIT University, 2014, p.63-64.

24  중국의 관계자거래는 지원성거래보다는 터널링 쪽이 더 많다는 연구결과로는 Cheung, Y.L, Jing, L.H, Lu, T, Rau, R and Stouraitis, A, "Tunneling and propping up: an analysis of related party transactions by Chinese listed companies", *Pacific-Basin Finance Journal*, vol.17, no.3, 2009, pp.372-393 참조.

25  Chen, Y, Chen, C and Chen W, "The impact of related party transactions on the operational performance of listed companies in China", *Journal of Economic Policy Reform*, vol.12, no.4, 2009, pp.285-297.

계자거래가 회사가치에 미치는 영향에 관한 연구는 많지 않고 그 결과
는 반드시 일치하지 않는다. 2002년에서 2009년 사이에 4,520사의 상장
회사를 대상으로 관계자거래와 회사가치의 상관관계를 살펴본 연구에
따르면 관계자거래가 많은 회사의 가치가 더 높다고 한다.[26] 그와 상반
되는 결과를 보여주는 연구도 있다. 예컨대 상장회사와 관계자간의 거
래가 주가에 부정적 영향을 미친다거나[27] 관계자거래의 규모가 큰 기업
일수록 회사가치가 낮다는 연구[28] 등이 그것이다.


## III. 회사법적 규제

### 1. 관련규정의 개요

중국 회사법은 기업집단을 별도의 규율대상으로 삼고 있지 않다. 그
러나 기업집단에서의 관계자거래를 규율대상으로 삼은 규정은 존재한
다. 가장 대표적인 것은 다음 항에서 살펴볼 제21조이다. 제21조 외에
도 관계자거래와 관련하여 활용할 여지가 있는 규정이 전혀 없는 것은
아니다. 회사법은 담보제공, 자금제공, 자산처분과 관련하여 주주총회
승인 등 절차적 요건을 부과하는 규정을 두고 있다(제16조, 제121조). 이
들 구체적 규정에 대래서는 뒤에 따로 살펴보기로 하고 이곳에서는 제

---

26  Wong, 앞의 논문, 3면. 그런데 그 관련은 모회사에서 파견한 이사가 많은 회사와 정부지
    분이 높은 회사에서는 덜 한 것으로 밝혀졌다.

27  Huyghebaert, N and Wang, L 2010b, 'The co-movement of stock markets in East
    Asia: Did the 1997-1998 Asian financial crisis really strengthen stock market integra-
    tion?', *China Economic Review*, vol.21, no.1, pp.98-112.

28  Jian, M and Wong, TJ 2010, 'Propping through related party transactions', *Review of
    accounting studies*, vol.15, pp.70-105.

21조에 대한 설명에 앞서 관계자거래 규제의 기초를 이루는 몇 가지 규정에 대해서 간단히 언급하기로 한다.

기업집단의 관계자거래에서 결정적인 역할을 하는 것은 지배주주이다. 지배주주의 행동을 규율할 때 맨 먼저 접하는 물음은 지배주주도 신인의무 같은 일반적인 규범에 구속되는지 여부이다. 중국 회사법도 2005년 개정에서 영미법상 신인의무와 유사한 개념을 도입하였다. 회사법은 "이사, 감사, 고급관리인원[29](이하 '임원'으로 총칭함)은 법률, 행정법규 및 회사정관을 준수하여야 하며, 회사에 대해 충실의무와 근면의무를 부담한다"고 규정하고 있다(제147조 제1항).[30] 회사법이 명시한 법령준수의무, 충실의무, 근면의무를 포괄하는 개념으로 성신의무(诚信义务)라는 용어가 사용되기도 한다.[31] 성신의무는 대체로 영미법상 신인의무에 상응한다고 볼 수 있다는 점에서 이 글에서도 대신 신인의무란 용어를 사용하기로 한다.

문제는 신인의무에 관한 제147조 제1항은 의무의 주체를 임원에 한정하고 있다는 점이다. 따라서 임원이 아닌 지배주주는 일응 신인의무의 구속을 받지 않는다는 해석이 가능하다. 그러나 최근에는 지배주주도 회사 및 다른 주주들에 대해서 신인의무를 부담한다고 보는 견해가 유력하다.[32] 나아가 일부 행정규범에서는 지배주주의 신인의무를 명

---

29  고급관리인원은 회사의 경리 · 부경리 · 재무담당자 · 상장회사의 이사회비서와 회사정관에서 규정한 기타 인원을 말한다(회사법 제217조).

30  상장회사지배준칙(上市公司治理准则)은 "이사는 회사와 전체 주주의 최대이익에 따라, 충실 · 성실 · 근면하게 업무를 이행하여야 한다"고 규정하고 있다(33조). 또한 증감회의 상장회사정관지침(上市公司章程指引)은 이사의 충실의무와 근면의무에 대한 규정을 두고 있다(제97조, 제98조).

31  刘俊海, 『现代公司法』(上册)(제3판), 2015, 624면. 또는 信义义务, 受信义务, 信托义务라는 용어도 사용되고 있다.

32  刘俊海, 앞의 책, 340-343면; 赵旭东 編, 『公司法学』(4판), 高等教育出版社, 2015, 235-236면.

시한 예도 등장하고 있다.[33] 그러나 경영자 행동을 통제하는 중국 회사법은 아직 지배주주를 언급하지 않는 것이 일반적이다. 예컨대 회사법은 이사와 고급관리인원이 정관을 위반하거나 주주총회(사원총회)의 동의 없이 회사와 거래하는 것을 금하고 있다(제148조 제1항 제4호). 행위주체에는 감사는 물론이고 임원의 배우자나 자녀도 포함된다고 본다.[34] 그러나 지배주주나 계열회사와 같은 관계자거래의 상대방은 대상에서 제외된다.

지배주주에 대한 규제 공백을 메워줄 여지가 있는 규정으로 회사법 제20조 제1항을 들 수 있다. 제20조 제1항은 다음과 같이 주주(사원)의 의무를 규정하고 있다: "주주는 법률, 행정법규, 회사정관을 준수하고 주주권을 법에 따라 행사하며 주주권을 남용하여 회사나 다른 주주의 이익을 침해해서는 아니 된다." 주주가 주주권을 남용하여 회사나 다른 주주의 이익을 침해한 경우에는 법에 따라 배상책임을 진다(제20조 제2항). 그러나 이 조문을 관계자거래에 적용하는 데는 어려움이 있다. 지배주주의 의결권 행사가 개재된 경우에도 의결권 행사자체를 남용으로 볼 수 있는 경우는 제한될 수밖에 없다. 의결권 행사가 결여된 경우라면 "주주권" 남용을 인정하기는 더욱 어려울 것이다.

이처럼 회사법상 일반 규정을 이용해서 관계자거래를 규율하는 데는 한계가 있다. 그리하여 부각되는 것이 회사법 제21조이다. 이에 관해서는 항을 바꾸어 설명한다.

---

33 예컨대 「상장회사지배준칙(上市公司治理准则)」 19조; 「상장회사기업인수관리방법(上市公司收购管理办法)」 제8조 제1항.

34 刘俊海, 앞의 책, 628면.

## 2. 지배주주의 관련관계이용(제21조)

### (1) 회사법 제21조

회사법 제21조는 회사의 지배주주(사원), 실질적 지배자, 임원은 그 "관련관계를 이용하여" 회사에 손해를 끼쳐서는 아니 되며 이들 관계자가 회사에 손해를 끼친 경우에는 손해배상책임을 진다고 규정한다.[35]

### (2) 행위주체: 지배주주와 실질적 지배자

법문상의 행위주체는 임원 외에 지배주주(사원)와 실질적 지배자이다. 지배주주(사원)와 실질적 지배자에 대해서는 제216조가 정의하고 있다. 먼저 "지배주주(사원)"(控股股東)는 ① 보유지분이라는 형식요건이나 ② 영향력이라는 실질요건 중 하나를 충족하면 된다. ① 보유지분 면에서는 그 출자액이 자본총액의 50% 이상인 사원(유한회사의 경우)이나 보유주식이 주식총수의 50% 이상인 주주(주식회사의 경우)를 말한다. ② 영향력 면에서는 보유한 의결권이 주주총회(사원총회) 결의에 중대한 영향을 미치는 주주(사원)를 말한다(제216조 제2호). 한편 "실질적 지배자"란 회사의 주주(사원)가 아니지만, 투자관계, 계약 또는 기타 방법에 의하여 실질적으로 회사를 지배하는 자로(제216조 제3호) 주주가 아니라는 점에서 지배주주와는 구별된다. 이처럼 법문상 행위주체인 지배주주나 실질적 지배자가 실질에 따라 결정된다는 점에서 제21조는 관계자거래에 폭넓게 적용될 수 있다.

---

[35] 사법해석은 주주가 관계자거래를 통해서 출자를 회수함으로써 회사이익을 침해한 경우에는 회사나 주주 등에 의한 청구를 지지한다고 선언하고 있다(사법해석(3), 제12조).

## (3) 관련관계

이들 관계자는 "관련관계(關聯關系)"를 이용하여 손해를 끼쳐서는 아니 된다(제21조 제1항). 여기서 말하는 관련관계란 회사의 지배주주, 실질적 지배자, 임원 등이 직·간접적으로 통제하는 기업과의 관계이거나, 회사의 이익을 이전할 가능성이 있는 기타의 관계를 말한다(제216조 제4항).[36] 기타의 관계는 넓게 해석될 수 있다.

## (4) 회사의 손해와 구제수단

법문이 주목하는 것은 회사의 손해이다. 제20조에서와는 달리 주주의 손해는 포함되지 않는다. 회사의 손해라고 하고 있으므로 손해배상청구권을 갖는 것은 회사이다. 그러나 실제로 회사가 손해배상청구권을 행사하기를 기대하기는 어렵다. 따라서 회사의 주주(사원)가 대신 손해배상청구권을 행사할 수 있는지 여부가 중요할 것이다.

## (5) 주주대표소송

회사법상 유한회사의 사원이나 주식회사의 1% 이상의 보유하는 주주[37]는 서면으로 감사회(또는 감사회가 설치되지 않은 유한회사의 감사)에 대해서 감사를 제외한 임원의 배상책임을 추구하기 위한 제소를 청구할 수 있다(제151조 제1항). 주주대표소송은 2005년 개정 시에 처음 도입되었지만 미국이나 일본에서와 같이 많이 활용되고 있지는 않다.[38] 또한

---

36  다만 국가가 지분을 통제하는 기업 간에 단지 국가의 지분통제를 받는 이유만으로는 관련 관계가 있는 것으로 간주하지 않는다.

37  180일 이상 단독 또는 공동으로 1% 이상을 보유할 것을 요한다.

38  Donald C. Clarke & Nicholas Howson, "Pathway to minority shareholder protection:

실제 사례는 거의 전적으로 유한회사에 집중되고 있다.[39] 주식회사에 관한 대표소송이 드문 이유로는 우선 원고적격에 관한 1% 보유요건이 너무 엄격하다는 점을 들 수 있다. 또한 대규모 주식회사의 경우에는 사건의 파장이 클 수 있으므로 법원이 수리를 부담스럽게 생각한다는 점도 또 하나의 이유로 들 수 있다.

대표소송에서 피고적격을 갖는 것은 임원과 타인이다(제151조 제1항, 제3항). 타인에 대해서는 회사내부자에 한한다는 견해도 있지만 회사의 이익을 침해한 모든 자라고 보는 무제한설이 다수설이다.[40] 따라서 적어도 이론상으로는 제21조의 행위주체인 지배주주나 실질적 지배자도 주주대표소송의 상대방이 될 수 있다.

그러나 적어도 당분간은 현실적으로 주주대표소송이 관계자거래의 구제수단으로 활용되기를 기대하기는 어렵다. 우선 중국에서는 법원에서 임원책임이 인정된 사례가 그리 많지 않다. 특히 명백한 법위반이 없음에도 거래조건의 불공정을 이유로 경영자 책임을 인정한 사례는 찾기 어렵다. 관계자거래의 경우에도 권한을 남용한 지배주주 등의 책임을 묻기 위해서는 거래조건의 불공정을 입증해야할 것이다. 그러나 아직 중국의 법관은 그런 실체적 판단을 극구 꺼리는 경향이 있다.[41]

---

derivative actions in the People's Republic of China", in *The Derivative Action in Asia*, Dan W. Puchniack et. al. eds., Cambridge, 2012, p.243, pp.275-278. 주주대표소송에 관한 국내문헌으로 최정연, "중국 주주대표소송제도에 관한 연구", 서울대 법학석사학위논문, 2013.

39  최정연, 위의 논문, 19-20면.

40  최정연, 앞의 논문, 30-31면. 다만 사법해석(4)의 의견수렴안에서는 타인을 "회사 또는 전액출자자회사의 이사, 감사, 고위관계자 이외의 자"로 정의함으로써(제31조 제2항) 무제한설을 택하였으나 최근 확정된 사법해석(4)에서는 그 부분은 채택되지 않았다.

41  최근 판례를 토대로 법관의 소극성을 지적한 문헌으로 Jianbo Lou, "Ordinary Corporate Conduct Standard vs. Business Judgment Rule", in *German and Asian Perspectives on Company Law*, Holger Fleischer et.al. eds., 2016, p.83, p.103.

## 3. 회사내부의 승인절차

### (1) 주주총회 승인

　전술한 바와 같이 중국 회사법상 주주총회 승인의 대상이 되는 자기거래의 주체는 이사와 고급관리인원으로 지배주주나 계열회사와의 관계자거래는 그 승인대상에 포함되지 않는다(제148조 제1항 제4호). 그러므로 일반적인 관계자거래는 회사법상 주주총회 승인을 요하지 않는다. 다만 특정 유형의 거래에 대해서 주주총회 승인을 요하는 경우가 있다. 회사법상 회사가 주주나 실질적 지배자를 위해서 담보를 제공하는 경우에는 주주총회(사원총회)의 결의를 받아야한다(제16조 제1항 제2문). 이처럼 담보제공을 특별히 규율하는 것은 그것이 워낙 빈번히 발생했다는 사실을 고려하면 이해할 수 없는 것도 아니다. 그러나 이익충돌의 소지가 있다는 점에서는 관계자거래는 담보제공거래와 차이가 없다는 점에서 양자를 달리 취급하는 것은 문제가 있다.

　또한 회사법상 회사가 1년 내에 구입 또는 처분하는 중대자산 또는 담보금액이 자산총액 30%를 넘는 경우에는 주주총회에서 출석주주 의결권 2/3 이상의 동의를 받아야한다(제121조). 이상의 유형에 속하는 관계자거래는 당연히 주주총회 승인을 받아야한다.

　전술한 바와 같이 회사법상 일반적인 관계자거래에 대한 주주총회의 사전승인은 필요하지 않다. 그러나 상장회사의 경우에는 후술하는 거래소규정에 의한 내부승인절차가 마련되어 있다. 상장회사가 아닌 경우에도 내부승인절차를 두는 것은 가능하다. 회사법상 주주총회의 권한은 정관으로 확장할 수 있으므로(제99조, 제37조 제1항) 정관으로 주주총회권한사항에 관계자거래를 포함시킨다면 주주총회의 권한사항으로 할 수 있다. 후술하는 거래소 규정에서 보는 바와 같이 주주총회 승인을 요하는 관계자거래는 어느 정도 규모에 달한 것에 한정할 필요가 있을 것이다. 주주총회 승인사항으로 하는 경우에 상대방이 되는 지배주주나 계열회사의 지배주주가 의결권을 행사할 수 있는지에 대해서는 의문이 있다. 전술한 담보제공거래에 대해서는 당해 주주나 실제통제인이 의결권을 행사할 수 없음을 명시한 규정이 있다(16조 3항).

### (2) 이사회 승인

회사법은 이사회권한사항을 정하면서 관계자거래를 포함시키고 있지 않다(108조 4항 46조). 그러나 이사회 권한사항도 정관으로 확장하는 것이 가능하므로(46조 11항) 정관에 관계자거래를 포함시킨 경우에는 이사회 승인을 거쳐야할 것이다. 후술하는 거래소규정에서는 관계자거래에 대해서 이사회 승인을 전제하고 있다(상해증권거래소규정 10.2.1).

## Ⅳ. 행정상 규제

### 1. 상장회사 지배구조준칙

전술한 바와 같이 중국 회사법상 관계자거래에 대한 규제는 미흡한 것이 사실이다. 중국에서 관계자거래 규제에 관해서는 회사법보다 행정규제의 역할이 더 크다. 특기할 것은 자본시장 규제기관인 증권감독관리위원회(증감회)의 역할이다. 증감회는 상장회사의 관계자거래에 관하여 다방면의 규제를 마련하고 있다.[42] 먼저 2002년 증감회가 국가경제무역위원회와 함께 공포한 상장회사 지배구조준칙(上市公司治理准则)은 관계자거래에 관한 다음과 같은 몇 가지 원칙규정을 두고 있다.[43]

먼저 계약체결과 관련하여 제12조는 다음과 같이 규정하고 있다. "상장회사와 관계자 간의 관계자거래는 서면계약으로 체결해야 한다. 계약체결은 평등, 자율, 등가, 유상의 원칙에 따라야 하고 계약내용은 명확하고 구체적이어야 한다, 회사는 계약의 체결, 변경, 종결, 이행 정황 등의 사항을 관련규정에 따라 공시하여야 한다."

관계자거래의 가격결정기준과 공시 등 핵심사항에 대해서 제13조는 다음과 같이 규정하고 있다. "상장회사는 관계자가 구매와 판매업무 채널을 독점하는 방식으로 회사의 경영에 간여하고 회사이익을 침해하는 것을 방지하는 효과적인 조치를 취해야 한다. 관계자거래는 상업적 원칙을 준수하고 관계자거래의 가격은 원칙적으로 시장 독립 제3자가격이나 비용청구기준을 벗어나서는 아니 된다. 회사는 관계자거래의 가격결정 근거를 충분히 공시해야 한다."[44] 가격결정에 관한 보다 구체적인 기준은 후술하는 거래소규정에서 제시하고 있다.

## 2. 증권관리감독위원회의 공시관련 규정

관계자거래의 공시에 관해서는 증감회가 공포한 일련의 규정이 보다 상세하게 규정하고 있다. 가장 중요한 것은 "공모발행증권의 회사정

---

42  증감회는 비상장이지만 주주 수가 200명 이상인 비상장공개회사의 관계자거래에 대해서는 별도의 원칙 규정을 두고 있다(「非上市公众公司监督管理办法」 13조).

43  「지배구조준칙」 제12조 내지 제14조.

44  상장회사 지배구조준칙은 또한 상장회사로 하여금 관계자거래를 통한 회사자산유용을 막는 예방조치를 취할 것을 명하고 있다(제14조).

보공시내용 및 양식준칙 제2호"(연차보고의 내용 및 양식)(公开发行证券的公司信息披露内容与格式准则第2号—年度报告的内容与格式)로서 일정규모 이상의 관계자거래에 대한 공시를 요구하고 있다(제40조). 그 밖에 상장회사 정보공시관리방법(上市公司信息披露管理办法)에도 관계자거래 공시에 관한 일련의 규정(제48조, 제59조, 제63조, 제71조 제3항)이 있고 "기업공개와 주식상장관리방법"(首次公开发行股票并上市管理办法)도 관계자거래의 공시와 대가의 공정성에 대한 원칙조항을 두고 있다(제25조).[45]

## 3. 기업회계기준

다른 나라에서와 마찬가지로 관계자거래에 대한 공시는 기업회계에서도 요구되고 있다. 관계자거래에 대한 공시요구가 시작된 것은 이미 2000년 무렵이다. 그러나 본격적으로 공시가 강제된 것은 재무부가 2007년 IFRS를 기초로 마련한 기업회계준칙(企业会计准则)의 시행과 때를 같이 한다. 기업회계준칙 제36호는 관계자거래의 공시에 관해서 12개의 조문을 두고 있다. 그 개요는 다음과 같다. 첫째, 관계자를 폭넓게 정의하고 있다(제3조, 제4조). 둘째, 모든 관계자거래를 재무제표에 공시해야하지만(제2조) 거래의 합계액만을 공시해도 무방하다(제11조). 셋째, 공시사항에는 관계자거래의 거래규모, 미결제항목의 금액 및 조건, 가격결정정책 등이 포함된다(제10조).

기업회계준칙에 의한 공시는 상장회사가 아닌 회사에게도 적용된다는 점에서 의의가 있다. 그러나 공시가 즉시 이루어지는 것이 아니라 재무제표에 표시될 뿐이고 그 내용도 구체적이지 못하다는 점에서 관

---

45 한편 "공모발행증권의 회사정보공시내용 및 양식준칙 제1호"(투자설명서)(公开发行证券的公司信息披露内容与格式准则第1号 招股说明书)도 공모전 일정기간 동안의 관계자거래에 관한 규정을 두고 있다(제55조~제57조).

계자거래의 공정성을 확보하는 수단으로는 한계가 있다.

## 4. 관계자거래에서의 독립이사 역할

증감회는 2001년 "상장회사 독립이사에 관한 지도의견"(矣于在上市 公司建立独立董事制度的指导意见)("지도의견")을 공포하여 상장회사로 하 여금 이사회 정원의 1/3 이상을 2명 이상의 독립이사로 선임하도록 하였다(一.(三)). 지도의견에 의하면 독립이사는 관계자거래에 대한 승 인권을 갖는다. 즉 거래총액이 3백만 위안이나 최근 회사 순자산가 치의 5%를 넘는 중대한 관계자거래에 대해서 이사회 동의에 앞서 독 립이사의 승인을 받도록 규정하고 있다(五.(一).1).[46] 독립이사는 판단 을 내리기 전에 직접 독립적 재무전문가에게 자문을 구할 수 있다.[47] 다만 독립이사의 승인은 1/2이상의 동의로 충분하기 때문에(지도의견 五.(二)) 독립이사가 두 명인 경우 한 명의 동의만 얻으면 된다. 그러 나 실제로 관계자거래에 대한 독립이사의 승인이 거부되는 경우는 거 의 없다고 한다.

---

[46] 이처럼 관계자거래에서 독립이사를 활용하는 발상은 홍콩 상장규칙에서 얻은 것으로 추 측된다. 홍콩 상장규칙에 따르면 관계자거래는 주주총회 승인을 얻어야 하며(14A.36) 승 인에 앞서 독립이사로 구성된 독립이사위원회의 검토를 거쳐야한다. 소위원회는 독립재 무전문가의 자문을 받아 주주에 대해서 다음 사항에 대한 의견을 밝혀야 한다(14A.40).
- 관계자거래의 조건이 공정하고 합리적인지 여부
- 관계자거래가 통상의 상업상의 조건보다 못하지 않고 상장회사 집단의 보통의 일상적인 업무집행에 따른 것인지 여부
- 관계자거래가 회사와 주주전체의 이익에 부합하는지 여부
- 관계자거래에 대한 표결방향
[47] 그 비용은 물론 회사가 부담한다.

# V. 증권거래소 규제

## 1. 증권거래소 관련규정

실제로 중국에서 상장회사의 관계자거래에 대한 상세한 규제는 상해증권거래소(上海证券交易所)와 심천증권거래소의 규정에서 찾아볼 수 있다. 2004년 상해증권거래소와 심천증권거래소가 공동발표한 증권상장규칙(股票上市規則)은 관계자거래에 관해서 상세한 규정을 담고 있다(제10장). 관계자거래에 관하여 보다 상세한 사항은 상해증권거래소가 2011년 제정한 상장회사 관계자거래실시지침(上市公司关联交易实施指引)(지침)에 담겨있다.

이처럼 관계자거래를 거래소 상장규칙이 규율대상으로 삼는 것은 중국만의 특유한 현상은 아니다. 예컨대 런던증권거래소는 따로 관계자거래 규정을 마련하고 이른바 "고급상장"(premium listing)을 하는 회사에 대해서 적용하고 있다.[48] 한편 홍콩증권거래소는 관계자거래 빈도가 런던보다 높은 현실을 감안하여 가장 상세하고 포괄적인 규정을 두고 있다. 관계자거래에 대한 별도의 장인 Chapter 14A는 43면에 걸쳐 105개의 조문을 두고 있다.[49] 상해증권거래소의 관련 규정은 홍콩증권거래소 상장규칙의 영향을 받은 것으로 추측된다. 상장규칙보다는 지침의 규정이 훨씬 자세하므로 이곳에서는 상장규칙의 관계자거래관련규정(제10장)을 간단히 언급하고 지침에 대해서는 항을 바꾸어 설명하기로 한다.

상해증권거래소 상장규칙은 먼저 규율대상인 관계자거래의 범위에 관해서 규정한 후(10.1.1~10.1.6) 관계자거래의 승인절차에 관해서 규정

---

[48] 고급상장은 주식에 한하여 적용되는 상장형태로 EU지침보다 강화된 요건이 적용된다는 점에서 보통상장(standard listing)과 구별된다.

[49] 관계자의 정의와 관련하여 다수의 그림까지 활용하고 있어 이해가 편리하다.

하고 있다(10.2.1, 10.2.2). 그러나 상장규칙은 관계자거래의 공시에 중점을 두고 거래규모에 따라 규제를 달리하고 있다. 상장회사와 관계자 사이의 거래규모가 3십만 위안을 초과하는 경우(보증은 제외)에는 즉시 공시를 해야 한다(10.2.3). 거래규모가 3천만 위안 또는 회사 순자산의 5%를 초과하는 경우에는 즉시 공시하고 증권회사로부터 거래내용에 대한 감사 또는 평가보고서를 주주총회에 제출하여 승인을 받아야한다. 일상거래에 속하는 관계자거래의 내용은 감사나 평가에서 면제할 수 있다(10.2.5).[50]

## 2. 상해증권거래소 관계자거래실시지침

### (1) 서설

지침은 63개 조문으로 이루어져 있으며 상장규칙에 따른 공시와 아울러 전술한 증감회의 각종 규정에 따른 공시를 이행하는데 필요한 지침을 담고 있다.[51] 지침에 따르면 상장회사 이사회는 관계자거래 통제를 위하여 감사위원회(審計委員会)나 관계자거래통제위원회(关联交易控制委員会)를 두어야한다(제3조 제1항).[52]

지침은 적용대상인 관계자거래와 관련하여 관계자와 거래의 범위를 폭넓고 상세하게 정의하고 있다(제7조~제12조). 상장회사 임원 등 관계자는 자신과 회사사이의 "관련관계"를 회사에 고지해야 하고 회사는 이들 관계자에 관한 정보를 파악하여 관리보고해야 한다(제13조~제17조).

---

50   또한 상장회사와 거래상대방인 관계자가 모두 동일한 정부자산관리기관의 통제를 받는
     경우에는 원칙적으로 규제의 적용대상으로 보지 않는다(10.1.4).
51   지침을 위반한 경우에는 상장규칙에 따른 제재를 가할 수 있다(지침 제6조).
52   여기서 말하는 감사위원회는 이사로 구성된 이사회소위원회로서 감사회와는 별개의 기관이다.

## (2) 3가지 유형

지침은 관계자거래의 유형에 따라 절차를 달리 정하고 있다.

첫째, 상장회사와 자연인 관계자 사이의 3십만 위안 이상의 거래는 즉시 공시하여야 한다(제18조).

둘째, 상장회사와 법인 관계자 사이의 3백만 위안 이상이고 회사 순자산 0.5%에 달하는 거래도 즉시 공시의 대상이다(제19조).

셋째, 관계자를 위해서 담보를 제공하거나 3천만 위안 이상이고 회사 순자산 5% 이상의 중대한 관계자거래를 하는 경우에는 공시 외에 이사회와 주주총회에서 심의를 받아야 한다(제20조). 중대한 거래의 경우 증권업자가 작성한 거래의 감사나 평가의 보고서를 제출해야 한다(제20조 제1호). 다만 후술하는 일상경영에 관한 관계자거래, 즉 일상거래의 경우에는 그러하지 아니하다. 관계자거래에서 중요한 것은 세 번째 유형이므로 이하에서는 이를 중심으로 설명한다.

## (3) 절차

상장회사가 중대한 관계자거래를 하고자 하는 경우에는 독립이사의 사전승인을 받고 이사회 심의를 거쳐야 한다(제25조 제1항).[53] 감사위원회[54]는 당해 관계자거래에 대해서 검토한 후 의견서를 이사회에 제출하고 감사회에 보고해야 한다(제25조 제2항).[55] 감사위원회도 재무전문가 의견을 구할 수 있다.

관계자인 이사는 이사회 결의 시에 의결권이 없다(제26조 제1항). 이

---

53  독립이사는 재무전문가 의견을 판단에 참고할 수 있다.
54  관계자거래위원회를 둔 경우에는 관계자거래위원회.
55  관계자거래통제위원회에 대해서는 따로 규정이 존재한다(제29조).

사회는 비관계자 이사 과반수의 출석으로 개최하며 이들 이사의 과반수 동의로 결의한다.[56] 감사위원회 및 이사회와 별도로 감사회도 관계자거래에 대한 심의와 공시 등에 대한 감독을 수행하며 연차보고에서 의견을 발표해야 한다(제28조).

또한 중대한 관계자거래에 대해서는 주주총회 승인도 필요하다(제20조). 관계자인 주주는 의결권이 없으므로 나머지 주주가 반대하면 거래가 무산될 여지가 있다.

## (4) 가격결정

관계자거래의 핵심은 가격결정에 있다. 지침은 가격결정에 대해서 상세한 규정을 두고 있다. 지침은 가격결정이 적정해야 하고 다음 원칙을 따라야 한다고 규정하고 있다(제31조).

(ⅰ) 정부가 정한 가격은 그 가격을 직접 적용한다.
(ⅱ) 정부가 지도하는 가격이 있는 경우 정부지도의 범위 내에서 합리적으로 정한 가격을 따른다.
(ⅲ) 정부가 정하거나 지도하는 가격이 없는 경우 비교가능한 독립당사자 시장가격이나 요금표준이 있는 경우에는 그 가격이나 표준을 우선 참고하여 가격을 정할 수 있다.
(ⅳ) 비교가능한 독립당사자 시장가격이 없는 경우에는 관계자와 독립된 제3자 사이에 발생한 비관계자 거래가격을 참고하여 결정할 수 있다.
(ⅴ) 독립당사자의 시장가격이나 참고할 만한 독립된 비관계자거래 가격이 없는 경우에는 합리적으로 구성된 가격에 의거하여 가

---

56  비관계자 이사의 수가 3인에 미달하는 경우에는 주주총회에서 결의한다(26조 2항). 관계자인 주주는 의결권이 없다(제27조).

격을 결정하며 구성가격은 합리적인 비용에 합리적인 이윤을 가한 것으로 한다.

위 (ⅲ)~(ⅴ)의 경우에는 거래의 상황을 고려하여 실비정산법(成本加成法)[57], 재판매가격법(再销售价格法)[58], 비교가능한 비통제가격방식(可比非受控价格法)[59], 거래순이윤율 방식(交易净利润法)[60], 이윤분할법(利润分割法)[61] 등을 채용할 수 있다(제32조). 상장회사가 이상의 방식으로 가격을 결정할 수 없는 경우에는 가격의 결정원칙과 방법을 공시하고 그 가격결정의 적정성을 설명해야 한다(제33조).

### (5) 공시사항

관계자거래에 관한 공시를 할 때에는 가격결정정책, 독립이사, 재무전문가, 감사위원회 등의 의견, 재무전문가 의견 등을 공시해야 한다(제36조, 제4, 6, 7, 8항)

### (6) 일상거래에 관한 특칙

일상거래에 관해서도 가격결정정책, 거래가격, 거래의 필요성, 지

---

57  관계자거래에서 발생하는 합리적인 원가에 비관계자거래에서의 이익을 가산하는 가격결정방법이다.
58  관계자에게 구입한 상품을 다시 비관계자에 판매하는 가격에서 비교가능한 비관계자거래에서의 이익을 차감한 금액을 관계자로부터 구입한 상품의 공정한 거래가격으로 정하는 방법이다.
59  비관계자와 사이에 행하는 관계자거래와 같거나 유사한 업무활동에서 수취하는 가격으로 정한다.
60  비관계자거래의 이익수준과 비교가능한 지표로 관계자거래의 순이익을 확정하는 방법이다.
61  상장회사와 그 관계자사이에서 관계자거래의 합병이익에 대한 공헌에 따라 각자 배당받을 이익금액을 계산하는 방법이다.

속성, 관계자와의 거래를 선택한 원인 등의 사항을 공시하여야 한다(제38조). 다만 일상거래의 횟수가 많은 경우에는 당해 연도에 발생할 일상거래 총액을 합리적으로 예측하여 그 결과를 이사회나 주주총회에 제출하여 심의를 받고 공시해야 한다(제44조 제1항). 예측범위내의 일상거래의 경우에는 상장회사는 사업보고서와 반기보고서에 공시해야 하고 (제44조 제2항) 그 범위를 넘는 경우에는 이사회나 주주총회에 새로 제출하여 심의를 거친 후 공시해야 한다(제44조 제3항).

## (7) 관계자자산의 고가구매에 관한 특칙

상장회사가 관계자로부터 자산을 장부가 100%를 초과하는 금액으로 구입하는 경우에는 주주총회 승인을 얻고 소정의 규정을 준수해야 한다(제48조 이하).

## (8) 공시 및 절차의 면제

지침은 관계자거래의 방식에 따라 심의와 공시를 면제하는 경우를 규정하고 있다(제53조~제58조). 그 대표적인 예로는 다음 4가지를 들 수 있다.

첫째, 국가가 규정한 가격으로 행하는 일상적거래(제54조 제2호)

둘째, 동일 자연인이 상장회사와 기타 법인의 독립이사를 동시에 담임하고 기타 관계자가 존재하지 않은 경우 그 법인과 상장회사 사이의 거래에 대해서는 상장회사가 거래소에 면제를 신청할 수 있다(제57조).

셋째, 관계자가 상장회사에 제공하는 자금이 인민은행이 규정하는 대출기준이율보다 높지 않고 상장회사가 담보를 제공하지 하지 않는 경우(제56조 제1항)

넷째, 거래가 국가기밀에 관한 것이거나 상장회사이익과 거래소가 인정하는 영업비밀을 중대하게 침해할 경우(제58조).

# VI. 형사상 규제

관계자거래가 지나치게 불공정한 경우에는 형사처벌 대상이 될 수
도 있다. 정부는 회사 임원 등 관계자에 의한 회사재산탈취행위를 근
절하기 위해 2006년 형법을 개정하여 상장회사 이익배신적 손해죄(背信
損害上市公司利益罪)(제169-1조)를 신설하였다. 그에 의하면 상장회사 임
원이 회사에 대한 충실의무를 위반하여 일정한 행위를 행하고 회사에
중대한 손실을 초래한 경우 형사처벌 대상이 된다(제169-1조 제1항). 열
거된 행위는 여러 가지지만 관계자거래와 관련하여 가장 중요한 것은
"현저하게 불공평한 조건으로 자금, 상품, 용역 또는 기타 자산을 제공
하거나 인수하는 행위"(제2호)이다. 제1항의 행위주체는 임원으로 되어
있지만 지배주주나 실질적 지배자가 임원에게 위의 행위를 지시한 경
우에는 그 지시를 한 자도 마찬가지로 처벌된다(제169-1조 제2항). 그러
나 실제로 이 규정으로 처벌되는 사례는 그렇게 많지 않다고 한다.[62]

# VII. 평가와 시사점

이상에서 살펴본 중국 법제의 주된 특징과 시사점은 다음과 같이 정
리할 수 있다.

---

62  刘俊海, 앞의 책, 635-636면.

## 1. 상장회사 중심의 규제

규제의 초점이 주로 상장회사에 맞춰져 있다. 상장회사의 관계자거래에 관한 규정은 다양하고 풍부하지만 비상장회사에 적용할만한 규정은 찾기 어렵다. 이처럼 중국이 규제의 초점을 상장회사에 맞추고 있는 것은 그 규제의 도입이 주로 대규모 국유기업의 상장과 자본시장 육성을 의도하여 이루어졌기 때문으로 볼 수 있다. 소수주주가 관계자거래로부터 느끼는 위험은 비상장회사의 경우가 더 크다. 그러나 자본시장 발전이란 관점에서 보면 상장회사에 주목하는 것은 당연한 일이다. 이처럼 상장회사를 겨냥하여 도입한 규제가 과연 앞으로 일반 회사로 확산될 수 있을지는 지켜볼 과제라고 할 것이다.

## 2. 미약한 법원의 역할

규제의 집행에서 법원이 담당하는 역할이 미미하다. 그 공백을 메우는 것은 증감회 같은 행정부처이다. 규제의 집행을 관료가 주도하는 것은 자유민주주의를 채택한 국가에서도 널리 발견되는 현상이다. 위상이나 역량 면에서 낙후된 중국 법원의 현실을 고려하면 이런 관료의 존현상을 반드시 부정적으로만 평가할 것은 아니다. 중국의 법관은 최근 그 역량이 많이 향상되었으나 아직 전문성에 대한 평가는 높지 않다. 특히 북경, 상해, 광주 등 경제가 발달한 일부 지역과 낙후된 내륙 지역 사이에 법관의 격차는 크다. 그에 비하여 증감회는 젊고 유능한 엘리트들이 선호하는 직장으로 증감회 관료들은 첨단 기업거래에 대한 이론 및 실무 면에서 전문성을 널리 인정받고 있다. 물론 관료는 독립성을 갖추지 못한 것이 문제이다. 그러나 중국 법원은 당과 정부의 엄격한 통제를 받고 있으므로 독립성의 관점에서 법관과 관료의 차이는 그렇게 크지 않다.

## 3. 하위의 규범형식

관계자거래에 대한 규범이 대부분 법률보다 하위의 법령에 담겨있다. 이는 관계자거래 규제의 집행을 증감회라는 행정부처가 담당하는데 따른 결과로 볼 수 있다. 그러나 보다 중요한 요인은 그 규제가 전문적이고 기술적인 사항에 관한 것이어서 법률로 규율하기 적합지 않기 때문이라고 할 것이다. 전술한 바와 같이 관계자거래에 대한 상세한 규정이 행정법령보다도 하위에 속하는 거래소 규정에 담겨있는 것도 그 때문으로 볼 수 있다. 전술한 바와 같이 거래소가 관계자거래 규제에 나선 것은 영국과 홍콩의 선례를 따른 것이다. 일본 증권거래소도 상장규정에 관계자거래에 관한 규정이 있다. 이런 관점에서 보면 오히려 관계자거래에 관하여 아무런 규정도 두고 있지 않은 우리 거래소가 이례적이라고 할 것이다.

## 4. 공시와 절차중심의 규제

규제의 중점을 공시와 절차에 두고 있다. 규제의 중점을 공시에 두는 것은 중국에만 국한되는 현상은 아니다. 중국 규제의 특징은 관계자거래를 승인하는 절차에서 찾아볼 수 있다. 중국에서 관계자거래에 관한 승인절차는 주주총회에서부터 이사회에 이르기까지 중첩적으로 이루어져 있다. 거래규모가 큰 경우 주주총회가 승인권을 갖는 것은 큰 문제가 아니다. 그 밖의 회사내부 기관으로 이사회는 물론이고 감사회의 감독을 받게 되어 있다(지침 제28조). 지침을 보면 회사가 회사법에 명시되지 않은 감사위원회나 관계자거래통제위원회를 설치할 수 있다

(제25조 제2항, 제29조). 또한 전술한 바와 같이 중대한 거래의 경우 독립이사 승인도 필요하고 독립이사는 외부 재무전문가의 자문을 받을 수도 있다(제25조 제1항). 그러나 독립이사의 독립성에 대해서는 의문을 표시하는 견해가 많다.[63] 실제로 독립이사가 승인을 거부한 예는 거의 없다고 한다.

## 5. 실체적 규제의 취약성

규제의 중점이 공시와 절차에 놓여있다는 말은 바꾸어 말하면 실체에 대한 규제가 취약하다는 말과 통한다. 현행 규제상 특정 관계자거래의 조건이 불공정하여 회사와 주주에게 손해를 입힌 경우 회사법상 손해배상을 청구하는 길이 없는 것은 아니다. 그러나 전술한 바와 같이 특히 대규모 상장회사의 경우 주주대표소송의 원고적격요건, 법원의 소극성 등의 이유로 구제가 어려운 것이 현실이다.

## 6. 일상거래의 예외

지침은 일상거래에 대해서는 예외적으로 달리 규정하고 있다(제42조~제47조). 일상거래가 완전히 규제대상에서 벗어나는 것은 아니다.[64] 그러나 그에 대해서는 통상의 거래 보다는 완화된 규제가 적용되며 그 규제는 홍콩증권거래소의 규제(Chapter 14A. 50~60)보다 상대적으로 약하다. 이처럼 일상거래에 관한 규제를 완화한 것은 관계자거래가 일상

---

63  최근의 문헌으로 Xin Tang, Independent Directors in China, in Independent Directors in Asia: A Historical, Contextual and Comparative Approach, Dan W. Puchniak et.al. eds,, Cambridge University Press, 2017, Forthcoming.

64  그 규제의 정도는 우리 상법상의 일상거래에 대한 규제(제542조의9 제5항 제2호)보다 훨씬 강하다.

적으로 행해지고 있는 기업집단 현실을 고려한 것으로 볼 수 있다.[65]

## 7. 공산당의 영향력

관계자거래 규제에서 표면상 드러나지 않지만 무시할 수 없는 것이 공산당의 역할이다. 중국은 공산당이 지배하는 국가지만 공산당이 모든 관계자거래에 간여하지는 않을 것이다. 그러나 관계자거래가 정치적으로 중요한 의미를 갖는다고 판단하는 경우에는 어떤 쪽으로든 영향력을 발휘할 수 있다. 그 영향력의 효과는 긍정적일수도 있고 부정적일수도 있다. 관계자거래의 과도한 남용에 대해서는 관계자를 제재하거나 압력을 가할 수 있다. 한편 계열회사 사이의 부품거래나 부실계열회사를 위한 지원성거래와 같이 국가나 지역경제의 관점에서 필요하다고 판단되는 경우에는 거꾸로 그에 대한 문제제기를 억누를 가능성이크다. 중국이 일상거래에 대해서 홍콩보다 덜 엄격한 규제를 가하고 있는 것은 그러한 정책적 고려의 소산으로도 볼 수 있을 것이다.

## VIII. 결론

관계자거래는 경제체제를 불문하고 어느 나라에서도 찾아볼 수 있는 유형의 거래이다. 특히 기업의 집단화가 진전될수록 관계자거래의 비중이 커질 수밖에 없다. 전술한 바와 같이 중국에서도 기업집단의 확산에 따라 관계자거래가 보편화하고 있다. 관계자거래가 국가경제와 기업지배구조 측면에서 중요한 의미를 지님에 따라 중국 정부는 그 규

---

65 장차 중국 기업집단에서 수직적 결합(vertical integration)이 덜 중요해지는 경우에는 일상 거래에 대한 규제가 홍콩거래소와 비슷한 정도로 강화될 여지가 있을 것으로 침작된다.

제를 위해서 다양한 정책수단을 동원하고 있다. 관계자거래규제의 3대 요소라고 할 수 있는 공시, 절차, 실체(공정성)에 관한 이들 규정은 다른 나라의 규제와 골격은 유사하지만 구체적인 내용은 상당한 차이를 보이고 있다. 그러한 규제의 차이는 결국 중국의 정치경제 현실에서 비롯된 것이므로 장차 관계자거래 규제의 모습도 중국 현실의 변화에 따라 달라질 것으로 예측된다. 관계자거래의 효율적 규제는 우리나라에서도 절실한 정책과제라는 점에서 앞으로 중국의 규제동향에 대해서 꾸준히 관심을 기울일 필요가 있을 것이다.

중국법연구(한중법학회) 제31집(2017.8), 103–133면

제3편

# 도산과 이사의 의무

# 01 영국 도산법상의 부당거래와 부실기업 이사의 의무

## Ⅰ. 서설

부실기업 경영자[1]의 앞에 놓인 선택지는 크게 세 가지로 나눌 수 있다. 하나는 自救案으로 기업이 자구노력만으로 난관을 헤쳐 나가는 것이다. 다른 하나는 構造調整案으로 법적 회생절차나 채권자와의 합의를 통한 재무구조개선, 즉 워크아웃에 의하여 회생을 도모하는 것이다. 마지막은 淸算案으로 기업의 문을 닫고 청산에 들어가는 것이다. 경영자로서는 어느 안이든 괴로운 선택일 수밖에 없다. 청산안은 더 말할 것도 없지만 구조조정안도 부담스러울 수밖에 없다. 부채의 출자전환, 무상감자 등을 통해서 주주지분이 크게 줄어들거나 심지어 경영자 지위를 잃을 우려가 있기 때문이다.[2] 이런 사정 때문에 경영자로서는 막연히 경영환경이 호전되기를 기다리며 자구안에 매달릴 가능성이 크다.

이처럼 경영자가 자구안을 고수할 인센티브는 나라에 따라 차이가

---

1　주주에게도 경영자와 마찬가지의 문제가 있다. 주주가 경영자를 겸하는 경우에는 물론이고 주주가 직접 경영을 맡고 있지 않더라도 경영자가 주주의 영향 하에 있다면 경영자가 주주이익을 위하여 행동한다고 전제해도 무방할 것이다.

2　우리 기업에서는 최고경영자가 주주를 겸하고 있는 경우가 많기 때문에 이러한 현상은 더욱 심하게 나타날 것이다.

있을 것이다. 미국에서는 기업의 도산 시에 청산보다는 회생이 중시되고 있고 회생을 택하는 경우에도 부실기업의 경영자가 그 지위를 그대로 유지할 가능성이 높다(이른바 debtor in possession: DIP).[3] 반면에 과거 우리 회사정리법하에서는 부실기업 경영자는 관리인을 맡는 것이 원칙적으로 허용되지 않았고 부실에 중대한 책임이 있는 경영자의 주식은 대폭 무상소각되었다. 지배주주의 관점에서는 회사정리절차는 사실상 모든 것을 포기하는 것과 마찬가지였다. 그리하여 회사정리절차는 아예 활용되지 않거나 활용되더라도 너무 늦게 개시되어 소기의 성과를 거두지 못하는 예가 많았다. 그러나 이러한 상황은 채권자에게도 결코 좋을 것이 없었다.

기업의 부실이 심할수록 주주와 채권자사이의 이익충돌(달리 말하면 대리문제)은 심화된다.[4] 경영악화로 자기자본이 줄어들면 들수록 어차피 잃을 것이 없는 경영자로서는 무모한 투자를 감행할 인센티브가 커진다.[5] 따라서 자력으로 위기를 극복할 가망이 없는 기업이라면 조속히 회생절차나 청산절차를 밟는 편이 더 나을 것이다. 최근 통합도산법(정식 명칭은 "채무자 회생 및 파산에 관한 법률")을 개정하면서 기존 경영자를 관리인으로 선임하는 '기존 경영자 관리인제도'를 도입한 것(제74조 제2항)은 바로 경영자에 대한 회생절차의 매력을 높이기 위한 시도라고 할 것이다.[6]

---

3 그러나 미국에서도 실제로는 부실에 책임이 있는 경영자는 회생절차를 전후해서 교체되는 경우가 많다고 한다. Henry T.C. Hu & Jay Lawrence Westbrook, Abolition of the Corporate Duty to Creditors, 107 Columbia Law Review 1321, 1377 (2007).

4 김건식, "자본제도와 유연한 회사법", 「회사법연구 Ⅱ」(도서출판 소화, 2010년) 259면, 263~264면 참조.

5 부실기업의 경영자가 무모한 투자에 나설 인센티브에 대해서 회의적인 견해로는 Hu & Westbrook, 주3, 1378~1379.

6 그러나 기존 경영자 관리인제도는 운영상 많은 문제점을 낳고 있다. 자세한 것은 유해용, "기존 경영자 관리인 제도의 명암", 「저스티스」 통권 117호 (한국법학원, 2010.6) 32면 이하 참조.

부실기업 경영자가 도산절차의 개시를 미루는 것은 비단 우리나라
에 국한된 현상은 아니다. 일부 국가들에서는 부실기업이 대책 없이 도
산을 회피함으로써 부실상태가 심화되고 채권자 이익이 침해되는 것을
막기 위한 장치를 마련하고 있다. 이와 관련하여 주목을 끄는 것이 독일
과 영국의 제도이다. 먼저 독일 도산법은 주식회사가 지급불능이나 채
무초과 상태에 들어간 때에는 3주내에 도산절차의 개시를 신청하도록
규정하고 있다(Insolvenzordnung 제15a조 제1항).[7] 이사가 이러한 도산신
청의무를 게을리 한 경우에는 손해배상책임(이른바 Insolvenzverschleppung-
shaftung)을 질 수도 있다.[8] 도산신청의무의 발생사유인 지급불능이나
채무초과는 비교적 명확하다는 장점이 있지만 그러한 시점에 이르면
이미 채권자 이익의 훼손을 피할 수 없는 경우가 많다. 그러한 관점에
서 관심을 끄는 것이 바로 이 글에서 살펴볼 영국 도산법상의 부당거래
(wrongful trading)라는 제도이다(Insolvency Act of 1986 제214조).[9]

부당거래란 요컨대 도산이 예견되는 상황에도 불구하고 이사가 회
생이나 청산에 필요한 조치를 취하지 않음으로써 회사의 부실이 심화
되어 채권자가 손해를 입은 경우에 이사의 책임을 인정하는 제도이다.
이 제도의 취지는 부실기업 이사가 조속히 합리적인 결단을 내리도록
유도하는 것이다. 부당거래는 영국을 비롯한 일부 영미법계 국가에서
채택되고 있고 EU의 회사법개정논의에서도 주목을 받은 바 있다. 2003
년 EU가 발표한 "EU에서의 회사법 현대화 및 기업지배구조개선을 위
한 추진계획"(Modernising Company Law and Enhancing Corporate Governance in
the European Union – A Plan to Move Forward)이라는 행동계획(Action Plan)은

---

7   과거에는 그것을 주식법(제92조 제1항)과 유한회사법(제64조 제1항)에서 규정하였다.
8   자세한 것은 M. Habersack in Grosskomm. AktG § 92 Rdn 71ff.
9   이에 관한 우리말 문헌으로는 이홍욱/이지한, "이사의 부당거래에 관한 1986년 영국 파산
    법 제214조에 관한 연구", 「해사법연구 법학연구」 제10권(한국해사법학회 1998년) 721-
    737면.

영국법상 부당거래와 같은 제도의 도입을 제안하였다.

EU의 행동계획은 독일법계 학자들을 주축으로 구성된 유럽콘체른 법포럼(Forum Europaeum Konzernrecht)의 보고서와 Winter Group으로 불리는 회사법전문가 고위그룹(the High Level Group of Company Law Experts)의 보고서를 계승한 것이다.[10] 그러나 부당거래가 과연 실제로 당초의 기대에 부합하는 성과를 내고 있는가에 대해서는 회의론도 만만치 않다.[11] 뒤에서 살펴보는 바와 같이 부당거래에 관한 영국의 경험은 도산절차의 개시를 앞당기려는 시도가 마주칠 난관을 잘 보여준다.

이 글은 영국법상 부당거래제도의 내용과 운용실태를 판례를 중심으로 고찰하는 것을 목적으로 한다. 이 글은 다음과 같은 순서로 진행한다. II에서는 먼저 영국에서 부당거래제도가 도입된 경위와 조문 내용, 그리고 다른 나라 입법례에 대한 영향을 간단히 살펴본다. III에서는 부당거래의 주요 요건과 효과를 판례를 중심으로 설명한다. 마지막으로 IV에서는 부당거래에 대한 평가를 시도한다.


## II. 부당거래의 도입

### 1. 사기적 거래의 입증곤란

부당거래는 보다 악질적인 사기적 거래(fraudulent trading)에 대한 규제의 한계를 보완하기 위하여 도입된 제도이다. 따라서 부당거래의 설명

---

10  상세한 것은 Thomas Bachner, Wrongful Trading - A New European Model for Creditor Protection? 5 EBOR (2004) p. 293, pp. 294-296 참조.
11  Bachner(주10) 논문이 그 대표적인 예이다,

에 앞서 사기적 거래에 대해서 간단히 언급할 필요가 있다.[12] 영국법은 처음부터 채권자를 속일 의도로 회사업무의 수행에 관여한 자에 대해서 민형사상의 책임을 규정하고 있다.[13] 민사책임은 도산법 제213조에서 규율하고 있다. 도산법 제213조에 의하면 법원은 청산절차에 들어간 회사에서 채권자를 속일 의도로 업무수행에 관여한 자가 있는 경우 청산인의 청구에 따라 적절한 금액을 회사에 배상할 것을 명할 수 있다.

배상책임을 지는 주체는 이사에 한하지 않고 회사업무수행에 관여한 자 모두를 포함한다. 따라서 은행이나 모회사도 사기적 의도를 가지고 회사업무수행에 관여하였다면 책임을 질 수 있다. 그러나 은행이나 모회사는 개인이 아니므로 조직 내의 누가 그러한 의도를 가진 경우에 조직의 의도가 있다고 인정되는지에 대해서 다툼이 있다. 보다 어려운 것은 어떠한 경우에 사기적 의도의 존재가 인정되는가의 문제이다. 일반적으로 사기를 입증하기 위해서는 "현재 상인들 사이의 공정한 거래의 관념에 비추어 진정한 도덕적 비난을 수반하는 실제의 不正直(actual dishonesty)"을 입증해야 한다.[14] 그러나 법원은 부정직의 입증을 쉽게 받아주지 않고 있다.[15] 채권자가 변제받을 합리적 전망이 없음을 이사가 알면서도 회사의 사업을 계속 수행하여 채무를 발생시킨 경우에는 그러한 "실제의 부정직"을 추정할 수 있다. 그러나 이사들이 그것을 알지 못하고 단지 알지 못한 것에 과실이 있을 뿐인 경우에는 그러한 추정은 부정된다. 부당거래는 이러한 사기적 거래의 입증곤란을 극복하기 위해서 도입된 것이다.

---

12　이하의 서술은 Gower & Davies, Principles of Modern Company Law (8th ed. 2008) pp. 215~217에 크게 의존하였다.

13　형사제재는 회사법 제993조에 규정되어 있다.

14　Patrick Lyon Ltd, Re [1933] Ch. 786 at 790, 791(Gower & Davies, 앞 주12, p. 217 n. 29에서 재인용).

15　Vanessa Finch, Corporate Insolvency Law (2d. ed. 2009), 697.

## 2. 도산법 제214조

부당거래의 도입을 처음 시도한 것은 1962년 Jenkins위원회(Jenkins Committee)였다. Jenkins위원회는 이른바 "무모한 거래"(reckless trading)에 대한 구제수단의 도입을 제안했으나 성사되지 못했다. 그로부터 20년이 흐른 1982년 Cork위원회(Cork Committee on Insolvency Law and Practice)가 부당거래의 규제를 주장하였고 그 내용은 도산법 제214조로 채택되었다. 당시 학계와 실무계는 부당거래를 일반 무담보 채권자들의 희망이라고 보고 큰 기대를 걸었다.[16] 이하에서는 제214조의 조문을 간단히 소개한다.

먼저 제1항에 의하면 "회사의 청산과정에서 본조 제2항이 현재 이사이거나 과거 이사였던 자에 적용되는 것으로 보이는 경우 법원은 청산인의 신청에 따라 그 자가 회사재산에 대해서 법원이 적절하다고 보는 출연을 할 책임이 있음을 선언할 수 있다."

제2항은 이사에게 그러한 책임이 인정되는 요건을 다음과 같이 규정하고 있다.

"(a) 회사가 도산적 청산(insolvent liquidation)을 개시하였을 것

(b) 회사가 청산을 개시하기 전에 그 자가 회사가 도산적 청산을 면할 것으로 합리적으로 전망할 수 없음을 알았거나 그러한 결론을 내렸어야 했을 것

(c) 그 자가 당시 회사의 이사였을 것"

제3항은 책임의 예외를 다음과 같이 규정하고 있다. 즉 이사가 "회사의 채권자에 대한 잠재적 손실을 최소화하기 위하여 (그가 회사가 도산적 청산을 면할 것으로 합리적으로 전망할 수 없음을 알았다고 가정한다면) 그가 취했어야할 모든 조치를 취한 경우"에는 책임을 면한다.

---

16  Id. 698.

제4항은 제2항과 제3항에서 이사의 행동을 평가할 때 적용할 기준에 대해서 다음과 같이 규정하고 있다. "제2항과 제3항의 목적상 회사 이사가 인식 또는 인지해야 할 사실, 그가 내려야 할 결론, 그리고 그가 취해야 할 조치는 다음의 속성을 지닌 적절하게 근면한 사람(reasonably diligent person)이 인식 또는 인지하거나 내렸거나 취할 것들이다.

(a) 이사가 회사와의 관계에서 수행하는 것과 동일한 기능을 수행하는 자에게 합리적으로 기대할 수 있는 일반적인 지식, 능력, 경험(general knowledge, skill and experience)

(b) 당해 이사가 가진 일반적인 지식, 능력, 경험

제5항은 제4항과 관련하여 당해 이사가 실제로 수행하지 않은 기능이라도 그것이 그 이사에게 위임된 것이라면" 이사가 수행하는 것과 마찬가지로 해석한다는 점을 밝히고 있다.

제6항에 의하면 도산적 청산은 회사자산이 부채 및 기타 채무, 그리고 청산비용을 지급하는데 부족한 경우의 청산을 의미한다.

제7항은 이곳의 이사에 그림자 이사(shadow director)가 포함된다는 점. 제8항은 214조가 사기적 거래에 관한 213조의 적용을 막지 않는다는 점을 규정하고 있다.

## 3. 다른 영미법계 국가의 입법례

이러한 부당거래는 영국이 불과 30년 전 특별히 도입한 제도로 다른 영미법계 국가에서 널리 채택되고 있는 것은 아니다.[17] 우선 미국과 캐나다에는 그러한 제도가 없다. 다만 미국에서는 부당거래와 비슷

---

17  이하의 서술은 Helen Anderson, Directors' Liability for Corporate Faults and Defaults - An International Comparison, 18 Pacific Rim Law & Policy Journal 1, pp. 22~28 (2009)에 크게 의존하였다.

한 기능을 할 수 있는 법리로 이른바 도산심화법리(the deepening insolvency theory)란 것이 존재한다. 일부 판례는 이 법리를 토대로 변호사, 회계사, 주간사회사와 같이 회사에 관계한 제3자가 회사 채권자에 불법행위책임을 진다고 인정한 바 있다.[18] 그러나 그 법리는 델라웨어주법원을 비롯한 여러 법원에서 배척되는 등 지지를 받지 못해 이제는 거의 존재의의가 상실된 상태이다.[19]

뉴질랜드와 남아연방은 부당거래 대신 "무모한 거래"(reckless trading)라는 개념을 채택하고 있다.[20] 뉴질랜드 회사법상 무모한 거래란 채권자에 중대한 손해를 입힐 가능성이 큰 방식으로 회사업무를 수행하는 경우를 말한다(제135조). 한편 뉴질랜드 회사법은 변제가능성에 대한 합리적 전망이 없음에도 채무를 부담하는 것을 별도로 금하고 있다(제136조). 변제가능성이 없는 채무부담에 대해서 말레이시아 회사법은 민사책임은 물론 형사책임도 규정하고 있다.

그나마 영국법상의 부당거래와 가장 흡사한 것은 호주 2001년 회사법(the Corporation Act 2001) 제588G(1)이다. 그러나 이 규정도 회사가 채무를 부담할 당시에 회사가 이미 지급불능상태일 것(또는 그 채무부담으로 인하여 지급불능상태에 빠질 것)을 요한다는 점에서 큰 차이가 있다. 지급불능인 회사의 이사는 추가로 채무를 부담하는 것이 금지된다. 다만 Davies교수는 이사의 의무가 발생히는 시짐이 시급불능 시라는 이유로 이 규정이 부당거래규정보다는 독일법상 이사의 도산신청의무와 유사

---

18  Official Committee of Unsecured Creditors v. R.F. Lafferty & Co. Inc., 267 F.3d 340 (3d Cir. 2001).

19  Hugh M. McDonald, et. al., Lafferty's Orphan: The Abandonment of Deepening Insolvency, ABI Journal Vol. 26, No. 10, 1 (2008). 이에 대한 반론으로는 Lauren Colasacco, Where Were the Accountants? Deepening Insolvency As a Means of Ensuring Accountants' Presence When Corporate Turmoil Materializes, 78 Fordham Law Review 793 (2009).

20  뉴질랜드 회사법 제135조, 136조; 남아연방 회사법 424조.

한 것으로 보고 있다.[21]

## III. 부당거래의 요건과 효과

이하에서는 도산법 제124조 부당거래의 요건과 효과를 판례를 중심으로 살펴보기로 한다.

### 1. 대상회사

부당거래책임은 회사가 도산적 청산[22]을 개시한 경우에만 발생한다 (제214조 제2항 (a)호) 아직 청산에 들어가지 않은 상태라면 책임은 발생하지 않는다. 또한 청산이 아닌 법정관리(administration)를 밟거나 아무런 절차 없이 그냥 회사등기부에서 말소된 경우에도 책임은 발생하지 않는다.[23] 법정관리의 경우 이사에 대해서 부당거래책임을 묻지 않기로 한 것은 이사로 하여금 법정관리절차를 회피하지 않도록 하려는 입법상 배려 때문이라고 한다.[24]

### 2. 책임을 지는 이사

법원이 책임을 부과하는 대상은 사기적 거래와는 달리 청산 개시

---

21  Paul Davies, Directors' Creditor-Regarding Duties in Respect of Trading Decisions Taken in the Vicinity of Insolvency, 7 EBOR(2006) p. 301, 313~314.

22  도산적 청산은 회사자산이 부채 및 기타 채무, 그리고 청산비용을 지급하는데 부족한 경우의 청산을 의미한다(도산법 214조 6항).

23  Id. 321.

24  Id. 323.

전에 이사였던 자에 한정된다. 여기서 말하는 이사에는 그림자 이사(shadow director)(제214조 제7항)는 물론이고 사실상 이사(de facto director)도 포함된다.[25] 사실상 이사란 정식으로 이사로 선임되지는 않았지만 실제 이사로 활동한 자를 가리킨다.[26] 그러나 더 많이 문제되는 것은 그림자 이사이다. 그림자 이사란 법적으로 이사는 아니지만 회사의 의사결정에 이사와 같은 정도로 영향력을 미치는 자를 가리킨다. 그림자 이사는 회사 이사들이 타인의 지시를 습관적으로 따르는 경우에 그 타인을 가리킨다(도산법 제251조). 그림자 이사는 이사회의 일정한 범주의 결정에 대해서 지속적으로 영향을 미친 자만을 포함한다.[27] 변호사, 컨설팅업체와 같이 남에게 조언하는 것을 직업으로 삼고 있는 자(professional advisor)는 제외된다. 그림자 이사에 해당하는지 문제되는 것은 주로 은행과 모회사이다.

법원은 은행을 그림자 이사로 인정하는 데 소극적이다.[28] 그림자 이사는 경영권한의 양보를 전제로 하지만 은행이 자신의 이익을 보호하기 위하여 채무자인 회사에게 간섭하는 것은 그러한 경영권한의 양보라고 보지 않는다. 그리하여 은행의 요구를 수용할지 여부에 대해서 회사가 결정권이 있다면 회사가 현실적으로 그 요구를 거부할 수 없는 경우라도 은행을 그림자 이사로 보지 않는다.

모회사의 경우에는 보다 쉽게 그림자 이사로 인정하고 있다.[29] 실제로 모자회사가 운영되는 모습은 다양하다. 자회사가 거의 독립된 회사처럼 운영되는 경우가 있는 반면에 모회사가 자회사를 사실상 사업부서처럼 운영하는 경우도 있다. 법원은 모회사가 자회사가 준수할 업

---

25　Davies, 주21, 312.
26　Gower & Davies, 주12. 483.
27　Gower & Davies, 주12, 219.
28　Ibid.
29　Ibid.

무지침을 마련한 경우에도 반드시 그림자 이사가 되는 것은 아니라고 하고 있다.[30]

## 3. 의무의 발생시점

도산법 214조는 기본적으로 이사에게 의무를 부과하는 규정이다. 뒤에 설명하는 바와 같이 그 의무의 구체적 내용은 법문상 분명하지 않다. 보다 심각한 문제는 그 의무가 어느 시점에 발생하는지도 반드시 명확하지 않다는 점이다. 도산법에 의하면 이사는 "회사가 도산적 청산을 면할 것으로 합리적으로 전망할 수 없음을 알았거나 그러한 결론을 내렸어야했을 것"임에도 구제조치를 취하지 않은 경우에 책임을 질 수 있다(제214조 제2항 제(b)호).

의무의 발생과 관련하여 원고인 청산인은 두 가지를 입증해야한다. 하나는 회사가 도산적 청산을 면할 합리적 전망이 없었다는 점이다(요건1). 다른 하나는 그러한 사실을 이사가 알았거나 알 수 있었어야 했다는 점이다(요건2). 의무가 발생하는 것은 요건1과 요건2가 모두 충족되는 시점이라고 할 것이다. 이론상으로는 요건1과 요건2의 시점 사이에 다소 시차가 존재할 수 있다. 그러나 의무발생의 시점을 논할 때는 주로 요건1을 중심으로 논하는 것이 일반적이다.[31]

요건1은 회사의 객관적 상황에 관한 것이다. 요건1의 시점이 회사가 아직 청산에 들어가기 전이라는 점은 분명하다. 앞서 살펴본 독일 주식법은 이사의 도산신청의무가 채무초과나 지급불능의 시점에 발생함을 명시하고 있다. 그러나 이에 대해서는 기업이 일단 채무초과나 지급

---

**30** Re Hydrodan (Corby) Ltd, [1994] 2 B.C.L.C. 180(Gower & Davies, 주12, 219 n.42에서 재인용).

**31** 실제로는 회사의 부실이 심하면 심할수록 요건2의 충족도 인정하기 용이할 것이다.

불능에 이르게 되면 이미 구제조치를 취하기에 너무 늦다는 비판이 있다. 제214조의 법문에서는 지급불능이나 채무초과라는 구체적인 개념이 아니라 "도산적 청산을 면할 것으로 합리적으로 전망할 수 없[는]" 시점이라는 일반추상적 개념을 채택하고 있다. 이러한 일반개념이 파산사유인 지급불능이나 채무초과와 어떠한 관계가 있는지는 분명치 않다. 법문에서 말하는 '도산적 청산'에서 도산이란 채무초과라는 대차대조표적 개념을 의미한다(제214조 제6항). 뒤에 보는 바와 같이 판례에서는 도산이란 말이 사용되고 있으나 그것이 정확히 무엇을 가리키는지는 반드시 명확하지 않다. 다만 분명한 것은 채무초과만으로는 부당거래가 성립하지 않는다는 것이다.

가급적 조기에 이사가 행동에 나서도록 유도해야 한다는 원래의 취지에 따르면 지급불능상태에 도달하기 이전에 이사의 의무가 발생한다고 볼 필요가 있다. 사실 도산적 청산이 불가피하다는 것은 바꾸어 말하면 당해 회사가 계속기업으로 존속할 수 있는 전망이 없다는 것이다. 계속기업성을 상실했다는 판단은 이론상 지급불능이나 채무초과에 이르기 이전에도 내릴 수 있다. 실제로 당초에는 이사가 조기에 판단을 내릴 것으로 기대하기도 했다. 그러한 기대는 Ian Fletcher의 다음과 같은 언명에서 잘 나타나있다.[32]

"그 행위의 본질은 도산적 청산이 불가피하거나 적어도 책임추궁을 받는 이사의 처지에 있는 합리적인 사람에게 개연성 있는(probable) 것으로 보인다는 점을 이사들이 알았거나 알았어야 할 시점을 지나서도 회사가 계속 거래하고 채무를 발생시켰다는 것이다."

그러나 이처럼 도산적 청산의 "개연성"만 있으면 의무가 발생한다고 보는 적극적 견해에도 불구하고 뒤에 소개하는 판례에서 보는 바

---

32  Ian Fletcher in Palmer's Company Law, Release 63 (London, Sweet & Maxwell August 1997) para. 15,460 (Bachner, 주10, 296에서 재인용).

와 같이 실제로 법원은 그 시점을 앞당기는데 매우 소극적이다. 판례에 따르면 회사가 채무초과는 고사하고 심지어 지급불능상태라고 해도 바로 부당거래가 성립하는 것은 아니다. 통상 지급불능이라고 하면 만기가 된 채무를 변제하지 못하는 것을 가리킨다. 그러나 판례는 채무불이행이 있더라도 채권자가 변제기를 연장해준 경우에는 '상업적 현실'(commercial reality)에 비추어 현금흐름상의 지급불능으로 보지 않고, 현금흐름상의 지급불능이 아닌 한 채권자도 청산을 원치 않는 것으로 전제한다.[33]

요건2는 이사의 귀책사유에 관한 것이다. 현실적으로 이사가 알았다는 점을 입증하기는 어려울 것이다. 그렇다면 "그러한 결론을 내렸어야했을 것"인데 그렇지 못했다는 이사의 과실을 입증하는 수밖에 없다. 과실여부를 따질 때 중요한 것은 제214조 제4항의 이사행동의 평가기준이다. 이사의 과실을 판단할 때에는 "적당히 근면한 사람"이 이사업무를 수행할 때 갖춰야할 지식(능력과 경험도 포함)이라는 객관적 기준뿐 아니라 당해 이사가 특별히 지닌 지식이라는 주관적 기준도 아울러 고려한다. 이사가 회사의 재무상태에 대해서 제대로 파악해야 할 법적의무를 다하지 않은 경우에는 당연히 과실이 인정될 것이다.[34]

## 4. 의무의 발생시점에 관한 판결

이하에서는 이사의 의무가 발생하는 시점에 관한 중요판례를 몇 가지 소개한다.

---

33  Davies, 주21, 319.
34  Gower & Davies, 주12, 219 n. 38.

## (1) Re Continental Assurance Company of London plc 판결

의무의 발생시점과 관련하여 가장 중요한 판결은 Re Continental As-
surance Company of London plc 판결이다.[35] 부당거래에 관한 대표적인
판결로 판결문이 무려 약 100페이지에 달하는 이 판결의 사실관계는 다
음과 같다. 문제된 회사는 소규모 보험회사로 1985년부터 1991년 말 내
지 1992년 초까지 사업을 수행하였다. 1991년 6월 4일에 개최된 1990년
도 재무제표의 승인을 위한 이사회에서 1990년도 회사실적이 극히 저
조하다는 사실이 알려졌다. 사태의 심각성을 인식한 이사들은 1991년
5월말 현재 회사의 재무상황과 1991년도를 예측하는 보고서를 제출하
도록 재무담당이사와 감사인에게 의뢰하였다. 이후 몇 차례 이사회를
거쳐 1991년 7월 19일(제1시점) 이사회는 회사가 손실을 입기는 하였지
만 도산상태(insolvency)가 아니고 추가 손실 없이 사업수행이 가능하다는
결론을 내렸다. 그러나 기존 사업에서 추가로 큰 손실이 발생할 위험은
존재했다. 구조조정이 불가피하다고 판단한 이사들은 인수자를 물색하
였다. 1991년 말에 이르자 상황은 더욱 악화되었다. 마침내 1991년 12
월 20일 이사회는 회사가 도산상태이고 사업지속이 불가능하다는 판단
을 내렸다. 그러나 정식 청산결의는 인수할 자가 없다는 사실이 분명해
진 1992년 3월에야 이루어졌다. 청산인은 제1시점 당시의 이사들을 상
대로 부당거래책임을 묻는 소를 제기하였다.

청산인은 제1시점에 행한 이사회의 거래계속 결정이 잘못된 것이라
고 주장했다. 제1시점 당시 회사는 이미 도산상태였고 이사들이 도산
적 청산을 피할 합리적 전망이 없다는 결론을 내렸어야 했다는 것이다.

---

**35** [2001] BPIR 733. 이 판결은 Singer v. Beckett라고도 불리운다. 이 판결에 대한 평석으
로 Thomas Bachner, Wrongful trading before the English High Court *Re Continental
Assurance Company of London plc (Singer v. Beckett)*, 5 European Business Orga-
nization Law Review (2004) pp. 195~200 참조.

사실 도산은 요건1을 구성하는 요소는 아니기 때문에 도산상태가 아닌 경우에도 요건1이 충족될 수 있다. 그러나 청산인은 그 사안에서 회사가 도산상태가 아니었다면 승소할 수 없다는 전제 하에 도산상태였음을 주장하였다.[36]

법원은 모든 이사의 부당거래책임을 부정하였다. 법원은 제1시점에 회사가 도산상태가 아니었으며 설사 도산상태였다고 가정하더라도 이사가 그것을 인식하는데 필요한 보험회사에 관한 전문적 회계지식은 너무 특수한 것이어서 일반적인 이사에게 요구할 수는 없다고 판시하였다. 법원은 이사들이 도산여부에 관심을 갖고 재무담당이사 등 전문가에게 도산여부를 물었으며 1991년 말 회사상황이 악화됨에 따라 거래규모를 조심스럽게 감축하였다는 점을 강조하였다.

## (2) Re Produce Marketing Consortium Ltd (No 2) 판결

이처럼 Continental Assurance 판결에서 사실상 도산이 제1요건의 요소인 것처럼 다뤘지만 실제 다른 판결에서도 채무초과에 이르지 않은 사안에서 제1요건의 충족을 인정한 예는 없다. 채무초과 이후의 시점을 제1요건이 충족된 시점으로 판단한 대표적인 예로는 Re Produce Marketing Consortium Ltd (No 2) 판결[37]을 들 수 있다. 사안에서 문제된 회사는 과일수입대리를 하는 회사로 수입물량에 부과하는 3.5%의 수수료를 수익으로 삼았다. 결산일인 9월 31일을 기준으로 1980년에는 자산

<hr>

36  청산인은 의무발생시점을 제1시점으로 못 박는 대신 제1시점 내지 "법원이 정하는 다른 시점"이라고 하여 시점을 늦출 여지를 남겨놓고자 했다. 그러나 법관은 그것이 이사에 불공평하다고 하여 시점을 특정하도록 하였다.부당거래시점을 청구 시에 특정해야하는지에 대해서는 판례가 반드시 일치하지 않는다. 이에 관해서는 A. Keay, Wrongful Trading and the Point of Liability (2006) 19 Insolvency Intelligence 132 참조(Finch, 주15, 700 n,122에서 재인용).

37  [1989] 5 B.C.C. 569.

이 부채를 초과했으나 차츰 경영이 악화하여 1984년에 이르면 당좌차월액이 9만 파운드를 넘었고 채무초과액이 약 6만 파운드에 달하였다. 회사경영은 갈수록 악화되어 1986년 1월에서 7월 사이에 당좌차월이 한도액인 7만 5천 파운드를 넘는 일이 빈번하게 발생했고 마침내 1986년 11월 19일에는 은행이 수표지급을 중단하기에 이르렀다. 1985-1986년 재무제표의 초안은 1987년 1월 제출되었다. 원래 1986년 7월 말에 제출되었어야 할 1984-1985년 재무제표 초안도 같은 시기에 제출되었다. 그에 의하면 손실이 각각 약 5만 6천 파운드와 약 3만 파운드에 달했다. 한편 1987년 2월 서명한 1985-1986년 재무제표에 의하면 채무초과액은 175,148파운드, 거래채무는 143,454파운드, 당좌차월액은 118,171 파운드에 달하였다. 그러나 회사는 1987년 10월 2일에야 도산적 청산에 들어갔다.

청산인은 이사들에게 약 10만 파운드를 회사재산에 제공할 것을 법원에 청구하였다. 법원은 이사에게 7만 5천 파운드를 배상할 것을 명하였다. 법원은 부당거래가 발생한 시점을 1986년 7월 말이라고 판시하였다. 앞서 언급한 바와 같이 당시의 정확한 재무상태에 대한 정보는 1987년 1월에야 얻을 수 있었지만 사업을 수행하고 있던 이사들로서는 매출이 크게 줄고 있고[38] 그것이 결손의 확대로 이어질 것을 알았을 것이라고 판시하였다. 법원은 이사가 청산의 전망에 대해서 판단할 때 고려할 사실에는 이사가 알아야할 사실 뿐 아니라 조사(ascertain)해야 할 사실도 포함된다고 판시하였다.[39]

---

38  1984~1985년 매출은 전년도 약 90만 파운드에 비하여 37만 파운드 이상 줄어든 526,457파운드에 불과했다.

39  채무초과만으로 부당거래가 성립하지 않음을 분명히 보여주는 Produce Marketing판결의 태도는 후에도 지속되고 있다. 예컨대 Re Brian D Pierson (Contractors) Ltd판결([1999] B.C.C. 26) 참조.

## (3) Re DKG Contractors Ltd 판결

판결들 중에는 부당거래시점을 채무초과는 고사하고 심지어 지급불능보다 뒤로 잡은 판결도 존재한다. 그러한 사례인 Re DKG Contractors Ltd 판결[40]의 사안은 다음과 같다. 문제된 이사들은 부부 사이로 소규모 건설사업에 종사하다 1986년 회사를 설립하였다. 1988년부터 부실이 시작되어 2월부터는 채무를 변제하지 못했다. 회사는 1988년12월 청산을 개시했으며 결손이 약 26만 파운드에 달하였다. 이사들은 청산 전 10개월 동안 회사에 대한 채권회수라는 명목으로 40만 파운드 이상을 회사로부터 수취하였다. 청산인은 도산법상의 부인권과 부당거래 등을 근거로 이 돈의 환수를 청구하였다. 법원은 이사들로 하여금 그 금액을 회사에 반환하도록 함과 동시에 1988년 5월 1일 이후에 발생한 거래상 채무액에 상당하는 금액을 회사에 지급하도록 하였다.[41] 법원은 회사가 1988년 2월 8일부터 지급불능상태였음을 인정하면서도 부당거래일은 5월 1일로 본 것이다. 법원은 4월에 이르러 거래처가 공급을 중단하였으며 부부와 언쟁을 하였다는 점을 특별히 강조하였다.

## (4) Re Sherborne Associates Ltd 판결

법원의 소극성은 회사가 지급불능상태임에도 불구하고 부당거래의 성립을 부정한 Re Sherborne Associates Ltd 판결[42]에서 가장 잘 나타나고 있다. 사안은 다음과 같다. 회사는 1987년 1월 3만 6천 파운드로 사업을 시작하였는데 같은 해 9월 이미 채무초과와 지급불능상태에 빠졌

---

40  [1990] B.C.C. 903.
41  법관은 후자에서 받은 금액은 전자에서 받은 금액에 합산하도록 하여 이중지급을 방지하였다.
42  [1995] B.C.C. 40.

다. 같은 해 12월 말에 이르면 매출이 당초 기대치인 45만 파운드에 훨씬 못미치는 35만 파운드로 손실이 약 8만 파운드에 달하고 그 결과 약 4만 3천 파운드의 채무초과를 기록했다. 그럼에도 회사는 아무런 근거 없이 1988년에는 백만 파운드의 매출을 올릴 것이라는 기대 하에 사업을 계속하였다. 마침내 1989년 2월 채무초과액이 약 110만 파운드, 부채가 약 18만 파운드에 달하게 되자 더 이상 견디지 못하고 청산에 들어갔다. 청산인은 1988년 1월을 부당거래개시일로 특정하였지만 법관은 그 시점의 부당거래책임을 부정하였다.

## 5. 요구하는 행동

도산법 제214조는 이사가 부당거래책임을 면하기 위하여 어떤 행동을 취해야하는지 구체적으로 규정하고 있지 않다. 다만 이사는 "회사의 채권자에 대한 잠재적 손실을 최소화하기 위하여 … 취했어야 할 모든 조치를 취한 경우"를 면책사유로 규정할 뿐이다(제214조 제3항). 그러나 어떠한 조치를 취해야 하는지 분명치 않은 상태에서 "모든" 조치를 취하라는 것은 당연히 부담스러울 수밖에 없다. 그런 부담 때문인지 실제로 이 면책사유가 적용되는 경우는 거의 없다고 한다.[43] 면책을 원하는 이사는 채권자를 위한 조치를 다했다고 주장하기 보다는 아직 의무발생시점이 도래하지 않았다고 주장하는 경우가 대부분이다.

앞서 언급한 면책사유는 이사의 의무가 어떤 내용인지에 관한 실마리를 제공한다. 이사는 "회사의 채권자에 대한 잠재적 손실을 최소화"할 의무를 부담한다. 물론 채권자의 손실을 최소화할 수 있는 조치는 상황에 따라 달라질 것이다. 부실회사 이사가 부당거래 책임을 면하기

---

43  Bachner, 주10, p. 301.

위해서 즉각 거래를 중단하고 청산에 들어갈 수도 있다. 그러나 조기의 거래중단이나 청산이 반드시 능사는 아니다. 회생이 가능한 기업까지 문을 닫는다면 주주들에게는 물론이고 채권자에게도 득책이 아니다. 회생가능한 기업이 소멸함에 따라 실업이 증가하는 등 경제전체에 악영향을 미칠 수도 있다. 법원도 이러한 사정을 고려하여 부당거래 책임을 인정하는 데는 소극적이다.

그렇다고 해서 회사가 구제불능상태임에도 이사가 아무런 행동을 취하지 않고 만연히 사업을 계속하는 것은 용납할 수 없다. 도산법의 부당거래규정은 바로 이러한 상황을 막기 위해서 도입한 것이기 때문이다. 다만 법원은 이사의 회생노력을 상당히 긍정적으로 보고 있다. 실제로 이사의 회생노력이 진행 중에는 의무발생시점이 도래하지 않은 것으로 봄으로써 이사의 회생노력을 장려하고 있다. 그러한 법원의 태도를 잘 보여주는 예가 바로 앞서 살펴본 Re Continental Assurance 판결[44]이다. 사안에서 도산상태는 1991년 12월 20일 확정되었으나 기업인수를 위한 협상이 3개월 이상 지속되는 바람에 정식 청산은 1992년 3월 27일에야 개시되었다. 협상기간 동안은 회사의 회생이 가능하다는 ─ 즉 도산적 청산은 피할 수 있다는 ─ 합리적 전망을 긍정한 것으로 볼 것이다. 비슷한 취지를 밝힌 판결로 Rubin v. Gunner and Another 판결이 있다.[45] 이 판결에서 법원은 회사가 도산상태에 빠진 후에도 외부투자자의 투자가능성이 있다는 이유로 6개월 동안이나 회사의 구제불능상태를 부정하였다. 보다 최근 판결로는 Re Continental Assurance Co of London Plc (No.4) 판결[46]이 있다. 사안에서는 예상치 못한 큰 손해를 입은 보험회사 이사들이 회사재무상태에 관한 보고서를 발주하여 그

---

44  [2001] BPIR 733.
45  [2004] 2 B.C.L.C 110.
46  [2007] 2 B.C.L.C. 287(Gower & Davis, 주12, 223에서 재인용).

보고서를 근거로 사업을 계속하기로 결정하였으나 후일 회사가 당시에 도산상태였음이 밝혀졌다. 법원은 회사가 재무상태를 조사하고 그 보고서에 따라 거래한 6개월간은 부당거래의무의 발생을 부정하였다.

## 6. 법원의 책임인정선언

법원이 부당거래의 성립을 인정한 경우에는 이사에게 "회사재산에 대해서 법원이 적절하다고 보는 출연을 할 책임이 있음을 선언할 수 있다"(제214조 제1항). 이사가 출연을 해야 할 상대방은 회사재산, 즉 회사이다. 물론 이사의 출연으로 회사의 재산이 증가하면 결과적으로 채권자이익이 보호될 것이다. 그 경우 부당거래로 인하여 새로이 채권자가 된 자들만이 아니라 회사의 기존 채권자를 포함한 모든 채권자가 혜택을 입는다. 또한 회사에 대한 책임이기 때문에 채권자가 실제로 손해를 입었더라도 회사재산에 변화가 없는 한 부당거래의 책임이 발생하지 않는다. 예컨대 부당거래기간 동안 특정채권자에 대하여 변제함으로써 다른 채권자에 대한 변제를 못한 경우에는 그 다른 채권자들은 손해를 보게 된다. 그러나 그러한 변제는 상응하는 회사채무를 소멸시키기 때문에 회사재산에는 영향이 없고 따라서 이사의 부당거래책임을 발생시키지 않는다. 또한 청구권을 갖는 주체는 회사이기 때문에 회사가 만약 당해 이사에게 채무가 있는 경우에는 그 채무와 회사의 청구권을 상계할 수도 있다.[47]

지급할 금액은 "법원이 적절하다고 보는 금액"으로 법원의 재량에 맡겨져 있다. 부당거래로 인한 책임의 성격은 형벌이 아니라 배상으로 보는 것이 일반적이다.[48] 그 금액은 부당거래기간동안에 줄어든 회사

---

47 Gower & Davies, 주12, 220. 이러한 처리는 이사의 파산 시에 유용할 것이다.
48 Id. 221; Bachner, 주10, 310. 그러나 법관에 따라서는 부도덕한 행위를 한 이사를 제재하

자산액, 즉 결손의 증가분(increase in net deficiency)의 한도 내에서 정한다는데 다툼이 없다.[49] 그렇다면 이사의 행위와 감소한 회사의 자산액 사이에 인과관계가 있어야 할 것이다. 그러나 실제로는 법원이 그러한 인과관계를 반드시 고집하지는 않는 것으로 보인다.[50] 또한 법원은 지급액을 정할 때 이사의 비난가능성을 감안할 수도 있다.[51] 그리고 이사가 과실로 회사의 심각한 부실을 알지 못했는지 아니면 회사재산을 횡령하는 등 고의적으로 잘못을 저질렀는지에 따라 책임액을 달리 정할 수 있을 것이다.

# IV. 부당거래에 대한 평가

영국에서 2006년 회사법을 개정하기 전에 행한 근본적인 회사법개정검토(Company Law Review)에서는 부당거래와 관련된 이사의 의무를 회사법상의 의무로 규정하고자 했다. 그 검토의 최종보고서에서는 도산적 청산의 상당한 개연성(substantial probability)이 있는 때에는 이사가 선의의 판단에 따라 그 위험의 경감을 위하여 적절하다고 믿는 조치를 취해야한다는 내용이 포함되어있었다.[52] 이 표현은 현행 도산법 제214조보다 조기에 이사의 행동을 촉구하는 것으로 해석될 여지가 있다. 그러나 과도한 조기청산의 폐해를 우려하는 관점에서는 그러한 규정은 바람직하지 않을 것이다. 마침내 정부가 제출한 회사법안에서는 체계상 도

---

는 형벌적 성격을 가진 것으로 보는 경우도 있어 다소 혼선이 있다고 한다. 그러한 법관은 실제로 책임을 인정하는 경우가 더 제한될 것이다. Finch, 주21, 701.
49  Davies, 주21, 325; Bachner, 주10, 311.
50  Bachner, 주10, 310.
51  Finch, 주15, 702.
52  Davies, 주21, 317~318.

산법에서 규율하는 것이 더 낫다는 이유로 이에 관한 내용을 제외하였다.[53] 이와는 별도로 법원은 일반적인 채권자보호의무(creditor-regarding duties)를 보통법상 이사의 의무로서 발전시켜왔다. 그러나 도산법상 부당거래가 존재하는 상황에서 그러한 보통법상의 채권자보호의무가 기능할 여지는 별로 없을 것이다.

당초의 기대와는 달리 실제로 부당거래책임은 별로 집행되지 않는다고 한다. 회사가 구제불능상태에 빠진 시점을 입증하는 것이 어렵다는 점에서 차라리 이사의 임무해태나 부인권 등을 주장하는 편을 택하고 있는 것으로 보인다.[54] 그와 아울러 소송을 수행할 청산인의 자금부족도 부당거래책임을 묻는 소송이 드문 원인으로 지적되고 있다.[55] 채권자에게 지급할 회사재산이 부족한 상황에서 청산인이 승소가능성이나 자금회수전망이 불투명한 부당거래소송을 감행하기는 어려울 것이다.[56]

청산인이 부당거래에 관한 청구권을 그러한 청구를 전문으로 하는 기업에 양도할 수 있다면 집행이 증가할 것이다. 그러나 현재 영국법상 그러한 청구권을 타인에 양도하는 것은 허용되지 않는다.[57] 나아가 청산인이 제소하지 않는 경우에는 채권자는 달리 손쓸 방법이 없다.

이처럼 부당거래규정의 실효성은 그렇게 높지 않다.[58] 실제로 영국

---

53  Gower & Davies, 주12, 222.

54  Finch, 주15, 700.

55  Ibid.

56  과거에는 소송비용이 청산비용에 포함되지 않았기 때문에 청산인이 더욱 소송을 꺼렸다. 그러나 최근 법개정으로 소송비용이 청산비용에 포함되었기 때문에 사정은 조금 완화되었다. Gower & Davies, 주12, 224 n.59.

57  Id. 224.

58  2000년까지 기록된 부당거래사건은 25건에 불과하다. Rizwaan J. Mokal, An agency cost analysis of the wrongful trading provisions: redistribution, perverse incentives and the creditors' bargain? 59 Cambridge Law Journal 335, 355~357 (2000).

에서는 부당거래보다 이사의 자격상실제도[59]가 더 활발하게 이용되고 있다.[60] 그 이유는 이사의 자격상실을 구하는 비용은 회사 자금이 아니라 공적자금으로 지출하기 때문이라고 한다.

부당거래규정은 구체적인 rule이 아니라 일반적인 standard에 해당한다. 이사의 의무가 발생하는 시점은 물론이고 취할 행동의 내용도 막연하다. 반면에 독일 도산법상 이사의 도산절차개시신청의무(제15a조 제1항)는 요건인 채무초과나 지급불능이 구체적일 뿐 아니라 도산절차의 개시신청이라고 의무의 내용도 구체적이다. 도산신청의무와 같은 rule에 비하여 부당거래규정과 같은 standard는 집행하기 어려운 것이 단점이다. 특히 의무의 발생시점이 너무 불확실하기 때문에 청산인이 소송을 마음먹기는 쉽지 않다.

반면에 독일 도산법상 이사의 도산절차개시신청의무는 채무초과나 지급불능인 회사의 이사가 워크아웃과 같은 조치를 시도할 수 있는 여지가 별로 없다는 점이 단점이다. 이러한 경직성은 특히 채무초과이지만 회생이 가능한 회사의 경우에 부담스러울 것이다.[61] 그에 비하여 영국에서는 그러한 회사의 이사라도 반드시 법적 도산절차를 개시해야 할 의무는 없다. 자구노력을 통해서 도산적 청산을 막는다면 부당거래 책임은 피할 수 있다. 독일에 비하여 영국은 법적 도산절차에 대하여 소극적인 태도를 취하고 있다. 앞서 소개한 판결에서 보는 바와 같이 법원도 과도한 조기청산의 위험을 우려하여 부실회사 이사들에게도 상당히 폭넓은 재량을 인정하고 있다. 이러한 융통성은 standard적인 부당거래규정의 장점이라고 할 수 있을 것이다.

---

59  Company Directors Disqualification Act 1986 s 11.

60  2005-2006년 한 해만 해도 이사자격이 박탈된 경우가 1,200건 있었다고 한다. 자세한 것은 Gower & Davies, 주12, 239.

61  Davies, 주21, 320.

앞서 지적한 바와 같이 부당거래규정의 실효성은 기대만큼 높지는 않다. 그렇다고 해서 그 의의를 과소평가하는 것은 옳지 않다. 부당거래규정은 도산에 직면한 회사의 이사로 하여금 채권자이익을 고려하여 신중하게 행동하도록 유도하는 기능을 하고 있다.[62] 아무리 부당거래규정이 빈번히 적용되지 않는다 해도 그것이 엄연히 존재하는 상황에서는 이사들이 앞서 살펴본 Continental Assurance 판결에서처럼 회사의 재정상태에 관심을 갖지 않을 수 없을 것이다. 이처럼 채권자보호의 필요가 특히 부각되는 부실회사에서 재정상태에 대한 이사의 주의를 강화한다는 점에서 부당거래규정을 긍정적으로 평가할 수 있을 것이다.

기업법, 지식재산법의 새로운 지평(김문환선생 정년기념논문집 제2권) (2011.11), 법문사, 71-89면

---

62  Gower & Davies, 주12, 221.

# 02 도산에 임박한 회사와 이사의 의무

## I. 서설

주식회사(이하 회사)에는 일반적으로 세 가지 종류의 대리문제(agency problem)가 존재한다.[1] 이들 대리문제는 주로 회사에 이해관계를 갖는 자들 사이의 이익충돌에서 발생한다. 주주와 경영자 사이의 이익충돌 과 지배주주와 일반주주 사이의 이익충돌은 이미 수없이 논의된 과제 이다. 최근 국제학계에서는 주주와 채권자에 관한 대리문제가 새삼 관 심을 끌고 있다.[2] 사실 주주이익과 채권자이익의 대립은 회사의 설립 에서 청산에 이르기까지 끊임없이 존재한다. 그러나 회사의 재무상태 가 악화되는 상황에서는 그 갈등이 한층 심화된다. 회사가 도산에 임 박하면 경영자가 회사재산을 빼돌리거나 무모한 투자를 감행할 위험이

---

1    이들 대리문제에 관한 일반적인 설명으로는 John Armour et. al., Agency Problems and Legal Strategies, in Reinier Kraakman et. al., The Anatomy of Coporate Law (Oxford 2d ed. 2009) 35-37 참조.

2    그러한 관심을 보여주는 대표적인 예로서 Marcus Lutter ed., Legal Capital in Europe (De Gruyter 2006); Alexander Schall, Kapitalgesellschaftsrechtlicher Gläubigerschutz. (C.H. Beck 2009); Horst Eidenmüller / Wolfgang Schön eds., The Law and Econom- ics of Creditor Protection (T.M.C.Asser 2008); 後藤 元, 株主有限責任制度の弊害と 過少資本による株主の責任 (商事法務 2007) 참조.

더 커진다.[3] 부실회사 이사들이 남은 회사 돈을 가지고 도박장을 찾은 외국의 실제 사례는 이러한 위험을 극명하게 보여준다.[4]

이러한 위험이 발생하는 이유는 기업부실에 따라 경영자의 인센티브가 변화되기 때문이다. 회사에서 결손이 누적되어 마침내 기업이 파산하면 주주에게 돌아갈 몫은 완전히 사라지는 것이 보통이다. 그 경우 경영자도 직장을 잃게 되므로 경영자도 주주와 비슷한 처지에 놓이게 된다.[5] 어차피 자신의 몫이 없어질 처지라면 경영자들이 요행을 노린 투기에 나서거나 회사재산을 빼돌릴 유혹에 빠지는 것도 무리는 아니다. 도산임박회사 경영자의 탈선을 통제하는 것은 어느 법제에서나 중요한 과제이다. 그러나 경영자의 그릇된 행동을 직접 통제하는 것에 못지않게 경영자가 적절한 인센티브를 갖도록 회사 재무구조의 재조정을 유도할 필요가 있다.

이러한 재무구조의 재조정은 다양한 방법으로 이루어질 수 있다.[6] 외부투자의 유치, 무상감자, 채무의 출자전환(이른바 debt-equity swap) 등은 취약한 자기자본을 확충할 때 단골로 동원되는 방안이다. 경영자가 투자자나 채권자와 교섭을 통하여 재무구조를 개선하는 사적 워크아웃(workout)을 먼저 시도해보고 그것이 불가능하다면 결국 도산법상의 회

---

3  Clifford W. Smith, jr. / Jerold B. Warner, On Financial Contracting: An Analysis of Bond Covenants, 7 journal of Financial economics 117, 118-119 (1979). 채권자가 직면하는 이들 위험에 관한 간단한 설명으로는 김건식, "자본제도와 유연한 회사법",「회사법연구 II」(소화, 2010) 263-264면.

4  Henry Hu / Jay Lawrence Westbrook, Abolition of the Corporate Duty to Creditors, 107 Columbia law Review 1321, 1378 (2007). 최근에 큰 물의를 빚은 부산저축은행사태도 바로 이러한 위험이 현실화된 비슷한 예라고 할 것이다

5  소유와 경영이 분리된 회사에서는 경영자와 일반주주의 이익이 완전히 일치하지는 않을 것이다. 그러나 이 글에서는 경영자 자신이 상당량의 주식을 보유하거나 지배주주의 통제를 받고 있어 주주이익을 추구하는 것으로 전제하고 논의를 전개한다.

6  재무구조의 재조정에는 일부 사업의 매각과 같은 사업구조조정이 동반되는 경우도 많다.

생절차를 밟을 수밖에 없을 것이다.[7] 만약 회사가 회생할 가능성이 없다면 – 달리 말하여 청산가치가 계속기업가치보다 큰 경우라면 – 아예 회사 문을 닫고 청산하는 길을 택해야 할 것이다.[8]

그러나 경제현실에서는 도산임박회사에서 경영자가 자발적으로 재무구조 조정에 나서는 경우는 그리 많지 않다. 스스로 청산의 길을 택하는 경영자는 더욱 찾아보기 어렵다. 회사가 아무리 어렵더라도 구조조정을 실행하기 보다는 외부 사업환경이 호전되기를 바라며 어려움을 견디는 것이 상례이다. 청산은 물론이고 재무구조조정조차도 경영자로서는 달갑지 않은 선택이기 때문이다. 경영자가 재무구조조정을 선택하는 경우에도 소유구조의 변동으로 인하여 경영자의 교체가 초래될 가능성이 높다.[9] 따라서 아무리 양심적인 경영지라도 청산이나 재무구조조정은 주저하게 마련이다.[10]

이처럼 도산임박회사의 경영자가 재무구조조정이나 청산의 결단을 뒤로 미루는 현상을 "지연문제"라고 부르기로 한다. 지연문제는 우리나라에만 있는 것은 아니고 다른 나라에서도 보편적인 현상이다. 지연문제는 경영자가 무리한 투자를 감행하거나 회사재산을 빼돌리는 등 부적절한 행동에 나서는 문제("부적절행동문제")에 못지않게 심각한 폐해를 낳는다. 지연문제의 폐해는 두 가지로 나누어 볼 수 있다. 첫째, 재무구조조정이 늦어질수록 도산임 박회사의 회생은 어려워진다. 둘째, 일

---

7  희생절차에서도 재무구조조정이 수반되는 일이 많으므로 이곳에서는 재무구조조정이란 용어를 희생정차를 포함하는 의미로 사용하기로 한다.

8  Horst Eidenmüller, Trading in Times of Crisis: Formal Insolvency Proceedings, workouts and the Incentives for Shareholders/Managers. 7 Europe Business Organization Law Review 239, 241 (2006).

9  부실기업의 경영자가 교체되는 것은 미국에서도 발견되는 현상이다. S. Gilson, Management turnover and financial distress, 25 Journal of Financial Economics 241 (1989).

10  임기가 제한된 전문경영자라면 그처럼 거북한 선택은 당연히 후임자에게 미루고 싶을 것이다.

단 도산에 임박한 상태에 들어가면 회사가치는 급속히 감소되므로[11] 청산결정이 늦어질수록 채권자에게 돌아갈 몫은 줄어든다.[12] 도산임박회사 경영진의 과감한 결단의 시기를 앞당기는데 관심을 갖는 것은 바로 이 때문이다.

부적절행동문제의 경우와는 달리 지연문제에 대한 각국의 법적 대응은 상당한 편차를 보이고 있다. 이들 대응책은 회사법과 도산법에 걸쳐서 다양한 형태로 전개되고 있지만 이들 사이에는 공통된 특정이 하나 있다. 즉 지연문제에 대한 각국의 대응은 주로 도산임박회사 경영자의 행동을 통제하는 것에 중점을 두고 있다. 예컨대 독일 도산법(Insolvenzordnung)은 도산임박회사의 이사에게 도산절차의 개시를 신청할 의무를 부과하고 있다(15a조). 이와 대조적으로 영국은 그보다 훨씬 융통성 있는 해법을 택하고 있다. 도산법(Insolvency Act of 1986)상의 이른바 부당거래(wrongful trading)규정에 의하면 회사(보다 정확하게는 그 청산인)는 도산이 예견되는 상황임에도 불구하고 적절한 행동을 취하지 않은 이사에게 손해배상을 구할 수 있다(제214조). 한편 미국은 독일이나 영국에서와 같은 명문의 규정을 두지 않고 있다. 일부 판례가 채택한 이른바 도산심화(deepening insolvency)책임법리는 지연문제의 해법으로 활용될 여지도 있었지만 뒤에 살펴보는 바와 같이 거의 지지를 얻지 못하고 있은 형편이다. 우리 상법이나 통합도산법(채무자 회생 및 파산에 관한 법률)에도 직접 지연문제에 대처하는 규정은 없다.[13] 그러나 워크아웃의 기본법이라고 할 수 있는 기업구조조정촉진법은 지연문제에 대한 흥미로운 대안을 제시하고 있다.

---

11  Eidenmüller, 주8, 243.
12  또한 적절한 결정이 지연되면 될수록 부적절행동의 위험도 커질 것이다. 또한 지연문제는 모든 채권자에 공용되는 문제이므로 각 채권자가 개별적인 계약에 의하여 대처하기에는 적절치 않은 것으로 판단된다.
13  이러한 사정은 일본도 마찬가지이다.

이 글의 목적은 지연문제에 대한 다양한 법적대응을 비교법적이면서도 비판적으로 검토하는 것이다. 이 글의 구성은 다음과 같다. Ⅱ에서는 도산임박 기업 경영자가 취할 행동에 대한 기준을 직접 제시하는 대표적인 법적 시도에 대해서 살펴본다. 구체성이 가장 높은 독일의 도산절차개시신청의무와 가장 낮은 영국의 부당거래책임, 그리고 양자의 중간단계에 속하는 "자본확충 또는 청산"이 검토대상이다. Ⅲ에서는 이러한 직접적인 통제방식의 대안으로 활용할 수 있는 몇 가지 법리를 음미한다. 미국 판례법상의 도산심화책임법리와 채권자에 대한 이사의 신인의무, 우리 상법상 제3자에 대한 이사의 책임 등 대안적 법리를 검토한다. 아울러 도산임박회사 경영자가 아니라 채권자 쪽에 초점을 맞추는 기업구조조정촉진법의 접근방식도 고찰한다. Ⅳ에서는 이러한 다양한 접근방식에 대한 평가를 시도한다.

본격적인 논의에 앞서 이 글에서 사용하는 몇 가지 용어의 용법을 간단히 밝혀둔다. 먼저 언급할 것은 도산관련용어이다. 이들 용어는 다소 혼란스럽게 사용되고 있다. 영어로는 bankruptcy와 insolvency라는 표현이 같이 사용되고 있다. 이 글에서는 bankruptcy는 파산, insolvency는 도산이라고 번역한다. 영어로 insolvency는 도산절차가 개시되는 사유의 하나인 지급불능(inability to pay debts as they become due)만을 가리키는 것이 보통이지만 채무초과(over−indebtedness)를 포함하는 의미로 사용되는 경우도 많다. 그 경우에는 전자를 cash−flow insolvency, 후자를 balance sheet insolvency라고 부르기도 한다. 이곳에서는 양자를 모두 가리킬 때는 다소 막연하지만 "도산상태"라는 용어를 사용하기로 한다. 또한 이 글에서는 법적 용어인 "이사" 외에 보다 일반적인 용어인 "경영자"도 사용한다. 경영자는 이른바 오너경영자와 전문경영자를 모두 포함하는 넓은 의미로 사용한다. 다만 명시적으로 이사를 대상으로 삼고 있는 실정법을 설명하는 경우에는 이사라는 용어를 사용한다.

## II. 경영자 행동에 대한 직접적 법적 통제

### 1. 다양한 접근방식

지연문제에 대한 각국 법제는 도산임박회사 경영자의 적절한 행동을 유도하는 것에 초점을 맞추고 있다. 이들 법제는 경영자의 행동을 요구하는 시점(요구시점)과 요구하는 행동의 내용(행동내용)이라는 두 가지 점에서 다양성을 보이고 있다. 이들 법제의 대처방식은 규정의 구체성에서도 상당한 차이가 있다. 예컨대 독일은 요구시점과 행동내용의 양면에서 모두 구체적으로 규정하는 방식(Rule방식)을 택한다. 반면에 영국은 요구시점과 행동내용의 양변에서 모두 경영자의 재량을 폭넓게 인정하는 방식(Standard방식)이다. 이하에서는 전형적인 Rule방식을 취하는 독일법에서부터 검토를 시작한다.

### 2. 독일법상 이사의 도산절차개시신청의무

독일법은 지연문제에 대해서 가장 적극적으로 대처하고 있는 것으로 판단된다. 먼저 주식법(Aktiengesetz)은 주식회사의 재무제표상 손실이 납입자본의 절반에 달하는 경우에는 이사로 하여금 주주총회를 개최할 것을 요구하고 있다(제92조 제1항).[14] 이 규정은 회사의 부실상태를 주주들에게 알리는 일종의 조기경보인 셈이다. 그러나 보다 중요한 것은 도산법상 이사의 도산절차개시신청의무이다. 도산법에 의하면 회사가 만기에 채무를 변제하지 못한 경우(지급불능(Zahlungsunfähigkeit))나 회사의 채무가 자산을 초과하는 경우(채무초과(Überschuldung))에는 지체 없이, 그

---

14  유한회사법(GmbH)에도 비슷한 규정이 있지만 이곳에서는 주식법을 중심으로 논한다.

리고 그러한 사태가 발생한지 3주내에 도산절차개시를 위한 신청서를 제출하여야 한다(제15a조 제1항).[15][16]

　요구시점은 지급불능 또는 채무초과이다. 지급불능은 지급중지가 있으면 추정된다(도산법 제17조 제2항 제2문).[17] 따라서 지급불능의 판별은 어렵지 않다. 그러나 실제로는 지급불능보다 채무초과의 시정이 빨리 도래하는 것이 보통이다. 따라서 현실적으로는 채무초과가 더 중요하다.[18] 채무초과는 문자 그대로 채무가 자산을 초과하는 경우를 의미한다. 채무초과 여부의 판단을 좌우하는 것은 자산평가의 방법이다. 자산평가는 상법(Handelsgesetzbuch)에 따른 장부가치가 아니라 처분가치에 의한다. 처분가치를 구할 때에도 "기업의 존속이 압도적으로 개연성이 있는 경우"가 아니라면 계속기업가치가 아니라 보다 낮은 것이 보통인 해체가치에 의하여 평가한다(도산법 제19조 제2항).[19]

　채무초과는 지급불능보다 앞선 시점에 발생하지만 독일에서는 이를 늦추는 사정이 두 가지 존재한다. 하나는 최저자본금제도이다. 독일에서는 주식회사의 경우 최소한 5만 유로의 자본금을 갖게 되어 있기 때문에(주식법 제7조) 최저자본금제도가 없는 나라에 비해서 채무초과의 시점이 조금이나마 늦게 도래할 것이다. 보다 중요한 것은 자산평가의

15　과거에는 이 규정이 주식법 제92조 제2항으로 이사의 주총소집의무 뒤에 위치하였으나 2008년 법개정에 따라 도산법으로 자리를 옮겼다.

16　우리 법상 회사의 이사는 도산절차의 개시를 신청할 일반적인 의무는 없다. 다만 청산 중 회사의 재산이 그 채무를 완제하기 부족한 것이 분명하게 된 때에는 파산선고를 신청해야 할 의무가 있다(민법 제93조 제1항을 준용하는 상법 제254조 제4항, 상법 제254조 제4항 을 다시 준용하는 제542조 제1항, 제613조 제1항).

17　지급불능의 우려가 있는데 그치는 경우에도 이사는 도산절차개시를 신청할 수 있지만(도산법 제18조) 의무사항은 아니다.

18　다만 금융위기에 대한 대응조치의 일환으로 잠정적으로(2014년 1월 1일까지) 채무초과는 계속기업의 개연성이 있는 경우에는 도산원인에서 배제되고 있다.

19　계속기업의 개연성에 대한 입증책임은 경영자가 부담한다. Heribert Hirte. Kapitalge-sellschaft (RWS 6. Aufl. 2009) S. 123.

방법이다. 장부가치가 아닌 처분가치로 평가하면 "숨은 준비금"[20]이 자산평가에 반영되어 채무초과의 도래시점이 상대적으로 늦어질 것이다.

이처럼 지급불능과는 달리 채무초과 여부는 이사로서도 판별이 쉽지 않다. 이사는 정식 재무제표가 작성될 때까지 무작정 기다릴 것이 아니라 상시적으로 회사의 재무상태를 파악해둘 의무가 있다.[21]

요구되는 행동내용은 도산절차의 개시를 신청하는 것이다. 개시신청의무를 위반한 이사는 형사책임(도산법 제15a조 제4항)을 지는 것은 물론이고 채권자에 대해서 손해배상책임(민법 제823조 제2항)도 부담할 수 있다. 이사는 요구시정 당시 채권을 가지고 있던 舊채권자는 물론이고 요구시점 이후에 채권을 취득한 新채권자의 손해도 배상하여야 한다.[22]

이처럼 독일법은 요구시점과 행동내용을 모두 구체적으로 제시하고 있기 때문에 집행이 쉽다는 것이 장점이다. 그럼에도 불구하고 독일법의 도산절차 개시의무는 비판을 받고 있다. 먼저 요구시점으로 규정된 회사가 지급불능이나 채무초과에 이른 시점에는 구제조치를 취한다 해도 회생이 어렵다는 비판이 있다.[23] 그러나 보다 심각한 문제는 이사가 취할 행동의 내용을 너무 구체적으로 명시하고 있어 이사가 다른 조치를 시도할 재량의 여지가 없다는 점이다.

---

20 독일에서는 장부가치를 시가보다 의도적으로 낮춰 기재함으로써 실제 처분 시 시가와의 차액만큼 준비금이 적립된 것과 같은 효과를 거두는 관행이 존재했다.

21 Hine, 주19, S.123. 회사내부에 그러한 판단을 위한 조직을 갖춰야 할 것이다.

22 이사의 손해배상책임에 대한 간단한 설명으로는 Hine, 주18. S. 152ff.

23 Eidenmüller, 주8, 243. Eidenmüller는 도산개시절차신청의무를 폐지하고 그 대신 다음에 설명하는 영국법상의 부당거래조항과 유사한 조항을 도입할 것을 주장하고 있다. Eidenmüller, Finanzkrise, Wirtschaftskrise und das deutsche Insolvenzrecht (De Gruyter 2009) 24.

## 3. 자본확충 또는 청산

이탈리아, 프랑스, 스페인 등 일부 EU국가들은 독일보다 유연한 태도를 취하고 있다. 이들 국가가 취하고 있는 자본확충 또는 청산의 선택원칙("recapitalize or liquidate" rule)(이하 ROL원칙)에 의하면 회사의 순자산이 일정 금액(예컨대 이탈리아에서는 법정최저자본금액, 프랑스에서는 자본금의 반액)에 미달하는 경우 그 미달부분이 일정기간(통상 1에서 4개월)내에 채워지지 않으면 청산이 강제된다.[24] ROL원칙상 요구시점은 위에서 살펴본 독일법상 도산절차개시신청의무의 경우보다 먼저 도래한다. 자산평가는 시장가치보다 낮은 경우가 많은 장부가치에 의하기 때문에 요구시점은 더욱 앞당겨질 수 있다. 독일에서와는 달리 경영자는 자기자본이 완전히 잠식될 때까지 재무구조조정을 미루는 것이 허용되지 않는다.

경영자에게 요구되는 행동내용은 자본을 확충하거나 그것이 불가능하면 청산하는 것이다. 그러나 경영자가 자발적으로 청산의 길을 택하는 경우는 극히 드물 것이다. 그들은 먼저 재무구조조정을 통해서 미달부분을 보충하고자 할 것이다. 경영자들이 가장 먼저 시도하는 것은 기존주주들로부터 추가 출자를 받는 것이다. 기존주주들을 설득하기 위해서는 회사의 경영과 재무상황에 관한 정보를 제공해야 할 것이다. 기존주주들이 회사의 전망을 좋지 않게 보는 경우에는 추가출자를 거부할 것이다. 주주들의 거부결정은 회사의 회생가능성에 대한 부정적인 시그널로 작용할 것이다. 그러나 주주들이 지원의사가 있어도 자금이 없는 경우도 많다. 이런 경우 경영자는 외부투자자를 찾거나 기존 채권

---

24  ROL원칙과 다른 대처방안에 대한 간단한 설명으로는 Lorenzo Stanghellini, Directors' Duties and the Optimal Timing of Insolvency: In Defence of the Recapitalize Liquidate Rule (Working Paper dated July 31, 2009).

자들의 채권을 주식으로 전환하는 등의 방안을 모색할 것이다. 이러한 재무구조조정과정에서 기존 주식은 대폭 소각되거나 희석될 가능성이 높다. 그 결과 경영자가 자리에서 물러나게 될 수도 있다. 만약 재무구조조정을 통한 자본확충도 불가능하다면 결국 청산의 길을 택할 수밖에 없다. 청산과정에서 회사가 계속기업가치를 유지하기는 쉽지 않다. 그러나 어차피 회생이 어려운 회사라면 청산이 조기에 이루어질수록 채권자들에게 돌아갈 몫이 클 것이다. 이러한 의미에서 조기청산을 촉진하는 ROL원칙은 일반채권자에게 유리한 제도라고 할 것이다.

독일법상의 도산절차개시신청의무와 마찬가지로 ROL원칙도 요구되는 행동 내용이 구체적이어서 경영자에게 재량의 여지가 별로 없는 것이 사실이다. 그러나 독일법상으로는 경영자가 도산을 막기 위한 시간으로 길어야 3주 밖에 갖지 못하지만 ROL원칙의 경우에는 경영자가 1개월에서 4개월 정도의 여유가 있는 것이 장점이다.

## 4. 영국법상의 부당거래[25]

도산임박기업의 경영자에게 재량을 부여하지 않는 도산절차개시신청의무나 ROL원칙과 대조적으로 경영자의 재량을 폭넓게 인정하는 것은 영국 도산법상의 부당거래제도이다. 부당거래(wrongful trading)란 요컨대 회사의 도산이 예견되는 상황임에도 불구하고 이사가 회생이나 청산에 필요한 조치를 취하지 않음으로써 회사의 부실이 심화되어 채권자가 손해를 입은 경우에 이사에게 책임을 지우는 제도를 말한다. 이제도의 취지는 도산임박기업의 이사로 하여금 조속히 합리적인 결단을

---

25 보다 상세한 것은 김건식, "영국 도산법상의 부당거래와 부실기업 이사의 의무", 「기업법, 지식재산법의 새로운 지평」 (김문환 정년기념논문집 제2권 법문사 2011) 71면 이하 참조. 이 부분의 서술은 상당부분 이 논문에 의존하였다.

내리도록 유도하는 것이다.[26] 부당거래는 영국의 1984년 도산법 제214조에서 처음 도입된 비교적 새로운 제도이다. EU는 2003년 "Modernising Company law and Enhancing Corporate Governance in the European Union - A Plan to Move Forward"라는 행동계획(Action Plan)에서 영국법상의 부당거래와 같은 제도를 도입할 것을 제안한 바 있다. 제214조의 조문은 상당히 복잡해서 해석이 쉽지 않지만 이 글에서는 관심사인 요구시점과 행동내용을 중심으로 살펴보도록 한다.

먼저 요구시점은 "회사가 청산을 개시하기 전에 그 자가 회사가 도산적 청산을 면할 것으로 합리적으로 전망할 수 없음을 알았거나 그러한 결론을 내렸어야 했을" 때이다(도산법 제214(2)(b)조).[27] 요구시점은 이처럼 추상적으로 규정되어 있어 이론상으로는 회사가 도산상태에 이르기 이전에도 도래한 것으로 볼 수 있는 여지가 있다. 그러나 실제로는 개입시기를 앞당기는 것에 법원은 매우 소극적이다. 판례에 의하면 회사가 채무초과상태인 경우에는 말할 것도 없고 심지어 지급불능상태에 이른 경우에도 반드시 요구시점으로 인정하지 않고 있다. 또한 법원은 지급불능을 판단하면서 이른바 "상업적인 현실"(commercial reality)기준을 택하였다. 그리하여 설사 회사가 만기에 채무를 변제하지 못하였더라도 채권자가 만기를 늦춰준 경우에는 지급불능으로 보지 않고 있다.[28]

도산법 제214조는 이사가 부당거래책임을 피하기 위하여 취해야 할 행동이 무엇인지에 대해서도 구체적으로 규정하고 있지 않다. 다만 이

---

26  이에 대한 비판으로는 Thomas Bachner, Wrongful Trading: A New European Model for Creditor Protection? 5 European Business Organization Law Review (2004) p. 293 참조.

27  도산적 청산은 "회사의 자산이 회사의 채무와 책임, 그리고 청산비용을 지급하는데 부족한 경우"에 발생한다(제214조 제6항).

28  Paul Davies, Directors' Creditor-Regarding Duties in Respect of Trading Decisions Taken in the Vicinity of Insolvency. 7 European Business Organization Law Review (2006) p. 301, at 319.

사가 책임을 면할 수 있는 길을 열어주고 있을 뿐이다. 즉 이사는 "회사의 채권자에 대한 잠재적 손실을 최소화하기 위하여 ⋯ 취했어야 할 모든 조치를 취한 경우"에는 책임을 면한다(제214조 제3항). 그러나 어떠한 조치를 취해야 하는지 분명치 않은 상태에서 "모든" 조치를 취하라는 것은 상당히 부담스러울 수밖에 없다. 그런 부담 때문인지 실제로 이 면책사유가 인정되는 경우는 거의 없다고 한다. 면책을 원하는 이사는 채권자를 위한 조치를 다했다고 주장하기 보다는 막연하게 규정된 요구시점의 요건이 충족되지 않았음을 주장하는 경우가 대부분이다.

그럼에도 불구하고 이사의 면책사유를 규정한 제214조 제3항은 이사가 어떤 내용의 의무를 부담하는지에 관한 실마리를 제공한다. 이사는 "회사의 채권에 대한 잠재적 손실을 최소화"할 의무를 부담하는 것으로 볼 수 있다. 물론 채권자의 손실을 최소화하는 행위가 무엇인지는 분명치 않다. 그 내용은 상황에 따라 달라질 수밖에 없을 것이다. 도산임박회사 이사가 즉각 거래를 중단하고 청산에 들어가면 부당거래 책임은 피할 수 있을 것이다. 그러나 조기의 거래중단이나 청산이 반드시 능사는 아니다. 회생이 가능한 회사가 문을 닫는 것은 주주들에게는 물론이고 채권자에게도 반드시 유리한 것은 아니다. 회생가능한 회사가 문을 닫으면 실업이 증가하는 등 경제전체에 악영향을 미칠 수도 있다. 법원도 이러한 사정을 고려해서인지 이사의 부당거래 책임을 인정하는 데는 소극적이다.

그렇다고 해서 도산임박기업의 이사가 아무런 행동도 취하지 않고 만연히 사업을 계속하는 것이 용납되는 것은 아니다. 도산법 제214조의 부당거래규정은 바로 이러한 상황을 막기 위해서 도입한 것이기 때문이다. 따라서 회사가 구제불능상태임에도 비상의 구조조정조치를 강구하지 않고 사업을 계속하는 이사는 부당거래책임을 질 가능성이 크다. 그러나 이사가 회생을 위한 시도를 행하는 것에 대해서는 법원이 상당히 긍정적으로 보는 것 같다. 실제로 법원은 회생시도가 진행되는 동안에는 요구시점이 도래하지 않은 것으로 봄으로써 이사의 회생노력을 장려하고 있다. 그러한 법원의 태도를 잘 보여주는 예는 Re continental Assurance 판결[29]이다. 이 사안에서 도산상태는 1991년 12월 20일 확정되었으나 기업인수를 위한 협상이 3개월 이상 지속되는 바람에 정식 청산은 1992년 3월 27일에야 개시되었다. 이 기간 동안은 회사의 회생이 가능하다는 – 법문상의 표현을 빌면 "도산적 청산을 면할 것"이라는 – 전망의 합리성을 긍정한 것으로 볼 것이다.

# Ⅲ. 경영자 행동통제에 활용되는 대안적 법리

## 1. 서설

Ⅱ에서는 지연문제에 대처하기 위해서 경영자 행동에 대한 직접 통제를 시도하는 입법례에 대해서 살펴보았다. 그러나 입법례 중에는 그러한 직접적 통제를 자제하는 경우도 적지 않다. 우리나라, 미국, 일본이 그 대표적인 예이다. 그러나 그러한 나라들에서도 지연문제의 완화에 활용될 수 있는 법률 내지 법리가 전혀 없는 것은 아니다. 이곳에서는 그러한 것들 중 대표적인 예를 살펴보고 그 장단점에 대해서 음미해보기로 한다.

---

29  [2001] BPIR 733.

## 2. 미국 판례법상의 도산심화(Deepening Insolvency) 책임법리

지연문제에 대한 대안으로 먼저 관심을 끄는 것은 미국 판례법상의 도산심화책임법리이다.[30] 얼핏 부당거래법리의 아류로도 보이는 이 법리의 원류는 30여 년 전에 나온 In re Investors Funding Corp. of New York Securities Litigation 판결이라고 할 수 있다.[31] 사안은 파산회사의 관재인이 회사의 회계부정을 발견하지 못한 회계법인에 대해서 계약위반책임을 묻는 사안이었다. 피고인 회계법인은 원고도 동등한 과실이 있으므로 피고의 책임이 없다는 이른바 동등과실(in pari delicto)항변을 주장하며 약식판결을 구하였다. 그러나 동등과실항변에는 예외가 존재한다. 즉 회사의 대리인이 자신만의 이익을 위해서 사기를 저지르고 회사이익을 완전히 무시한 경우에는 대리인의 행위가 회사에 귀속되지 않는 것으로 보아 동등과실의 항변을 주장할 수 없다(이른바 반대이익의 예외(the adverse interest exception)). 원고는 회계부정에 가담한 회사 경영자의 행동이 회사이익에 반한 것이라는 이유로 위 예외가 적용된다고 주장하였다. 이러한 원고의 주장에 대해서 피고는 회사가 도산상태임에도 불구하고 경영자가 회사의 수명을 연장시키는 등 회사이익을 도모했다고 다시 반박하였다. 법원은 피고의 주장을 배척하며 다음과 같이 판시하였다: "회사는 그 생명을 연장시키는 어떠한 행위도 유리한 것으로 추정되는 생물학적인 존재가 아니다."[32] 즉 회사의 경우에는 인간과는 달리 생명의 연장이 반드시 좋은 것만이 아니라는 것이다.

---

30  이 법리에 대한 문헌으로는 Hugh M. McDonald et. al., Laffeny's Orphan: The Abandonment of Deepening Insolvency, ABI journal Vol. 26, No. 10, 1 (2008); J.B. Heaton, Deepening Insolvency, 30 Journal of Corporation Law 465 (2005) 참조.

31  523 F.Supp. 533 (S.D.N.Y. 1980).

32  523 F. Supp. 533, S41.

Investors Funding 판결에서 제시된 당연하면서도 다소 생소하게 보이는 사고는 1983년 제7항소법원이 Schacht v. Brown 판결에서 계승하였다.[33] 사안에서 원고는 도산한 보험회사의 청산인으로 회사 경영자 등을 상대로 조직범죄법(the Racketeer Influenced and Corrupt Organization Act(RICO)) 위반책임을 묻는 소를 제기하였다. 원고는 피고들이 회사의 사업을 사기적으로 연장시킴으로써 회사가 추가로 채무를 부담하도록 했고 또 일부 피고들이 회사를 약탈하도록 하였다고 주장했다. 피고들이 Investors Funding 판결에서처럼 동등과실항변을 제출하였지만 법원은 그것을 배척하며 도산상태인 회사를 존속시키는 것은 회사가 아닌 경영자에만 이익이 된다고 판시하였다.

그러나 Schacht 판결은 피고들이 주법상 최저자본금규제를 받는 보험회사의 경영자였다는 점을 주의할 필요가 있다. 주법상 보험회사는 재무상태를 주규제당국에 제대로 신고할 의무가 있음에도 불구하고 보험회사 경영자가 그 법적 의무를 위반하였기 때문이다.

도산심화책임법리가 정면으로 인정된 것은 2001년 제3항소법원의 Official Committee of Unsecured Creditors v. R.F. Lafferty & Co. Inc. 판결[34]에서였다. 사안은 다음과 같다. 채권자들로 구성된 위원회가 도산한 채무자인 두 회사를 대표하여 회사의 변호사와 회계사를 포함한 제3자들에게 소를 제기하였다. 원고인 채권자들은 피고들이 회사 경영자들과 공모하여 부정한 방법으로 부채증서를 발행하였다고 주장하였다. 법원은 회사의 도산심화로 인하여 회사재산이 침해된 경우 Pennsylvania 주법상 회사도 구제를 받을 수 있다고 판시하였다. 다만 법원은 피고의 동등과실항변을 받아들여 원고의 청구를 기각하였다.

Lafferty 판결 이후 도산심화책임법리는 별도의 소송원인(cause of ac-

---

33  711 F.2d 1343 (7th Cir. 1983).
34  267 F.3d 340 (3d Cir. 2001).

tion)을 구성할 뿐 아니라 손해배상산정의 이론으로 채택되기도 하였다.[35] 일부법원에서는 도산심화를 손해배상산정의 근거로 파악하여 회사가 도산상태에 빠진 시점부터 도산개시신청을 한 시점까지 회사가치의 하락분을 배상받을 수 있다고 판시하였다.[36] 그러나 이러한 해석은 손해배상을 인과관계 있는 손해로 제한하는 전통적인 판례의 태도와 양립할 수 없기에 유지될 수 없었다.

도산심화책임법리를 채택한 법원도 회사에 대한 의무위반이나 불법행위가 없는 상황에서 책임을 인정하는 것은 주저하였다. 반면에 만약 의무위반이나 불법행위가 필요하다면 구태여 도산심화책임법리를 수용할 실익이 없었다. 이러한 도산심화책임법리의 한계는 최근에 나온 두 건의 판결에 의하여 분명히 드러났다. 먼저 회사법분야를 선도하는 델라웨어주법원은 2007년 Trenwick America Litigation Trust v. Billett 판결[37]에서 델라웨어주법상으로는 도산심화책임법리가 인정되지 않음을 명시적으로 선언하였다. 그 주된 근거로는 델라웨어주법상 회사는 지급불능에 빠진 경우에도 사업을 중단하고 청산에 들어갈 절대적인 의무가 없다는 점을 들었다. 법원은 그러한 시점에서의 이사회판단에 대해서도 경영판단원칙을 적용할 것임을 밝혔다. 도산심화책임법리에 대해서 타격을 가한 2007년 제7항소법원의 Fehrbach v. Ernst & Young 판결[38]에서도 비슷한 논리가 동원된 바 있다. 사안은 파산한 회사의 관재인이 회사의 외부감사인을 상대로 불법행위와 계약위반 책임을 물

---

35  McDonald et. al., 주29, 58.

36  Bookland of Maine v. Baker, Newman and Noyes, LLC. 271 F.Supp. 2d 324 (D. Maine 2003).

37  931 A.2d 438 (Del. Supr. 2007). 이 판결은 하급심 판결을 유지하는 1페이지의 간단한 내용으로 자세한 것은 하급심 판결(Trenwick America Litigation Trust v. Ernst & Young LLP, 906 A.2d 168 (Del. ch. 2006))을 참조.

38  493 F.3d 905 (7th Cir. 2007).

은 경우이다. 원고는 피고가 회사의 계속기업성에 의문이 있다는 단서를 3년 전의 감사의견에서 달지 않았다는 점을 공격하였다. 만약 그러한 단서를 달았다면 회사가 보다 일찍 도산에 들어가서 3백만 달러의 도산심화로 인한 손해를 피할 수 있었을 것이라고 주장했다. 저명한 법경제학자이기도 한 Richard Posner 법원장은 도산심화책임법리가 기존의 의무에 근거한 것이 아니라는 이유로 배척하였다. Posner 법원장은 도산심화책임법리에 따라 경영자에게 즉각적인 청산의무를 부여하는 것은 경영자의 경영판단에 따른 파산회피노력을 가로막는 것으로 불합리하다고 보았다.

비슷한 시기에 나온 Trenwick 판결과 Fehrbach 판결에서 분명히 한 것은 지급불능상태에서도 이사가 바로 회사 문을 닫을 의무는 없고 이사의 계속적인 사업수행은 경영판단으로 보호받는다는 점이다. 이들 판례에 의하면 도산임박회사의 이사가 내린 결정도 결국 회사법상의 일반 신인의무(fiduciary duties)의 문제로 처리하는 셈이다.

## 3. 델라웨어주 판례법상 채권자에 대한 이사의 신인의무

앞서 언급한 바와 같이 델라웨어주법원을 비롯한 미국 법원은 대체로 도산심화책임법리를 부정하고 지연문제의 해결은 회사법상 일반적인 신인의무에 맡기고 있다. 그렇다면 이사의 신인의무를 통해서 채권자이익을 보호할 수는 없을까? 그러한 시도에 앞장선 것도 역시 델라웨어주법원이었다.

미국법상 이사는 회사에 대해서 신인의무를 부담한다. 통상의 경우라면 회사는 주주와 동일시해도 무방할 것이다. 그러나 회사가 부실상태에 빠진 경우에는 채권자이익이 부각된다. 이와 관련하여 주목할 것이 1991년 델라웨어주 형평법원(chancery Court)의 Credit Lyonnais

Bank Nederland, N.V. v. Pathe communications Corp. 판결[39]이다. 사안은 복잡하지만 신인의무와 관련된 부분만을 요약하면 다음과 같다.[40] 도산상태인 회사의 98% 지배주주가 회사로 하여금 특정 거래를 하도록 요구했다. 그러나 채권은행에서 파견된 경영자는 지배주주의 지시를 따르기를 거부했다. 지배주주는 이사회의 거절이 신인의무를 위반하는 행위라며 이사회 결의를 공격하였다. Allen 판사는 지배주주의 주장을 배척하며 회사가 "도산에 임박한 상태에"(in the vicinity of insolvency) 있는 경우 이사회는 회사사업(corporate enterprise)에 대해서 의무를 부담한다고 판시하였다. 여기서 말하는 회사는 단순히 주주이익만을 가리키는 것이 아니라 회사를 지탱하는 총체적 이익(in community of interest[s] that sustained the corporation)을 가리키고 그 이익에는 채권자이익도 당연히 포함된다고 보았다. Credit Lyonnais 판결은 회사가 도산에 엄박한 경우 이사의 신인의무의 수혜자가 주주에서 채권자로 전환한다는 명제를 뒷받침하는 것으로 해석되었다. 그러나 2004년 델라웨어주 형평법원은 Credit Lyonnais 판결에서 한 걸음 후퇴하는 판결을 내렸다. Production Resources Group L.L.C. v. NCT Group, Inc. 판결[41]에서 Strine 판사는 도산에 임박한 상태에서 이사가 선의로 내린 결정을 법원이 뒤집는 것은 바람직하지 않은 것으로 보았다. 대신 Strine 판사는 회사가 도산상태인 경우에는 이사가 회사의 잔여청구권자인 채권자에게 신인의무를 부담한다고 판시하였다.

형평법원이 인정한 이러한 의무전환(duty shifting)[42]은 마침내 2007

---

39　1991 WL 277613, at *34 (Del. Ch. Dec. 30. 1991)(통상 델라웨어주 판결을 게재하는 A.2d에는 게재되지 않았다).

40　사안에서는 원고인 채권은행의 청구는 회사 이사들을 교체한 자신의 행위가 유효함을 확인하는 것이었다.

41　863 A.d 772 (Del. Ch. 2004).

42　Hu / Westbrook, 주4. 1321.

년 델라웨어주 대법원도 North American Catholic Educational Programming Foundation v. Gheewalla 판결[43]에서 승인하였다. North American 판결에서 문제된 것은 원고 등으로부터 주파수 사용허가를 취득하는 계약을 체결하였으나 시장상황의 변화로 지급의무를 이행하지 못한 회사였다. 회사의 채권자인 원고는 회사의 이사를 상대로 제소하였다. 원고는 회사가 도산상태이거나 도산의 영역(zone of insolvency)에 있기 때문에 이사들이 회사의 채권자인 원고에 신인의무를 부담하며 사업의 실패가 분명해진 상황에서도 사업을 계속한 것은 신인의무의 위반이라고 주장하였다. 사안에서는 원고의 청구가 직접 청구가 아니면 법원이 관할권을 가질 수 없는 경우였다. 대법원은 회사가 도산상태이건 도산영역에 속하건 간에 회사의 채권자는 이사에 대해서 직접 청구할 수 없다고 판단하였다. 대법원은 이 같은 결론을 제시하는 것에 서 멈추지 않고 방론으로 의무전환법리를 인정하였다. 다만 의무전환은 도산 영역이 아니라 도산상태에 들어간 시점에서 비로소 발생한다고 판시하였다: '아직 지급능력 있는 회사가 도산의 영역에서 활동 중일 때에는 델라웨어주 이사들의 초점은 변하지 않는다: 이사들은 회사의 소유자인 주주들의 이익을 위해서 회사의 최선의 이익에 부합하도록 경영판단을 내림으로써 회사와 그 주주들에게 신인의무를 계속 이행해야만 한다.'[44] 대법원은 회사가 도산상태에 들어간 경우에는 채권자가 회사를 대표하여 이사에 대해서 제소할 수 있는 적격이 있음을 인정하였다.[45] 대법원이 채택한 도산상태(insolvency)는 도산영역이란 용어보다는 더 명확하다. insolvency 란 통상 만기의 지급불능(cash-flow insolvency)을 가리킨다. 그러나 실제로

---

**43**  930 A.2d 92 (Del. 2007).

**44**  Id, 101.

**45**  Id, 13.

는 채무초과와 같이 조금 다른 의미로 사용되는 경우도 많다.[46]

멜라웨어주법원이 채택한 의무전환법리는 학계에서도 많은 관심을 끌었다."[47] 도산영역의 개념은 모호하다는 비판을 받았지만 도산상태에 들어간 회사에서 의무전환이 일어나는 것에 대해서는 별로 비판이 없었다. 의무전환법리에 대해서 가장 근본적인 비판을 가한 것은 Texas 주립대학 법대 교수인 Henry Hu와 Lee Westbrook이었다.[48] 비판의 근거는 여러 가지지만 특히 설득력 있는 것은 의무전환이 회사의 과감한 구제조치를 저해할 것이라는 점이다.[49] 앞서 살펴본 영국법상 부당거래의 경우 이사에게는 "회사 채권자들에 대한 잠재적인 손해를 최소화할" 의무가 부과된다. 이 의무가 소극적인 것인데 비하여 채권자에 대한 신인의무는 적극적인 것이다. 그 경우 이사는 오로지 채권자이익만을 추구할 의무를 부담한다. 이러한 상황에서는 이사회가 회사를 회생시키기 위하여 과감한 조치를 취하는 것이 곤란해질 것이다.

이러한 의무전환은 지연문제에 어떠한 영향을 미칠 것인가? 이사가 채권자에게 대해서 신인의무를 부담한다면 아무래도 실제 결정에서 채권자이익을 더 고려하게 될 것으로 짐작된다. 그러나 채권자에 대한 신인의무가 이사에게 구체적으로 어떠한 행위를 할 것을 요구하는지는 분명하지 않다. 위에서 Trenwick 판결이나 Fehrbach 판결에서 법원은 이사회의 결정에 대해서 경영판단원칙을 적용하는 것처럼 만했다. 그렇지만 실제 법원의 태도는 반드시 일관되지 않고 있다.[50] 일부 판결에

---

46  Hu / Westbrook, supra note 주4, at 1344 n.75. 만약 insolvency가 채무초과도 포함하는 의미로 사용된다면 그것과 도산영역의 실질적인 차이는 그리 크지 않을 수도 있다.

47  Id. 1340-1343.

48  Id. 1321 이하.

49  Id. 1378-1381.

50  Richard M. Cieri / Michael J. Riela, Protecting Directors and Officers of Corporations That Are Insolvent or in the Zone or Vicinity of Insolvency: Important Considerations, Practical Solutions, 2 DePaul Bus. & Com. L.J. 295, 303-304 (2004).

서는 이사가 회사와 채권자의 이익에 반함에도 불구하고 사업을 계속하는 것은 경영판단원칙으로 보호받지 못한다고 판시하였다.[51]

## 4. 이사의 제3자에 대한 책임

이러한 미국법상의 논의는 지연문제에 대한 명문의 규정이 없는 우리법의 해석상으로도 참고할 여지가 있다. 우리 상법상 이사가 부담하는 선관주의의무와 충실의무(이하에서는 양자를 편의상 "신인의무"라고 함)의 수혜자는 회사고 채권자는 아니다. 미국에서와 같이 의무전환을 인정하는 판례는 없다. 그렇다고 해서 채권자에게 아무런 구제수단이 없는 것은 아니다. 상법 제401조에 의하면 악의나 중과실로 임무를 해태한 이사는 채권자와 같은 제3자에 대해서도 책임을 진다. 앞서 설명한 델라웨어주의 North American 판결과는 달리 제401조상 채권자는 이사에 대해서 대표소송이 아니라 직접 소송을 제기할 수 있다.[52] 제401조상의 임무가 이사의 신인의무라는 점에는 다툼이 없다.[53] 앞서 언급한 바와 같이 신인의무는 회사에 대한 의무인데 그것을 위반한 것이 왜 채권자에 대한 책임을 발생시키는지 의문을 품을 수 있다.

채권자에 대한 책임이 발생하는 것은 통상 회사 도산으로 인하여 채권자가 변제를 받지 못하는 경우이다. 이사가 고의나 중과실로 회사를 도산상태에 빠뜨렸다면 채권자에 대한 손해배상책임을 인정해도 문제가 없다. 그러나 이 글이 주목하는 것은 회사를 도산상태에 빠뜨리는 행위가 아니라 도산에 임박한 상태에 있는 회사의 이사의 행위(엄밀히 말

---

**51** In re Logue Mechanical Contracting Corp., 106 B.R. 436, 440.

**52** 이러한 개별적 해결은 집단적 해결을 추구하는 도산법적인 관점에서 보면 문제가 있다고 할 것이다.

**53** 그 점을 밝힌 판결은 많지만 예컨대 대법원 2002. 3. 29. 선고 2000다47316 판결.

하면 부작위)이다. 우리 상법이나 통합도산법은 파산이나 회생을 신청할 이사의 의무를 명시적으로 규정하고 있지 않다. 그렇다고 해서 도산임박회사의 이사가 아무런 의무가 없다고 볼 수는 없다. 앞서 살펴본 바와 같이 독일법상 도산개시신청의무와 관련하여 이사는 회사의 경영상태와 재산상태를 부단히 파악할 의무가 있는 것으로 본다.[54] 독일과는 달리 이사의 도산개시신청의무를 명시한 법규정은 없지만 우리나라에서도 회사 경영이 악화하는 상황에서 회사의 경영과 재무상태를 확실히 파악하고 필요한 조치를 강구하는 것은 이사의 선관주의의무에 속한다고 볼 것이다.[55]

여기서 필요한 조치에는 워크아웃이나 회생절차개시신청을 포함한 과감한 구조조정이 포함될 것이다. 문제는 이러한 구조조정시도가 불가능한 단계에 이른 경우 회사 문을 닫는 것도 필요한 조치에 포함된다고 볼 것인가이다. 이 문제에 대한 본격적인 논의는 후일로 미루고 이 글에서는 잠정적인 사견만 제시하기로 한다. 이러한 단계에 이르면 이사가 고려할 회사의 이익에서 주주이익보다 채권자이익이 차지하는 비중이 훨씬 커진다. 그렇다면 경영자의 의사결정시 채권자이익을 더 고려하는 것이 선관주의의무상 요구된다고 볼 것이다.

현실적으로 경영자가 사업을 적시에 정리하지 않았다는 이유로 채권자가 경영자의 책임을 묻는 것은 쉽지 않을 것이다. 뒤에 살펴본 바와 같이 도산임박회사의 경영자가 사업을 계속하는 결정에 대해서 경영판단원칙을 적용하는 것에 대해서는 의문이 있다. 그러나 제401조상 이사의 책임은 중과실의 경우에만 인정되므로 실제로는 경영판단원칙을 적용하는 것과 큰 차이가 없을 것이다.

---

54  Hine, 주19. S.123.
55  일본의 대표적인 문헌으로, 吉原和志, "會社の責任財産の維持と價樓者の利益保護(三)", 「法學協會雜誌」102권 8호 1면 (1985년), 83면.

## 5. 기업구조조정촉진법의 접근방법

이상에서 살펴본 바와 같이 도산임박회사에서 경영자의 결단을 유도하는 것은 쉽지 않다. 지연문제에 관해서 우리나라의 기업구조조정촉진법은 전혀 다른 접근방법을 보여주고 있다. 워크아웃에 관한 기본법으로 마련된 기업구조조정촉진법은 경영자의 행동보다는 채권자인 금융기관의 역할에 초점을 맞추고 있다. 그러한 의미에서 이상에서 소개한 여러 접근방법과는 전혀 궤를 달리하지만 지연문제에 대처하는 방안이라는 점에는 공통점이 있으므로 간단히 살펴보기로 한다.

도산에 임박한 채무자는 채권자들과 사적인 워크아웃을 시도할 수 있다 그러나 실제로는 채무자인 회사는 물론이고 채권자도 워크아웃이 반가운 일은 아니다. 워크아웃은 특히 채권금융기관의 운명을 좌우하는 자기자본비율을 감소시킨다. 임기가 제한된 금융기관의 경영자는 재임기간 중 부실채권을 현실화하기 보다는 문제해결을 후임자에게 떠넘길 인센티브가 더 크다. 채권자들이 다수일 때 발생하는 이른바 무임승차(free rider)문제도 무시할 수 없다. 다른 채권자들은 모두 양보하는 중에도 자신만 더 좋은 조건을 얻기 위해서 버티기를 시도할 가능성도 있다. 그러나 이처럼 채권자들이 모두 무작정 자기 이익만을 추구하다 보면 부실기업의 워크아웃은 실현될 수 없고 부실기업의 적체는 시스템위기로 이어질 수도 있다.

실제로 그러한 시스템 위기는 1997년 외환위기 당시 현실화되기도 했다. 당시 도산법제는 수많은 부실기업을 신속히 처리하기에는 한계가 있었다. 따라서 보다 융통성 있는 워크아웃에 의존할 수밖에 없었다. 그러나 채권자 수가 많은 기업에서는 사적 워크아웃이 현실적으로 어렵다. 그리하여 정부가 워크아웃을 적극 추진하기 위하여 나섰다. 1998년 금융기관들에게 "기업구조 조정 촉진을 위한 금융기관 협약"이란 명칭의 기본 협약을 체결하도록 유도하였다. 금융기관들은 이 협약에 따라 개별 워크 아웃을 추진하여 큰 성공을 거뒀다. 그럼에도 불구하고 이 협약은 법적인 근거가 없다는 점 때문에 비판을 받았다. 그리하여 제정한 것이 2001년 기업구조조정촉진법(이하 '기촉법')이다. 이 법의 가장 두드러진 특징은 다음 두 가지이다. 첫째, 도산절차와는 달리 법원의 개입을 배제하고 금융기관의 주도에 맡겼다. 둘째, 버티기 문제를 해결하기 위하여 만장일치 대신 75%의 다수결을 채택하였다. 이러한 특징은 획기적인 것이었기 때문에 한시법으로 제정되었다. 그러나 기촉법은 정부와 금융기관의 관점에서는 매우 편리한 제도이기 때문에 두 차례의 기간만료에도 불구하고 일부 내용을 변경해가며 명맥을 이어가고 있다.[56]

기촉법에 의하면 일정 규모 이상의 부채를 가진 기업은 채권금융기관이 주도하여 구조조정절차를 개시하게 되어 있다. 과거에는 주채권은행 등 금융기관으로부터 낮은 등급을 받은 경우에는 주채권은행이 대상기업을 부실징후기업[57]으로 지정하고 채권금융기관협의회에서 워크아웃 결의를 하도록 되어 있었다(제2차 기촉법 제7조 제1항). 그러나 2011년 제정된 제3차 기촉법에서는 주채권은행이 부실징후기업으로 판단되는 대상기업에게 일단 워크아웃이 가능함을 통보하여 대상기업이 신청하는 경우에만 워크아웃을 개시하도록 하였다(제4조 제1항, 제3항, 제5조). 또한 대상기업이 워크아웃이 중단을 요청할 수 있는 길을 열어주고 있다(제12조 제3호). 이는 종전의 워크아웃절차가 대상기업의 관여가 배제된 채 주채권은행의 주도에 의하여 일방적으로 진행되는 것에 대한 비판을 의식한 변화로 보인다. 그러나 현실적으로 부실징후기업으로 지정된 기업이 독자생존을 자신할 수 없다면 워크아웃을 외면하기

---

56  2011년 5월에 제정된 기업구조조정촉진법도 유효기간이 2013년 말까지로 제한된 한시법이다

57  "부실징후기업"이란 외부로부터의 자금지원이나 별도의 차입 없이 금융기관으로부터의 차입금 상환이 어렵다고 인정한 기업을 말한다(제2조 제5호).

어려울 것이라는 점에서 여전히 주채권은행주도라는 절차의 성격에는 큰 변화가 없을 것으로 예상된다.

기촉법상 워크아웃의 경우에도 사적인 워크아웃에서와 마찬가지로 채권재조정[58]이나 신규신용공여가 행해진다(제10조). 기촉법의 장점은 이러한 조치를 채권금융기관의 만장일치가 아닌 75%의 동의만으로 취할 수 있기 때문에(제18조 제1항) 버티기 문제를 피할 수 있다는 점이다. 특히 회생에 필요한 신규자금을 주채권은행 단독으로 투입하는 것이 부담스런 경우에는 기촉법에 따른 공동부담을 선호할 것이다. 이러한 장점에도 불구하고 채권금융기관이 워크아웃에 소극적일 때에는 결국 금융감독당국이 나설 수밖에 없을 것이다.[59] 기촉법상 금융감독당국이 등장하는 경우는 채권행사의 유예를 요청할 때(제6조 제1항) 뿐이다. 그러나 기업부실이 자칫 금융기관의 부실로 연결될 우려가 있는 경우 금융감독당국은 금융기관들이 워크아웃에 적극적으로 나서도록 압력을 가할 가능성이 크다.[60]

## IV. 지연문제에 대한 대처방식의 평가

### 1. 누구에게 결정을 맡길 것인가?

새로운 사업을 시작하는 경영자의 결정은 경영판단으로 존중해야

---

58 '채권재조정'이란 채권금융기관이 보유채권에 대하여 상환기일 연장, 원리금 감면, 대출금의 출자전환, 그 밖에 이에 준하는 방법으로 조정하는 것을 말한다(제2조 제7호).

59 기촉법상의 워크아웃절차가 개시되면 은행의 채권은 감독당국의 창구지도에 의하여 고정 이하로 분류된다고 한다.

60 기촉법상 75%결의요건과 같은 과강한 규정들은 이러한 시스템위험의 방지라는 측면에서 정당화할 수 있을 것이다.

할 것이다. 그렇다면 도산임박회사의 경영자가 사업을 계속하기로 하는 결정은 어떠한가? 우리나라에서 이에 관한 본격적인 논의는 별로 없지만 앞서 살펴본 바와 같이 미국에서는 판례가 나뉘고 있다. 현실을 고려하면 경영판단원칙의 적용을 부정하는 견해가 더 설득력이 있다. 경영자는 회사 문을 닫으면 바로 모든 것을 잃지만 사업을 계속하면 당장은 일자리를 지킬 수 있다. 즉 경영자의 이익과 채권자의 이익은 충돌되는 상태이다. 그러한 의미에서 도산임박회사 경영자의 처지는 적대적 기업인수의 대상이 된 회사의 경영자와 크게 다르지 않다. 두 가지 경우 모두 경영자의 결정은 회사 이익이 아니라 자신의 일자리를 지키기 위한 것으로 의심을 받을 수 있다. 주지하는 바와 같이 델라웨어 주법에서는 적대적 기업인수에 대한 방어책을 강구하는 이사회 결정에 대해서 통상의 경영판단원칙 대신에 한층 강화된 기준을 적용하고 있다.[61] 만약 경영자의 이익충돌에 주목한다면 도산임박회사 경영자에 대해서도 비슷한 고려를 해야 할 것이다.

적대적 기업인수에 대한 방어와 관련해서는 경영자의 이익충돌 문제를 피하는 방안으로 주주들에게 역할을 부여하는 것을 대안으로 생각해볼 수 있다.[62] 그러나 지연문제와 관련해서는 주주에게 의사결정을 맡기는 것은 적절치 않다. 채권자와의 관계에서는 주주도 경영에 못지않게 이익충돌에서 자유롭지 못하기 때문이다.

경영자의 이익충돌을 해결하는 방안으로 흔히 동원되는 사외이사에 의존하는 것은 어떠한가? 그러나 지연문제와 관련해서는 사외이사에게 큰 기대를 걸기는 어려울 것이다. 사외이사는 채권자보다는 경영

---

61  대표적인 판결로 Unocal v. Mesa Petroleum, 493 A.2d 946 (Del. 1985).

62  Bebchuk 교수가 그러한 주장을 하는 대표적인 학자라고 할 수 있다. Lucian Arye Bebchuk, Toward Undistorted Choice and Equal Treatment in Corporate Takeovers, 98 Havard Review 1695 (1985); Lucian Arye Bebchuk, The Pressure to Tender: An Analysis and a Proposed Remedy, 12 Delaware Journal of Corporate Law 911 (1987).

자와 주주의 이익에 끌리기 십상이다. 설사 사외이사가 독립성을 갖는 경우에도 문제는 있다. 통상 사외이사의 판단이 요구되는 것은 자기거래의 승인과 같이 공정성에 대한 판단이 문제되는 경우이다. 공정성에 대한 판단은 상대적으로 전문성이 덜 요구될 뿐 아니라 전문가의 도움을 받을 수도 있다. 그러나 도산임박회사가 회사의 문을 닫을지에 관한 결정은 개업에 관한 결정과 마찬가지로 전문성과 아울러 적절한 인센티브가 요구되는 결정이다. 이러한 결정을 사외이사에 맡기는 것은 너무 무책임한 것으로 판단된다.

그렇다고 해서 지연문제에 대한 결정을 채권자에게 맡기는 것도 해결책이 될 수 없다. 채권자의 이해관계는 주주와는 달리 동질적이 아니기 때문이다. 먼저 충분한 담보를 가진 채권자는 지연문제에 관심이 별로 없을 것이다. 회사가 중요한 거래처인 경우에는 당장 회사 문을 닫는 것을 꺼릴 수도 있다. 반면에 무담보채권자는 이행확보에만 눈이 팔려 청산을 너무 서두를 위험이 있다. 그러나 기업구조촉진법이 주채권은행을 비롯한 금융기관에 의존하는 것은 일리가 있는 것으로 보인다. 채권금융기관들은 회사에 대한 정보와 아울러 전문성을 갖추고 있을 뿐 아니라 반복적 행위자(repeat player)로서 장기적인 관점에서 결정을 내릴 수도 있다. 그러나 채권금융기관은 회사가 도산이 불가피한 상황이 아니면 회사를 워크아웃이나 청산으로 몰고 갈 인센티브는 별로 없다.

그렇다면 결국 기댈 것은 경영자라고 할 수밖에 없다. 경영자들이야말로 가장 적절한 결정을 할 수 있는 정보, 경영기술을 갖춘 자들이기 때문이다.[63] 문제는 경영자들의 인센티브를 적절히 설정하는 것이다. 이 글에서는 주로 경영자의 잘못된 결정에 대해서 책임을 부과하는 이른바 채찍(stick)방식에 대해서 살펴보았다. 그러나 이론상으로는 거

---

63  같은 취지로는 Douglas Baird, The initiation problem in bankruptcy, 11 International Review of Law and Economics 223 (1991).

꾸로 적절한 결정을 하면 보상을 하는 이른바 당근(carrot)방식도 생각해 볼 수 있을 것이다.[64]

## 2. 요구시점과 행동내용

지연문제를 고려하여 경영자 행동을 통제할 때에는 앞서 언급한 요구시점과 행동내용이라는 두 가지 측면을 살펴볼 필요가 있다. 먼저 요구시점과 관련해서는 가급적 구체적인 기준을 제시하는 것이 좋을 것이다. 경영자들은 아무래도 자기 회사에 대해서 낙관적이기 마련이다. 사업상 어려움이 있더라도 그 존재나 심각성을 쉽게 받아들이려 하지 않을 공산이 크다.[65] 또 문제를 알고 있어도 과감한 조치를 취하는 것은 주저하기 십상이다. 따라서 요구시점은 가급적 구체적으로 규정함으로써 경영자들이 대책 없이 결단을 미루는 것을 방지할 필요가 있다.

이러한 관점에서 보면 요구시정을 막연하게 규정하고 있는 영국법상 부당거래제도에는 문제가 있다.[66] 영국법원은 앞서 설명한 바와 같이 요구사정의 도래를 아주 제한된 경우에만 인정하고 있다. EU가 행동계획에서 부당거래제도의 채택을 권고하면서도 요구시점을 도산의 가능성이 도산하지 않을 가능성 보다 더 큰 경우(more probable than not)로 완화한 것은 이러한 요구시점이 너무 늦춰지는 것을 막기 위해서라고 할 것이다. 사실 행동내용의 융통성이 전제된다면 요구시점은 지급불

---

64  적절한 시점에 자발적으로 도산을 신청한 경영자에게 보상을 주자는 주장으로 Thomas Jackson, The Logic and Limits of Bankruptcy Law 207-208 (1986). 채찍과 당근의 장단점에 관해서는 Eidenmüller, 주8, 244-245.

65  경영자는 위기 시에 이러한 인식상의 결함을 보인다고 한다. Eidenmüller, 주8, 252 특히 주40 참조.

66  그렇다고 해서 그 제도의 실효성을 부정할 수는 없을 것이다.

능이나 채무초과보다 앞당기더라도 별 문제는 없을 것이다.[67]

행동내용을 어떻게 정할 것인가는 어려운 문제이다. 요구시점이 도래한 경우라도 어느 것이 적절한 행동인지는 상황에 따라 달라질 수 있다. 그렇다면 도산임박 시에 경영자가 취할 행동을 미리 법에 구체적으로 정해두는 것은 바람직하지 않을 것이다. 이러한 관점에서 보면 독일법상 도산절차개시 신청의무는 너무 경직적인 감이 있다. ROL원칙도 행동내용이 구체적이라는 점에서 크게 다르지 않다. 다만 경영자에게 구제조치를 시도할 수 있는 시간을 더 허용하는 것은 장점이다.[68] 영국법상 부당거래제도는 경영자의 재량을 한층 폭넓게 인정한다. 그러나 경영자가 누리는 재량의 폭이 넓어질수록 그 행동을 통제하기는 어려울 것이다.

## 3. 대처방식의 다양성

위에서 살펴본 바와 같이 지연문제에 대한 각국의 대응은 실로 다양하다. 기업지배구조가 수렴하는 것인지 여부에 대해서는 학자들 사이에 논의가 많았다.[69] 그러나 기업지배구조의 일부 분야에서는 세계적으로 공통분모가 커지고 있는 것이 사실이다.[70] 이러한 수렴의 현실

---

67　이와 관련해서 주목할 만한 것은 독일법상 다음과 같이 영국법상의 부당거래조항과 유사한 조항을 도입하자는 Eidenmüller의 제안이다. "회사가 다음 1년 내에 지급불능이나 채무초과가 될 위험이 있음을 알았거나 알았어야 했음에도 불구하고 회사를 계속 경영한 경영자는 그로 인하여 발생한 순재산감소분에 대해서 회사에 책임을 진다. 다만 당해 경영자가 기업가치를 최대화하기 위하여 상인에게 요구되는 모든 조치를 강구한 경우에는 그 책임은 발생하지 아니한다." Eidenmüller, 주23, 24.

68　독일에서도 3주의 기간이 너무 짧기 때문에 6개월 내지 1년으로 연장하자는 주장이 존재한다. Eidenmüller, 주23, 25.

69　이에 판한 간단한 설명으로는 김건식, "기업지배구조에 관한 최근의 논의에서 무엇을 배울 것인가?"「기업지배구조와 법」(소화, 2010) 32-34면.

70　사외이사와 감사위원회의 확산은 그 좋은 예라고 할 수 있다. 경영자 보수에 대한 관심의

에 비추어 도산임박회사의 처리에 관한 대처방식이 선진국들 사이에서도 그처럼 차이를 보이는 것은 흥미로운 일이다. 그 이유는 무엇일까?

지연문제(또는 그 심각성)가 상대적으로 최근에 부각된 것이라는 점도 그 이유로 들 수 있을지 모른다. 그러한 논리에 따르면 시간이 흐름에 따라 지연문제에 대한 대처방식도 어느 한 방향으로 수렴할 것이다. 그러나 만약 대처방식의 다양성이 각국의 (정치적, 경제적, 또는 법적) 여건의 차이에서 비롯된 것이라면 그 여건이 변하지 않는 한 차이는 계속 유지될 것이다.

이와 관련해서 미국에는 왜 영국의 부당거래나 독일의 도산절차개시신청의무 같은 규제가 존재하지 않는지 추측해보기로 한다. 미국에서 지연문제에 대한 법적 대처가 발달하지 않은 것은 지연문제가 상대적으로 덜 심각하기 때문일 수도 있다. 지연문제가 덜 심각하다면 그것은 지연문제의 발생을 억제하는 다른 메커니즘이 작동하기 때문일 것이다. 이 글에서는 경영지들은 가급적 구조조정이나 청산을 미루려할 것으로 전제하였다. 그러나 경영자들이 결정을 미루는 것은 어느 곳에서도 무제한 허용되는 것은 아니다. 미국에서는 도산임박회사의 경영자가 무작정 사업을 계속하는 것이 쉽지 않은 것으로 보인다. 회사가 부실상태를 투자자나 채권자에게 숨기는 행위에 대한 민형사상의 제재가 엄격하다. 한편 미국 도산법은 상대적으로 채무자에게 유리한 것으로 알려져 있다.[71] 또한 도산회사의 경영자들에 대한 법적, 사회적 제재도 다른 나라에 비해서 덜 엄격하다. 회사가 도산해도 경영자가 재기의 기회를 가질 수 있다면 부실회사를 무작정 끌고 갈 인센티브도 크지 않을 것이다.

증대도 그와 무관하지 않은 현상이라고 할 것이다.

71  Eidenmüller, 주8. 246. 그 근거로는 주로 debtor-in-posession제도, 자동정지제도 등이
   제시되고 있다.

# V. 결론

우리 법상 도산임박회사의 경영자에게 구체적으로 행동을 요구하는 법규정은 없다. 그러나 2011년 다시 제정된 기업구조조정촉진법이 제한적으로나마 지연문제를 해소하는 기능을 하고 있다. 또한 상법 제401조에 규정된 이사의 제3자에 대한 책임을 잘 활용하면 영국의 부당거래제도와 비슷한 기능을 수행할 수 있는 여지도 없지 않다.[72] 그렇다면 우리나라에서는 영국 등 일부 유럽 국가들과 같이 경영자의 행동의무에 관해서 구체적인 규정을 둘 필요가 없는가? 우리 상법상 이사의 선관주의의무에 그러한 행동의무가 포함되어 있다고 해석하더라도 그러한 입법은 필요한 것으로 보인다. 영국법상 부당거래규정과 같이 이사에게 폭넓은 재량을 허용하는 규정이라도 이사들은 위협을 느낄 수밖에 없을 것이다. 따라서 부당거래규정은 도산임박회사의 이사로 하여금 채권자이익을 고려하여 신중하게 행동하도록 유도하는 기능을 하고 있다.[73] 지연문제를 억제하는 다른 메커니즘이 별로 작동하지 않는 우리나라의 사정을 고려하면 그러한 법규정의 필요는 더 크다고 할 것이다. 그러한 규정의 구체적인 모습을 모색하는 것은 앞으로의 과제로 미루고자 한다.

상사법연구 제30권 제3호(2011.11), 273–304면

---

[72] 회사가 아니라 개별 채권자가 손해배상청구를 하는 방식을 취하고 있는 것이 영국의 부당거래제도와 다르다.

[73] Gower / Davies, Principles of Modern Company law (8th ed. 2008) 221.

제4편

기타 회사법 쟁점

# 이사회 업무집행에 관한 주주간 계약

## Ⅰ. 서론

현행 상법상 주식회사 업무집행체제는 다음 두 규정이 그 뼈대를 이루고 있다. 하나는 회사의 업무집행을 이사회에 맡기는 규정이고(제393조 제1항)[1] 다른 하나는 이사에게 신인의무, 즉 선관주의의무(제382조 제2항)와 충실의무(제382조의3)를 부과하는 규정이다. 과거 이들 규정은 강행법규에 속한다고 보는 것이 학계의 상식이라고 할 수 있었다.[2] 그러나 최근에는 회사의 기본 성격을 계약으로 파악하는 계약설적 회사관[3]이 확산됨에 따라 이들 규정과 관련해서도 사적 자치의 범위를 넓히자는 견해가 힘을 얻고 있다.[4]

---

1   상법은 업무집행의 예로 "중요한 자산의 처분 및 양도, 대규모 재산의 차입" 등을 들고 있지만 업무집행은 그 밖에도 회사 운영에 관한 사무전반을 포괄한다고 볼 것이다. 김건식/노혁준/천경훈, 회사법(제3판), 박영사, 2018(이하 김/노/천) 361면. 이사회의 업무집행은 권한인 동시에 의무에 속한다.

2   영미 및 우리나라에서의 논의에 관하여 이중기, "이사의 충실의무의 강행성 여부와 충실의무에 대한 사적 자치", [비교사법] 제22권 3호(2015) 1304-1312면.

3   계약설적 회사관과 그에 대한 비판에 관한 최근 문헌으로 Michael Klausner, The "Corporate Contract" Today, in Jefferey N. Gordon & Wolf-Georg Ringe eds., The Oxford Handbook of Corporate Law and Governance (Oxford 2018) 84-104.

4   예컨대 이중기, 주2, 1317-1322면; Henry N. Butler & Larry E. Ribstein, Opting Out of Fiduciary Duties: A Response to the Anti-Contractarians, 65 Washington Law Review

이사회의 업무집행에 관한 사적 자치는 다양한 국면에서 시도될 수 있다. 대표적인 예로는 ① 주주총회와 이사회 사이의 권한배분,[5] ② 정관에 의한 신인의무의 감면, ③ 이사회 업무집행에 관한 주주간계약 등을 들 수 있다. 이들 문제 상황 중 ①에 대해서는 이미 우리 학계에서도 어느 정도 논의가 있고[6] ②에 대해서도 아직 이론의 영역을 벗어나지 못한 감이 있지만 일부 선행연구가 존재한다.[7] 그러나 실무상 활용도가 높은 ③에 대해서는 주주간계약에 관한 일반 연구[8]에서 부분적으로 다뤄지는 경우 외에 본격적인 논의는 별로 없는 것 같다.[9] 이 글은 ③ 이사회 업무집행에 관한 주주간계약("업무집행계약")을 비교법적, 이론적 관점에서 검토하는 것을 목적으로 한다.

오늘날 주주간계약은 국내외 실무에서 널리 이용되고 있지만 그에 대한 학문적 관심은 외국에서도 그다지 높지 않은 것 같다.[10] 아마도 그 주된 이유는 주주간계약의 효력을 비롯한 주요 논점이 이제 어느

---

1 (1990).

5 이사회와 대표이사나 위원회 사이의 권한배분도 사적자치에 속하는 문제라고 할 수 있다. 김/노/천, 주1, 359면.

6 거의 모든 교과서에서도 다 이 문제를 다루고 있다. 예컨대 김/노/천, 주1, 273-274 면. 상세한 논의로는 남기윤, "상법 제361조에서의 정관자치의 범위와 한계", 「상사법연구」제16권 제2호(1997) 405면.

7 예컨대 이중기, 주2 논문.

8 천경훈, "주주간 계약의 실태와 법리: 투자촉진 수단으로서의 기능에 주목하여", 「상사판례연구」제26집 제3권 (2013) 3면.

9 예외적으로 송영복, "의결권의 행사 및 회사의 업무에 관한 주주간계약 – 폐쇄회사를 중심으로"(서울대학교 법학석사학위논문, 2010) 118면 이하는 ③에 관해서 미국법을 중심으로 비교적 상세한 검토를 하고 있다.

10 그 예외로 Sebastian Mock et al. eds., International Handbook on Shareholders' Agreements, de Gruyter, 2018. 특히 주목할 것은 2000년대 초 森田果 교수가 6차례에 걸쳐 발표한 논문이다. 森田果, "株主間契約(1)", 「法学協会雑誌」제118권 제3 호(2001); "株主間契約(2)", 「法学協会雑誌」제119권 제6호(2002); "株主間契約(3)", 「法学協会雑誌」제119권 제9호(2002); "株主間契約(4)", 「法学協会雑誌」제119권 제10호(2002); "株主間契約(5)", 「法学協会雑誌」제120권 제12호(2003); "株主間契約(6·完)", 「法学協会雑誌」제121권 제1호(2004). 이하 森田(1) 내지 (6)으로 인용.

정도 실무상 수요를 충족시키는 선에서 가닥이 잡혔기 때문일 것이다. 우리나라에서도 일반 주주간계약에 관해서는 채권적 계약으로서의 효력을 인정하는데 거의 다툼이 없다.[11] 그러나 업무집행계약에 대해서는 후술하는 바와 같이 판례와 학설 모두 아직 부정적인 시각이 강하다. 이런 부정론의 밑바닥에는 업무집행계약은 이사의 재량범위를 제한한다는 점에서 이사의 신인의무에 반한다는 인식이 깔려있다. 이 글의 목적은 이런 인식이 비교법적으로는 물론이고, 이론적으로도 옳지 않다는 것을 논증하는 것이다. 다만 이 글에서는 업무집행계약과 신인의무와의 충돌에 초점을 맞추고 강제이행 등 기타의 논점은 후일의 과제로 미루기로 한다.

이 글의 순서는 다음과 같다. Ⅱ에서는 본격적인 논의의 토대를 제공하는 차원에서 주주간계약과 업무집행계약의 기본적인 사항을 간단히 언급한다. Ⅲ과 Ⅳ은 비교법적 검토에 해당하는 부분으로 업무집행계약에 관한 미국과 일본에서의 논의를 차례로 살펴본다.[12] 이어서 Ⅴ에서는 업무집행계약에 관한 우리 판례와 학설을 소개하며 그 비교법적 특수성을 부각시키기로 한다. Ⅵ에서는 이상의 논의를 종합적으로 고려하여 업무집행계약의 유효성을 뒷받침하는 근거를 제시하고 Ⅶ에서 결론을 맺기로 한다.

---

11  예컨대 김/노/천, 주1, 305면; 천경훈, 주8, 4면.

12  2원적 이사회구조를 취하는 독일 주식법의 특성상 독일에서의 업무집행계약에 관한 논의는 우리나라에서는 적실성이 떨어지는 면이 있는 것이 사실이다. 독일에서의 논의에 대해서는 독립된 장에서 다루는 대신 필요한 대목에서 간간이 언급하기로 한다. 독일법의 전반적인 상황에 대해서는 Christian Groß-Bölting, Gesellschafter- vereinbarungen in der Aktiengesellschaft, Nomos, 2011; 森田(1), 주10, 439면 이하.

## II. 주주간계약과 업무집행계약

### 1. 동업과 주주간계약

소수가 모여 동업을 하는 경우 원론적으로는 주식회사보다 상법상 다른 회사나 민법상 조합 형태를 취하는 편이 더 편리할 것이다. 그러나 현실세계에서는 이런 저런 이유로 주식회사 형태를 택하는 경우가 많다. 상법의 주식회사 규정은 회사운영 권한을 과반수 지분을 장악한 주주에 집중시키고 있다. 이처럼 자본다수결에 입각한 주식회사 지배구조는 특히 소수지분을 갖는 동업자 이익을 보호하는데 한계가 있다. 주주간계약은 바로 제정법의 그런 한계를 보완하기 위한 자구책으로 실무에서 개발한 것이다. 따라서 주주간계약의 주된 목적은 상법이 정한 회사운영의 규칙을 동업자의 수요를 반영하여 적절히 조정하는 것이다.

주주간계약을 필요로 하는 동업의 예로는 다음과 같은 것들을 들수 있다.[13]

① 두 기업이 합작투자를 개시하는 경우

② 벤처캐피탈이 벤처기업에 투자하는 경우

③ 사모펀드가 기업이 소수지분을 취득하는 경우

④ 창업자 주식이 복수의 상속인에게 상속되는 경우

①의 경우 주주간계약은 회사설립 시에 체결되는 것이 보통이지만 나머지 경우는 개념상 회사가 성립된 후에 체결된다. 특히 ①의 경우에는 주주간계약이 회사정관보다 먼저 작성되기 때문에 동업자간의 기본적인 합의는 오히려 주주간계약에 담겨있다고 볼 것이다. 또한 주주

---

13  주주간계약이 체결되는 다양한 상황에 대해서는 천경훈, 주8, 6-9면.

간계약은 폐쇄회사에서 체결되는 것이 보통이지만 공개회사의 일부 주주 사이에서 체결되는 경우도 없지 않다. 다만 이 글에서는 주로 전자의 경우를 상정하고 논의를 전개하기로 한다.

## 2. 사적 자치의 구현으로서의 주주간계약

### (1) 주주간계약과 정관자치

주주간계약은 동업자 사이에 회사운영에서 지분과 권한의 배분과 관련하여 사적 자치를 구현하는 하나의 예라고 할 수 있다. 동업자간 사적 자치는 당초 사업형태를 선택하는 시점에서는 물론이고 정관 내용을 합의하는 시점에서도 실현할 수 있다. 특히 후자의 정관자치는 정관이 주주간계약을 대체하거나 그 내용을 일부 반영하는 방식으로 행해질 수 있다는 점에서 주주간계약과 밀접한 관련이 있다.[14] 그러나 실제로는 주주간계약에 들어간 내용이 항상 정관에 포함되는 것은 아니다.[15]

### (2) 주주간계약의 다양한 형태

주주간계약은 회사법이 기본 원칙으로 제시하는 이른바 디폴트규정(default rule)을 수정하는 것을 목적으로 한다. 디폴트규정 수정은 다양한 형태로 이루어질 수 있다. 먼저 수정 대상은 임원선임 등 인사에 관한

---

14  다만 독일 주식법은 정관규정의 변경은 주식법이 명시적으로 허용하는 경우를 제외하고는 금지하지만 보완은 원칙적으로 허용하고 있다(제23조 제5항).
15  주주간계약에 비하여 정관은 비밀유지가 쉽지 않다는 점도 한 가지 이유라고 할 수 있을 것이다. 김/노/천, 주1, 102면.

사항, 자금조달, 투자 및 배당 등 재무에 관한 사항, 주식양도 등 투자회수에 관한 사항 등 회사운영 전반에 걸친다. 이들은 크게 ① 회사내부의 의사결정에 관한 경우와 ② 주식양도에 관한 경우로 분류할 수 있다. ①은 다시 (ⅰ) 주주총회에서의 의사결정과 (ⅱ) 이사회에서의 의사결정으로 나눌 수 있다. 이 글의 대상인 업무집행계약은 (ⅱ)에 관한 것이다.

주주간계약은 당사자 측면에서도 구분해볼 수 있다. ① 먼저 주주전원의 참여 여부에 따라 구분할 수 있다. 후술하는 바와 같이 일반적으로 주주 전원이 참여한 계약의 효력을 보다 긍정적으로 보는 경향이 있다. ② 회사가 당사자로 참여하는지 여부에 따른 구분도 가능하다. 주주간계약에 회사가 당사자로 참여하였다고 해서 그 계약이 반드시 회사를 구속한다고 볼 수 있을지는 단언할 수 없지만 실무상으로는 회사가 당사자로 서명날인하는 경우가 종종 있다. ③ 폐쇄회사의 경우에는 주주간계약에 참여하는 주주가 이사를 겸하는 경우가 많다. 특히 업무집행계약과 관련해서 이 경우를 달리 평가할 필요가 있는지 여부가 문제된다. 이에 관해서는 뒤에 다시 살펴보기로 한다.

### (3) 주주간계약의 효력과 구속력

주주간계약의 효력에서 가장 기본적인 문제는 당해 계약이 계약당사자인 주주 사이에 채권적 효력을 갖는지 여부이다. 주주간계약에 대해서 초기에는 그 효력을 부정하는 견해가 우세했으나 실무상 필요성에 대한 인식이 확산됨에 따라 차츰 유효설이 대세로 자리 잡게 되었다.[16] 유효한 주주간계약을 일방이 위반한 경우에는 계약위반의 효과가 발생한다. 계약위반의 효과로 가장 일반적인 것은 손해배상책임이

---

16  일본의 경우 森田(1), 주10, 408-410면.

지만 위반당사자 보유주식의 강제매도와 같은 특별한 제재가 계약상 명시되는 경우도 없지 않다. 주주간계약의 효력과 밀접하게 관련되지만 개념상 구별할 필요가 있는 경우도 존재한다. 먼저 ① 계약을 위반하여 감행한 행위의 법적 효력의 문제이다. 예컨대 주주가 의결권구속계약을 위반하여 의결권을 행사한 경우에도 당해 주주총회결의는 유효하다고 보는 것이 통설이다.[17] 또한 ② 당사자가 주주간계약에 따른 의무를 이행하도록 강제할 수 있는지 여부도 문제이다. 예컨대 의결권구속계약의 효력을 인정하는 경우에도 당사자인 주주에게 계약에 따른 의결권행사를 강제할 수 있는지는 별개의 문제이다. 위 ①과 ②는 주주간계약의 효력과 구별되는 문제로 주주간계약의 구속력 내지 강제력의 문제로 분류할 수 있을 것이다.[18] 전술한 바와 같이 이 문제는 이 글에서는 다루지 않는다.

## 3. 업무집행계약의 유형

업무집행계약은 이사회 업무집행의 통제를 목적으로 체결한다. 주주간계약을 통해서 이사회 업무집행을 통제하는 방식에 관해서는 이론상으로 다음과 같은 여러 유형을 생각해볼 수 있다.

① 이사회의 업무집행 내용을 직접 구체적으로 제한하는 방식(직접규제형)

---

17  예컨대, 김/노/천, 주1, 305면; 森田(1), 주10, 410면. 일본에서는 의결권구속계약에 주주전원이 참여한 경우에는 그 계약위반을 정관위반과 같은 것으로 보아 결의취소의 대상이 된다고 보는 견해가 유력하며(江頭憲治郎, 株式會社法(제7판), 有斐閣, 2017, 340면) 국내에서도 그에 찬성하는 견해가 있다(천경훈, 주8, 40면). 독일에서도 비슷한 견해를 보여주는 학설, 판례가 존재한다. Ulrich Noack, Satzungsergänzende Verträge der Gesellschaft mit ihren Gesellschaftern, NZG 2013, 281(특히 각주 3에 인용된 판례와 학설 참조).

18  ①과 ②와 관련해서는 주주간계약이 회사를 구속하는가하는 물음이 제기되기도 한다.

② 이사회 대신 제3자에 업무집행권한을 위양하는 방식(권한위양형)

③ 일부 주주에게 거부권(veto power)을 주는 방식(거부권형)

④ 주주에게 자신이 지명한 이사로 하여금 특정한 행동을 하도록 요구하는 방식

① 직접규제형은 예컨대 대표이사를 특정인(또는 특정인이 지정하는 자)으로 선임한다는 식으로 이사회가 결정할 사항을 계약으로 미리 정해두는 방식이다. ①방식은 적어도 현재는 그렇게 많이 활용되는 것 같지 않다. 또한 ①방식은 이사회 권한사항을 직접 박탈하는 것이기 때문에 바로 효력을 인정받기는 어렵겠지만 위 ④방식의 의미로 해석될 여지는 없지 않을 것이다.

② 권한위양형에서 위양을 받는 제3자로는 특정 주주나 임원,[19] 주주위원회 같은 별도 조직이 지정될 수 있다. ②방식은 이론상으로는 흥미로운 논점을 제기하고[20] 후술하는 바와 같이 미국에서도 과거 활용된 사례가 있지만 우리 실무상으로는 용례가 별로 없는 것으로 보인다.

③ 거부권형은 일정한 사항에 대해서 일방 주주의 사전 동의를 요구하는 방식으로 규정되는 것이 보통이다. 이사회 결의요건을 높이는 것도 비슷한 효과를 갖지만 그 경우는 정관에 규정하는 형태로 이루어질 것이다.[21]

④방식은 거래계에서 흔히 프로큐어(procure)조항으로 불리는 것으로

---

19  후술하는 바와 같이 미국에서는 총지배인이 업무집행권한을 행사하는 사례가 종종 문제되었다.

20  이와 관련하여 주목할 문헌으로 Holger Fleischer, Zur Unveräußerlichkeit der Leitungsmacht im deutschen, englischen und US-amerikanischen Aktienrecht, in: Unternehmensrecht zu Beginn des 21. Jahrhunderts. Festschrift für Eberhard Schwark zum 70. Geburtstag (C.H. Beck, München 2009) 137.

21  정관 기재 없이 주주간계약에만 기재된 경우에도 구속력을 인정하는 견해로 송영복, 주9, 172면.

③ 거부권형과 함께 우리나라에서 실무상 많이 활용되고 있다.[22] 이 글에서는 주로 ④방식에 초점을 맞추기로 한다.[23]

업무집행계약은 이사회의 업무집행권한이 광범할수록 활용될 여지가 크다.[24] 업무집행계약은 대표이사나 고위 집행담당임원 선임과 같은 인사사항, 신주나 사채 발행이나 대규모차입과 같은 재무사항, 대규모 자산의 매각이나 매수 같은 일반 경영사항 등 이사회 업무집행 전반을 대상으로 할 수 있다.

진술한 바와 같이 주주간계약에 대해서는 원칙적으로 법적 효력을 긍정하는 것이 통설이지만 업무집행계약의 경우 국내의 판례와 학설은 오히려 부정설에 치우치고 있다.[25] 이하에서는 국내 판례와 학설을 검토하기 앞서 미국과 일본의 사정을 간단히 살펴보기로 한다.


## III. 미국

### 1. 서설

미국 각주의 회사법도 회사의 업무집행은 이사회 권한사항으로 명시하고 있다.[26] 나아가 주회사법상 이사회의 권한은 한국이나 일본 등 이른바 대륙법계 회사법에 비하여 그 범위가 더 넓다. 예컨대 최고경영

---

22  프로큐어조항에 대한 간단한 설명으로 이동건/류명현/이수균, "주주간계약의 실무상 쟁점", 「BFL」제67호(2014) 77면, 84-85면.
23  ③ 거부권형의 효력을 긍정하는 논거에 대해서 상세한 것은 송영복, 주9, 160-171면.
24  일반론상 미국이 한국이나 일본에 비하여 이사권한범위가 넓으므로 업무집행약정도 미국에서 더 중요한 의미를 갖는다고 할 수 있다.
25  국내 학설의 부정적 태도에 대한 간단한 소개로는 송영복, 주9, 6-8면.
26  대표적인 예로 델라웨어주 회사법 제141조.

자 등 임원선출과 그 보수의 결정, 신주발행과 이익배당의 결정은 모두 이사회 권한에 속한다.[27] 그리하여 동업형태로 주식회사를 선택하는 경우 업무집행계약을 체결할 현실적인 필요가 상대적으로 더 크고 그런 연유에서인지 그 효력에 대한 논의가 시작된 시기도 이르다.

후술하는 바와 같이 미국 판례도 초기에는 업무집행계약에 대해서 부정적인 태도를 취하였다.[28] 그러나 실무의 수요에 대한 인식이 확산됨에 따라 판례나 주회사법은 차츰 일정한 요건을 갖추는 것을 조건으로 그 효력을 인정하는 방향으로 선회하였다.[29] 미국에서는 이사회를 선임기관인 주주총회로부터 독립된 기관으로 파악하는 견해가 일반적이고 그 결과 주주총회가 이사회 업무집행에 관여하는 것에 대해서는 부정적인 시각이 강하다.[30] 그럼에도 불구하고 오늘날 업무집행계약의 효력을 폭넓게 인정하는 판례법과 제정법의 태도를 비판하는 견해는 찾아보기 어렵다.

---

27  Rubert C. Clark, Corporate Law, Little, Brown & Company, 1986, 105-106.

28  미국법상의 업무집행계약에 관한 우리 문헌으로는 송영복, 주9, 119-153면. 미국 문헌으로는 조금 오래되었지만 다음 논문이 유익하다. Steven N. Buloloch, Shareholder Agreements in Closely Held Corporations: Is Sterilization an Issue?, 59 Temple Law Quearterly 61 (1986). 일본 문헌으로는 栗山德子, アメ リカ会社法における株主の合意 - 理事会の権限を制限する合意, 「公開会社と閉鎖会社 の法理」(石山卓磨=上村達男 編), 商事法務, 1992, 299면.

29  Clark, 주27, 781-784.

30  이런 사고는 이미 백년 전 판결에서도 자취를 찾아볼 수 있다. "회사기관 중에서 이 사회의 권한은 매우 중요한 의미에서 근원적인 것이고 위임받지 않은 것이다. 주주는 그 권한을 부여한 것이 아니고 그것을 박탈할 수도 없다." Manson v Curtis 119 N.E. 559, 562 (N.Y. 1918).

---

## 2. 초기의 뉴욕주 판례

미국에서도 초기에는 이사의 독립적 판단을 제약하는 주주간계약은 무효라고 선언한 판결이 많았다.[31] 이와 관련해서 유명한 것은 뉴욕주 법원이 선고한 일련의 판결이다. 가장 앞선 것은 1918년 Manson v. Curtis 판결[32]로 사실관계는 다음과 같다. 과반수 주식을 보유한 Manson과 Curtis라는 두 명의 주주가 각각 3인의 이사를 지명하고 나머지 1인은 두 사람의 합의로 선임하여 이사회를 구성하고 Manson을 1년간 총지배인(general manager)으로 선임하기로 주주간계약을 체결하였다. 계약상 실제 회사 경영에 대한 권한을 총지배인이 행사한다는 점에서 이 경우는 전술한 분류에 따르면 ② 권한위양형에 속하는 것이었다. 법원은 총지배인에게 경영권을 부여하는 것은 이사가 업무집행기관으로 지는 경영상의 의무를 박탈하는 것으로 계약 전체가 무효라고 판시하였다.

이 같은 Manson 판결의 취지는 1934년 McQuade v. Stoneham 판결[33]에서도 그대로 유지되었다. 사안에서 야구단을 경영하는 회사의 대주주 Stoneham은 McQuade와 McGraw에게 일부 주식을 양도하면서 주주간계약을 체결하였다.[34] 그 계약에는 세 당사자가 서로를 이사 및 임원으로 선임하는데 최선의 노력을 다하기로 하는 규정, 임원보수금액에 관한 규정, 보수의 변경, 발행주식 수 변경, 정관변경, 소수주주 권

---

31　Clark, 주27, 781-784; Arthur R. Pinto, Protection of Close Corporation Minority Shareholders in the United States, 62 American Journal of Comparative Law Supp. 361, 380 (2014).

32　Manson v Curtis 119 N.E. 559, 562 (N.Y. 1918).

33　McQuade v. Stoneham, 189 N.E. 234 (N.Y. 1934). 이 판결에 대한 서술은 Melvin A. Eisenberg, Corporations and Other Business Organizations(8th ed.), Foundation Press, 2000, 371-375에 의존하였다.

34　따라서 주주간계약에 주주전원이 참여한 사안이 아니므로 다른 주주의 보호를 위해서 이 사재량에 대한 제약을 부정할 필요가 있었다.

리에 영향을 주는 사항의 변경은 당사자 전원 동의를 요한다는 규정 등이 포함되었다. 결국 사안의 업무집행계약은 전술한 ①, ③, ④방식을 모두 포함한 것이었다. 그러나 McQuade는 Stoneham과의 불화로 결국 임원직에서 물러나게 되었다. McQuade가 합의의 강제이행(specific performance)을 구하며 제소하자 피고 Stoneham은 그 계약의 무효를 주장했다. 원고 McQuade는 임원선임에 관한 이사간 합의는 그 임원이 회사 이익에 충실한 한(loyal to the interests of the corporation) 위반해서는 아니 되며 자신은 회사에 대해서 충실했으므로 그 합의를 이행해야 한다고 주장하였다. 대법원은 원고의 청구를 기각하였다. 대법원은 주주는 이사 선임에 대한 합의는 할 수 있지만 특정한 자를 임원으로 선임하도록 합의하는 것(즉, 전술한 분류에 의하면 ① 직접규제형)은 제정법이 부여한 이사 권한의 행사를 제한하는 것으로 허용되지 않는다는 이유로 원고의 임원선임을 거부함은 물론이고 일실이익에 대한 배상청구를 인정한 원심판결을 파기하였다.

그러나 업무집행계약에 대한 초기의 부정적인 태도는 폐쇄회사의 경우 점차 긍정하는 방향으로 전환하였다.[35] 그 전환의 조짐은 Mc-Quade 판결로부터 불과 2년 후인 1936년에 나온 Clark v. Dodge 판결에서 찾아볼 수 있다.[36] McQuade 판결에서 와는 달리 Clark 판설에서는 주주전원이 참여힌 주주간계약이 문제되었다. 즉, 25%주주인 Clark와 75%주주인 Dodge는 Clark이 "성실하고 효율적이며 유능한"(faithful, efficient, and competent) 한 총지배인으로 선임하며 순이익 25%를 보수나 배당의 형태로 지급한다는 내용의 주주간계약을 체결하였다. 전술한 분류에 의 하면 이는 ① 직접규제형에 해당한다. 그러나 두 사람 사이가 벌어져 약속이 지켜지지 않자 Clark은 강제이행을 구하는 소를 제기

---

35  Clark, 주27, 784.
36  199 N.E. 641 (N.Y. 1936).

하였다. 법원은 다음 두 가지 이유를 들어 계약의 유효를 선언하고 강제이행까지 허용하였다. ① Clark이 성실하고 효율적이며 유능한 한 그를 총지배인으로 임명하는 것은 일반 공중을 비롯하여 누구에게도 손해가 없다. ② Manson 판결이나 McQuade 판결에서와는 달리 이 사안에서는 이사회를 무력화한(sterilize) 것과 같은 결과가 발생하는 것은 아니고 단순히 이사회 권한이 경미하게 제한될 뿐이다.[37] 법원은 이사회 권한에 중대한 침해가 있거나 채권자의 손해가 있거나 계약 당사자가 아닌 주주가 있는 경우에는 유효로 볼 수 없을 것이라고 판시하였다.

반면에 1948년의 Long Park v. Trenton-New Brunswick Theatres Co. 판결[38]에서는 Clark 판결의 논리를 그대로 수용하면서도 당해 업무집행계약이 무효라고 선언하였다. 사안에서 문제된 것은 주식 전부를 소유하는 3인의 주주가 이사회 대신 지배인으로 선임한 특정 주주에게 모든 업무집행권한을 19년간 부여하기로 한 계약을 유효로 볼 수 있는지 여부였다.[39] 즉 전술한 분류에 따르면 이는 ② 권한위양형에 해당한다. 법원은 주주간계약에 주주전원이 참여했음에도 불구하고 이사회 업무집행권한에 대한 침해가 Clark 판결의 경우보다 훨씬 중대하다는 이유로 그 계약이 무효라고 판단하였다. 이처럼 업무집행계약에 대한 뉴욕주법원의 부정적 태도는 Clark 판결 이후에도 한동안 계속되었고[40] 변화를 추진하는 역할은 다른 주법원이 맡게 되었다.

---

37 이에 대해서는 Clark 판결의 사안에서도 이사회 권한의 제한이 마찬가지로 심각했다고 평가하는 견해도 있다. Bulloch, 주28, 65.

38 다만 임원선임에 관한 합의를 전면 긍정한 것은 아니다. Long Park v. Trenton- New Brunswick Theatres Co., 77 N.E.2d 633 (N.Y. 1948)

39 지배인은 이사회가 아니라 3인 주주만이 해임할 수 있었다.

40 203 N.E.2d 577 (Ill. 1964) 이 판결에 대한 서술은 Eisenberg, 주33, 375-381에 의존하였다.

## 3. 판례의 변화

### (1) 1964년 Galler v. Galler 판결[41]

폐쇄회사에서 체결된 업무집행계약에 대한 판례의 태도변화를 보다 확실히 보여준 것은 1964년 일리노이주 대법원이 선고한 Galler v. Galler 판결이다. 사안에서 회사주식을 47.5%씩 보유한 두 형제 B, I와 그 배우자 E, R은 1955년 B의 발병을 계기로 주주간계약을 체결하였다. 그 계약내용은 복잡하지만 이 글과 관련하여 중요한 부분만을 간추리면 다음과 같다. ① 주주총회에서 4인의 당사자를 각각 이사로 선임하도록 의결권을 행사하며 B나 I가 사망한 경우 그 배우자인 E나 R이 대신 이사 지명권을 행사한다. 이사회 결의는 4인 이사 중 3인의 찬성으로 성립한다. ② 배당은 이익잉여금에서 50만 달러를 공제한 잔액에서 5만 달러를 지급한다. ③ 형제가 한명이라도 사망하는 경우에는 그가 임원으로서 받았던 보수액의 2배를 그 미망인에게 5년 간 지급하는 계약을 회사가 체결한다. 전술한 분류에 의하면 이는 ① 직접규제형에 해당한다.

1957년 마침내 B가 사망하자 미망인인 E가 계약이행을 요구하였으나 I는 보수 지급은 계속하면서도 E를 이사로 신임하는 것만은 거부하였다. 그리하여 E는 계약상 의무의 강제이행을 구하는 소를 제기하였다. 원심은 E의 청구를 인용한 1심판결을 파기하고 강제이행청구를 기각하였다. 원심은 "긴 계약기간, 명시된 계약목적, 회사법규정의 중대한 위반을 고려할 때 계약의 일부만 무효로 볼 수는 없다"는 이유로 계약 전부가 무효라고 선언하였다. 대법원은 원심판결을 파기환송하

---

41  Triggs v. Triggs, 46 N.Y.2d 305 (1978)(일부 주주만이 참여한 업무집행계약이 무효로 선언된 사례).

며 여러 가지 이유를 들었지만 특히 폐쇄회사의 특수성을 다음과 같이 강조하였다.[42] "폐쇄회사 주주는 보유주식을 처분할 수 없으므로 그를 보호하려면 위와 같은 계약이 필요하다. 또한 사안의 경우와 마찬가지로 폐쇄회사에서는 주주가 이사를 겸하는 경우가 많으므로 공개회사에서와 같이 이사가 사적 이익을 떠나 독립적으로 판단을 내릴 것을 기대할 수 없다. 주주(이사)간 계약이 엄격히 말해서 회사법의 법문을 '위반'한 경우에도 공익침해의 부존재, 반대소수주주 부존재, 채권자 손해 부존재 등 현실적 상황을 고려하여 유효가 인정된 사례가 다수 존재한다. … 사안에서와 같이 불만을 제기 하는 소수주주가 없고 사기나 공익이나 채권자이익 침해가 없고 제정법상 명백한 금지문언이 없는 경우에는 당사자가 회사경영에 관한 합의를 맺는 것을 배제할 상당한 이유가 없다. …"

이상의 판시를 토대로 대법원은 피고 I의 각 항변에 대해서 다음과 같이 판단하였다.

① 계약기간이 과도하게 장기인지 여부: 당해 계약에는 기간의 정함은 없지만 미망인의 사망 시까지 효력을 갖는다고 보는 것이 타당하다. B의 사망 시 E의 기대수명은 26.9년인데 그 정도의 기간이 당해 계약의 효력을 상실시키는 것으로 볼 수는 없다.

② 판례상 특정인을 일정 기간 동안 임원으로 선임하기로 하는 규정은 무효로 보지 않는다.

③ 계약의 목적: 당사자 사망 후 직계 가족 부양을 위한 소득을 제공한다는 목적은 그 자체로 나쁘다고 볼 수 없다.

④ 배당약정은 50만 달러 공제 후에 배당을 지급하게 되어 있으므로 채권자 이익의 침해는 없다.

---

42  이하 인용부분은 판시를 간추린 것임.

⑤ 보수계속약정은 임원채용과 관련하여 흔히 발견되는 것으로 이 사안에서는 그로 인해 손해 보는 다른 주주가 없고 회사에도 계약을 무효로 할 정도로 불리한 영향 은 없다.

대법원은 피고 I와 R로 하여금 회사로부터 부당하게 수령한 금액을 정산하도록 명하였다. 환송심은 B가 죽은 후 B의 유족에 아무런 대가를 지급함이 없이 I가 계속 같은 금액을 보수로 수령한 것은 기존 약정의 변경으로 허용할 수 없다고 판단하였다. 당해 계약에서 두 가족 간에 동등한 보수를 받는다는 점을 명시하지 않았지만 당해 계약의 취지는 사망한 형제의 유족을 임원으로 선임함으로써 회사이익을 동등하게 분배하는 것이라고 판단하였다.[43]

## (2) Zion v. Kurtz 판결[44]

업무집행계약의 효력에 대해서 소극적인 태도를 유지하던 뉴요크주 법원은 1980년에 이르러 비로소 변화의 물결에 동참하는 판결을 내놓았다. 사안에서 문제된 것은 델라웨어 회사의 주식 전부를 보유한 두 주주가 체결한 주주간계약이었다. 그에 따르면 대부분의 회사업무를 수행할 때에는 상대방 주주의 동의를 얻어야 했고 회사도 그 계약에 참여하였다. 이는 전술한 분류에 따르면 ③ 거부권형에 해당하는 것이었다. 이사회가 그 계약에 위반하여 은행과 대규모 금융거래를 체결하자 원고는 상대방 주주와 회사를 상대로 금지처분을 구하는 소를 제기하였다. 후술하는 바와 같이 델라웨어주법은 이사회 권한을 제한하는 주주간계약도 일정한 요건 하에 허용하고 있었다.[45] 당시 델라웨어주법

---

43 Eisenberg, 주33, 381-382.

44 50 N.Y.2d 92 (1980).

45 DEL. CODE. ANN. tit. 8, § § 341-356 (1975).

은 정관기재를 업무집행계약의 유효요건으로 규정하고 있었고 뉴요크주법도 마찬가지였지만 당해 정관은 그 계약의 내용을 담고 있지 않았다.[46] 뉴요크주 대법원은 저촉법상 궁극적으로 델라웨어주법을 적용하였지만 당해 주주간계약은 뉴요크주법상으로 유효할 뿐 아니라[47] 뉴요크주의 공서양속(public policy)에도 반하지 않는다고 판시하였다. 즉, 주주간계약의 내용이 이사회권한을 대폭 침해하는 것이었음에도 불구하고 주주전원의 참여가 있었고 제3자 권리의 침해가 없다는 이유로 과거의 판례와는 달리 유효를 선언한 것이다.

## 4. 주회사법의 전개

### (1) 주회사법에 의한 명시적 허용

판례는 업무집행계약의 효력을 긍정하는 방향으로 선회하였지만 전술한 바와 같이 개별 판결에서 채택한 기준이 다르다보니 혼란의 여지가 있었다.[48] 그리하여 각 주는 1960년대 중반부터 예측가능성을 높인다는 차원에서 일정 요건의 충족을 조건으로 이사회 권한의 제한을 허용하는 입법을 단행하였다. 이들 주법 규정은 다양하지만[49] 이하에서는 대표적인 유형이라고 할 수 있는 일부 입법례만을 소개한다.

---

46  Bulloch, 주28, 67.
47  법원은 주주전원의 동의가 있으면 정관변경이 가능하고 주주간계약상 피고가 변경된 정관을 등록하게 되어 있었는데 자신이 그 의무를 위반하였으므로 자신의 의무위반으로 인한 유효요건 미충족을 항변으로 주장하는 것은 금반언원칙에 반한다고 보았다. Ibid.
48  Pinto, 주31, 380.
49  Clark. 주27, 782.

## (2) 모범회사법

모범회사법(Model Business Corporation Act)은 제7.32조에서 주주간계약에 관해서 규정하고 있다.[50] 업무집행계약을 중심으로 그 내용을 정리하면 다음과 같다. 주주간계약은 주회사법 규정과 충돌하는 경우에도 주주와 회사에 대해서 유효한 바 그 대상에는 이사회 폐지나 권한제한, 이익배당, 임원임면, 일부 주주나 제3자에 대한 업무집행권한의 위양 등 그야말로 거의 모든 업무집행사항이 포함된다(§7.32(a)). 주주간계약이 유효하기 위해서는 계약내용이 (ⅰ) 정관 또는 부속정관(articles of incorporation or bylaws)에 기재되고 계약 당시 주주 전원의 승인을 받거나 (ⅱ) 계약당시 주주 전원이 서명한 계약서에 기재되고 회사에 알려야 한다(§7.32(b)(1)). 현재 존속기간에 대한 제한은 존재하지 않는다(§7.32(h)).[51]

## (3) 뉴요크주법

뉴요크주는 사업회사법 제620조에서 업무집행계약에 관해서 비교적 상세하게 규정하고 있다. 동조 a항은 일반 주주간계약의 구속력을 명시하고 b항은 업무집행계약에 대해서 규정히고 있나. b항에 의하면 이사회 업무집행을 제한하는 정관규정[52]은 다음 요건을 충족하면 유

---

50  모범회사법 제7.32조에 대한 간단한 설명으로는 Wulf A. Kaal, United States of America, in Sebastian Mock et al. eds., International Handbook on Shareholders' Agreements, de Gruyter, 2018, 645-650.

51  과거에는 특별한 정함이 없으면 존속기간이 10년이었고 공개회사가 되면 효력을 상실하게 되어 있었다.

52  b항은 "이사에 의한 회사업무집행을 부당하게 제한한다든가 본법상 이사회 권한에 속하는 업무집행을 일부 주주나 당해 주주가 지정한 자연인이나 회사에 부당하게 양도하는 정관규정"이란 표현을 사용하고 있다.

효하다.

(1) 발기인 또는 주주[53] 전원의 동의로 당해 정관규정을 채택하거
나 변경하였을 것

(2) 당해 규정의 채택 후 당해 규정을 알았거나 그에 서면으로 동의
한 자에게만 주식이 발행되거나 양도될 것[54]

이 규정은 당해 회사 주식이 상장되거나 장외시장에서 거래되는 경
우에는 효력을 상실한다(c항).[55] 특히 주목할 것은 정관의 기재가 업무
집행계약의 유효요건이라는 점이다. 다만 법원은 주주전원이 동의한
약정은 정관에 정식으로 기재되지 않은 경우에도 유효한 것으로 보고
있다.[56] 주주전원의 동의를 요구한다는 점에서 뉴요크주법은 모범사
업회사법과 마찬가지로 업무집행계약에 대해서 비교적 엄격한 태도를
취하고 있다고 볼 수 있다.

### (4) 델라웨어주법

한편 미국 주회사법 중 가장 영향력이 크다고 할 수 있는 델라웨어
주 회사법은 업무집행계약에 대해서 뉴요크주법보다 훨씬 더 진취적인
태도를 취하고 있다. 델라웨어주법은 폐쇄회사에 적용되는 일련의 규
정 중 제350조에서 특별히 업무집행계약에 관해서 규정하고 있다.[57] 제
350조는 폐쇄회사의 의결권 있는 주식 과반수를 보유한 주주 사이에 체
결된 업무집행계약도 유효함을 명시하고 있다. 뉴요크주법과 달리 업
무집행계약은 정관기재를 요하지 않을 뿐 아니라 주주가 아닌 자가 참

---

53 명의상 주주로 의결권 유무를 불문한다.
54 당해 규정의 존재는 주권에 명확하게 표시되어야 한다. 제620조 g항.
55 d항은 당해 규정의 폐지를 위한 결의요건을 상세히 규정하고 있다.
56 Adler v. Svingos, 436 N.Y.S.2d 719 (1981).
57 제342조는 주주 수 상한을 30명으로 하는 등 폐쇄회사 요건을 정하고 있다.

여한 경우에도 유효라고 하고 있다.

## 5. 소결

현재 업무집행계약을 둘러싼 미국법의 상황은 대체로 다음과 같이 정리할 수 있다. 먼저 업무집행계약을 비롯한 주주간계약에 대해서는 각주 회사법이 규정을 두고 있으므로 그 제정법상 요건을 충족한 경우에는 유효하다. 주법의 요건을 충족하지 못 한 경우에도 법원에 의하여 업무집행계약의 유효성이 인정될 여지는 남아 있다.[58] 주회사법의 엄격성은 주별로 차이가 있어 예컨대 델라웨어주법은 극히 유연한 태도를 취하고 있는 반면 뉴욕주법의 요건은 아직도 상당히 엄격하다. 뉴욕주의 초기 판례에서는 이사회 권한 침해의 정도에 따라 효력 여부를 결정하기도 했지만 이제는 그 점은 제정법상으로는 물론이고 판례법상으로도 더 이상 큰 문제가 되고 있지 않은 것 같다.[59]

# IV. 일본

## 1. 학설

일본에서도 일반 주주간계약에 대해서는 원칙적으로 그 효력을 인정하는 견해가 대세이다.[60] 이사회의 업무집행에 관한 사적자치에 대해서도 그것을 긍정하는 견해가 확산되고 있다. 먼저 정관으로 업무집

---

58  Bulloch, 주28, 62; 송영복, 주9, 152-153면.
59  Zion v. Kurtz, 50 N.Y.2d 92 (1980).
60  江頭, 주17, 62면.

행에 관한 사항을 이사회에서 주주총회로 이관하거나 주주대표로 구성된 경영위원회의 승인을 받도록 하는 것도 허용된다고 보는 견해가 유력하다.[61] 나아가 업무집행계약에 대해서도 그 채권계약으로서의 효력은 인정하는 것이 통설이라고 할 수 있다.[62] 대표이사 선임과 관련된 주주간계약에 관해서는 당사자인 주주가 이사를 겸하였는지 여부에 관계없이 항상 유효한 것으로 본다.[63] 신주발행 등 이사회 결의사항에 특정 주주의 동의를 요하는 내용의 업무집행계약(즉, 전술한 분류에 따르면 ③ 거부권형)도 마찬가지로 채권계약으로서 유효로 본다.[64] 따라서 업무집행계약에 위반한 경우에는 당연히 손해배상책임 등 계약위반의 효과가 발생한다.[65] 다만 그 업무집행계약에 위반한 이사회 행위라도 대외적으로는 원칙적으로 유효라고 본다.[66] 이처럼 업무집행계약의 실효성에는 한계가 있기 때문에 자신의 이익을 보다 확실히 보장하고자 하는 주주로서는 정관으로 이사회 권한을 주주총회에 이관하거나 의사회 의결정족수를 높이는 방안을 택할 수 있을 것이다.[67]

---

61  江頭, 주17, 406면 주2; 田邊眞敏, 株主間契約と定款自治の法理, 九州大学出版会, 2010, 285-286면. 사실상 이사회를 폐지하는 것과 같은 정도의 권한이전은 허용되지 않겠지만 거래계의 수요에 비추어 이사회 결의를 주주로 구성된 경영위원회가 부의한 사항에 대해서만 인정하는 합의도 유효한 것으로 보는 견해도 있다. Id. 286-287면.

62  그러한 견해는 이미 1970년대 전반부터 등장하였다. 浜田道代, アメリカ閉鎖会社法, 商事法務, 1974, 310-311면. 다만 일본에서는 2001년 상법 개정 이후 이사회 결의사항에 대해서 동의권을 갖는 내용의 종류주식 발행도 허용되고 있으므로(회사법 제108조 제1항 제8호) 현재 업무집행계약의 실무상 필요성은 다소 감소한 것이 사실이다.

63  森田(6), 주10, 27면. 다만 본문에서는 주주가 이사를 겸하는 경우를 전제하고 있어 이 글의 분류상 ④ 프로큐어조항에 대해서는 직접 논하고 있지 않다.

64  森田(6), 주10, 27-29면. 그에 따르면 ② 권한이양형도 유효한 것으로 본다.

65  상대방의 매수청구권도 유효하다. 田邊, 주61, 290면.

66  森田(6), 주10, 28면; 田邊, 주61, 293면.

67  森田(6), 주10, 28-29면. 물론 과반수 이사를 자기편으로 지명하는 방법도 고려할 수 있을 것이다.

## 2. 판례 - 2000년 동경고등재판소 판결

일본에서도 업무집행계약에 관한 판결은 드물지만 예외적인 존재가 바로 2000년 동경고등재판소 판결[68]이다. 이하에서는 이 판결을 상세하게 소개하기로 한다.

### (1) 사실관계

A회사 창업자인 B의 사망 후 A회사 및 그룹 각 회사는 B의 자식인 X와 Y가 각각 대표이사 사장과 대표이사 전무로 경영해왔다. 동생 Y가 형 X에게 사장직 양보를 요구하자 두 사람은 1987년 8월 31일 다음과 같은 내용을 합의하였다.

① 1987년 9월 30일까지 X는 A회사와 D회사 사장직을 Y에게 물려주고 회장직을 맡는다. 한편 Y는 C회사와 E회사 사장직을 X에게 물려주고 회장직을 맡는다. 다만 C회사의 경우 실행을 당분간 연기한다.

② 1995년 9월 30일 X와 Y가 각 회사 대표이사직을 X의 아들인 X2와 Y의 아들 F에게 물려준다.

③ 이미 각 회사에서 근무 중인 X2와 F는 4년 이내에 각 회사 이사로 취임하고 이후 동일한 보수와 대우를 받는다.

④ X와 Y는 대표이사 퇴임 후에도 2005년 말까지 그룹으로부터 동일한 일정액의 보수를 받을 수 있다

⑤ X와 Y의 가족은 출자비율을 동일하게 하고 대등하게 경영에 참여하며 일방이 타방을 지배할 수 있는 지주비율, 정관, 임원회, 또는 조직, 파벌 등을 만들지 않는다. 위 합의에 따라 X는 1987년 9월 A회사 사

---

68 東京高等裁判所 2000.5.30.판결, 判例時報 1750호 169면. 이하 판결의 소개는 山下友信/神田秀樹, 商法判例集(7판), 有斐閣, 2017, 222-225면에 의존하였다.

장직을 Y에게 물려주었지만 Y는 C회사 사장직을 물려주지 않았다. X2와 F는 각각 그룹 각 회사 이사로 취임하였지만 1993년 10월부터 X와 Y 사이가 악화되자 A회사 이사회는 Y측 인물들이 다수를 점하게 되었다. 위 ②에서 합의한 기한이 지난 후에도 X와 Y는 계속 각 회사 대표이사직을 유지하였지만 X는 1995년 그룹 각 회사 대표이사직에서 해임되었다. 또한 X2는 1997년 A회사 이사직에 유임되지 않았고 X도 1998년에는 C회사, 1999년에는 A회사에서 이사로 유임되지 않았으나 Y는 그 결의에 찬성표를 던졌다.

X와 X2는 Y에 대해서 위 합의 위반을 이유로 손해배상을 청구하였다. 제소 당시 A회사주식은 X와 Y일족이 각각 29.125%, C회사가 22.5%, E회사가 19.25%를 각 각 보유하였고 그 밖의 주주는 존재하지 않았다. 제1심은 위 합의가 상법에서 정한 회사법제도를 부정하는 것과 같고 법적 의미의 구속력을 인정할 수 없다고 하여 X의 청구를 기각하였고 이에 X가 항소하였다.

## (2) 항소심 판단

동경고등재판소는 원고의 항소를 기각하면서도 다음과 같이 위 합의의 효력은 인정하였다.

"(1) 본건 합의 ①은 … 이사회에서 이사로서의 의결권 행사에 대하여 합의한 것으로 해석할 수 있는 바, X와 Y가 위와 같은 합의를 하는 것은 전혀 부당하다고 해석할 수 없기 때문에 X 및 Y는 A그룹 각 회사 이사회에서 위 합의에 따라 의결권을 행사할 의무를 지기에 이르렀다고 할 것이다. …

(2) 본건 합의 ②는 (ⅰ) X와 Y가 함께 1995.9.30. 까지 A그룹 각 회사 대표이사를 퇴임하는 것을 합의하고 (ⅱ) 그리고 그 대신 X2 및 F를

A그룹 각 회사 대표이사에 취임시키는 것을 합의한 것이다. 위 (ⅰ) 합의는 X와 Y의 의사만으로 이행할 수 있는 것이고 이사회 결의를 요하는 것은 아니며 그리고 그것이 상법의 정신에 반한다고 해석하기 어렵기 때문에 위 합의는 유효이고 X 및 Y는 1995.9.30까지 A그룹 각사 대표이사를 사임할 의무를 지기에 이르렀다고 할 것이다. …

다음 위 (ⅱ) 합의는 X2와 F가 A그룹 각사 이사로 선임되어 있음을 전제로 각 이사회에서 X2와 F가 대표이사로 선임되도록 의결권을 행사할 것에 대하여 합의한 것이지만 <u>이사회에서 누구를 대표이사로 선임할지에 대해서 미리 다른 이사와 협의하는 것은 전혀 부당하지 않고 그때 이사회에서 의결권 행사에 대해서 특정인을 선임하기로 약속하였더라도 이사회가 다수결에 의하여 결의되는 기관인 점을 고려하면 전혀 상법의 정신에 반하는 것이라고는 할 수 없고 따라서 위 합의도 또 유효하다고 할 것이다</u>(밑줄 필자). … 그러나 X와 Y사이에 행한 합의는 당사자간의 합의에 그치는 것으로 이 합의에 의하여 X2에 자기가 대표이사가 되는 것에 대한 기대권 내지 기대이익을 발생시키는 것으로 해석할 수는 없다. 또 X2가 X 및 Y에 대해서 자기를 대표이사로 선임하도록 의결권을 행사할 것을 청구하는 권리를 취득하기에 이르렀다고 해석할 수도 없다. 생각건대 X2가 대표이사에 취임하는 것은 X와 Y와 사이의 위 합의에 따른 반사적 이익에 불과한 것이라고 해석할 것이고 X도 Y도 X2에게 위와 같은 기대권 내지 기대이익을 직접 취득시킬 취지로 위 합의를 한 것은 아니라고 인정되기 때문이다.

(3) 본건 합의 ③은 (ⅰ) X2 및 F를 4년 이내에 A회사 주주총회에서 이사로 선임하는 취지로 합의하고 (ⅱ) 또 X2와 F를 A그룹 각 회사에서 보수, 대우에 관하여 동일하게 취급하기로 합의한 것이다.

위 (ⅰ) 합의는 A회사 주주총회에서 X2와 F를 함께 이사로 선임하도록 의결권을 행사할 것을 약속한 것이라고 해석되지만 … 위 합의도 또 유효이다. …

다음으로 위 (ii) 합의는 … 매우 추상적이고 … 위 합의에 의하여 X2와 F가 동일 보수, 동일 대우를 받는 기대권 내지 기대이익을 취득하든가 또는 X와 Y에 대해서 동일보수, 동일대우의 실현을 청구하든가 하는 권리를 직접 취득하기에 이르렀다고는 해석하기 어렵다고 할 것이다.

(4) 본건 합의 ④는 X 및 Y가 A회사그룹 각 회사 대표이사를 퇴임한 후에 여전히 이사 지위를 갖는 것을 전제로 2005년 말까지 약 18년 동안에 걸쳐 쌍방이 동액의 보수를 A그룹 각 회사로부터 수령할 수 있도록 하는 취지로 합의한 것이다. … 그러나 87년부터 2005년 말(X 83세, Y 75세)까지의 약 18년간의 장기에 걸쳐 의결권 행사에 구속을 가하는 위 약속은 의결권 행사에 과도한 제한을 가한 것으로 그 유효성에는 의문이 있다고 하지 않을 수 없고 적어도 상당 기간을 경과한 후에는 … 본건 합의 ④에는 구속되지 않는 것이라고 할 것이다. 그리고 그 상당한 기간은 위의 취지에 비추면 길어도 1987.8부터 10년을 경과한 후의 1997년 말까지라고 해석하는 것이 상당하다.

(5) 본건 합의 ⑤는 그 합의내용이 구체적 특정을 결하여 아직 법적 구속력을 갖지 않는 것으로 볼 것이다."

동경고등재판소는 이상과 같이 판시한 후 Y가 X2를 대표이사로 선임하지 않은 행위는 합의 ②에 위반한 것이지만 Y의 행위에 의하여 X2에 손해가 발생한 것은 아니며, Y가 A회사 주주총회에서 X2를 이사로 유임하도록 의결권을 행사하지 않은 행위는 합의 ③에 위반하였지만 그에 따라 X2의 권리 내지 이익이 침해된 것은 아니라고 하여 X2의 청구를 기각하였다. 또한 Y가 합의 ②에 위반하였으므로 X에 재산적 손해가 있다면 X에게 손해배상책임을 지겠지만 Y가 대표이사직을 유지함으로 인해 X에 재산적 손해가 발생하였다고 볼 수는 없다고 판시하였다. 또 합의 ④와 관련해서 Y가 C회사 및 A회사의 주주총회에서 X를 이사로 유임하도록 의결권을 행사하지 않았지만 전술한 바와 같이 합의 ④에 법적 구속력이 있는 것은 1997년 말까지라고 해석해야 하므로 Y의 행위를 채무불이행으로 볼 수는 없다고 판시하였다. 나아가 X2의 손해 중 합의 ③과 ⑤에 관한 것에 대해서는 합의의 구속력이 없기 때문에 Y의 채무불이행책임을 물을 수 없다고 하여 X2의 청구를 기각하였다.

### (3) 검토

위에서 제시한 판시사항 중 업무집행계약과 관계된 것은 (1)과 (2)라고 할 수 있다. (1)과 (2)는 모두 당해 업무집행계약의 효력을 인정하였을 뿐 아니라 X와 Y의 주주로서의 의무만을 인정한 것이 아니라 이사로서도 의무를 부담한다고 명시하였다.[69] (1)과 (2)의 판시는 너무 간단해서 업무집행계약의 유효를 인정한 구체적인 근거를 알 수는 없다. 또한 이사가 직접 계약상 의무를 진다는 결론을 내리면서 그 경우 이사의 신인의무와 충돌할 가능성이 있다는 점에 대해서는 아무런 언급도 하지 않았다. 특히 X와 Y가 상대방이나 조카를 회장이나 대표이사로 선임하기로 하는 합의가 장기에 걸친 경우에도 유효한 것인지, X와 Y가 이사가 아니라 주주에 불과한 경우에도 이들 사이의 계약을 유효로 볼 것인지에 대한 답은 분명치 않다. 다만 이사 간 합의를 존중하는 판결의 취지에 비추어보면 그런 합의가 이사가 아닌 주주 사이에서 체결된 경우에도 효력을 인정하는 결론이 나왔을 가능성이 높다고 할 것이다.

---

69  다만 이사회에서 특정인을 선임하기로 한 약속도 "이사회가 다수결에 의하여 결의되는 기관인 점을 고려하면 전혀 상법의 정신에 반하는 것이라고는 할 수 없(다)"는 판시가 어떤 의미인지는 잘 알기 어렵다.

한편 판결문에 제시된 주주구성에 따르면 본건 업무집행계약의 당사자인 X와 Y가 모든 주식을 가진 것은 아니지만 나머지 주주인 C와 E도 모두 계열회사이고 외부주주가 존재하지 않는다는 점에서 본건 업무집행계약은 사실상 주주전원에 의한 계약과 유사하다. 그러나 동경고등재판소는 단순히 당해 업무집행계약이 유효하다고 판시할 뿐 그것이 주주 전원의 합의에 기한 것이라는 점이 판단에 어떠한 영향을 주었는지에 대해서는 아무런 언급도 하고 있지 않다.

# V. 우리나라

## 1. 서설

우리나라에서 미국에 비하여 업무집행계약의 실무상 중요성은 크지 않다. 미국에서는 주요 간부(officer)의 임면 및 보수결정, 배당결정 등 소수주주의 관심이 큰 사항들이 모두 이사회권한사항으로 되어 있는데 비하여 우리 상법상으로는 대표이사의 선임만이 이사회권한사항으로 되어 있을 뿐(제389조 제1항) 이사의 보수나 이익배당은 원칙적으로 주주총회에서 결정된다(제388조, 제462조 제2항). 또한 우리 상법은 이사회의 권한사항을 정관 규정으로 주주총회 권한사항으로 하는 것도 허용하고 있다(제361조). 주주총회의 권한사항으로 할 수 있는 범위에 대해서는 대표이사 선임(제389조 제1항)과 같이 상법에 명문의 규정이 있는 경우에 한한다는 설도 있지만 다수설은 총회소집과 같이 성질상 허용될 수 없는 것을 제외하고는 모두 주주총회의 권한으로 할 수 있다고 본다.[70] 따라서 정관으로 이사회권한사항을 가능한 한 주주총회로 옮긴 후에 의결권계약을 체결하는 경우에는 업무집행계약에 대한 의존도를 크게 줄일 수 있다.

## 2. 학설과 판례

### (1) 학설

우리나라에서도 업무집행계약은 실무상 많이 활용되고 있다. 그 법적 효력에 관한 본격적인 논의는 별로 없지만 학설상으로는 아직 전반적으로 부정설이 우세한 것 같다. 다만 부정설의 구체적 내용은 논자에 따라 다소 차이가 있다. 업무집행계약 전반의 효력을 부정하는 견해[71]가 있는가 하면 부정설을 취하면서도 프로큐어조항의 효력은 긍정하는 견해가 있고[72] 거꾸로 프로큐어조항의 효력은 부정하면서도 거부권 조항에 대해서는 긍정적 태도를 보이는 견해도 있다.[73] 부정설의 논리와 문제점에 관해서는 후술하기로 한다.

### (2) 2013년 서울중앙지방법원 결정

업무집행계약의 활용빈도에 비하여 그것이 문제된 판례는 별로 없

---

70  학설대립에 관한 간단한 소개는 천경훈, 주8, 19-20면.

71  이철송, 회사법강의(22판), 박영사, 2014, 531-532면. 이사를 겸한 주주들 사이의 업무집행계약이 회사의 업무집행계약은 이사회가 담당한다는 상법의 규정에 반하여 무효라고 보는 견해도 있다. 정동윤, 상법(상)(6판), 법문사, 2012년, 609면.

72  노혁준, "주주인 이사에 대한 주주간 계약의 구속력", 「외법논집」 제42권 제1호(2018) 155면, 163면과 169면.

73  천경훈, 주8, 16면, 21-24면(다만 실제 논의의 초점은 초다수결요건을 정관에 정하는 경우에 맞추고 있다).

는 셈이다. 2013년 선고된 대법원판결(대법원 2013. 9. 13. 선고 2012다80996 판결)을 제외하면 업무집행계약이 정면으로 문제된 판례는 2013년 서울중앙지방법원 결정(2013. 7. 8.자 2013카합1316 결정) 정도가 눈에 띌 뿐이다.[74] 이하에서는 대법원판결을 검토하기 앞서 이 하급심판례를 간단히 살펴보기로 한다.[75] 사안에서 문제된 것은 "회사의 대표이사는 기존 대주주 또는 기존 대주주가 지정한 이사를 선임하기로 하고, 투자자는 자신이 지명한 기타 비상무이사로 하여금 이사회에서 기존 대주주 또는 기존 대주주가 지정한 자를 대표이사로 선임하도록 하여야 한다"는 프로큐어조항이었다. 대주주는 투자자를 피신청인으로 하여 "(ⅰ) 피신청인에게 피신청인이 지명한 기타 비상무이사로 하여금 이사회에서 신청인을 대표이사로 선임하도록 할 의무가 있음을 임시로 정한다. (ⅱ) 피신청인은 피신청인이 지명한 기타 비상무이사로 하여금 신청인을 대표이사로 선임하기 위한 이사회를 소집하게 하고, 소집된 이사회에서 피신청인이 지명한 기타 비상무이사로 하여금 신청인을 대표이사로 선임하는 안에 동의하게 하여야 한다"는 취지의 가처분을 신청하였다. 법원은 상법과 회사 정관이 대표이사를 이사회 결의로 선임하도록 규정하고 있음을 근거로 가처분신청을 기각하며 다음과 같이 판시하였다.

"신청인과 피신청인이 이 사건 주주간 계약을 통해 신청인을 이 사건 회사의 대표이사로 정하는 데에 합의하였다고 하더라도 피신청인

---

74  그 밖에 2006년 서울고등법원 결정(2006. 3. 24.자 2005라911 결정)도 참고할 필요가 있다. 사안에서 신청인은 지주회사로부터 계열회사 주식과 경영권을 양수하며 5년간 경업을 금지하는 약정을 체결하였다. 지주회사의 다른 계열회사가 동일한 사업을 영위하자 지주회사를 상대로 경업금지의 가처분을 신청하였다. 서울고등법원은 피신청인인 지주회사가 실제 동일한 사업을 영위한 계열회사의 주주로서 간접적 통제만 가능하고, 회사의 실질적 업무집행은 계열회사 이사가 하는 것이라는 점을 인정하면서도 사안에서는 당해 계열회사가 실질적으로 지주회사의 사업부와 유사하다는 이유로 경업금지의무를 부담한다고 피보전권리를 인정하였다. 그러나 이 판례는 업무집행계약의 유효성을 인정한 것이라기보다는 계열회사 법인격을 부인한 것으로 보는 편이 적절할 것이다.

75  이 결정의 소개는 이동건/류명현/이수균, 주22, 85면에 의존하였다.

은 이 사건 회사의 이사가 아니어서 위 합의만으로 피신청인이 신청인을 이 사건 회사의 대표이사로 선임할 법률적 권한을 가질 수 없을 뿐만 아니라, 이 사건 회사의 이사들은 이 사건 주주간 계약의 당사자가 아니고, 주식회사에 있어 이사의 직무수행은 회사의 수임인으로서 주의의무가 따르는 행위로서 이사는 그 행위에 관해 독자적인 책임을 지므로 주주 간의 합의가 이사의 직무수행에 대한 구속력을 지닐 수는 없다고 할 것인바, 결국 이 사건 회사의 이사들이 이 사건 주주간 계약에 따라 신청인에 대한 대표이사 선임의무를 부담한다고 볼 수 없는 이상, 제3자인 이 사건 회사의 이사들로 하여금 그들이 법률상 의무를 부담하지 않는 일을 하도록 요구할 의무가 피신청인에게 있다고 할 수 없다."

위 판시는 여러모로 흥미롭지만 먼저 주목할 대목은 "이사의 직무수행은 회사의 수임인으로서 주의의무가 따르는 행위로서 이사는 그 행위에 관해 독자적인 책임을 지므로 주주 간의 합의가 이사의 직무수행에 대한 구속력을 지닐 수는 없다"는 부분이다. 이처럼 주주간의 업무집행계약이 바로 이사를 구속할 수 없다는 판시는 통설적 견해와 일치한다고 할 것이다. 그러나 이사가 계약에 따를 의무가 없다고 해서 계약 당사자인 주주가 이사에게 계약에 따른 행위를 "요구할" 의무가 없다는 판단이 나올 수 있는지는 의문이다.[76] 다만 법원은 피신청인이 이사가 아니고 회사 이사들이 주주간계약의 당사자가 아니라는 점을 언급함으로써 마치 주주간계약의 당사자인 주주가 이사를 겸하는 경우에는 결과가 달라질 수도 있는 듯한 뉘앙스를 풍기고 있으나 이 점은 후술하는 대법원판결에서 명시적으로 배척되었다.

76　Ibid.

## 3. 2013년 대법원 판결[77]

### (1) 사실관계

이 판결은 골프장을 운영하는 X회사 창업자 Y의 자손들 사이에 진행된 경영권 분쟁에서 비롯된 것이다. Y는 한국과 일본에 각각 자손을 두고 있었는데 경영권 분쟁은 Y가 사망한 후 한국 쪽 자손과 일본 쪽 자손(및 투자펀드) 사이에서 벌어졌다. 이 사건 소송은 한국 쪽 자손 중에서 장녀 A와 3남 B가 사망한 장남의 처 C와 C의 아들 D를 상대로 제소함에 따라 발생하였다. X회사 주식 52.5%를 각각 17.5%, 17.5%, 10%, 7.5%씩 보유 중인 이들 4명의 한국 쪽 자손은 일본 쪽 자손과의 경영권 분쟁에서 공동보조를 취하기 위하여 2006.1.19. 주주간 "협약"을 체결하였다. 주주간 협약은 주식양도를 제한하는 규정 외에 주주권 행사에 관한 다음 두 가지 규정을 담고 있었다.

"2. 협약참여주주들은 본 협약의 목표를 달성하기 위한 소수주주권 행사(회계장부 열람청구, 임시주총 소집요구 등)에 적극적으로 참여한다. 아울러 협약참여주주들은 향후 주주총회에서 이사와 감사의 선임 등 안건에 대하여 공동으로 의결권을 행사하기로 한다.

3. 위 2.항에서 언급한 소수주주권의 행사나 의결권의 공동행사에 있어서 그 행사 여부 및 방향은 협약참여주주들의 주식보유지분 과반수의 의사에 따라 결정한다."

위 협약을 토대로 한국 쪽 자손인 A, B, C 3명이 X회사 이사로 선임됨으로써 이 사회 구성원 5명의 과반수를 차지하였다. 그러나 이들 한국 쪽 이사 사이의 불화로 인하여 C가 이사회에서 일본 쪽 이사들에 가

---

77 대법원 2013. 9. 13. 선고 2012다80996 판결. 이 판결에 대한 평석으로는 노혁준, 주 72 논문. 사실관계의 정리는 이 논문에 의존하였다.

담합에 따라 B가 대표이사직을 물러나 고 그 대신 C가 그 자리를 차지하게 되었다. C는 이사 직무책정과 보수안건 등 이사회 각종 안건에 대해서 원고 측 이사들과 반대로 표결하였고 대표이사로서도 원고 측의 거듭된 임시주총소집청구를 계속 거절하였다. 원고들은 이러한 C의 행동이 위 협약에 위반한 것이므로 협약에서 정한 위약벌(1주당 천만 원)을 지급할 의무가 있다고 주장하였다.

### (2) 법원의 판단

원심은 원고 청구를 인용한 제1심 판결[78]을 파기하며 다음과 같이 판시하였다.[79] "… 주주의 대부분이 이사를 겸하는 주식회사라고 하여도 주주로서의 권한과 이사로서의 권한은 명백히 구별되는데, 일부 주주들간의 협약으로 이사의 권한을 제한하게 되면 협약을 체결하지 않은 다른 주주들이나 회사의 이익을 침해할 수 있어서 이사의 충실의무나 선관주의의무에 위배될 소지가 큰 점(밑줄 필자) 등의 사정에 비추어 보면, 이 사건 협약은 원, 피고들의 주주로서의 권한을 제한하는 효력을 가진다고 볼 수 있을 뿐 이사로서의 권한을 제한하는 효력을 가진다고는 볼 수 없고, 이는 원, 피고들이 주주의 지위를 가지면서 동시에 이사의 지위를 가진다고 하더라도 마찬가지이다." 원심은 C가 이사회에서 원고들과 반대로 의결권을 행사한 행위는 주주로서의 권한행사와는 무관하므로 협약의 효력을 미치지 아니하며 C가 대표이사로서 임시주총소집청구를 거절한 것도 "원, 피고들이 소수주주임을 전제로 소수주주권을 행사하는 것이 아니어서 주주로서의 권한 행사와는 아무런 관련이 없[다]"는 이유로 협약의 적용을 부정하였다.

---

78  서울중앙지방법원 2011. 12. 1. 선고 2010가합127464 판결.
79  서울고등법원 2012. 8. 22. 선고 2012나4765 판결.

대법원은 기본적으로 원심과 같은 논리에 입각하여 원고들의 상고를 기각하였다. 대법원은 이 사건 협약이 "원, 피고들의 주주로서의 권한을 제한하는 효력을 가진다고 볼 수 있을 뿐 이사로서의 권한을 제한하는 효력을 가진다고 볼 수 없고, 이는 원, 피고들이 주주의 지위를 가지면서 동시에 이사의 지위를 가진다고 하더라도 마찬가지"라는 태도를 유지하였다.

### (3) 판결의 평가

판결문에 따르면 사안에서 문제된 주주간계약은 주주의 권리행사에 관한 사항만을 포함하고 있을 뿐 대표이사 선임과 같은 이사의 업무집행과 관련된 사항은 포함하고 있지 않았다. 그러므로 엄밀한 의미에서는 이 글에서 말하는 업무집행계약에 해당한다고 보기 어렵다. 대법원이 사안의 주주간계약에 대해서 "원, 피고들의 주주로서의 권한을 제한하는 효력을 가진다고 볼 수 있을 뿐 이사로서의 권한을 제한하는 효력을 가진다고 볼 수 없[다]"고 한 것은 너무도 당연한 판시라고 할 수 있다. "일부 주주들간의 협약으로 이사의 권한을 제한하게 되면 협약을 체결하지 않은 다른 주주들이나 회사의 이익을 침해할 수 있어서 이사의 충실의무나 선관주의의무에 위배될 소지가 큰 점" 운운의 판시는 설사 업무집행계약이 체결된 경우라도 주주권한은 제한하지만 이사권한을 제한하는 효력은 없다는 취지를 방론으로 설시한 것에 불과하다고 볼 수 있다. 즉 업무집행계약도 주주에 대한 관계에서 유효이지만 이사에 대한 법적 구속력은 없다는 점에서 이 글의 주장과 별 차이가 없다.[80]

---

80  다만 주주가 이사를 겸한 경우에도 이사에 대한 법적 구속력이 없다는 판시는 전술한 2000년 동경고등재판소 판결이 이사간 합의의 효력을 선뜻 인정한 것과는 대조를 이룬다고 할 것이다.

한편 업무집행계약이 주주간의 채권계약으로서 유효하다는 점을 인정했다는 점에서는 전술한 2013년 서울중앙지방법원 결정(2013. 7. 8.자 2013카합1316 결정)과는 구별된다고 할 것이다. 흥미로운 것은 대법원이 "일부 주주들간의 협약으로 이사의 권한을 제한하게 되면 협약을 체결하지 않은 다른 주주들이나 회사의 이익을 침해할 수 있어서 이사의 충실의무나 선관주의의무에 위배될 소지가 큰 점" 운운의 판시를 통해서 주주전원이 참여한 경우에는 달리 판단할 수 있는 여지를 남기고 있는 점이다. 사안에서 한국측 주주들은 공동전선을 펴기 위해서 주주간계약을 체결하였으나 결국 원하는 바를 이루지 못했다. 그 주된 원인은 주주간계약에 업무집행에 관한 사항을 제대로 포함시키지 못한 잘못에서 찾아야 할 것이다. 그러나 법원의 해석에 대해서도 의문이 전혀 없는 것은 아니다. 주주간계약에서 한국측 주주들은 임시주주총회 소집청구를 비롯한 소수주주권행사에 적극 참여하기로 합의하였다. 그럼에도 불구하고 한국측 주주인 대표이사 C는 임시주총 소집을 거절하였다. 이에 대해서 대법원은 C의 행위가 "소외 회사의 이사 또는 대표이사의 지위를 전제로 한 것이고, 원, 피고들이 소수주주임을 전제로 소수주주권을 행사하는 것이 아니어서 주주로서의 권한 행사와는 아무런 관련이 없으므로" 주주간계약의 효력이 미치지 않는다고 보았다. 그러나 임시주총소집과 관련해서 C의 행위를 주주로서의 행위와 대표이사로서의 행위로 구분하는 것은 너무도 작위적이고 형식논리적인 느낌이 든다.[81]

---

[81]  임시주총 소집과 관련해서 대표이사가 재량을 발휘할 여지는 거의 없다는 점을 고려하면 더욱 그러하다.

# VI. 이론적 검토

## 1. 서설

이하에서는 업무집행계약을 유효로 보아야 할 근거에 대해서 검토해보기로 한다. 주의할 것은 여기서 말하는 효력이란 계약당사자인 주주들 사이의 채권계약으로서의 효력을 말하고 이사나 회사에 대한 구속력을 의미하지 않는다는 점이다. 이와 관련해서는 당자자인 주주가 이사를 겸한 경우와 그렇지 않은 경우를 나누어 생각할 필요가 있다. 이사를 겸한 경우에는 행위주체가 이사이기 때문에 전술한 일본 판례에서와 같이 이사에 대한 효력 내지 구속력을 쉽게 인정할 여지도 있다. 주주에 대한 효력에 초점을 맞추는 이 글에서는 이사에 대한 효력은 검토대상에서 제외한다. 다만 주주가 이사를 겸하는 경우에는 신인의무와의 충돌가능성이 더 높아질 우려도 있어 특별한 고려를 요한다. 이하에서는 먼저 주주가 이사를 겸하지 않는 경우를 중심으로 논의를 전개한 후에 주주가 이사를 겸하는 경우의 특수성을 간단히 언급하기로 한다.

## 2. 무효설과 이사의 신인의무

전술한 바와 같이 우리나라에서는 업무집행계약의 효력에 대해서 아직도 무효설이 유력하게 주장되고 있다. 무효설의 논리는 논자에 따라 반드시 일치하는 것은 아니고 또 업무집행계약의 각 유형을 모두 커버하는 것도 아니다. 먼저 거부권조항의 무효를 뒷받침하는 가장 강력한 근거로 제시되는 것은 교착상태에 대한 우려이다.[82] 그러나 폐쇄회사에서는 거부권이 소수주주에 대한 억압을 막는 가장 효과적인 수단이라는 점을 고려할 때 교착상태의 가능성만을 이유로 거부권조항 자체를 전면적으로 무효로 보는 태도에는 의문이 있다.[83]

다음으로 논의가 많은 것은 프로큐어조항이다. 프로큐어조항이 이사의 행위를 직접적으로 구속하지 않는다는 점에 대해서는 별로 다툼이 없다. 무효설은 프로큐어조항의 채권계약으로서의 효력까지도 인정할 수 없다는 것이다. 전술한 2013년 서울중앙지방법원 결정은 그 근거를 이사에게 "법률상 의무를 부담하지 않는 일을 하도록 요구할 의무"를 주주에게 부담시킬 수 없다는 점에서 찾고 있다. 결국 무효설의 밑바닥에는 업무집행계약이 이사의 신인의무와 충돌한다는 인식이 깔려 있다. 그러나 이하에서 보는 바와 같이 이런 인식은 지지하기 어렵다.

## 3. 유효설의 근거

유효설의 근거는 다음과 같이 정리해볼 수 있을 것이다.

### (1) 업무집행계약이 반드시 신인의무와 충돌하는 것은 아니다

업무집행계약, 특히 프로큐어조항은 당사자인 주주가 이사에게 특정한 방향으로 업무집행을 하도록 지시하고 필요한 경우에는 영향력을 행사할 것을 전제한다. 한편 이사는 업무집행과 관련하여 신인의무를 부담하기 때문에 주주의 지시가 회사나 주주 이익에 반하는 경우에

---

82   이철송, 주71, 669면.

83   송영복, 주9, 171-172면; 천경훈, 주8, 23면(거부권을 부여하는 효과를 갖는 초다수결조항의 유효를 인정하는 견해).

는 법적으로 그 지시를 따라서는 아니 된다.[84] 이처럼 이사가 업무집행에 관한 주주의 지시를 따를 법적 의무가 없다고 해서 주주가 자기 쪽 이사에게 지시를 하거나 이사가 그 지시를 수용하는 것을 바로 위법으로 볼 것은 아니다.[85] 실제로 지배주주가 이사에게 지시하는 일은 국내외 기업실무에서 흔히 볼 수 있는 현상이다.[86] 문제는 주주에게 이사에 대한 지시의무를 부과하는 계약 자체를 이사의 신인의무에 반하는 것으로 볼 것인지 여부이다. 결론부터 밝히자면 그런 계약이 항상 이사의 신인의무와 충돌한다고 볼 필요는 없다. 주주의 지시는 법적 구속력이 없으므로 이사는 그 지시를 그대로 따르는 것이 신인의무 위반을 초래한다고 판단하는 경우 그것을 따르지 않으면 된다. 또한 프로큐어조항에 따른 주주의 지시가 이사에 대한 법적 구속력이 없다고 해서 그 조항이 주주간에 채권적 효력도 없다고 볼 필요는 없다. 주주의 지시가 법적 구속력이 없다고 해도 이사는 사실상의 구속력을 느낄 수 있다. 다만 신인의무의 구속을 받는 이사로서는 주주의 지시가 회사나 주주 이익에 반한다고 판단하는 경우 그 지시를 거부해야 할 것이다. 그러나 실제로 주주 지시를 거부해야 할 경우는 별로 많지 않을 것이다. 따라서 상대방 주주에게 그가 지명한 이사에 대해서 지시할 의무를 부담시키는 프로큐어조항은 주주사이에서는 유효한 것으로 보아야 할 것이다.[87]

---

84 이 점은 미국법상으로도 마찬가지이다. Corporation Law Committee of the Association of the Bar of the City of New York, The Enforceability and Effectiveness of Typical Shareholders Agreement Provisions, 65 Bus. Law. 1153, 1163 (2010)

85 독일에서도 주주간계약으로 감독이사회(Aufsichtsrat) 구성원에 대한 사실상의 영향력 행사를 약속하는 것은 허용된다고 보고 있다. Christian Groß-Bölting, Gesellschaftervereinbarungen in der Aktiengesellschaft (Nomos 2011) 242.

86 상법상 업무집행지시자에 관한 제401조의2 제1호도 바로 그런 현실을 전제한 규정이다.

87 이사가 주주 지시를 거부한 경우에 주주가 업무집행계약의 위반에 대한 책임을 진다고 볼 것인가? 이는 업무집행계약상 주주의 의무가 지시에 한정된다고 볼 것인지 아니면 이사가 그 지시에 따라 행동하는 것까지 포함하는 것으로 볼 것인지의 문제이다. 전자로 보는 경우에는 사실상 업무집행계약을 무효로 보는 것과 크게 다르지 않은 결과를 가져올 수 있

## (2) 이사 재량의 제한도 반드시 그 자체로 신인의무에 반한다고 볼 것은 아니다

자기를 지명한 주주의 지시가 비록 법적 구속력이 없다고 해도 이사는 사실상 그에 따를 압력을 받는 것이 보통이다. 따라서 주주의 지시는 다소간 이사의 재량을 제약하는 효과가 있다. 이사 재량에 대한 제약은 거부권조항의 경우에는 더욱 두드러진다. 그러나 업무집행계약 외에도 실무상 이사의 재량에 제약을 가하는 약정은 흔히 찾아볼 수 있다. 대표적인 예는 대출계약에서 채무자가 특정 행위를 하지 않을 것을 약정하는 소극적 확약(negative covenants)이다.[88] 소극적 확약은 채권자 동의를 얻으면 채무자가 당해 행위를 할 수 있다는 형태를 취하는 것이 보통인데 그 경우 이사 재량에 대한 제한이란 면에서는 거부권조항과 별 차이가 없을 것이다. 이사 재량을 제한하는 주체가 채권자인 경우에는 유효하다고 보면서 주주인 경우에는 굳이 그 효력을 부인해야 할 이유는 찾기 어렵다. 예컨대 부실기업에 구제자금을 제공하는 채권자에게 대규모 자산양도에 대한 동의권을 부여하는 것을 허용하면서 같은 목적으로 신주를 인수하는 주주에게 주주간계약으로 그런 권한을 부여하는 것을 무효로 볼 필요는 없지 않을까?

## (3) 실제의 수요

사실 유효설을 뒷받침하는 가장 강력한 논거는 업무집행계약에 대

---

다. 따라서 주주는 자신이 지명한 이사가 지시에 따르지 않은 경우 지시에 따른 이사의 행동이 신인의무에 반한다는 점을 증명한 경우에만 책임을 면하는 것으로 보아야 할 것이다. 森田(6), 주10, 67면 각주 255는 이사를 주주의 이행보조자로 보아 주주의 계약위반을 인정한다는 이론구성을 취하고 있으나 그러한 이론구성에는 다소 의문이 있다.

88  박준/한민, 금융거래와 법, 박영사, 2018, 106-108면.

한 거래계의 실제 수요라고 할 것이다. 주주간계약은 폐쇄회사에 참여하는 동업자의 기대를 보호하기 위한 사적 조정(private ordering)에 속한다. 동업자의 기대를 보호할 필요는 그 대상이 주주권 행사에 관한 것이든 이사회 업무집행에 관한 것이든 차이는 없다. 주주권 행사에 관한 계약의 효력은 인정하면서 업무집행계약의 효력은 부정하는 것은 정당화하기 어려운 경직적인 법해석이라고 할 것이다.

## (4) 외국의 동향

업무집행계약의 효력을 인정하는 것은 선진 각국의 추세이기도 하다. 이제 미국과 일본에서 요건에 다소 차이는 있지만 업무집행계약의 효력을 원칙적으로 인정하고 있다는 점은 전술한 바와 같다. 독일에서는 사적자치가 폭넓게 허용되는 유한회사는 접어두더라도 조직과 운영의 엄격성이 요구되는 주식회사의 경우에도 주주간계약은 오늘날 학설, 판례가 널리 그 유효성을 인정하고 있다.[89] 독일에서는 2원적 이사회 구조를 취하고 있는 주식법의 특성상 주주 지시는 주로 감독이사회 구성원을 대상으로 할 수밖에 없어 업무집행계약의 유용성은 상대적으로 떨어지는 것이 사실이다. 그러나 기본적으로 감독이사회 구성원을 상대로 한 주주간의 업무집행계약이 유효하다는 것에 대해서 거의 다툼이 없다.[90] 또한 영국에서도 주주간계약의 효력은 폭넓게 인정되고 있다.[91] 따로 업무집행계약에 초점을 맞춘 논의는 찾기 어렵지만 전반적인 논의상황에 비추어 그 효력을 인정하는 것으로 판단된다.[92] 이 같

---

89  Groß-Bölting, 주85, 21; 森田(2), 주10, 1096-1104면.

90  Groß-Bölting, 주85, 242 ff.

91  최근 문헌으로 Rafal Zakrzewski, England and Wales, in Sebastian Mock et al. eds., International Handbook on Shareholders' Agreements, de Gruyter, 2018, 247.

92  그러한 판단을 뒷받침하는 대목으로 Paul L. Davies and Sarah Worthington, Principles

은 선진 외국의 추세를 감안하면 굳이 우리나라에서만 업무집행계약의 효력을 부정하는 태도를 고수할 이유는 찾기 어렵다.[93]

## 4. 이사를 겸하는 주주에 의한 업무집행계약

폐쇄회사에서는 주주가 이사를 겸하는 경우가 많다. 특히 가족기업에서는 그런 경향이 두드러진다. 전술한 일본 동경고등재판소판결과 우리 대법원판결은 모두 당사자인 주주가 이사를 겸한 경우이다. 신인의무와의 충돌이라는 면에서는 주주인 이사가 직접 계약상 의무를 부담하는 것이 좀 더 문제될 것처럼 보이는 것이 사실이다. 신인의무를 지는 이사가 스스로 자신의 의무이행에 방해될 수 있는 계약을 체결하는 경우이기 때문이다. 그러나 그 점도 그런 계약을 무효로 볼 이유가 될 수는 없다. 전술한 유효설의 근거 외에 다음과 같은 점을 고려하면 업무집행계약은 당사자가 이사를 겸하는 경우에도 유효로 보아야 할 것이다.

① 이사의 계약상 의무가 반드시 신인의무와 충돌되는 것은 아니다. 전술한 바와 같이 주주인 이사가 업무집행계약을 이행하는 것은 대부분 회사와 주주의 이익에 부합할 것이다. 이 대목에서 특히 강조할 점은 업무집행계약 효력의 판단 시점은 그 이행시가 아니라 그 체결 시를 기준으로 해야 한다는 점이다. 만약 업무집행계약의 체결 시에 그 계약이 회사와 주주의 이익에 부합한다고 판단한 경우라면[94] 그 계약을 이

---

of Modern Company Law (10th ed.), Sweet & Maxwell, 2016, 658 n. 110.

93 심지어 브라질에서는 적절한 절차를 거친 주주간계약은 이사의 의결권을 구속하여 그에 위반한 의결권행사는 무효로 간주한다고 한다. John Armour, Luca Enriques et al., The Anatomy of Corporate Law: A Comparative and Functional Approach(3rd edn.), Oxford University Press, 2017, 57-58.

94 주주전원이 참여한 경우에는 당연히 주주이익에 부합하는 것으로 볼 것이다.

행하는 시점에 일방 주주에 불리한 것으로 판단되더라도 그 계약의 효력을 인정해야 할 것이다. 물론 업무집행계약이 유효라고 해서 이사가 반드시 계약상 의무를 그대로 이행해야 하는 것은 아니다. 만약 이사가 그것을 이행하지 않는 편이 회사이익에 부합한다고 판단하는 경우에는 이행하지 않는 것이 신인의무를 지키는 결과가 될 것이다. 다만 그 경우에는 유효인 계약상 의무를 위반함에 따른 책임은 면할 수 없을 것이다. 이처럼 업무집행계약상 의무와 신인의무가 충돌하는 경우에는 다소 거북한 상황이 초래되지만 실제로 그런 상황이 발생하는 경우는 그렇게 많지 않을 것으로 판단된다.

② 전술한 바와 같이 주주가 이사가 아닌 경우의 업무집행계약을 유효로 본다면 이사를 겸한 경우도 유효로 보는 것이 현실적으로 필요하다. 업무집행계약을 체결한 주주가 나중에 이사로 취임하는 경우가 바로 그 점을 극명하게 보여주는 예이다. 원래 유효였던 업무집행계약이 사후적으로 주주가 이사로 취임한다고 해서 무효로 전환된다고 보는 것은 합리적이라고 할 수 없다.

## 5. 업무집행계약의 당사자

### (1) 주주전원의 참여 여부

전술한 바와 같이 미국에서는 주주간계약에 주주전원이 참여한 경우에는 그 효력을 보다 긍정적으로 보는 경향이 있다. 한편 일본에서도 일부 학설은 주주간계약에 주주전원이 참여한 경우에는 정관변경이 있는 것으로 보아 그에 위반한 결의는 정관 위반의 결의와 마찬가지로 취

급해야 한다고 주장한다.[95]

주주전원의 참여를 업무집행계약의 효력요건으로 볼 것인가? 결론적으로 그것을 부정하는 것이 타당하다고 본다. 물론 주주전원이 참여한 경우에는 업무집행계약이 주주이익과 충돌할 여지는 거의 없을 것이다. 그러나 주주의 지시를 받는 이사가 신인의무를 진다는 점을 고려하면 업무집행계약에 참여한 주주가 일부 주식만을 보유하는 경우에도 그 효력을 구태여 부정할 필요는 없을 것이다.[96]

## (2) 회사가 당사자로 참여하는 경우

실무에서는 주주간계약에 회사가 당사자로 참여하는 경우를 종종 발견할 수 있다. 회사를 당사자로 참여시키는 주된 이유는 적어도 회사에 대한 사실상의 구속력을 인정받기 위해서라고 할 수 있다. 그런 필요는 특히 일부 주주만이 당사자로 참여하는 경우에 더 클 것이다. 문제는 과연 그 계약이 회사에 대해서도 법적으로 유효라고 할 수 있을 것인지 여부이다. 결론적으로는 이 경우에도 주주간계약은 회사에 대한 관계에서도 특별한 사정이 없는 한 원칙적으로 유효하다고 볼 것이다.[97] 그 이유는 다음과 같다.

전술한 바와 같이 실무상 회사가 대규모 차입을 하는 경우 내용세약에는 다수의 소극적 확약이 포함되는 것이 보통이며 그것이 유효하

---

95　江頭, 주17, 340면.

96　전술한 델라웨어주법은 바로 이런 논리에 입각한 것이라고 볼 수 있다. 실제로 지배 주주 일가가 지배권을 유지하기 위한 경우(이른바 컨소시엄이나 풀링계약)나 소수파 주주가 자신들의 권익을 보호하기 위한 경우(이른바 보호공동체계약)에 일부 주주만이 참여하는 주주간계약이 체결된다. 森田(1), 주10, 442면.

97　독일에서도 회사와 사원간의 계약은 원칙적으로 유효한 것으로 보고 있다. Noack, 주25, 282.

---

다는 점에 대해서는 다툼이 없다. 문제는 여기서 회사의 상대방이 채권자가 아니라 주주인 경우에도 동일한 결론을 내릴 수 있는지 여부이다. 일본 회사법상으로는 새로 주주가 되는 자에게 거부권부 주식을 부여함으로써 주주에게 사실상 일정 사항에 대한 거부권을 부여할 수 있다. 그러나 우리나라에서는 그런 주식은 종류주식으로 발행할 수 없다. 그 대신 특정 주주에게 거부권을 주는 계약을 체결할 수 있는가? 이처럼 이사의 행동을 제약하는 계약을 신인의무와 충돌된다는 이유만으로 무효로 보는 것이 부당하다는 점은 이미 전술한 바와 같다.

남은 또 하나의 장애물은 주주평등원칙이다. 회사가 일부 주주에 대해서만 업무집행에 대한 지시권이나 거부권을 부여하는 것은 주주를 차별하는 것이므로 일응 주주평등원칙 위반의 소지가 있을 것이다. 그러나 오늘날 주주평등원칙은 항상 주주를 기계적으로 평등하게 대우할 것을 요구하는 것이 아니라 회사이익을 위한 합리적인 차별은 용납하는 방향으로 해석하는 것이 선진국에서의 추세라고 할 수 있다.[98] 부실기업이 제3자에 대한 신주발행을 통해서 회생을 도모하는 과정에서 그 제3자와 업무집행계약을 체결하는 것은 회사이익을 위한 합리적인 차별의 대표적인 예로 들 수 있을 것이다.[99]

이상의 논리에 따르면 회사가 당사자로 참여한 업무집행계약은 회사에 대해서 원칙적으로 유효한 것으로 볼 것이다.[100]

---

98  江頭, 주17, 132-133면; Uwe Hüffer & Jens Koch, Aktiengesetz (11. Aufl.), C.H.Beck, 2014, § 53a Rdn. 10.

99  이런 차별은 특별한 경우를 제외하고는 기존 주주의 이익에도 부합할 것이다.

100  영국법도 마찬가지의 태도를 취하고 있다. Zakrzewski, 주91, 258.

# VII. 결론

업무집행계약을 포함한 주주간계약의 효력과 관련하여 유념할 것은 그런 계약상 보호장치에 대한 실무상의 수요라고 할 것이다. 회사법이 정한 운영규칙을 동업자의 개별적 사정에 맞게 수정할 필요는 실무상 늘 발생한다. 그런 사적 조정은 전통적인 동업관계에서는 물론이고 기업 간의 합작투자나 벤처기업투자에서 흔히 찾아볼 수 있다. 이는 기본적으로 주식회사 형태를 취하면서 조합적 운영을 추구하는 모순적인 태도에서 빚어지는 현상이라고 할 수 있다. 그렇다고 해서 동업자에게 굳이 조합이나 유한회사 형태를 취하도록 강요할 이유는 없을 것이다. 조합적 성격을 유지하면서도 주식회사 형식을 취할 필요가 있는 경우도 없지 않기 때문이다.

원론적인 차원에서는 주주는 물론 이사에 의한 계약도 그것을 막을 특별한 이유가 없는 한 그 취지가 실현될 수 있도록 수용하는 것이 바람직할 것이다. 계약의 내용이 이사가 장래 취할 행동에 관한 것이라 하더라도 그것을 권한의 제약이 아닌 권한의 행사란 관점에서 파악할 필요가 있다. 즉 장차 이사의 신인의무 이행을 방해하는 것으로 이해하기 보다는 계약 체결이 바로 거시적 관점에서 신인의무를 이행하는 과정의 행위라고 이해할 필요가 있다. 그렇게 해석한나고 해서 이사가 신인의무의 굴레에서 벗어나게 되는 것은 전혀 아니다. 이사의 행동은 이미 계약체결의 단계에서 신인의무의 구속을 받기 때문이다. 만약 계약체결 단계에서의 이사 행동이 회사와 주주 이익에 부합하는 것이었다면 나중에 그 계약을 이행하는 것이 신인의무와 충돌한다는 논리는 성립할 수 없다고 보아야 할 것이다.

과거 우리나라에서는 이사의 일거수일투족(一擧手一投足)이 항상 신인의무의 구속을 받는다는 점이 그다지 의식되지 못했던 것이 사실이다. 그러나 일단 이사의 신인의무에 대한 인식이 확산되자 이제는 그 제약을 너무 과도하게 해석하는 경향이 있는 것 같다. 이 글의 테마인 업무집행계약은 바로 장래 이사의 권한행사를 제약하는 효과를 갖는 행위의 한 예에 불과하다. 주주가 업무집행계약을 체결하는 것이 신인 의무 관점에서 허용될 수 있는 것인지 여부는 그런 행위의 편익과 비용을 행위 시점을 기준으로 판단하여 결정할 일이다. 그런 행위가 장차 이사의 행동반경을 제약하는 측면에만 주목하여 신인의무와의 충돌을 이유로 일괄적으로 무효로 보는 태도는 기계적이고도 경직적인 법 해석이라고 할 것이다.

비교사법 제26권 1호(통권84호)(2019.2) 335–378면

# 02 자사주식 취득에 대한 회사의 금융지원: 영국 회사법을 중심으로

## I. 서설

회사의 자기주식 취득에 대한 규제는 입법례에 따라 강도는 다르지만 보편적으로 존재한다. 일부 국가는 한 걸음 더 나아가 제3자에 의한 자사 주식 취득을 회사가 재정적으로 지원하는 행위도 제한하고 있다. 통상 금융지원(financial assistance)[1]이라고 불리는 이런 행위에 대한 규제는 1920년대 영국에서 처음 시작되어 영연방 여러 나라에 확산되었다.[2] 영국은 EU의 전신인 EC에 가입할 때 이 규제 도입을 주장하여 1976년 회사법 제2지침(The Second EC Company Law Directive)에 반영시켰다. 그것을 계기로 금융지원규제는 독일을 비롯한 EU회원국들에서도 도입되었다.

---

1   때로는 재정지원이라고 번역하는 경우도 있다.
2   영국의 금융지원규제전반에 관한 대표적인 문헌으로 Paul L. Davies & Sarah Worth-ington, Principles of Modern Company Law (10th edition(2016), Sweet & Maxwell, London) 332-347 참조. 이 글의 영국법에 대한 서술은 상당 부분 이 책에 의존하였다. 우리 문헌으로는 윤찬영, 자기주식 취득을 위한 재정지원행위와 상법 제341조의 적용, 법조 637호(2009.10) 207, 228-232면 참조. 일본 문헌으로는 三島徹也, イギリス会社法における株式の取得に対する会社の金融援助について. 近畿大学法学 제48권 제3·4호(2001년) 47면 이하(1985년 회사법상의 규제를 대상으로 한 문헌).

영국이 당초 금융지원의 규제에 나선 이유는 아직 완전히 해명되지 않은 상태이다. 그러나 인수대상회사 재산을 이용한 기업인수, 즉 LBO(leveraged buyouts)거래에 대한 반감이 규제의 동인으로 작용하였다는 점에 대해서는 별로 다툼이 없다. 시간이 흘러 LBO에 대한 거부감이 차츰 희석됨에 따라 이제는 거꾸로 규제 폐지론이 힘을 얻게 되었다. 2006년 EU와 영국에서 동시에 금융지원에 대한 규제가 완화된 것은 모두 이런 상황변화의 결과라고 할 수 있다. 현재 영국에서는 금융지원규제의 폐해에 대한 불만은 물론이고 제도자체에 대한 관심조차 크게 줄어든 상태이다.[3]

금융지원이란 현상은 우리나라에도 존재한다. 그러나 우리 상법에는 금융지원을 직접 규율하는 규정이 없다.[4] 우리나라에서 금융지원이 문제되는 상황으로는 크게 2가지를 들 수 있다. 첫째는 회사가 제공한 자금으로 신주를 인수하는 경우이다. 이 경우는 실질적으로 가장납입과 별 차이가 없다.[5] 그러나 가장납입에 의한 신주인수의 사법상 효력을 인정하는 우리 판례에 따르면 자금제공자가 회사인 경우에도 구태여 그 효력을 부인할 필요는 없을 것이다.[6] 실제로 보다 많이 논의되는 것은 둘째의 경우, 즉 회사계산에 의한 자기주식 취득과 관련한 금융지원이다.[7] 금융지원은 흔히 회사가 타인 명의로 자기주식을 취득하는 경우에 수반된다. 판례는 회사가 취득자에게 금융지원을 제공함과 아

---

3　2018년 1월 11일 옥스퍼드에서 Paul Davies 교수로부터 직접 들은 말이다. 영국에서는 최근 금융지원규제에 관한 문헌이 별로 발표되지 않고 있다.

4　다만 은행법은 은행이 자행 주식의 매수를 지원하기 위한 대출을 금하고 있다(은행법 38조 5호).

5　통상적인 가장납입과는 회사와의 사이에 자금이 이동하는 순서가 역전되는 것일 뿐 최종적인 결과에는 차이가 없다.

6　김건식/노혁준/천경훈, 회사법 (제3판 2018) 664면.

7　예컨대 윤찬영, 주2, 207면; 최민용, 자기주식취득과 자금지원행위, 경영법률 24권 4호 (2014) 285면.

울러 주가하락으로 인한 손실위험까지 인수하는 경우 회사계산에 의한 자기주식취득으로 보고 있다(대법원 2011. 4. 28. 선고 2009다23610 판결 등). 그러나 회사가 취득자의 투자손실을 인수함이 없이 단순히 금융지원만을 행하는 경우에는 자기주식취득으로 볼 수 없을 것이다.[8]

이처럼 금융지원은 우리 회사법의 규제범위 밖에 있을 뿐 아니라 규제의 발원지인 영국에서도 관심을 끄는 테마는 아니다. 그럼에도 불구하고 이 글은 영국법상의 금융지원규제를 검토하는 것을 목적으로 한다. 그 이유는 다음과 같다. 금융지원규제는 아직도 영국을 비롯한 EU 각국의 회사법제에서 한 축을 담당하고 있는 제도지만 그에 대한 소개가 국내에서 본격적으로 행해진 바는 없는 것으로 보인다. 그러나 이 글은 단순히 영국의 금융지원규제를 소개하는 것을 넘어 그것이 주주구성에 대한 회사의 영향력 행사라는 회사법상 중요한 이론적 논점과 교착하는 대목을 주목하고자 한다.

그간 금융지원에 관한 논의는 주로 회사재산 보호라는 관점에서 진행되었다. 그러나 금융지원은 회사가 − 실질적으로는 회사의 경영자가 − 주주구성에 영향력을 미치는 수단으로도 활용될 수 있다. 주주구성에 대한 경영자의 영향력행사를 통제하는 문제(이하 "주주구성문제")는 회사법 이론상 중요한 과제임에도 불구하고 이제껏 그다지 관심을 끌지 못한 것이 사실이다. 전술한 바와 같이 우리나라에서 금융지원은 주로 자기주식취득규제와 관련하여 논의되어 왔지만 관점에 따라서는 상법상 이익공여규제(467조의2)와도 접점을 갖는다.[9] 이 글에서는 금융지원과 이익공여의 문제를 주주구성문제의 관점에서 검토하기로 한다.

---

8  김건식/노혁준/천경훈, 주6, 668면. 일본 판례도 마찬가지의 태도를 취하고 있다. 三島, 주2, 49 각주6에 열거된 판례.

9  금융지원과 이익공여문제와의 관련성에 대한 언급은 이미 三島, 주2, 48-49면에서도 등장한 바 있다.

이 글의 순서는 다음과 같다. Ⅱ에서는 먼저 영국과 EU에서의 규제 도입과 그 변화의 과정을 간단히 살펴본다. 이어서 Ⅲ~Ⅴ에서는 영국 회사법상 금융지원규제의 개요를 서술한다. Ⅲ에서는 요건, Ⅳ에서는 예외, Ⅴ에서는 규제위반의 효과를 각각 검토한다. Ⅵ에서는 금융지원규제를 주주구성문제의 시각에서 이익공여규제와 대비해보기로 한다.

## Ⅱ. 금융지원규제의 도입과 변화

### 1. Greene위원회 보고서와 1928년 회사법[10]

금융지원규제는 영국 회사법(the Companies Act)에서 처음 도입된 제도로[11] 그 도입은 1928년 회사법으로 소급한다(16조).[12] 도입의 계기가 된 것은 회사법개정위원회인 Greene위원회(Greene Committee)가 1926년 발표한 권고였다. Greene위원회는 회사에 의한 금융지원을 금지할 것을 권고하였다.[13] Greene위원회는 그런 권고를 내놓는 이유를 명확히 밝히지 않았다. 아마도 Greene위원회는 금융지원이 자기주식 취득을 금지하는 유명한 Trevor v. Whitworth 판결[14]의 판시를 정면으로 위반한

---

10   일반적으로 Davies, 주2, 333~334.
11   그러나 그 규정은 회사법상의 다른 규정과는 달리 이미 형성된 판례법리를 사후적으로 성문화한 것이 아니다.
12   1929년 회사법에서 시작된 것이라고 설명하는 견해도 있다. Davies, 주2, 333면.
13   그 권고는 법정자본금에 관한 항목에 들어있었는데 이는 금융지원을 회사재산보호의 문제로 파악하고 있었음을 보여준다.
14   Trevor v. Whitworth (1887) 12 App. Cas. 409 HL. 이 판결은 호주, 캐나다를 비롯한 영연방 여러 나라에서 그대로 추종되었다. Roman Tomasic, The rise and fall of the capital maintenance doctrine in Australian corporate law, 26 International Company and

것은 아니지만 적어도 그 취지에 반한다고 판단한 것 같다. 더 직접적인 동인으로 당시 실무상 널리 활용되던 기업인수금융기법에 대한 반감을 지적하는 견해도 많다. 그 무렵 인수자금조달과 관련해서는 인수기업이 대출을 받아 대상기업을 인수한 후 바로 그 자금을 빼내어 대출금을 상환하거나 그 자산을 대출채무의 담보로 제공하는 사례가 많았다. 후자가 바로 사모펀드의 주된 사업영역에 속하는 LBO이다. 요즘은 LBO에 대한 부정적인 시각이 크게 누그러졌지만 영국에서도 당시에는 LBO에 대한 부정적 시각이 우세했다. Greene위원회의 권고에 따라 도입된 1928년 회사법 제16조는 1929년 회사법 제45조, 1947년 73조, 1948년 회사법 제54조로 계승되었다.

처음부터 금융지원규제는 적용범위가 너무 넓고 내용이 모호하다거나 정작 불합리한 거래는 막지 못하면서 바람직한 거래를 제한한다는 등의 비판을 받았다. 아예 규제를 폐지하자는 주장도 있었지만 1962년 출범한 Jenkins위원회(Jenkins committee)는 소수주주와 채권자 보호에 필요하다는 이유로 개선안을 내놓는데 그쳤고[15] 그마저도 채택되지 못했다.

## 2. 1976년의 EC 제2지침

1976년 EC는 회사설립과 자본금 유지 및 변경에 관한 제2지침(자본지침)[16]에서 금융지원규제(23조)를 도입하였다. 이는 이미 그 규제를 채택한 영국의 압력을 수용한 결정이었다. 자본지침에 의하면 "회사는 자

---

Commercial Law Review 174, 178 (2015). 이 판결에 관한 간단한 소개로는 Clive M. Schmitthoff, The Second EEC Directive on Company Law, 15 Common Market Law Review 43 (1978).

15  개선안의 내용은 1981년 폐쇄회사를 대상으로 채택된 규정과 유사한 것이었다.

16  Dir. 77/91/EEC: O.J. 1977, L 26/1.

신의 주식을 제3자가 취득하도록 하기 위하여 자금을 제공하거나 대출하거나 담보를 제공하지 못한다"(23조 1항).[17] 이 규정은 그 적용범위가 광범해서 대상기업 자산을 인수자금 조달을 위한 담보로 제공하는 방식의 LBO거래도 금지대상에 속한다고 해석되었다.[18]

## 3. 1981년 회사법 개정

1980년 일부 사례에서는 금융지원규제가 실제로 유익한 거래까지 봉쇄할 위험이 예상보다 더 크다는 점이 부각되었다.[19] 마침 회계에 관한 EC의 제4지침을 수용하기 위한 회사법 개정을 추진 중이던 영국 정부는 규제 개선에 나섰다. 그리하여 폐쇄회사에 대한 규제를 완화하는 것을 비롯해서 금융지원규제의 예외를 확대하는 내용이 1981년 회사법에 포함되었다.[20] 이후 1981년 회사법의 금융지원규정은 내용 변경 없이 1985년 회사법에 계승되었다.

그러나 기대와 달리 1981년 회사법 규정도 문제 있는 상황만을 분명하게 금지하는 규정이 아니라는 비판을 받았다. 특히 뒤에 소개하는 1989년 상원(the House of Lords)의 Brady v. Brady 판결[21]이 논란을 야기함

---

17  "A company may not advance funds, nor make loans, nor provide security, with a view to the acquisition of its shares by a third party." 다만 예외적으로 은행 등 금융기관이 통상적인 사업활동의 일환으로 체결한 거래나 자기 회사나 관계회사의 직원 명의나 계산으로 체결한 거래는 적용대상에서 제외하였다(23조 2항).

18  Luca Enriques & Jonathan R. Macey "Creditors versus capital formation: The case against the European Legal Capital rules" 86 Cornell Law Review 1165 (2001)

19  Davies, 주2, 334. 뒤에 소개하는 Belmont판결이 그 대표적인 예이다(IV.4.(2)).

20  1981년 회사법에 대한 간단한 설명으로는 E.A. Fava, A Simple Guide to the U.K. Companies Act 1981, HYPHEN Volume III, Number 6, 253 https://www.um.edu.mt/library/oar/bitstream/handle/123456789/25668/Simple%20Guide%20to%20the%20U.K.%20Companies%20Act%201981.pdf?sequence=1&isAllowed=y

21  Brady v. Brady [1989] A.C. 755 HL.

에 따라 정부는 금융지원규제를 더욱 완화하는 안을 발표하였다. 그러나 바로 회사법의 전면개정작업이 추진됨에 따라 그 제안의 실현은 후일로 미뤄지게 되었다.

## 4. 2006년 회사법 개정

회사법 전면개정 작업은 "회사법 검토"(the Company Law Review)라는 명칭으로 진행되었다.[22] 그 작업의 핵심은 회사법 검토 추진단(the Company Law Review Steering Group)이 회사법 전반을 검토하는 것이었다. 작업의 성과는 1999년 이후 일련의 보고서와[23] 백서로 마무리되었고[24] 마침내 2006년 회사법으로 공포되었다. 추진단은 법정자본금제도에 대한 회의론에 입각하여 전반적인 규제완화를 시도하였다.[25] 그러나 EU 자본지침이 유지되고 있는 상황에서 EU회원국인 영국에 허용된 운신의 폭은 넓지 않았다. 추진단은 폐쇄회사에 대한 금융지원규제를 폐지할 것을 권고하는 한편 공개회사의 금융지원에 대한 완화조치를 제안하는 데 그쳤다. 2006년 회사법은 폐쇄회사에 대한 규제는 철폐하였지만 결국 공개회사에 관한 개선안은 수용하지 않았다.[26]

---

22 회사법 검토의 추진에 관한 간단한 설명으로는 Davies, 주2, 53.

23 The Strategic Framework, February 1999 (URN 99/654); Company Formation and Capital Maintenance (URN 99/1145); Developing the Framework (URN 00/656); Completing the Structure (URN 00/1335); Final Report (URN 01/942 and URN 01/943).

24 Modernising Company Law (Cm 5553-I and 5553-II), July 2002, and White Paper, March 2005 (Cmnd 6456))

25 2006년 개정 회사법의 자본금관계규정에 대한 간단한 설명으로는 Jennifer Payne, Legal Capital in the UK Following the Companies Act 2006, in J Armour & J Payne (eds), Rationality in Company Law: Essays in Honour of D D Prentice (Hart Publishing, 2008)

26 그러나 EU회원국이 아닌 호주에서는 1998년 금융지원에 관한 규제가 대폭 완화되었다. 자세한 것은 Tomasic, 주14, 182-183. 싱가폴에서도 수차에 걸쳐 예외가 추가되었다. 추가된 예외에 대한 간단한 소개로는 Pearlie Koh, Company Law (third ed. LexisNexis 2017) 273.

## 5. 2006년 EU 자본지침 개정

영국에서 회사법 개정작업이 한창이던 무렵 EU에서는 자본지침의 개정이 추진되었다.[27] 개정 작업의 밑거름이 된 것은 EU집행위원회(EU Commission)가 1990년대 하반기부터 시작한 규제완화 노력이었다. 집행위원회는 SLIM(Simpler Legislation for the Internal Market)이란 절묘한 슬로건을 내걸고 자본지침에 대한 검토를 수행한 후 2000년 최종보고서(SLIM 보고서)[28]를 공표하였다.[29] SLIM 보고서는 금융지원을 배당가능 순자산 범위 내로 제한하거나 규제대상을 신주인수에 대한 지원에 한정함으로써 그 적용범위를 현실적인 최소한도로 제한할 것을 권고하였다. EU집행위원회는 이 같은 의견을 토대로 금융지원규제를 완화하는 개정을 단행하였다. 그러나 개정 자본지침 제23조 제1항은 회원국이 다음 조건을 충족하는 경우에는 금융지원규제를 폐지할 수 있도록 길을 열어주었다.

(1) 지원은 업무집행기관의 책임 하에 특히 이자수령이나 담보징구에 관하여 공정한 시장조건(fair market conditions)에 따라 실시해야 한다.

(2) 지원을 받는 제3자의 신용상태에 대해서는 적절한 조사를 행해야 한다.

(3) 지원거래에 대해서 업무집행기관은 주주총회 특별결의에 의한 사전 승인을 받아야 한다. 업무집행기관은 그 거래가 회사의 유동성이

---

27 2006년 개정에 대한 간단한 소개로는 Eddy Wymeersh, Reforming the Second Company Law Directive (working paper 2006)(http://ssrn.com/abstract=957981).

28 www.law.ugent.be/fli/WP/SLIM.pdf

29 SLIM보고서는 저명한 학자들로 구성된 이른바 "고위회사법전문가그룹"(High Level Company Law Experts' Group)의 검토를 받았다. High Level Group of Company Law Experts (Report on a Modern Regulatory Framework for Company Law in Europe, Brussels, 4 November 2002). 이 보고서는 다음 사이트에서 구할 수 있다. http://ec.europa.eu/internal_market/company/docs/modern/report_en.pdf

나 지급능력에 미칠 위험 등 그 거래에 관한 사항을 기재한 보고서를 주주총회에 제출해야 한다.

(4) 지원으로 인하여 순자산액이 배당가능한도액 미만으로 감소되면 안 된다. 회사는 총지원금액에 해당하는 충당금을 대차대조표 부채 항목에 계상해야 한다.

(5) 회사의 금융지원을 받은 제3자가 회사로부터 자기주식을 취득하거나 신주를 인수하는 경우 그 가격은 공정해야 한다.

개정 지침은 한걸음 더 나아가 회원국으로 하여금 적절한 안전조치를 통해서 그 거래가 회사의 최선의 이익과 충돌하지 않도록 담보해야 한다는 조건도 추가하였다(23a조).[30] 그러나 2006년 개정 지침이 제시한 위의 조건들은 회사, 특히 그 업무집행기관이 충족하기에는 부담스럽다는 평가가 일반적이다.[31] 그리하여 영국은 물론이고 독일을 비롯한 여러 회원국은 아직 개정 지침이 허용한 규제 폐지의 길로 나아가지 못하고 있다.

# III. 금지대상이 되는 금융지원

## 1.지원의 주체: 공개회사 및 그 자회사

당초 영국 회사법상 금융지원규제는 공개회사(public company)는 물

---

30  이들 제23조와 제23a조는 2017년 지침에서 법문에 변경을 가함이 없이 제64조와 제65조로 변경되었다. Directive (EU) 2017/1132 of the European Parliament and of the Council of 14 June 2017.

31  초안상태의 규정에 대한 통렬한 비판으로 Eilís Ferran, Simplification of European Company Law on Financial Assistance, 6 European Business Organization Law Review 93 (2005).

론 폐쇄회사(private company)도 적용대상으로 하였다.[32] 1981년 회사법은 규제가 너무 엄격하다는 비판에 따라 폐쇄회사에 한해서 일부 규제를 완화하였다. 즉 회사 순자산을 감소시키지 않거나 배당가능이익 범위 내에서 이루어지는 경우에 한해서 금융지원을 허용하였다(1981년 회사법 155조 2항). 이는 금융지원규제를 채권자 보호를 위한 것으로 파악하는 전통적인 시각을 보여주는 대목이다. 2006년 회사법은 회사법 검토 작업의 결론에 따라 폐쇄회사 주식의 취득과 관련된 금융지원은 규제 대상에서 제외하였다.

현행 법상 금지되는 대상은 공개회사가 발행한 주식의 취득을 위한 지원이고 지원의 주체는 그 주식을 발행한 공개회사나 그 자회사이다. 따라서 모회사인 공개회사가 발행한 주식의 취득을 지원하는 자회사는 자신이 폐쇄회사에 해당하는 경우에도 금지규제의 적용을 받는다(678조 1항).[33]

지원주체가 공개회사인지 폐쇄회사인지 여부는 지원시점을 기준으로 판단한다(678조 3항). 그리하여 인수대상회사가 공개회사인 경우에는 일단 주식을 취득하고 나서 대상회사를 폐쇄회사로 재등록한 후에 대상회사로 하여금 사후적으로 지원하도록 하는 형식을 취하는 것이 보통이다. 현재 영국에서 LBO는 대체로 이런 방식으로 실행된다고 한다.[34]

---

32  영국법상 공개회사와 폐쇄회사는 증권공모의 허용여부를 기준으로 구별한다. Davies, 주 2, 12-14.

33  다만 폐쇄회사 주식의 취득을 위한 지원이라도 지원주체가 그 폐쇄회사의 자회사이고 그 자회사가 공개회사인 경우에는 제679조에 따라 금지대상이지만 실제로 그런 예는 많지 않을 것이다.

34  Davies, 주2, 345, 351-352면. 물론 이 경우에도 사후지원이 아무런 제약을 받지 않는 것은 아니고 대상회사 이사의 신인의무 위반여부가 문제될 여지가 있다.

## 2. 지원의 대상: 주식의 취득과 보유

### (1) 주식

금융지원의 대상은 "주식"의 취득과 보유이다. 따라서 주식이 아닌 증권, 예컨대 사채의 경우에는 적용대상이 아니다.[35]

### (2) 취득 이전의 지원

2006년 회사법 제678조는 주식취득 이전에 (또는 취득과 동시에) 이루어진 지원과 그 이후의 지원을 나누어 규정하고 있다. 제678조 제1항은 주식취득 이전의 지원을 다음과 같이 금하고 있다. "공개회사의 주식을 취득하거나 취득하고자 하는 경우 그 회사나 그 회사의 자회사가 그 취득 전 또는 취득과 동시에 그 취득을 위하여 직접 또는 간접으로 금융지원을 제공하는 것은 적법하지 않다". 1948년법 제45조가 매수 또는 인수(purchase or subscription)라고 규정하였음에 비하여 2006년법이 취득(acquisition)이란 용어를 사용한 이유는 현금을 대가로 하지 않는 신주인수나 교환을 포섭하기 위해서이다.[36]

제678조 제1항이 금지한 것은 취득을 위한(for the purpose of the acquisition) 금융지원이다.[37] 지원은 반드시 직접적일 필요는 없고 간접적 지원만으로도 충분하다. 회사가 주식을 매수하는 투자자에게 대여하는

---

35  다만 전환사채 취득자가 전환권 행사를 하고자 하는 경우에는 전환사채도 실질적으로 주식과 다름없으므로 적용대상이 될 수 있다. 三島, 주2, 55면

36  Davies, 주2, 344면, 주238.

37  1948년법에서는 취득에 "관해서"(in connection with) 지원하는 것도 금지하고 있었다. 三島, 주1, 55면. 또한 금융지원은 취득 지원의 의도가 있는 경우에만 성립하고 결과적으로 취득에 도움이 된 것만으로는 부족하다. Ibid.

것은 직접적 지원에 해당하고 금융기관에서 자금을 조달하는 취득자를 위해서 담보를 제공하는 것은 간접적 지원에 해당한다.

## (3) 취득 이후의 지원

취득 이후의 지원에 대해서는 제678조 제3항이 규정하고 있다. 그에 따르면 주식취득을 위해서 부담한 채무의 감소나 변제를 위해서 회사가 직접 또는 간접적으로 금융지원을 하는 행위는 위법하다.[38] 한편 취득자가 주식취득을 위해서 부담한 채무의 감소나 변제를 위한 지원은 취득자의 재정상태를 취득 전의 상태로 완전히 또는 부분적으로 복구시키기 위한 지원을 포함한다고 규정한다(683조 2항 b호).

사후적 지원의 전형적인 사례로는 다음 경우를 들 수 있다. 인수회사 A가 모회사 P의 보증을 받아 은행으로부터 대출받은 자금으로 대상회사 T의 주식을 인수한 경우 대상회사 T가 인수된 후에 A의 대출채무나 P의 보증채무의 변제를 위해서 지원하는 것은 사후적 지원에 해당할 것이다.

## 3. 지원의 유형

금융지원은 사전적 지원과 사후적 지원의 양자에 공통되는 구성요건이다. 금융지원에 대해서는 제677조가 상세하게 규정한다. 제677조는 "금융"(financial)의 의미를 규정하는 대신 금융지원의 의미에 관하여 4가지 유형을 제시하고 있다(677조 1항). 이하 차례로 살펴본다.

---

38 회사법은 "채무부담"은 합의나 기타 수단을 통해서 자신의 재정상태를 변경하는 것도 포함한다고 폭넓게 규정하고 있다(683조 2항 a호). 따라서 일단 취득자의 재정상태가 주식취득으로 인하여 악화된 경우에는 지원을 삼갈 필요가 있다.

① 증여 방법(by way of gift)에 의한 금융지원: 이 유형에는 법적으로는 증여가 아닌 다른 명목으로 행한 급부도 포함될 여지가 있다. 예컨대 실제 아무런 용역을 받지 않았음에도 보수명목으로 금전을 지급하는 경우나 저가의 자산매각과 같은 거래도 이곳의 증여에 해당한다고 볼 수 있다. 이런 경우는 후술하는 ④에 해당하는 것으로 볼 수도 있으나 ①의 경우에는 "순자산의 중대한 감소"를 입증할 필요가 없다는 것이 장점이다.[39]

② 보증, 담보제공, 손실보상(indemnity) 또는 채무면제(release)나 권리포기(waiver)의 방법에 의한 금융지원: 보증이나 담보제공은 주식 취득자가 제3자로부터 취득자금을 차입할 때 회사가 제3자를 상대로 보증을 서거나 담보를 제공하는 것을 말한다. 손실보상은 회사가 과실이나 불이행이 없음에도 불구하고 취득자의 손실을 보상해주는 것을 말한다. 채무면제는 취득자가 회사에 부담하는 채무를 회사가 면제해주는 경우를 말한다. 권리포기의 예로는 회사가 취득자에게 대해서 갖는 채권을 포기하는 경우를 들 수 있다.

③의 유형은 두 가지로 나뉜다. 하나는 대여 또는 상대방의 의무가 미이행 상태임에도 의무를 이행하기로 하는 계약에 의한 지원이다.[40] 그 예로는 다이아몬드 판매상인 회사가 딜러에게 다이아몬드를 판매하면서 그 딜러가 다이아몬드의 전매대금으로 자기 회사 주식을 취득할 수 있도록 할부로 판매하는 경우를 들고 있다.[41] 다른 유형은 대여 또는 기타 계약의 경개(novation) 또는 그로부터 발생한 권리를 양수하는

---

39  三島, 주2, 58면.

40  그것을 규정한 제677조 제1항 c(i)의 원문은 다음과 같다. "a loan or any other agreement under which any of the obligations of the person giving the assistance are to be fulfilled at a time when in accordance with the agreement any obligation of another party to the agreement remains unfulfilled."

41  Davies, 주2, 336 n.233.

방법에 의한 금융지원이다. 이에 속하는 예로는 취득자가 금융기관으로부터 주식취득자금을 차입한 후에 회사가 금융기관의 채권을 양수하는 경우를 들 수 있다.

④ 회사의 순자산(net assets)[42]을 중대하게 감소시키거나 순자산이 없는 회사의 기타 금융지원: 이는 포괄유형으로 앞서 제시한 세 유형과 다른 새로운 형태의 금융지원을 포섭하기 위한 것이다. 지원으로 인하여 회사 순자산이 감소되는지 여부와 무관하게 금융지원 성립을 인정하는 앞의 세 유형과는 달리 ④는 적어도 순자산의 중대한 감소를 요건으로 한다. 따라서 자산을 감소시키는 재산적 지원이 아닌 단순한 정보제공 같은 비재산적 지원은 금융지원에 해당하지 않는다.

순자산 감소의 중대성은 결국 회사의 순자산규모에 비추어 결정할 수밖에 없다. 예컨대 수십억 파운드의 순자산을 가진 회사라면 백만 파운드 정도의 지원은 중대성요건을 충족한다고 보기 어려울 것이다. 그러나 백만 파운드라는 금액을 별로 접할 일이 없는 법관이라면 중대성을 인정할 가능성도 있다. 2003년의 Chaston 판결[43]에서는 순자산 10만 파운드의 회사가 2만 파운드의 지원을 한 것에 대해서 중대성을 인정하였다.[44]

---

42 순자산이란 회사의 총자산에서 총부채를 공제한 것을 의미한다. 부채에는 발생할 것으로 예상되는 손실이나 비용에 대한 충당금도 포함된다(677조 2항).

43 Chaston v SWP Group Ltd[20030 1 B.C.L.C. 675.

44 그러나 실제 사안은 모회사 주식을 250만 파운드에 매입하는 거래에 대한 지원의 경우로 만약 자회사 대신 모회사가 직접 금융지원을 제공하였다면 중대하지 않은 것으로 판단될 여지가 있었을 것이다. Davies, 주2, 337 n.237.

# Ⅳ. 예외

## 1. 서설

이처럼 금융지원의 정의는 폭넓기 때문에 해석여하에 따라서 회사의 정상적인 사업활동까지 금융지원으로 판단될 위험이 있다. 취득자가 주식을 취득하는 시점을 전후하여 회사가 취득자와 우연히 거래하는 경우에는 금융지원으로 문제될 여지가 있다. 그러므로 회사법은 금융지원에 해당하지 않는 예외를 널리 인정하고 있다. 전술한 폐쇄회사의 예외 외에 회사법상 예외는 크게 구체적 예외와 일반적 예외로 나뉘고 구체적 예외는 다시 무조건적 예외와 조건부 예외로 나뉜다. 이하 차례로 설명한다.

## 2. 무조건적 예외

제681조 제2항은 무조건적으로 금융지원이 아니라고 보는 예외를 다음과 같이 구체적으로 열거하고 있다.

(a) 적법한 배당이나 회사청산과정에서의 분배에 의한 회사자산 분배

(b) 무상주식 배정

(c) 법원명령에 따른 감자

(d) 소정의 주식의 상환 내지 매수

(e) 사원이나 채권자와의 화해나 화의를 승인하는 법원 명령에 따른 조치

(f) 청산인이 회사재산매각의 대가로 주식을 취득함에 따른 조치

(g) 파산법상 회사와 그 채권자 사이에서 체결한 합의에 따른 조치

## 3. 조건부 예외

조건부 예외에 대해서는 제682조가 규정하고 있다. 제682조 제2항은 일정한 조건에 따라 적용대상에서 제외되는 구체적인 경우를 다음과 같이 열거하고 있다.

(a) 자금의 대여가 회사의 통상적 사업수행의 일부로 이루어진 경우

(b) 회사의 지원이 선의로 당해 회사나 그 지주회사의 이익을 위한 종업원지주제의 목적으로 행해진 경우

(c) 회사의 금융지원이 회사가 (또는 같은 그룹의 다른 회사가) 당해 회사나 그 지주회사 주식을 직원이나 그 가족들이 거래하는 것을 돕기 위한 것이거나 그와 관련한 것인 경우

(d) 회사가 회사 직원(이사는 제외)이 회사나 그 지주회사 주식에 대한 실질적 소유권을 취득하게 할 목적으로 대여금을 제공하는 경우

위에서 (a)는 금융업에 종사하는 회사에 한해서 의미를 갖는다. 나머지 유형들은 모두 넓은 의미의 종업원지주제를 뒷받침하기 위한 것이다. 이들 유형은 모두 합리적인 거래로 인정할 수 있는 것이다. 이상의 유형에 해당하는 경우에도 무조건 예외로 보는 것이 아니라 다음 두 가지 조건 중 하나를 충족하는 경우에만 예외가 인정된다(682조 2항). 먼저 지원주체가 폐쇄회사인 경우에는 당연히 예외에 해당할 것이다. 지원주체가 공개회사인 경우에는 지원으로 인하여 회사 순자산이 감소하지 않거나 감소하더라도 배당가능이익을 넘지 않는 경우에 한해서만 예외로 본다. 이처럼 조건부 예외의 밑바닥에도 회사채권자보호를 위한 배려가 깔려있다.[45]

---

45  Davies, 주2, 338-339.

## 4. 일반적 예외

### (1) 주식취득지원목적

금융지원규제는 주식취득을 "위하여" 제공된 금융지원을 대상으로 한다(678조 1항). 따라서 지원이 주식취득을 위한 것이 아님을 증명할 수 있다면 규제대상에서 벗어날 수 있다. 실제로 지원이 주식취득과 관련이 있지만 그 목적으로 제공된 것은 아니라는 주장이 인정된 판례도 있다.[46] 그러나 주식취득지원목적의 부존재를 증명하는 것은 쉽지 않다.

그러한 증명의 어려움을 잘 보여주는 것이 바로 다음에 소개하는 Belmont 판결이다.[47] 그 사실관계를 단순화하면 다음과 같다. M회사 지배주주인 G는 C회사의 100% 자회사인 B회사를 C회사로부터 취득하기로 합의하였다. 그에 따르면 G는 먼저 자신이 지배하는 M회사를 50만 파운드에 B회사에 매각하고 같은 날 그 대금 중 48만9천 파운드로 C회사로부터 B회사 주식을 매입하였다. 결과적으로 G는 B회사를 소유하게 되었을 뿐 아니라 원래 자신이 지배하던 M회사도 B회사의 자회사로 여전히 자신의 지배하에 두게 되었다. 이를 요약하면 다음 그림과 같다.

---

46  Id. 339.

47  Belmont 판결은 먼저 원심판결을 파기한 Belmont Finance Corp Ltd v Williams Furniture Ltd and Others, 9[1979] Ch.250(1977)판결과 원고에 대한 구제수단을 결정한 Belmont Finance Corp Ltd v Williams Furniture Ltd (No.2), 1980 WL 148444(1979) 판결로 이루어져있지만 흔히 후자만이 인용된다.

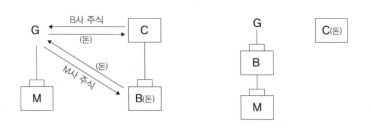

그 후 B회사는 약 18만 파운드에 달하는 부채를 안은 채 파산하였다. B회사 관재인은 문제의 거래 당시 M회사의 가치는 50만 파운드가 아니라 약 6만 파운드에 불과했다고 주장하며 G, C회사, C회사 대표 J 등을 상대로 제소하였다. 관재인은 ① B회사의 M회사주식 매입은 금융지원에 해당하여 무효라는 확인을 구하는 청구, ② B회사의 금융지원이라는 불법행위를 공모 실행함에 따라 성립한 불법공모행위(conspiracy) 상의 손해배상청구, ③ G에 대한 의제수탁자로서의 책임이행청구 등 다양한 청구를 제기하였다. 항소법원(the Court of Appeal)은 B회사 청구를 기각한 원심판결을 뒤엎고 이들 청구를 인용하면서 불법한 금융지원의 존재를 인정하였다. 항소법원의 판시는 반드시 명확한 것은 아니지만 전후 맥락에 비추어 보면 B회사가 M회사 주식을 취득하는 거래는 반드시 고가에 의한 것이 아니라도 위법한 금융지원에 해당할 수 있다는 전제에 입각하였다.

바로 이 Belmont 판결이야말로 1981년 회사법 개정을 촉발시킨 요인 중 하나였다. Belmont 판결에 따르면 일단 특정 거래가 형식적으로 주식취득을 위한 지원에 해당하는 경우에는 설사 그 거래가 궁극적으로 회사 이익에 부합하는 경우에도 불법 금융지원에 해당할 우려가 있음을 보여주었다. 다음에 설명하는 일반적 예외는 바로 이 점에 대한 기준을 제시하기 위하여 도입되었다.

### (2) 회사법 규정

회사법은 일반적 예외를 사전적(내지 동시적) 지원과 사후적 지원의 경우를 나누어 규정하고 있다. 먼저 사전적 지원은 다음 요건을 충족하는 경우에는 금지되지 않는다(678조 2항).

(a) 회사가 지원을 제공하는 주된 목적(principal purpose)이 취득을 위한 것이 아닌 경우 또는

(b) 그 목적을 위한 지원의 제공이 회사의 보다 큰 목적의 부수적인 부분(an incidental part of some larger purpose)에 지나지 않은 경우

다만 추가적으로 회사의 지원은 회사이익을 위하여 선의로(in good faith) 제공된 것이어야 한다(선의요건).

사후적 지원에 대한 규정도 이와 유사하게 요건을 다음과 같이 규정하고 있다(678조 4항).[48]

(a) 회사가 지원을 제공하는 주된 목적이 그 회사나 그 지주회사 주식의 취득을 위하여 상대방이 부담한 채무의 감소나 변제를 위한 것이 아닌 경우 또는

(b) 그 채무의 감소나 변제가 회사의 보다 큰 목적의 부수적인 부분에 지나지 않은 경우

이상의 일반적 예외는 크게 ① 지원의 주된 목적이 주식취득이 아닌 경우와 ② 주식취득지원목적이 부수적인 부분에 지나지 않는 경우로 나눌 수 있다. 앞서 살펴본 조건부 예외와 무조건적 예외, 즉 구체적

---

48  사전적 지원의 경우와 마찬가지로 추가로 선의요건이 적용된다.

예외는 요건이 비교적 명확해서 해석상 다툼이 일어날 여지가 그렇게 크지 않다. 그러나 일반적 예외는 지원의 목적에 초점을 맞추고 있기 때문에 그 해석과 관련해서 논란의 여지가 크다. 해석상의 어려움을 잘 보여주는 사례가 바로 다음에 소개하는 Brady판결이다.[49]

## (3) Brady판결

Brady판결은 공동으로 가족기업을 경영하던 형제 사이의 분쟁에서 비롯된 것이다. Jack과 Bob은 가족기업을 지배하는 모회사(Brady) 주식을 각각 50%씩 보유하며 경영해왔으나 형제간의 의견대립으로 서로 갈라서게 되었다. 우여곡절 끝에 Brady를 청산하는 대신 운송부문은 Jack이 인수하고 음료부문은 Bob이 인수하는 방향으로 관계를 정리하기로 합의했다. 구체적인 구조조정과정은 복잡하지만 기본구조는 다음과 같다. 즉 새로 두 개의 회사, M과 A를 설립하여 Jack은 M, Bob은 A를 소유하고 M이 음료부분을 제외한 Brady회사 주식을 취득하고 A는 음료부문을 취득하기로 하는 구조였다. 다만 운송부문의 가치가 음료부문보다 컸기 때문에 Bob과 Jack의 재산가치를 같게 만들기 위해서 A회사가 M회사에 대해서 가치의 차액에 해당하는 채권을 갖고 M회사 주식을 그 담보로 보유하도록 하였다. M회사의 채무는 Brady가 A회사에 채무액에 해당하는 자산을 양도하는 방식으로 변제하기로 합의했으나 Bob은 자신의 몫이 공평하지 않다며 합의의 이행을 거부하였다. Jack이 이행(specific performance)을 구하는 소를 제기하자 Bob은 이에 대한 방어방법의 하나로 Brady의 자산양도가 모회사 M의 Brady주식취득을 위해서 부담한 채무의 변제로 불법적인 금융지원에 해당하므로 무효임

---

49  Brady v Brady [1989] A.C. 755 HL. 이하의 서술은 Davies, 주2, 340-342에 의존하였다.

을 주장하였다.

Brady의 자산양도가 위 제678조 제4항에서 정한 예외에 해당하지 않으면 불법적인 금융지원으로 본다는 점에는 다툼이 없었다. 사실 이런 사안이야말로 바로 그 예외가 적용될 전형적인 사안인 것처럼 보였다. 제1심은 그렇게 보았다. 그러나 제2심인 항소법원은 경영상의 교착상태를 막기 위한 회사분할이 "보다 큰 목적"이고 금융지원은 "부수적인 부분"에 지나지 않음을 인정하면서도 "회사이익을 위한 선의"요건이 충족되지 않았다는 이유로 불법적인 금융지원에 해당한다는 결론을 이끌어냈다. 반면에 상고심인 상원은 회사분할이 청산을 방지하기 위한 것이라는 점에서 선의요건은 충족되었지만 주식취득 지원이 부수적인 것으로 볼 수 없다며 항소심 결론을 유지하였다.[50]

이와 관련하여 흥미로운 것은 Oliver 대법관이 제시한 논리이다. 그는 목적(purpose)을 이유(reason)나 동기(motive)와 구별하며 사안에서 회사분할은 이유에 해당하고 주식취득을 가능하게 하는 것이 지원의 유일한 목적이라고 보았다. 그는 특히 "보다 큰 목적"에 대하여 우려를 표시하며 그것을 쉽게 인정하면 금융지원의 예외에 대한 백지수표를 주는 것과 마찬가지가 될 것이라고 지적하였다. Brady 판결과 달리 "보다 큰 목적"을 유연하게 인정하는 경우에는 회사가 자신을 인수하는 기업에 내린 지원을 할 수 있는 여지가 커지는 것이 사실이다.

Brady 판결로 인하여 금융지원을 제공한 회사가 목적에 의한 예외를 인정받을 여지는 크게 줄어들었다. 1993년 영국 정부는 Brady 판결을 의식하여 주된 목적을 "우세한 이유"(predominant reason)로 교체하거나 선의요건만을 적용하자는 안을 제시하였고 회사법검토추진단은 전자를 선택하였다. 그러나 2006년 회사법은 기존 문구를 그대로 유지하였

---

50  다만 문제의 거래는 지금은 폐지된 폐쇄회사에 관한 특칙을 적용하여 유효성을 인정하였다.

으므로 문제는 아직 남아있다.

# V. 위법한 금융지원의 법적 효과

## 1. 형사상 제재

금융지원 금지규정의 위반에 대해서 2006년 회사법은 형사상 제재만을 규정하고 있다. 제680조에 따르면 금융지원규제를 위반한 경우 회사는 벌금, 임원의 경우에는 벌금이나 징역에 처한다.[51]

## 2. 민사상 효과

2006년 회사법에는 규제 위반 시의 민사상 효과에 대한 규정이 없다. 그리하여 민사상 효과는 전적으로 학설과 판례에 맡겨져 있다. 규제 위반의 민사상 효과는 몇 단계로 나누어 살펴볼 수 있다.

먼저 금융지원을 제공하는 합의는 무효이기 때문에 아직 이행되지 않은 경우에는 법적 절차를 통한 집행은 허용되지 않는다.[52] 일단 금융지원이 실행된 경우에도 그 거래는 무효로 본다. 따라서 회사가 담보나 보증을 제공한 경우 회사에 대해서 담보권을 실행하거나 보증채무의 이행을 구할 수는 없다. 금융지원이 회사의 증여나 대출의 형태로 이루어진 경우 회사는 자신이 제공한 경제적 이익을 회수하기 위한 조치를 취할 수 있다. 그 조치를 뒷받침하는 법리로는 불법행위(이사가 받아간 경우) 또는 부당이득, 사기공모 또는 의제신탁(constructive trust) 등이

---

51  정식 기소에 따른 유죄의 경우에는 최장 2년까지의 금고형에 처할 수 있다.
52  이 점에는 의문이 없다. Davies, 주2, 344.

있으나 가장 많이 활용되는 것은 의제신탁이다.

금융지원은 주식취득계약의 효력에는 영향을 주지 않는 것이 원칙이다.[53] 양수인이 회사로부터 금융지원을 받았다고 해서 금융지원과 무관한 양도인과 체결한 계약상 책임을 면제하는 것은 부당하기 때문이다. 다만 금융지원과 주식취득이 하나의 거래를 구성하는 경우에도 취득거래까지 무효로 볼 수 있다. 예컨대 인수인이 회사로부터 지원을 받는 것을 전제로 주식을 인수하기로 양도인과 약정한 경우가 그에 해당할 것이다.

위법한 계약을 체결한 회사 이사는 회사에 대해서 성실의무를 위반하였기 때문에 손해배상책임을 진다.[54] 이사의 선의는 항변이 되지 못한다.


## VI. 금융지원에 관한 기능적 고찰: 주주구성에 대한 회사의 영향력 통제의 관점에서

### 1. 금융지원과 회사법

선술한 바와 같이 영국 회사법의 금융지원규제는 실무상 다수의 쟁점을 포함하고 있다. 나아가 회사법이론의 관점에서도 금융지원은 흥미로운 논점을 제시한다. 이하에서는 금융지원규제의 해석론에서 한걸음 벗어나 금융지원이 수반하는 위험과 그에 대한 규제방안을 기능적 관점에서 고찰해보기로 한다.

이제까지 금융지원에 대한 관심은 주로 자기주식취득규제의 회피

---

53  Ibid.
54  Id. 346.

행위라는 측면에 집중되었다. 이 점을 극명하게 보여주는 것은 독일 주식법이다. 독일 주식법상 금융지원금지조항은 자기주식취득에 관한 제71조 바로 다음에 회피행위(Umgehungsgeschäfte)라는 제목의 제71a조 제1항에 자리 잡고 있다.[55] 영국 2006년 회사법에서 금융지원관련규정(677조~683조)이 자기주식취득에 관한 편(Part 18)에 자리 잡은 것도 동일한 사고를 반영한다. 그러나 우리 상법상 금융지원과 관련하여 자기주식취득규제에 못지않게 주목할 것은 주주에 대한 이익공여에 관한 제467조의2이다.[56] 이하에서는 금융지원을 우리 상법의 자기주식취득규제와 이익공여규제의 관점에서 검토하기로 한다.

## 2. 금융지원과 자기주식취득

### (1) 자기주식취득과의 접점

전술한 바와 같이 우리 판례는 자기 회사 주식을 취득하는 주체가 타인인 경우에도 회사가 취득자금의 출연과 아울러 손익을 부담하는 경우에는 자기주식취득에 해당하는 것으로 보고 있다(대법원 2011. 4. 28, 2009다23610 판결).[57] 그러나 취득자금만 제공하고 투자손실 위험은 부담하지 않는 경우에도 자기주식취득과 비슷한 위험을 수반한다. 즉 단순한 취득자금 제공의 경우도 회사재산적 측면과 회사지배적 측면에서 자기주식취득과 유사한 위험을 초래할 수 있다. 이하 차례로 검토한다. 취득자금 출연은 금융지원의 한 가지 유형에 불과하지만 이하에서는

---

55 이에 관한 가장 최신의 상세한 문헌으로는 Merkt in Großkomm AktG, § 71a (2017).
56 상장회사의 신용공여에 관한 제542조의9도 영국 회사법상의 사후적 지원과 관련하여 적용될 여지가 있지만 이곳에서는 논하지 않기로 한다.
57 여기서 취득자금 출연이 금융지원에 해당하는 것은 물론이다.

양자를 모두 금융지원이란 용어로 표현하기로 한다.

## (2) 회사의 재산위험

금융지원을 규제하는 근거로 먼저 부각되는 것은 금융지원이 회사 재산을 낭비하거나 위험에 노출시킨다는 측면이다(재산위험측면). 자기 주식취득은 항상 회사재산의 유출을 초래하지만[58] 금융지원은 반드시 그런 것은 아니다.[59] 회사가 취득자금을 대여하는 경우 회사의 자금이 취득자에 대한 채권으로 자산의 형태만 변형될 뿐이다. 취득자의 차입 채무에 대해서 회사가 보증을 서는 경우에도 우발채무를 부담할 뿐이 어서 회사재산이 바로 유출되는 것은 아니다. 그러나 회사가 금융지원 을 받는 취득자의 신용위험을 부담한다는 점에서 회사 채권자의 관점 에서는 자기주식취득과 마찬가지로 우려할 사항임은 부정할 수 없다. 그러나 재산위험만이 문제라면 구태여 금융지원을 영국에서와 같이 폭 넓게 금지할 필요는 없을 것이다. 최근에는 자기주식취득을 배당가능 이익의 범위 내에서 자유롭게 허용하는 것이 우리나라를 비롯한 선진 입법례의 추세이다.[60] 전술한 바와 같이 영국 회사법은 조건부 예외로 허용되는 금융지원 유형을 지정하며 배당가능이익의 존재를 예외의 전 제조건으로 삼고 있다(682조 1항 b호). 그러나 금융지원이 회사의 재산위 험 측면에서만 문제되는 것이라면 배당가능이익 범위 내에서는 어떠 한 유형의 금융지원도 허용하는 방향으로 규제를 완화해도 무방할 것

---

58  회사가 보유하는 자기주식을 자산으로 보는 자산설에 의하면 회사의 총자산에는 변화가
    없다고 하겠지만 미발행주식설에 따르면 총자산은 자기주식취득대금만큼 감소한다. 김건
    식/노혁준/천경훈, 주6, 662면.

59  Davies, 주2, 333.

60  이런 사정은 영국 회사법도 마찬가지이다. 간단한 설명으로 Paul Davies, Introduction to
    Company Law (2nd ed. 2010) 80-82.

이다. 오히려 금융지원보다 더 위험할 수도 있는 일반적인 신용제공은 제쳐놓고 금융지원을 전면 규제하는 것은 재산위험만으로 정당화하기는 어려운 측면이 있다.

### (3) 회사지배에 대한 영향

금융지원의 문제가 회사의 재산위험만이라면 그것을 적어도 자기주식취득보다 엄격하게 규제할 필요는 없을 것이다. 사실 금융지원에서 더 흥미를 끄는 측면은 그것이 회사지배에 미치는 영향이다. 물론 회사지배에 대한 영향은 자기주식취득에서도 문제되지 않는 것은 아니다. 그러나 자기주식취득의 맥락에서 발생하는 회사지배 문제는 이미 어느 정도 해결된 것으로 볼 수 있다.[61] 자기주식에 대해서는 의결권을 행사할 수 없기 때문에 경영권 방어수단으로서 회사가 자기주식을 취득하는 방안의 효용은 크지 않다. 또한 현행 상법이 특정인으로부터의 자기주식취득을 원칙적으로 제한하고 있기 때문에(341조 1항) 적대적인 주주로부터 주식을 취득하는 이른바 그린메일(greenmail)도 가능하지 않다.

이런 관점에서 보면 회사지배에 미치는 영향은 오히려 금융지원 쪽이 더 클 수도 있다.[62] 자기주식은 의결권 행사가 금지되지만 금융지원을 받아 취득한 주식의 의결권은 자유롭게 행사할 수 있기 때문이다. 물론 의결권을 행사하는 주체는 취득자이고 회사는 아니다. 그러나 조금이라도 업계의 현실을 아는 자라면 금융지원을 제공하는 회사가 취득자의 의결권행사에 영향을 미칠 수 있는 여지가 크다는 점은 부정할

---

[61] 우리 실무상 회사지배와 관련하여 여전히 문제로 남아있는 것은 자기주식의 처분이다. 그 문제는 2015년 삼성물산합병과 관련해서도 문제된 바 있다. 이에 관해서는 김건식, 삼성물산합병사례를 통해 본 우리 기업지배구조의 과제 - 법, 제도, 문화, BFL 제74호 (2025.11) 83면, 87~91면.

[62] 다만 그 영향이 외부적으로 드러나지 않는 경우가 많을 뿐이다.

수 없을 것이다. 따라서 금융지원에 대한 규제가 없다면 회사가 우호적인 투자자를 선택하여 금융지원을 제공할 우려가 있다. 물론 취득자는 원칙적으로 주가하락 위험을 부담하기 때문에 그런 거래에 항상 적극적으로 나서지는 않을 것이다. 물론 회사가 취득자의 위험부담을 덜어주기 위하여 투자 손실까지 떠맡는 것은 전술한 바와 같이 자기주식취득으로 간주될 위험이 있으므로 드러내놓고 행할 수는 없을 것이다. 그러나 회사가 음양으로 취득자를 도와줄 수 있는 방법은 많기 때문에 회사가 주주구성에 영향을 미치는 것을 통제하기는 쉽지 않다.

회사가 금융지원을 통해서 주주구성에 영향을 미칠 수 있다는 점은 이제까지 별로 관심을 끌지 못했다.[63] 사실 회사가 주주구성에 영향을 미칠 수 있는 경우는 금융지원 말고도 다양하다.[64] 이곳에서는 그 점에서 금융지원에 가장 근접한 현상이라고 할 수 있는 (주주권 행사와 관련된) 이익공여에 초점을 맞추어 보기로 한다.

## 3. 금융지원과 주주권 행사와 관련된 이익공여

### (1) 상법상 이익공여규제와 그 기능변화

우리 상법 제467조의2 제1항은 "회사는 누구에게든지 주주의 권리행사와 관련하여 재산상의 이익을 공여할 수 없다"고 규정한다. 이 규정은 이른바 총회꾼의 횡포에 대처하기 위한 일본법 규정을 계수한 것

---

63  독일에서는 그 점에 대한 논의가 상대적으로 활발한 편이다. 예컨대 Mathias Habersack, Finanzielle Unterstützung des Akienerwerbs nach MoMiG, Stefan Grundmann et al. eds., Unternehmen, Markt und Verantwortung (De Gruyter, Festschrift für Klaus J. Hopt zum 70. Geburtstag am 24. August 2010) 725, 733-734.

64  가장 두드러진 예로는 제3자에 대한 신주발행이나 자기주식처분을 들 수 있다.

이다.[65] 그러나 정작 일본에서는 총회꾼의 활동이 수그러들면서 이 규정의 성격은 "회사운영의 건전성 내지 공정을 확보"하기 위한 것으로 변화되었다.[66] 그 변화는 특히 주식양도에 수반한 금융지원에 관한 일련의 판례를 중심으로 진행되었다. 그 변화의 결과 원래 서로 출발점이 전혀 달랐던 이익공여규제와 금융지원규제 사이에 접점이 생겨나게 되었다. 이하에서는 주식양도에 수반된 금융지원과 관련하여 이익공여규제의 적용이 문제된 일본의 대표적 판례들을 주주구성에 대한 영향력 행사라는 관점에서 검토하기로 한다.

## (2) 종업원지주회에 대한 장려금

이익공여에 관한 일본 판례 중에서 금융지원의 관점에서 주목할 최초의 사례는 1985년에 나온 熊谷組從業員持株会判決이다.[67] 사안에서 문제된 것은 회사가 종업원의 자사주 취득을 지원하기 위하여 우리나라의 우리사주조합에 상응하는 종업원지주회에 장려금을 지급한 조치였다. 회사의 일부 주주는 장려금지급이 위법한 이익공여에 해당한다는 이유로 대표이사의 책임을 묻는 대표소송을 제기하였다. 핵심 쟁점은 과연 장려금지급이 "주주의 권리행사에 관하여" 이루어진 것으로 볼 수 있는지 여부였다. 권리행사 관련성은 지주회의 의결권이 회사에게 유리한 방향으로 행사될 경우 인정할 수 있었다. 후쿠이(福井)지방재판

---

65 김건식/노혁준/천경훈, 주6, 259면. 실제로 일본 현행 회사법 제120조 제1항과 문구가 거의 완전히 동일하다.

66 일본에서의 최근 논의에 관해서는 이효경, 이익공여금지규정을 둘러싼 제 문제, 경영법률 24권1호(2013) 1면 이하.

67 福井地判 1985년3월29일 判例タイムズ 559호 275면. 이 판결에 대한 평석으로는 河本一郞, 從業員持株会の奬励金と利益供与, 商事法務 1088호(1986) 2면.

소는 장려금 지급은 권리행사 관련성이 추정되지만[68] 다음과 같은 이유로 그 관련성을 부정하였다. "회사는 同會의 취지에 찬동하여 동회와의 교섭에 의하여 . . . 同社의 종업원에 대한 복리후생의 일환으로 . . . 장려금을 지급하기로 되어있다는 점이 인정되고 그에 반하는 증거는 없다. 그리고 그 밖에 특단의 사정이 없는 본건에 있어서는 지주회는 지주회 규약의 정함에 따라 운영되고 있다고 추정함이 상당하다. . . . 취득한 주식의 의결권 행사에 대해서도 제도상은 각 회원의 독립성이 확보되고 있고 나아가 . . . 회사 이사들의 의사를 지주회 회원이 갖는 주식의 의결권행사에 반영시킬 방법은 제도상 없고 . . . 장려금의 액 또는 비율도 앞의 규약 등이 말하는 취지 내지 목적 이외의 무언가 다른 목적을 갖는 정도의 것은 아니라고 인정하는 것이 상당하다." 즉 이 판결은 종업원지주회에 대한 지원이 항상 이익공여에 해당하지 않는다고 판단한 것이라기보다는 구체적인 사정에 비추어 회사가 종업원의 의결권 행사에 영향을 미칠 여지가 없었다고 판단한 것이다.[69]

종업원지주제에 대한 회사의 지원은 우리나라에도 존재한다. 아직 이익공여 해당여부를 문제 삼은 판례는 없지만 배임죄 적용여부가 문제된 판례는 존재한다. 종업원지주제를 활용한 경영권방어에 대해서 대법원은 다음과 같이 배임죄의 성립을 긍정한 바 있다(대법원 1999. 6. 25. 선고 99도1141 판결),

"종업원지주제도는 회사의 종업원에 대한 편의제공을 당연한 전제로 하여 성립하는 것인 만큼, 종업원지주제도 하에서 회사의 경영자가 종업원의 자사주 매입을 돕기 위하여 회사자금을 지원하는 것 자체를 들어 회사에 대한 임무

---

68  우리 상법 제467조의2 제2항도 같은 취지를 규정하고 있다.
69  이 판결은 종업원의 주식취득을 위한 금융지원을 조건부 예외의 한 유형으로 들고 있는 영국 회사법의 태도와 맥을 같이 하는 것으로 이해할 수 있다.

위배행위라고 할 수는 없을 것이나, 경영자의 자금지원의 주된 목적이 종업원의 재산형성을 통한 복리증진보다는 안정주주를 확보함으로써 경영자의 회사에 대한 경영권을 계속 유지하고자 하는 데 있다면, 그 자금지원은 경영자의 이익을 위하여 회사재산을 사용하는 것이 되어 회사의 이익에 반하므로 회사에 대한 관계에서 임무위배행위가 된다."

이 판결은 위 후쿠이지방재판소 판결과는 달리 경영자가 종업원의 의결권 행사에 영향을 미칠 여지가 있는지를 따짐이 없이 바로 배임의 성립을 인정하였다. 종업원의 자사주 매입에 대한 지원이 경영권 유지를 위한 것인 경우에는 사익을 위한 회사재산 사용에 해낭한다고 본 것이다. 주목할 것은 경영권 유지 목적으로 회사재산을 이용하여 주주구성에 관여한 행위에 대해서 당연히 회사이익에 반한다고 판단하였다는 점이다.

### (3) 바람직하지 않은 주주 교체를 위한 자금제공

종업원 복지와 같은 합법적인 목적과 무관하게 회사가 순수하게 주주구성에 대한 영향력 행사를 목적으로 자금을 제공한 사안에 대해서 이익공여규정의 적용여부를 최초로 판단한 것은 1995년 동경지방재판소가 선고한 国際航業判決이다.[70] 사안에서 문제된 것은 경영권 다툼이 진행 중인 회사가 전문업자에게 반대파 주주로부터 주식을 매입할 것을 의뢰하며 자금을 제공한 것이 이익공여에 해당하는지 여부였다. 동경지방재판소는 당해 자금제공이 이익공여에 해당한다고 판단하며 다음과 같이 판시하였다.

---

70 東京地判 1995년12월27일 判例タイムズ912号 238면.

"주식의 양도 그 자체는 [법조문상] '주주의 권리행사'라고 할 수 없기 때문에 회사가 주식양도의 대가 또는 주식양도를 단념하는 대가로서 이익을 공여하는 행위 또는 주식의 양도 등에 대해서 공작을 행하는 자에 이익을 공여하는 행위는 바로 주주의 권리행사에 관한 이익의 공여행위에 해당하는 것은 아니다. 그러나 위와 같은 이익공여행위라도 그 의도·목적이 경영진에 적대적인 주주에 대해서 주주총회에서 의결권행사를 하지 못하게 하는 것인 경우에는 권리행사를 막는 구극적인 수단으로 행해진 것이므로 '주주의 권리행사에 관하여' 이익공여를 한 것이라고 할 수 있[다]."

이 판결에 대해서는 의결권행사의 회피목적을 입증하는 것은 어려우므로 주식양도를 위한 것이라는 점만 증명되면 권리행사 관련성 요건이 충족된다고 보아야 한다는 비판이 있었다.[71] 만약 권리행사관련성을 그렇게 해석하였다면 영국의 금융지원규제와 실질적으로 유사하게 되었을 것이다. 그러나 이 판결의 논리는 2006년 최고재판소 판결에서도 그대로 유지되었다.[72]

그 판결의 사안은 다소 복잡하지만 요약하자면 다음과 같다. 한 회사의 대주주가 보유주식을 조직폭력배에게 양도했으며 그것을 취소하려면 300억엔이 필요하다고 경영진을 협박하여 그 금액을 회사로부터 제공받았다. 회사주주는 이사에 대해서 손해배상책임을 묻는 대표소송을 제기하며 그 근기 중 하나로 그런 행위가 이익공여에 해당한다고 주장하였다. 최고재판소는 이익공여를 부정한 원심판결을 파기환송하며 다음과 같이 판시하였다.

---

71  得津 晶, 議決権行使阻止工作と利益供与, 会社法判例百選(3판 2016 岩原紳作외 편) 33면에 인용된 논문 참조.
72  最高裁 2006년4월10일 民集60권4호1273면(이른바 蛇の目ミシン判決). 이 판례에 대한 간단한 평석으로는 得津, 주71, 33면.

"주식의 양도는 주주인 지위의 이전이고 그 자체는 '주주의 권리의 행사'라고는 할 수 없기 때문에 회사가 주식을 양도하는 것을 대가로 누군가에 이익을 공여해도 당연히는 [상법]이 금지하는 이익공여에는 해당하지 않는다. 그러나 회사가 볼 때 바람직하지 않다고 판단되는 주주가 의결권 등의 주주의 권리를 행사하는 것을 회피할 목적으로 당해주주로부터 주식을 양수하기 위한 대가를 누군가에 공여하는 행위는 위의 규정에서 말하는 '주주의 권리의 행사에 관하여' 이익을 공여하는 행위라고 할 것이다."

위 판시에서 "회사가 볼 때 바람직하지 않다고 판단되는 주주가 의결권 등의 주주의 권리를 행사하는 것을 회피할 목적으로 당해주주로부터 주식을 양수"하도록 하는 행위야 말로 바로 주주구성에 관여하는 행위에 해당한다고 할 수 있다.

### (4) 바람직한 주주의 주식취득을 돕기 위한 지원

위(3)에서 소개한 판결들에서 문제된 것은 모두 회사관점에서 바람직하지 않은 주주의 의결권 행사를 회피하기 위한 목적으로 행해진 지원이었다. 2010년 동경고등재판소는 경영진이 바람직하다고 생각하는 주주의 추가 주식취득을 돕기 위한 회사 지원은 이익공여에 해당하지 않는다는 판단을 내린 것으로 볼 여지가 있는 판결을 내놓은 바 있다.[73] 사안은 비공개회사Q의 지배주주 사망 후 공동상속인 간에 경영권 분쟁이 발생한 상황에서 일부 상속인이 주식취득목적으로 설립한 회사P가 다른 상속인들로부터 주식을 양수받기 위한 자금을 은행으로부터 차입할 때 Q회사 이사회가 은행에 연대보증을 한 경우이다. 경영권을 다투

---

73  이 판결에 관한 상세한 분석으로는 田中亘, "会社による株式の取得資金の援助と利益供与(上), (下)", 商事法務 1904호(2010) 4면; 1905호(2010) 14면.

는 제3의 상속인이 회사가 제공한 연대보증이 이익공여에 해당한다고 주장하며 Q회사 이사의 책임을 추급하였다. 동경지방재판소는 다음과 같이 판시하며 원고의 청구를 기각하였다.

"주식의 양도 그 자체는 주주의 권리의 행사라고는 할 수 없지만 회사가 볼 때 바람직하지 않다고 판단되는 주주가 의결권 등의 주주의 권리를 행사하는 것을 회피할 목적으로 당해주주로부터 주식을 양수받기 위하여 누군가에 이익을 공여하는 행위는 주주의 권리의 행사에 관하여 이익을 공여하는 행위라고 할 것이고 이 이치는 본건 양도예약과 같이 예약 후의 주주 또는 본계약체결 후의 주주의 권리행사에 영향을 주는 취지로 이익을 공여하는 경우에도 타당하다. 그러나 [주식을 매각하는 일부주주가] 회사에게 바람직하지 않다고 판단되는 주주라고 . . . 인정하기에 충분하지 않은 것은 원판결이 설시하는 바와 같고 이 점은 [주식을 취득하는 회사]에 대해서도 같다. 또 위와 같이 [주식취득에 나선 상속인들이 상속주식의 과반수를 취득하면 회사의 안정적 경영을 실현할 수 있다는 대표이사]의 판단이 경영자의 판단으로 불합리한 것이라는 것을 보여주는 증거도 없기 때문에 본건 융자 및 본건 보증은 회사의 경영의 안정 및 납세자금의 조달을 위한 것이라고 할 것이다. 따라서 본건 보증을 가지고 주주의 권리의 행사에 관하여 행해진 이익의 공여라고 할 수는 없다"

이 판결에 대해서는 유력한 비판이 있다. 비판의 근거는 두 가지이다. 하나는 사안의 보증은 "회사가 본 때 바람직하지 않다고 판단되는 주주"의 주주권행사를 회피할 목적으로 행해진 것이기 때문에 전술한 2006년 최고재판결의 기준에 의하면 "권리의 행사에 관하여" 행한 이익공여로 볼 수 있다는 것이다. 다른 하나는 사안의 보증과 같이 현경영진을 지지하는 자에 대해서 회사가 주식의 취득자금을 원조하는 것도 위법한 이익공여로 볼 수 있다는 것이다. 후자의 주장에 의하면 주주구성에 영향을 주기 위한 금융지원은 모두 법이 금지하는 이익공여에 해당할 수 있다. 즉 회사가 바람직하지 않다고 보는 주주의 주주권 행사를 회피하기 위한 지원은 물론이고 바람직하다고 보는 투자자의 주식취득을 돕기 위한 지원도 금지대상이 된다. 권리행사관련성을 이렇게 넓게 해석하는 경우에는 우리 상법상의 이익공여금지는 영국 회사법상의 금융지원규제에 한층 접근하게 된다. 차이를 따지자면 주식취득을 위한 지원이 영국의 금융지원규제에서는 원칙적으로 모두 금지대상에 속하는 것에 비하여 한국과 일본의 이익공여규제에서는 주주구성에 영향을 주기 위한 경우에만 금지대상이 된다.

### (5) 평가

이 대목에 이르러 당연히 갖게 되는 의문은 과연 이런 상이한 제도를 어떻게 평가할 것이냐의 문제이다. 영국의 제도가 합리적인가 아니면 한국, 일본 또는 제3의 제도가 보다 이상적인가? 나아가 회사재산만 투입되지 않는다면 경영자가 주주구성에 영향을 주는 행위는 허용되는 것인가? 떠오르는 의문은 한둘이 아니지만 이에 대한 검토는 후일의 과제로 미루기로 한다.

## VII. 결론

영국 회사법상 금융지원규제는 자기주식취득규제의 연장선상에서 도입된 것이다. 전술한 바와 같이 자기주식취득규제는 영국에서도 이미 대폭 완화되었고 그것이 선진 입법의 추세이기도 하다. 그렇다면 금융지원규제도 완화 내지 폐지되어야 하는 것이 아닌가라는 의문이 제기될 수 있다.[74] 그러나 금융지원은 자기주식취득과는 다른 요소도 지니고 있다. 금융지원은 주주구성에 영향을 미칠 수 있다는 점에서 회사지배구조상 중요한 의미를 갖는다. 이 점이 두드러지는 것은 기존 경영자의 경영권 방어수단으로 활용되는 경우이다. 주지하는 바와 같이 영국의 기업인수합병규칙(the Code on Takeovers and Mergers)은 적대적 기업인수 시도가 있는 경우 이사회가 주주총회 승인 없이 방어조치를 취하는 것을 금지하고 있다(Rule 21).[75] 영국 회사법의 금융지원규제와 특히 목적에 의한 예외를 아주 좁게 인정하는 판례의 태도는 적대적 기업인수에 관한 이사의 중립의무와 부합되는 측면이 있는 것 아닌가 추측된다.[76]

영국 회사법의 금융지원규제는 오늘날 별로 관심을 끌지 못하고 있고 근본적인 개정의 가능성도 별로 없다고 한다. 그러나 Brexit의 실현으로 영국이 자본지침의 굴레에서 벗어나게 되면 금융지원규제 폐지를 가로막는 장애물이 사라진다. 혹시 그 시점에 이르면 금융지원규제의 개정론이 새삼 대두될 가능성은 없을까?[77] 그 논의 과정에서는 혹시 금융지원의 회사지배에 대한 영향이 부각될 여지는 없을까? 회사법을 공부하는 한 사람으로서 Brexit을 바라보며 떠올리는 부질없는 상념의 한 자락이다.

외법논집 제42권 제4호(2018.11) 107-132면

---

74   이미 Jenkins위원회도 금융지원규제가 단순히 자기주식취득규제를 확장하는 것이라면 구태여 포함시킬 필요는 없을 것이라는 견해를 밝힌바 있다. Davies, 주2, 333.
75   이에 대한 간단한 설명으로 Davies, 주2, 939-941.
76   아직 이를 뒷받침하는 근거는 따로 찾지 못한 상태이다.
77   그 경우에는 이미 규제를 대폭 완화한 호주나 싱가폴의 사례가 참고가 될 수 있을 것이다. 예컨대 싱가폴 회사법은 주주나 채권자 이익에 대한 중대한 침해가 없는 경우를 금융지원이 허용되는 예외로 규정하고 있다(76(9BA)조). 다양한 예외에 대한 간단한 소개로는 Pearlie Koh, Company Law (third ed. 2017) 272-273.

# 주주와 이사회 사이의 권한배분:
## 주주의 표결에 대한 이사회 간섭을 중심으로

# Ⅰ. 서설

## 1. 논의의 대상

한국상사법학회 하계학술대회의 기조발제 주제로는 아무래도 거창한 테마가 제격일 것이다. 요즘 기업지배구조와 관련하여 거창하면서도 "뜨거운" 주제는 "회사의 목적"이라고 할 수 있다.[1] 회사경영에서 주주 이외의 이해관계자 이익(stakeholder interests)을 얼마만큼 고려할 수 있고, 또 고려해야 하는가에 관한 담론은 전 세계를 풍미하고 있다. 그러나 이 해묵은 논쟁에 구태여 끼어들고 싶은 생각은 없다. 그 대신 그에 못지않게 근본적이면서도 각광은 받지 못한 다른 논제를 다뤄 보고자한다. 그것은 바로 주주와 이사회 사이의 권한배분의 문제이다.[2] 이 문

---

1   이에 관한 문헌은 날로 증가하고 있지만 대표적인 예로 Lucian A. Bebchuk & Roberto Tallarita, "The Illusory Promise of Stakeholder Governance" (February 26, 2020). Cornell Law Review (forthcoming), (available at SSRN: https://ssrn.com/abstract=3544978); Colin Mayer, "Ownership, Agency and Trusteeship" (December 11, 2019). European Corporate Governance Institute - Law Working Paper No. 488/2020 (available at SSRN: https://ssrn.com/abstract=3522269).

2   이 문제에 관한 고전적인 문헌으로는 Melvin A. Eisenberg, "The Legal Roles of Share-

제는 사실 앞서 언급한 회사의 목적, 특히 주주이익의 극대화와 관련이 있다. 요즘 흔히 등장하는 "shareholder primacy"(주주우선원칙)란 용어는 ① 회사에 대한 주주의 궁극적 지배권과 ② 주주이익 극대화라는 두 측면을 모두 포함한다.[3] 오늘의 주제는 ①에 관한 것이다. ①도 정치적 고려와 무관한 것은 아니지만 정치적, 철학적 색채가 두드러진 ②에 비하면 그래도 객관적인 논의의 여지가 더 크다고 할 것이다.

짧은 글에 거창한 주제를 담으려면 그 범위를 적절히 한정할 필요가 있다. 우선 이 글의 대상은 대규모 상장회사로 한정하기로 한다. 그런 회사내부의 권한배분에는 ① 주주와 이사회 사이의 관계와 아울러 ② 이사회와 경영자 사이의 관계도 포함된다.[4] 사외이사의 비중과 위상이 높아지는 경우에는 자연히 ②에 대한 관심도 높아질 수밖에 없다. 그러나 우리나라에서는 아직 이사회와 경영진 사이의 분화가 충분히 진행된 것으로 보기는 어렵다. 그러므로 이 글에서는 권한배분에서 주주와 대치하는 주체로 (경영자를 포함하는 의미의) 이사내지 이사회를 상정하여 논의를 전개하기로 한다.

주주와 이사회 사이의 권한배분도 ① 주주의 권한행사에 대한 이사회의 간섭과 ② 경영자의 회사경영에 대한 주주의 간섭이란 두 가지 측면으로 나눌 수 있다. ②는 주주행동주의(shareholder activism) 내지 헤지펀

---

holders and Managers in Corporate Decisionmaking", 57 California Law Review 1 (1969), 그 이후의 본격적인 논문으로는 Lucian A. Bebchuk, "The Case for Increasing Shareholder Power", 118 Harvard Law Review, 833 (2005). 보다 최근의 문헌으로는 Sofie Cools, "The Dividing Line Between Shareholder Democracy and Board Autonomy: Inherent Conflicts of Interest as Normative Criterion", 2 European Company and Financial Law Review 258 (2014).

3  Robert B. Thompson, "Anti-Primacy: Sharing Power in American Corporations", 71 Business Lawyer 381, 387 (2016). 양자를 목적(②)과 수단(①)의 관계로 구분하는 대표적인 견해로는 Stephen M. Bainbridge, "Director Primacy: The Means and Ends of Corporate Governance", 97 Northwestern University Law Review 547 (2003).

4  예컨대 Thompson, 주3. 401 이하.

드 행동주의(hedge fund activism)란 용어로 표현되는 현상으로 최근 부쩍 주목을 받고 있다. 그리하여 ②에 대한 논의는 이제 우리나라에서도 상당히 축적되고 있는 셈이다. 그러나 ①은 아직 문제로 의식조차 되고 있지 않은 것이 아닌가 여겨진다. 연구의 공백을 메운다는 차원에서 이 글에서는 ①에 초점을 맞추기로 한다.

논의의 대상을 한정한다는 차원에서 또 한 가지 짚고 넘어갈 사항이 있다. 이 글에서 회사의 목적은 주된 대상이 아니라는 점은 이미 언급했지만 논의과정에서 회사이익이란 개념을 피할 수는 없다. 이에 관한 논의는 자칫하면 끝없이 확산될 우려가 있기 때문에 이 글에서는 일단 회사이익은 주주이익과 일치하는 것으로 전제하기로 한다. 회사이익에 주주 이외의 이해관계자 이익을 폭넓게 포함시킬수록 이사회권한을 확대하는 것이 용이해지는 것이 사실이다. 그러나 주주가 회사에서 가장 중요한 이해관계자란 점을 받아들이는 한 그 차이는 현실적으로 그렇게 크지 않을 것이다.

## 2. 문제의 제기

회사경영의 딜레마는 한편으로는 경영전문가인 이사에 경영권(상법상의 용어로는 업무집행권)을 부여하면서 다른 한편으로는 이들의 권한남용을 억제하는 것이다. 이사의 권한남용을 억제하기 위하여 동원되는 수법 중의 하나가 바로 주주와 이사 사이에 권한을 적절히 배분함으로써 이들 사이에 견제와 균형이 이루어지도록 도모하는 것이다. 각국 회사법이 주주에게 부여하는 각종 권한의 구체적인 내용은 나라에 따라 차이가 있지만 그 권한은 크게 다음 세 유형으로 나눌 수 있다: ① 표

결, ② 제소, ③ (보유주식의) 처분.[5]

주주의 권한행사에 대한 이사의 간섭은 이 세 가지 모두에 대해서 행해질 수 있다. 그런 간섭이 가장 활발하게 이루어지고 있는 나라는 미국이다. 이제까지 가장 많은 관심을 끌었던 것은 ③에 대한 간섭이다. 특히 포이즌필(poison pill)과 같은 방어수단을 이용한 간섭은 미국뿐아니라 세계적으로 열띤 논쟁의 대상이 되었다. 미국에서는 ②에 대한 간섭도 한때 주목을 받은 바 있다. 이사회가 사외이사를 중심으로 구성한 특별소송위원회(special litigation committee)를 통해서 주주대표소송을 저지하는 관행에 관해서는 1980년대 초부터 많은 논의가 있었다.[6] 그러나 이 글의 주제인 ①에 대한 간섭에 대한 관심은 미국에서도 ②와 ③과 견줄 수 없이 미미했다. 이 주제를 본격적으로 다룬 것은 1988년 델라웨어 형평법원의 Blasius 판결[7]이었다. Blasius 판결은 미국에서 회사법 교재에 포함될 정도로 중요시되고 있지만 그에 관한 논의는 아직도 충분히 무르익은 것 같지 않은 느낌이다. 그것은 미국에서도 주주의 의결권행사가 의미를 갖기 시작한 것은 얼마 되지 않기 때문일 수도 있다.[8]

## 3. 우리의 논의상황

주주총회와 이사회 사이의 권한배분은 우리나라 어느 교과서도 설명하는 내용이다. 그러나 주주의 권한행사에 대한 이사회 간섭이란 문제는 아직 충분히 의식되지 못한 상태이다. 이사회에 의한 경영권방어

---

5  Thompson, 주3, 383.
6  판례를 둘러싼 논의의 전반적인 상황에 관한 문헌으로 David A. Skeel, Jr., "Shareholder Litigation: The Accidental Elegance of Aronson v. Lewis", in Jonathan R. Macey ed., 「The Iconic Cases in Corporate Law」 165 (Thompson/West 2008)
7  Blasius Industries, Inc. v. Atlas Corp., 564 A.2d 651(Del. Ch. 1988).
8  Thompson, 주3, 413.

는 워낙 세계적으로 유명한 테마였던 터라 그나마 다소 소개가 되었다. 그러나 그것이 ③ 처분에 대한 간섭에 해당한다는 측면은 별로 부각되지 못했다. ② 제소에 대한 이사회 간섭은 우리 현실에서 거의 주목을 받지 못했다. 우리 상법상 이사회가 주주대표소송에 간섭할 여지가 없을 뿐 아니라 현실적으로 주주대표소송의 위협이 아직은 그렇게 크지 않기 때문으로 짐작된다. 이런 상황에서 ① 표결에 대한 이사회 간섭이 국내 학계에서 연구과제로 인식되지 못한 것은 그리 놀라운 일은 아니다. 만약 그것이 우리나라에서 현실성이 없는 문제라면 특별히 신경 쓸 이유도 없을 것이다. 그러나 그것은 우리가 의식하지 못하고 있을 뿐 이미 우리 현실에서도 일어나고 있는 문제이다.

우리나라에서 이 문제가 가장 극적으로 부각된 것은 2015년 삼성물산과 제일모직 사이의 합병을 둘러싼 분쟁에서였다.[9] 당시 삼성물산 이사회는 주주총회에서 합병승인에 필요한 표를 확보하기 위하여 우호세력인 KCC에 자사주를 대량 매각하였다. 합병조건에 불만을 느낀 외국투자자 엘리엇은 KCC의 의결권행사를 막기 위하여 법원에 의결권행사금지가처분을 신청했으나 제1심과 항고심 모두 엘리엇의 신청을 기각하였다(서울고등법원 2015.7.16.자 2015라20503 결정). 항소심을 맡은 서울고등법원은 그 자사주 매각의 주된 목적이 합병승인결의의 통과를 위한 것이었음을 인정하면서도 그 처분이 유효하다고 선언하였다. 즉 주주표결에 대한 이사회 간섭을 인정한 것이다. 법원은 자사주 매각의 유효성을 판단하는 기준으로 신인의무와 아울러 공서양속을 적용하였으나 판시는 공서양속에 관한 쪽이 훨씬 더 자세했다. 법원은 공서양속의 판단 기준으로 당해 합병이 "회사나 주주 일반의 이익"(회사이익)에 반하

9  김건식, "삼성물산 합병 사례를 통해 본 우리 기업지배구조의 과제 – 법, 제도, 문화", 「BFL」 제74호(2015.11) 83면.

는지 여부를 채택하였다.[10] 즉 합병이 회사이익에 반하지 않는다면 그 것을 통과시키기 위한 자사주 매각은 허용된다는 논리를 택한 것이다. 문제는 합병이 회사이익에 부합한다는 것을 어떻게 증명할 것인가라고 할 수 있다. 법원은 합병의 조건이 자본시장법상의 기준에 부합하는 경 우에는 특별한 사정이 없는 한 회사이익에 반하지 않는다고 판시함으 로써 이 어려운 문제를 간단히 넘어가버렸다. 이 같은 기계적인 판단의 당부에 대해서는 다툼의 여지가 있을 것이다. 그러나 이 글의 주제와 관련하여 떠오르는 의문은 과연 회사이익을 위한 것이라면 주주 표결 에 대한 이사회 간섭은 언제나 정당화될 수 있는가 하는 것이다. 삼성 물산과 엘리엇 사이의 대립은 당시 언론에 의해서 대서특필되었을 뿐 아니라 학계에서도 다수의 논문이 발표된 바 있다.[11] 그러나 자사주 매 각이 논의의 대상이 되는 경우에도 그것이 신주발행과 마찬가지의 상 법상 제약을 받는 것인지 여부에 초점이 맞춰졌을 뿐 신인의무나 공서 양속상의 제약에 대해서는 거의 아무런 논의가 이루어지지 않았다.[12]

## 4. 논의의 순서

이 글은 주주 표결에 대한 이사회 간섭에 관한 몇 가지 논점을 정리 힘으로써 앞으로 논의의 밑거름을 삼는 것을 목적으로 한다. 전술한 바 와 같이 주주권 행사에 대한 이사회 간섭에 관한 논의가 가장 활발하

---

10 회사이익을 기준으로 삼았다는 점에서는 신인의무를 적용하는 경우와 실질적으로 차이가 없을 것이다.

11 예컨대 권재열, "삼성물산 대 엘리엇 결정", 「상사판례연구」 제28집 제4권 (2015.12.31.) 3면; 양기진, "삼성물산-엘리엇 분쟁을 중심으로 본 경영권방어법제의 개편방향", 「상사 법연구」 제34권 제3호 (2015), 167면.

12 이런 관점에서 우리 학계에서는 뒤에 살펴볼 1971년 델라웨어주 대법원의 Schnell 판결 (Schnell v. Chris-Craft Industries, Inc., 285 A.2d 430 (1971))의 법리에 대한 이해가 아 직 충분히 뿌리내리지 못한 것이 아닌가 하는 추론을 해본다.

곳은 미국이다. 오늘 발표에서는 먼저 미국에서의 논의상황을 정리한 후 그것을 토대로 이 문제에 대한 이론적인 검토를 시도하기로 한다.

## Ⅱ. 미국에서의 논의상황

### 1.이사회 권한과 그에 대한 통제

미국 회사법상 회사의 경영은 이사회에 맡겨져 있다.[13] 이사는 경영 전반에 대해서 포괄적인 권한을 갖는 일종의 fiduciary(受認者)로서 회사 와 주주에 대해서 신인의무를 부담한다.[14] 이사가 신인의무를 위반한 경우에는 손해배상책임이 발생한다. 기본적으로 회사경영에 관한 이사 의 결정은 이른바 경영판단으로 보호되는 것이 원칙이다(경영판단원칙 (business judgment rule)). 그러나 예외적으로 이사의 이익과 회사 내지 주주 의 이익이 서로 충돌하는 경우에는 이른바 "전면적 공정성 기준"(entire fairness standard)이란 엄격한 기준의 적용을 받는다.

전통적으로 법원이 이사의 행동이 신인의무에 위반하는지 여부를 판단하는 기준으로는 위의 두 가지 기준, 즉 느슨한 경영판단원칙과 엄 격한 전면적 공정성 기준이 존재했다. 그러나 시간이 흐름에 따라 이사 의 다양한 행동을 이 두 기준만으로 규율하기는 어렵다는 인식이 확산

---

13 경영을 크게 ①발의, ②결정, ③집행, 감독의 4단계로 나눈다면 사외이사가 대부분을 차 지하는 대기업 이사회에서는 ②와 에 중점을 두고 ①과 ③은 일상적인 경영을 담당하는 경영진(management)에 맡기는 것이 보통이다. 이론상으로는 경영진의 임면권을 가진 이 사회가 경영진의 상위에 있는 기관이지만 기업현실에서는 오히려 경영진이 이사회를 지 배하는 경우가 보통이다. 정상적인 상황에서는 이사회와 경영진 사이의 관계가 긴밀하므 로 주주에 대한 관계에서 논할 때에는 양자를 구태여 구별할 필요가 없을 것이다.

14 Jack B. Jacobs, "Fifty Years of Corporate Law Evolution: A Delaware Judge's Retro-spective", 5 Harvard Business Law Review 141, 145 (2015).

되었다. 이런 인식이 싹튼 것은 1980년대로 급증하는 적대적 기업인수 시도에 대한 이사회의 방어행위를 어느 범위까지 허용할 것인가와 관련해서였다. 이사회가 방어조치에 나서는 상황은 다양하지만 크게 두 가지로 나눌 수 있다. 일반적인 것은 ① 외부자의 공개매수에 대항하기 위한 경우지만 ② 외부자의 공개매수 위험이 없더라도 경영권에 대한 위협이 존재하는 경우에도 이사회가 방어조치를 취할 수 있다. 두 경우 모두 주주의 권한행사에 영향을 미칠 수 있지만 ①의 경우는 주주의 보유주식 처분과 관련이 크고 ②의 경우는 주주의 표결과 관련이 크다고 할 수 있다. 이하 두 가지 경우를 차례로 살펴본다.

## 2. 주주의 보유주식 처분에 대한 이사회 간섭

주주가 보유주식을 처분하는 것은 원칙적으로 자유이다.[15] 문제가 되는 것은 주주의 처분으로 경영진 교체가 초래될 우려가 있는 경우 이사회가 사실상 그것을 억제하기 위한 조치를 취할 수 있는지 여부이다. 전형적인 예는 적대적 공개매수의 경우이다.[16] 경영진의 방어조치로 인하여 외부자의 공개매수시도가 무산되는 경우 기존 주주는 주식을 고가로 처분할 기회를 상실할 가능성이 크다.[17] 예컨대 대표적인 경영권 방어수단인 포이즌필의 경우 그것이 기존 주주의 주식 처분을 법적으로 저지하는 것은 아니지만 그로 인해서 외부자가 공개매수를 포기하게 된다면 기존 주주는 결과적으로 주식을 처분할 기회를 상실하게 된다.

---

15  우리 상법상으로도 정관에 근거 있는 경우가 아니면 이사회가 주식의 처분을 제한할 수는 없다(제335조 제1항).

16  기존 지배주주가 지배주식을 제3자에게 양도하는 경우에는 이사회 동의 여부는 문제될 여지가 없다.

17  나중에 더 높은 가격으로 인수할 자가 나타나지 않는 경우에는 그렇게 될 것이다.

이사회가 이처럼 기존 주주의 주식 처분을 방해할 수 있는지 여부에 대해서는 당초 두 가지 상반된 견해가 제시된 바 있다. 하나는 이사회 간섭이 허용될 뿐 아니라 그 간섭은 원칙적으로 경영판단으로 보호된다고 보는 견해이다.[18] 이와 정반대로 주주의 처분여부는 주주가 자유롭게 결정하는 것이고 이사회는 그에 간섭할 권한이 없다는 부정설도 유력하다.[19] 부정설에 따르면 적대적 기업인수가 진행 중인 상황에서 이사회는 아무런 역할이 없으므로 수동적이거나 중립적인 태도를 유지해야 할 것이다(이른바 board passivity or neutrality).[20] 그러나 미국에서는 이런 양 극단의 견해보다는 이사회의 간섭을 제한적인 범위에서 긍정하는 중간적 견해가 우세하다.[21] 다만 이사회의 역할을 어느 범위에서 인정할 것인가에 대해서는 다툼이 있다.

이사 행동의 판단기준으로는 경영판단원칙과 전면적 공정성 기준이 대표적이라는 점은 전술한 바와 같다. 그러나 이 두 기준은 경영권 방어조치에 적용하기에는 적합지 않은 면이 있다.[22] 먼저 경영판단원칙을 적용하는 것은 법리적 차원에서 문제가 있다. 외부자의 공개매수는 형

---

**18** 대표적인 주창자는 Wachtell, Lipton이란 로펌의 Lipton 변호사이다. Martin Lipton, "Takeover Bids in the Target's Boardroom", 35 Business Lawyer 101 (1079). 이해관계자 이익의 관점에서 이사회의 방어권을 인정하는 견해로는 Margaret M. Blair & Lynn A. Stout, "A Team Production Theory of Corporate Law", 85 Virginia Law Review 247, 305 (1999).

**19** Frank H. Easterbrook & Daniel Fischel, "The Proper Role of a Target's Management in Responding to a Tender Offer", 94 Harvard Law Review 1161 (1981). 이 견해는 단순히 학자들의 견해에 머무르지 않고 영국에서는 실제로 제도화되었다.

**20** 중립성은 반대의사표명까지도 허용하지 않는다는 점에서 소극성보다 강한 것으로 이해되고 있다.

**21** 그 선구적인 견해로 Ronald J. Gilson, "A Structural Approach to Corporations: The Case Against Defensive Tactics in Tender Offers", 33 Stanford Law Review 819 (1981). Ronald J. Gilson and Reinier Kraakman, "Delaware's Intermediate Standard for Defensive Tactics: Is There Substance to Proportionality Review?", 44 Business Lawyer 247, 265 (1989).

**22** Jacobs, 주14, 160-161.

식상 회사가 아니라 직접 주주를 상대로 한 거래이다. 따라서 법리적으로만 보면 회사기관인 이사회가 나서는 것을 정당화하기 어려운 면이 있다. 그러나 기능면에서 보면 주식형 매수도 합병과 비슷한 측면이 있다. 특히 공개매수 후 교부금합병이 행해지는 것이 일반적인 미국에서는 더욱 그러하다. 양자의 균형을 맞춘다는 관점에서 공개매수의 경우에도 이사회 간섭을 인정해야 한다는 견해도 있다. 문제는 공개매수가 성공하면 자신의 지위를 상실할 위험이 있는 이사의 이익충돌 때문에 합리적인 판단을 기대하기 어렵다는 점이다. 그렇다고 해서 전면적 공정 기준을 적용하는 것도 적절치 않다. 전면적 공정 기준을 적용한다면 현실적으로 방어수단을 인정할 여지가 거의 사라질 것이기 때문이다.

## 3. Unocal 판결과 중간기준

이런 상황에서 일종의 타협책으로 출현한 것이 1985년 델라웨어 형평법원의 Unocal 판결[23]의 중간기준이다. Unocal 판결이 나오기 전에도 중간적 해결책을 모색하는 시도가 전혀 없었던 것은 아니다. 1964년 Cheff 판결[24]에서 델라웨어주 대법원은 이사회가 "회사의 방침과 효율성에 대한 위험"(a danger to corporate policy and effectiveness)이 존재한다고 믿을 합리적 근거가 있는 경우에는 방어가 가능하다고 판시한 바 있다. 이 기준은 뒤에 살펴볼 Unocal기준의 1단계 요건과 유사하다. 문제는 경영권분쟁의 경우에는 대부분 이런 위험을 주장할 여지가 있으므로 방어수단의 합법성이 너무 쉽게 인정된다는 것이다. 또한 1971년 델라웨어주 대법원 Schnell 판결[25]에서 제시한 "주요목적기준"도 흥미롭다.

---

23  Unocal Corp. v. Mesa Petroleum Co., 493 A.2d 946 (Del. 1985).
24  Cheff v. Mathes, 199 A.2d 548 (Del. 1964)
25  Schnell v. Chris-Craft Industries, Inc., 285 A.2d 430 (1971).

Schnell 판결에 대해서는 뒤에 다시 살펴볼 것이므로 이곳에서는 요지만을 언급한다. 법원은 주총일자를 앞당기는 것은 법률상 가능하지만 자신의 지위를 유지하기 위하여 반대주주의 위임장권유를 저지하는 것을 "유일한 또는 주된 목적"으로 하는 것은 허용되지 않는다고 판시하였다. 주요목적기준은 경영자의 주관적인 사정에 관한 것이므로 현실적으로 증명이 어렵다는 한계가 있었다. 경영권분쟁이 증가하는 상황에서 나온 Unocal 판결은 방어수단의 허용범위에 대한 구체적인 기준을 제시함으로써 "선도적 판례"의 반열에 올랐다. Unocal 판결은 이미 국내에서도 여러 차례 소개된 바 있지만 이사회 간섭의 한계에 관한 논의의 토대를 이루는 판결이므로 다시 간단히 서술하기로 한다.[26] 사실관계의 골자는 다음과 같다. 기업사냥꾼으로 유명한 Pickens가 지배하는 석유회사 Mesa Petroleum은 Unocal의 풍부한 현금자산을 차지할 목적으로 그 주식 약 13%를 매집한 후 Unocal주주들을 상대로 2단계 공개매수를 시도하였다. 1단계에서 약 37% 주식을 주당 54달러에 현금매수한 후 2단계에서 나머지 주식은 고위험고수익채권(junk bond)을 주고 취득하고자 했다. 그러나 Mesa가 주당 54달러의 가치가 있다고 평가한 그 채권의 실제 가치는 54달러에 훨씬 미달했기 때문에 Unocal주주들로서는 1단계 매수에 응해야 하는 압박을 받게 되었다(이른바 coercive bid). 그리하여 Unocal 이사회는 Mesa의 공개매수에 대항하여 조건부 자기공개매수를 실시하기로 결정했다. 즉 Mesa가 1단계 매수에서 37%주식을 매수하는데 성공하는 경우 Unocal이 주당 72달러에 상당하는 사채를 발행하여 나머지 발행주식(49%)과 교환한다는 내용이었다. 그 자기공개매수의 요체는 Mesa가 보유한 주식은 Unocal의 교환매수대상에서 제외한

---

26 Unocal 판결의 배경, 경제적 의미, 경영권시장에 대한 영향 등에 대한 간략하면서도 유익한 논문으로 Jeffrey N. Gordon, "The Story of Unocal v. Mesa Petroleum: the Core of Takeover Law", in J. Mark Ramseyer ed., Corporate Law Stories 227 (Foundation Press 2009).

다는 것이었다. 그러나 Unocal의 자기공개매수도 주주들이 Mesa의 매수에 응하지 못하도록 압박한다는 비판을 받자[27] Unocal은 30%주식을 무조건 매수하되 Mesa보유주식은 제외하기로 공개매수의 조건을 변경하였다. Mesa는 자신을 배제하는 차별은 부적법하다는 이유로 법원에 Unocal의 공개매수를 금지하는 가처분을 구하였다.

델라웨어 형평법원은 Mesa의 가처분신청을 인용하였으나 대법원은 대체로 다음과 같은 논리에 따라 그 결정을 파기하였다.[28] 먼저 이사회가 자신의 지위유지를 주된 목적으로 하는 것이 아니라면 일부 주주의 주식만 차별적으로 매입하는 것도 허용된다. 나아가 이사회는 주주를 포함한 회사기업(corporate enterprise)을 보호할 의무에 근거하여 경영권방어를 행할 권한이 있다. 제3자가 공개매수를 시도하는 경우 이사회는 그것이 "회사와 주주의 최선의 이익"에 부합하는지 여부를 검토해야 한다. 그러나 이사는 공개매수가 성공하면 일자리를 잃을 위험이 있으므로 사익을 앞세울 우려가 있다. 이사의 이러한 내재적 이익충돌(inherent conflict)을 고려하여 법원은 경영판단원칙을 적용하기에 앞서 보다 엄격한 의무(enhanced duty)를 부과하고자 새로운 기준을 고안해냈다. 흔히 Unocal기준이라고 불리는 이 기준은 다음 2가지 요소로 구성되어 있다: ①제3자의 주식보유로 인하여 "회사의 방침과 효율성에 대한 위험"이 존재한다고 믿을 만한 합리적인 근거가 있을 것(즉 위협(threat)의 존재); ②이사회의 방어수단이 그 위협에 대해서 합리적일 것(즉 방어수단의 상당성(proportionality)).[29] 법원은 Mesa의 강압적인 2단계 공개매수를

---

27 Gordon, 주26, 237-239.

28 Mesa는 이 소송에서 패소했지만 판결 후 Unocal과의 타협을 통해서 경제적으로는 8300만 달러에 달하는 이익을 얻었다. Gordon, 주26, 239-240.

29 이사들은 ②와 관련해서 공개매수의 성격과 회사기업에 대한 효과를 고려해야 하는데 그에 관련된 요소에는 매수가격의 적절성, 매수의 성격과 시기, 불법적 요소, 이해관계자에 대한 영향, 매수실패의 위험, 대가로 교부되는 증권의 질 등이 포함된다.

방어하기 위한 Unocal의 차별적 공개매수는 위 기준을 충족한다고 판단하였다.[30] 그 과정에서 법원은 독립적인 사외이사가 과반수를 차지하는 Unocal의 이사회가 Mesa의 공개매수가 회사와 주주의 최선의 이익에 반한다고 결정한 점을 강조하였다.[31] Unocal기준은 그 후의 판례는 물론이고 학계의 논의에도 결정적인 영향을 미쳤다.[32]

## 4. Unocal기준의 후퇴와 Unitrin 판결[33]

Unocal기준은 이처럼 경영판단원칙보다 엄격한 기준으로 출발하였으나 그 엄격성은 시간이 흐름에 따라 차츰 완화되었다. 그 결과 Unocal기준과 경영판단원칙과의 실질적 격차는 대폭 줄어들게 되었다.[34] Unocal기준의 후퇴를 가장 극명하게 보여준 것은 델라웨어주 대법원이 1995년에 선고한 Unitrin 판결[35]이다.

그 사안은 다음과 같다. American General(AG)사가 Unitrin사에 대해 교부금합병을 하자는 제안을 하였으나 Unitrin사는 그에 응하지 않고 오히려 주주들로부터 1000만주를 매입하기로 결정했다. 이에 AG와 일부

---

**30** 이론상 이사회의 방어수단이 Unocal기준을 충족하면 경영판단원칙을 적용하는 것으로 되어있다. 그러나 이미 상당성 요건이 내포된 Unocal기준을 충족하는 경우에 경영판단의 요건을 결하는 것은 상상하기 어렵다는 이유로 구태여 다시 경영판단원칙을 적용할 필요는 없다는 비판이 있다. Jacobs, 주14, 167.

**31** 한편 Unocal 판결의 선고 후 Unocal이 행한 것 같은 차별적 자기공개매수는 SEC규칙으로 명시적으로 금지되었다(Rule 13e-4(f)(8)(i)).

**32** 델라웨어법원은 같은 1985년 Moran판결에서 포이즌필도 Unocal기준, 특히 ②상당성 요건을 충족시킬 수 있음을 확인하였다. Moran v. Household Int'l, Inc., 500 A.2d 1346 (1985).

**33** Unitrin, Inc. v. American General Corp., 651 A.2d 1361 (Del. 1995).

**34** James D. Cox & Randall S. Thomas, "Delaware's Retreat: Exploring Developing Fissures and Tectonic Shifts in Delaware Corporate Law", 42 Delaware Journal of Corporate Law 323, 384 (2018).

**35** Unitrin, Inc. v. American General Corp., 651 A.2d 1361 (Del. 1995).

---

주주들이 Unitrin사의 자사주매입을 막기 위하여 제소하였다. 형평법원은 Unitrin의 자사주매입이 AG의 현금매수가 초래한 위협에 비하여 과도한 방어책이란 이유로 그것을 금지하는 가처분을 내렸다. 그러나 대법원은 원심이 Unocal기준의 상당성요건을 잘못 적용하였다는 이유로 원심결정을 파기환송하였다.

대법원은 경영판단원칙이 적용되는 맥락을 ①이사의 책임을 묻는 소송과 ②경영권방어에 관한 이사행동의 정당성이 다투어지는 소송 (transactional justification cases)의 두 경우로 나누었다. 대법원은 ②에 속하는 이사행동은 주주의 권한에 영향을 미치게 되는데 그것이 경영판단으로 보호받기 위해서는 먼저 Unocal기준을 충족함을 증명해야한다고 판시하였다. 구체적인 판시내용을 Unocal기준의 체계에 따라 정리하면 다음과 같다.

먼저 Unocal기준의 1단계 "위협"요건과 관련하여 대법원은 적대적 기업인수의 "위험"을 다음 세 유형으로 구분하였다: ①주주들이 더 좋은 매도기회를 상실할 위험; ②매수에 응하지 않은 주주를 불리하게 차별하는데 따른 구조적 강압(structural coercion); ③주주들이 경영진의 기업가치평가를 믿지 않고 저가의 매수청약에 잘못 응할 위험(이른바 실질적 강압(substantive coercion)). ②의 구조적 강압의 대표적인 예는 Unocal 판결에서 Mesa가 시도한 것 같은 2단계 공개매수이다. 그러나 오늘날 보다 중요한 것은 ③의 실질적 강압이다.

실질적 강압에 관한 리딩 케이스는 1989년 델라웨어주 대법원판결인 Time-Warner 판결이다.[36] 사안은 Time사와 Warner사의 합병을 발표한 후 합병주주총회가 개최되기 전에 Paramount사가 Time사 주주에 대해서 행한 공개매수에 대해서 Time사가 취한 방어조치의 적법성이 문

---

36  Paramount Communications, Inc. v. Time, Inc., 571 A.2d 1140 (Del. 1989).

제된 경우였다. 합병발표 후 Time주식은 주당 125달러 선으로 상승하였는데 Paramount가 궁극적으로 제시한 매수가격은 그보다 훨씬 높은 200달러였다. 합병에 대한 주총승인을 받지 못할 것을 우려한 Time사는 거래구조를 변경하여 합병 대신 Warner주식에 대한 공개매수를 하기로 결정했다. 이에 대해서 Paramount사는 당해 공개매수의 이행을 금지하기 위하여 제소하였다. 형평법원은 금지처분청구를 기각하였는데 대법원은 형평법원의 결정을 다음과 같은 논리로 지지하였다.[37] Interco 판결은 주식 100%를 대상으로 하는 현금공개매수의 경우 매수가격이 이사회가 성실하게(in good faith) 평가한 현재 주식가치보다 낮은 경우에만 위험이 존재한다고 보았지만[38] 법원은 Interco 판결의 그런 논리는 Unocal기준을 너무 엄격하게 해석한 것이라고 판시하였다.[39] 대법원은 주주는 경영진의 평가를 믿지 않고 저가의 매수청약에 잘못 응할 수도 있기 때문에 주식 전부에 대한 현금공개매수의 경우에도 강압과 위험에 해당한다고 볼 수 있다고 판시하였다. 그러므로 이사회는 자신의 평가가 합리적이라는 점을 증명할 필요 없이 바로 실질적 강압을 이유로 방어할 수 있는 것이다(just say no).[40] Unitrin 판결에서도 대법원은 실질적 강압에 관한 Time-Warner 판결의 판시에 동조하였다.

대법원은 Unocal기준의 2단계 "상당성"요건도 너그럽게 해석했다. 대법원은 그 요건의 적용을 두 단계로 나누어 검토하였다. 먼저 방어

---

37 하급심결정문을 쓴 Allen 판사의 논리에 대한 상세한 검토는 Leo E. Strine, Jr., "The Story of Blasius Industries, Inc. v. Atlas Corp.: Keeping the Electoral Path to Takeovers Clear", in J. Mark Ramseyer ed., 「Corporate Law Stories」 243, 279-285 (Foundation Press 2009).

38 In City Capital Associates Ltd. Partnership v. Interco, Inc., 551 A.2d 787 (Del. Ch. 1988).

39 대법원은 그런 기준에 따르면 법원이 이사회의 평가를 자신의 평가로 대체하는 결과에 이를 수 있다고 본 것이다.

40 대법원판결은 이 판단의 근거로 Gilson & Kraakman, 주21 논문을 인용하였다. 그 부분이 법원의 해석상 오류라는 점에 대해서는 Strine, 주37, 287-288 (2009); Jacobs, 주14, 164-166.

수단이 가혹한(draconian) 것으로 인정되는 경우에는 무효이다. 가혹성은 강압적(coercive)이거나 배제적(preclusive)인 경우에 인정된다. 강압적인 경우는 주주로 하여금 방어수단의 채택을 강요하는 경우를 말하고[41] 배제적인 경우는 주주가 매수청약에 응하여 처분할 권리를 박탈하거나 위임장경쟁을 제한함으로써 인수기업이 경영권을 취득할 수 있는 길을 봉쇄하는 경우를 말한다.[42] 실제로 많이 문제되는 것은 방어수단의 배제성이지만 그것이 인정되는 경우는 드물다.[43] 가혹성이 부정되는 경우에는 다음 단계로 나아가 방어수단이 위협에 비하여 "합리성의 범위"(the range of reasonableness) 내에 있는지 여부를 판단하게 된다.

원심인 형평법원은 Unitrin의 자사주매입과 합병에 적용되는 超다수결요건을 아울러 고려하면 사실상 이사회는 거부권을 갖는 것과 같은 결과에 이른다는 점을 근거로 "배제적"이라고 판단하였다. 그러나 대법원은 다음과 같은 이유로 원심 판단을 파기하고 자사주매입이 그 위협에 비하여 "합리성의 범위" 내에 있는지 여부를 판단하도록 환송하였다:

①원심은 사외이사를 겸한 주주들은 주주이익보다는 이사의 특권을 유지하는 것을 더 중시할 것이라고 보았지만 대법원은 그런 주주들도 다른 주주와 마찬가지로 행동할 것이라고 판단하였다.

②이사의 보유주식은 이미 실질적으로 합병결의를 막을 수 있는 선인 25%를 넘었다.

---

41  Unocal이 방어수단으로 처음 시도했던 조건부 자기공개매수는 Unocal주주로 하여금 Mesa의 매수청약을 무조건 거부하도록 압박한다는 점에서 그 예에 해당할 것이다.

42  Paramount Communications, Inc. v. Time, Inc., 571 A.2d 1140, 1154-55 (1990)

43  그 대표적인 예가 이른바 "dead hand" pill이다. 그것은 인수기업이 선임한 새 이사들이 소각할 권한을 제한하거나 박탈하는 형태의 포이즌필을 말한다. 그에 따르면 결국 인수기업은 기존 경영진의 동의 없이는 경영권을 인수할 수 없는 결과가 되는데 델라웨어형평법원은 그런 형태의 필은 배제적이어서 Unocal기준상 부적법한 것으로 판단하였다. Carmody v. Toll Brothers, Inc., 723 A.2d 1180 (Del. Ch. 1998).

③AG는 Unitrin사의 자사주매입에도 불구하고 매력적인 가격의 공개매수를 통해서 주식을 확보하고 경영진과의 위임장경쟁을 통해서 회사의 경영권을 취득할 수 있는 길이 열려있었으므로 Unitrin의 자사주매입이 AG를 배제하는 효과가 있다고 볼 것은 아니다.[44]

## 5. Unocal기준의 후퇴와 주주 표결에 대한 이사회 간섭

Unocal기준이 후퇴하고 포이즌필 이용을 법원이 폭넓게 허용함에 따라 이사회는 거의 모든 공개매수에 대해서 방어할 수 있게 되었다. 그러나 그럼에도 불구하고 포이즌필은 경영권의 철벽방어는 아니기 때문에 경영권시장의 견제기능이 배제되지 않는다고 보는 것이 일반적인 견해이다.[45] 철벽방어가 아니라고 보는 이유는 공개매수에 이사회가 협조를 거부하는 경우에는 주주총회에서 새로 이사를 선임하여 포이즌필을 제거한 후 공개매수를 하는 길이 남아 있기 때문이다. 이런 관점에 따르면 포이즌필의 기능은 결국 대상회사 이사회에게 합병의 경우와 마찬가지로 간섭할 기회를 주고 주주들에게는 집단적 선택의 기회를 주는 것이라고 볼 수 있다.[46] 그리하여 이제 관심은 주주총회와 위임장경쟁으로 넘어가게 되었다. 이사회는 외부자의 주식취득을 억제하는 방어책에서 주주의 표결에 영향을 주는 방어책으로 눈을 돌리게 되었다. 앞서 언급한 Unitrin의 자사주매입시도는 외부자(AG)가 확

---

**44** 위협과의 관련에서 실체적 강압을 인정할 때에는 주주의 무지를 내세우면서 배제적 성격을 부정할 때에는 주주의 판단능력을 신뢰하는 대법원의 논리에 대해서는 자가당착적이라는 비판이 있다. Thompson, 주3, 420-421.

**45** 예컨대 Unocal Corp. v. Mesa Petroleum Co., 493 A.2d 946, 959 (Del. 1985).

**46** 주주들에게 집단적 선택의 기회를 부여하는 경우 이사회 간섭은 배제해야 한다는 견해로 Lucian A. Bebchuk, "The Case Against Board Veto in Corporate Takeovers". 69 University of Chicago Law Review, 973 (2002).

보할 수 있는 주식 수를 줄임으로써 주총에서의 표결결과에 영향을 주기 위한 경우였다. 문제는 주주 표결에 대한 이사회의 이런 간섭을 어떻게 규율할 것인가였다. 주주 표결에 대한 이사회 간섭의 문제가 가장 극명하게 부각된 판결은 1988년 델라웨어 형평법원의 Blasius 판결[47]이다. Blasius 판결은 우리나라에서 별로 주목을 받지 못한 것으로 보인다. 이하에서는 Blasius 판결을 중심으로 논의를 전개하기로 한다. 다만 본격적인 논의에 들어가기 전에 주주의 표결에 대한 이사회 간섭에 관한 보다 조기의 판례로 앞서 언급한 바 있는 Schnell 판결[48]을 간단히 소개하기로 한다.

　Schnell 판결의 사실관계는 다음과 같이 정리할 수 있다. 회사의 경영진이 자신의 지위를 유지할 목적으로 이사선임을 위한 주주총회를 부속정관에서 정해진 날짜보다 5주를 앞당겨 개최하려 하였다. 그러자 반대파 주주들이 그것을 막기 위하여 금지처분을 신청하였다. 형평법원이 주총 일자를 앞당기는 것이 법이나 정관에 위반되지 않는다는 이유로 신청을 기각하자 반대주주들이 항고하였다. 대법원은 경영진이 지위 유지를 위해 반대주주들의 위임장권유를 방해하는 것은 "회사민주주의원칙"(principles of corporate democracy)에 반하는 불공평한 목적이라고 전제하고 그런 목적으로 주총 일자를 앞당기는 것은 허용되지 않는다는 이유로 형평법원 결정을 파기하였다. 경영진은 자신들이 부속정관에 정한 주총 일자 변경에 필요한 절차를 충실히 준수하였다고 주장하였으나 대법원은 그 주장을 배척하며 다음과 같이 선언하였다: "단지 법적으로 가능하다고 해서 [이사의] 불공평한 행동이 허용되는 것은 아니다." 즉 주총일자를 변경하는 것이 법률상 가능하더라도 자신의 지위유지를 위하여 반대주주의 위임장권유를 저지할 목적으로 하는

---

47　Blasius Industries, Inc. v. Atlas Corp., 564 A.2d 651(Del. Ch. 1988)
48　Schnell v. Chris-Craft Industries, Inc., 285 A.2d 430 (1971).

경우에는 신인의무상 허용되지 않는다는 것이다. Schnell 판결은 이사의 행동이 법률상 허용되는 경우에도 신인의무의 구속을 받는다는 점을 명확히 함으로써 신인의무 발전의 계기가 되었다고 평가된다.[49] 다만 Schnell 판결이 주주의 의결권행사에 대한 경영진 간섭을 금지하는 근거로 제시한 것은 "회사민주주의"라는 다소 추상적인 개념이었다. 보다 정교한 이론구성이 시도된 것은 Blasius 판결[50]에서였다.

## 6. Blasius판결과 강력한 정당화사유

Blasius 판결의 사실관계를 정리하면 다음과 같다. Blasius는 Atlas사 주식 9.1%를 취득한 후 Atlas사의 구조조정과 경영권 확보에 착수했다. Blasius는 델라웨어주 회사법상 허용되는 서면주총을 통해서 Atlas사의 이사정원을 7명에서 정관상 최대한도인 15명으로 확대하고 8명을 자신의 후보로 선임한다는 내용의 통지서를 Atlas에 송부하였다. 그 통지를 받은 Atlas사는 바로 전화를 통한 비상이사회를 개최하여 자기 쪽 후보 2명을 새로 이사로 선임함으로써 Blasius의 이사회 장악시도를 저지하였다. 그러자 Blasius는 이런 이사선임의 무효를 구하는 소를 제기하였다. 형평법원은 이사회에 의한 이사선임은 법률상 가능하지만 그 주된 목적이 과반수 주주가 이사회 과반수를 차지하는 것을 막는 것인 경우에는 설사 이사회의 조치가 사익이 아닌 회사이익을 위한 것인 경우에도 무효라고 판단하였다.

Blasius의 주장은 이사는 회사이익에 부합한다고 합리적으로 믿는 것을 성실하게 추구하기 위해서 법적 권한을 행사할 의무가 있는데 사안

---

49 Jacobs, 주14, 144.

50 Blasius Industries, Inc. v. Atlas Corp., 564 A.2d 651(Del. Ch. 1988). 이 판결에 대한 상세한 분석으로 Strine, 주37 논문.

에서 이사회의 이사선임은 사익을 위한 것이었다는 것이다. 이에 대해서 Atlas사는 이사회의 이사선임은 경영판단원칙의 보호를 받는다며 다음과 같이 주장하였다:

① Blasius가 이사를 선임하더라도 기존 이사들의 지위가 영향을 받는 것이 아니므로 이익충돌이 있는 것은 아니다.

② 이사회는 신임이사들을 잘 알고 있었고 이사선임으로 인해서 Blasius가 원하는 재무구조개편이 불가능하게 된 것도 아니므로 이사회는 주의의무를 다했다.

③ 이사회의 이사선임은 실제로 비현실적인 위험한 재무구조개편으로부터 주주들을 보호하기 위하여 선의로 행한 것이다.

형평법원의 Allen 판사는 우선 Blasius의 재무구조개편안이 회사이익에 반하며 이사회의 이사선임은 주주이익 보호를 위한 선의의 조치라는 점을 수긍했다. 그러나 그는 진정한 문제는 주주들의 이사회 장악을 방해하는 것을 주된 목적으로 하는 조치를 이사회가 취할 수 있는가라고 보았다. 결국 문제를 수인자(fiduciary=이사)와 수익자(beneficiary=주주) 사이의 권한 배분의 문제로 파악한 것이다.

Allen 판사는 이사회 조치가 사익을 위한 것이라는 원고 주장을 배척하면서도 그것을 경영판단으로 보호하는 것은 거부했다. 주주 표결에 대한 간섭을 주된 목적으로 하는 이사회 조치는 숙고를 거쳐 선의로 행해진 경우라도 경영판단으로 보호할 수 없다고 보았다. 그 이유로는 ①주주 표결이 이사권한의 이념적 기초라는 점과 ②주주 표결에 간섭하는 것을 주된 목적으로 하는 이사회 결정은 주주와 이사 사이의 권한배분에 관한 문제라는 점을 들었다.[51] 그는 주주 표결에 대한 간섭

---

51  Allen 판사는 여기서 말하는 주주표결에 대한 간섭은 반드시 이사선임에 관한 경우에 한정되는 것이 아니라 과반수 주주를 좌절시킬 목적으로 하는 모든 경우를 포함한다는 점을 분명히 하고 있다.

은 이사회와 과반수 주주 사이의 이익충돌에 해당한다고 판단하였다.

원고는 주주 표결을 방해하는 것을 주된 목적으로 하는 회사행위는 그 자체로 무효(per se invalidity)로 보아야 한다고 주장했다. 그러나 Allen 판사는 회사지배의 정통성과 관련하여 "의결권의 초월적 중요성"(the transcending significance of the franchise)을 인정하면서도 주주 표결에 대한 간섭을 무조건 무효로 보기 보다는 경영판단원칙과 무효 사이의 중간적 기준을 적용하였다. 그리하여 주주 표결을 방해하는 것을 주된 목적으로 하는 이사회의 행위는 이사회가 그런 행위를 강력하게 정당화하는 사유(a compelling justification)를 증명하지 못하면 무효라고 보았다.

Allen 판사는 그와 관련하여 두건의 판결을 인용하였다. Aprahamian 판결[52]은 반대파 주주가 위임장을 과반수 확보한 것을 알게 된 이사회가 정기주총을 연기하려 한 사안으로 법원은 주주총회를 원래 정한 일자에 개최하도록 명하였다. 보다 흥미로운 것은 Phillips 판결[53]이다. Phillips 판결에서 법원은 강력한 회사목적을 제시하지 못한 상황에서 지배주주의 의결권을 희석시키는 것을 주된 목적으로 발행한 신주의 의결권 행사를 금지하였다.

Allen 판사는 주총에서 8명의 새 이사가 선임되는 것을 막기 위해서 Atlas사가 취한 조치를 정당화할 수 있는 사유가 충분히 제시되지 않았다고 판시하였다. 그에 의하면 9%주주에 불과한 Blasius는 주주이익을 위협할 만큼 강력한 영향력을 갖지 못했으며, 이사회는 나머지 주주들을 설득한 충분한 시간이 있었다. 이사회의 방어조치를 정당화하기 위하여 내세울 수 있는 유일한 논리는 무엇이 회사의 최선의 이익에 부합하는지는 주주보다 이사회가 더 잘 안다는 것이었다. 그러나 그는 다른 사항은 몰라도 누구를 이사로 선임할 것인가에 대해서는 이사회가 주

---

52  Aprahamian v. HBO & Company, Del.Ch., 531 A.2d 1204 (1987)

53  Phillips v. Insituform of North America, Inc., Del.Ch., C.A. No. 9173 (Aug. 27, 1987),

주보다 더 잘 안다고 할 수 없다고 밝혔다. Blasius의 구조조정안이 비현실적이어서 회사와 주주에게 불리하다는 점을 긍정하면서도 이사회가 회사자금을 이용해서 설득하는 것까지는 가능해도 주주행동을 막는 것까지는 할 수 없다고 본 것이다.[54]

## 7. Blasius 판결의 후퇴: 강력한 정당화사유와 Unocal 기준

Blasius 판결에서 제시한 강력한 정당화 사유 기준은 "강력한"이란 용어가 시사하는 바와 같이 Unocal의 상당성기준 보다는 높은 수준으로 보이는 것이 사실이다. Blasius 판결에서 Allen 판사는 두 기준 사이의 관계를 언급하지는 않았지만 그렇다고 양자가 별개라고 명시한 것도 아니었다. Blasius 판결로부터 10여 년이 지난 2001년 Allen 판사는 두 명의 동료 법관들과 공저한 논문에서 Blasius 판결은 주주 표결의 저지를 주된 목적으로 하는 이사행동을 부정적으로 보는 Schnell 판결과 같은 전통적인 태도를 확인한 것이라고 해명하였다.[55] 그에 따르면 Blasius 판결은 Unocal 판결의 상당성기준이 적용된 하나의 사례에 불과한 것이므로 추가로 강력한 정당사유를 증명할 필요는 없었다.

이런 취지는 Blasius 판결을 확인한 2003년 델리웨이 대법원의 MM 판결[56]도 밝힌 바 있다. MM판결의 사안은 다음과 같다. MM사는 Liquid Audio(LA)사 주주로 LA에 대한 자신의 매수제안이 LA이사회에 의해서 거절되자 자신이 지명하는 이사를 선임하여 경영권을 확보하기 위

---

54  그는 이사회의 조치가 주주에 대한 충성의무(duty of loyalty)의 非고의적인 위반에 해당한다고 보았다.

55  William T. Allen, et al., "Function Over Form: A Reassessment of Standards of Review in Delaware Corporation Law", 56 Business Lawyer 1287, 1312-16 (2001).

56  MM Cos. v. Liquid Audio, Inc., 813 A.2d 1118 (Del. 2003)

하여 위임장경쟁을 시도했다. LA이사회는 Blasius 판결의 경우와 마찬가지로 이사정원을 확대하고 우호적인 이사를 새로 선임하였다. MM은 LA이사회의 이러한 이사선임의 효력을 다투는 소를 제기하였다. 대법원은 강력한 정당화 기준이란 Unocal기준이 구체화된 경우라는 점을 인정하면서도 주주에게 완전하고 공정한 표결기회를 부여하지 않은 경우에는 이사회가 강력한 정당화 사유를 증명한 후에야 상당성심사에 들어간다고 판시하였다. 대법원은 사안에서 이사회가 그런 사유를 증명하지 못했다는 이유로 이사선임결의는 무효라고 선언하였다. 다만 사안에서 MM사는 이사회에 의한 이사선임 후에도 이사회의 과반수 이사를 선임할 수 있는 가능성이 열려 있었다는 점에서, 즉 방어조치의 배제성이 없었다는 점에서, 순수한 Unocal기준보다는 강화된 기준을 적용하였다고 볼 여지가 있다.

그러나 MM판결 이후에는 Blasius 판결에 Unocal 판결과 구별되는 독자적인 의미를 부여하여 추가로 강력한 정당성 기준을 적용한 사례는 거의 찾아볼 수 없고[57] 적용하는 경우에도 그 범위는 제한되고 있다. Blasius 판결의 강력한 정당성 기준이 적용되는 경우는 이사회 조치의 주된 목적이 주주 표결을 저지하기 위한 것으로 주주의 표결 시에 행한 조치에 한정된다.[58] 그러므로 부수적으로 주주의 의결권 행사에 영향을 미치는데 그치는 경우에는 Blasius기준은 적용하지 않는다.[59] 또한 표결에 대한 간섭은 효과적인 표결을 방해하거나 저지하는 정도에 이르러야하므로 단순히 주주총회기일을 변경하거나 연기하는 정도로는 Blasius기준을 적용하지 않는다.[60]

---

57  Cox & Thomas, 주34, 365와 각주252에 인용된 판결.
58  Cox & Thomas, 주34, 364.
59  Blasius Industries, Inc. v. Atlas Corp., 564 A.2d 651, 655(Del. Ch. 1988)
60  Cox & Thomas, 주34, 366 n253.

# III. 이론적 검토

## 1. 개념적 접근방식과 기능적 접근방식

주주의 권한행사에 대한 이사회 간섭은 기본적으로 주주와 이사회 사이의 권한배분의 문제이다. 이 문제를 접근하는 방식으로는 크게 두 가지를 생각해 볼 수 있다. 하나는 ① 개념적 접근방식이고 다른 하나는 ② 기능적 접근방식이다. ①은 주주와 회사를 보는 관점으로부터 출발한다.[61] 주주와 회사를 보는 관점은 역사적으로 변화를 겪어왔다. 19세기에 접어들면서부터 주주를 소유권자로 보고 회사는 주주의 이익을 위한 일종의 의제(fiction)로 보는 법인의제설이 힘을 얻게 되었다.[62] 그에 따르면 주주총회가 회사의 최고기관으로 이사회의 상위에 존재한다고 보는 것이 자연스럽다.[63] 이런 사고를 보여주는 대표적인 예가 바로 스위스 채무법이다. 스위스 채무법은 주식회사의 최고기관은 주주총회라는 점을 명시하고 있다(제698조 제1항).

그러나 19세기 후반부터 상황은 변화했다. 회사를 "계약"이 아니라 "제도"라고 보는 사고가 확산됨에 따라 회사를 주주와 구별되는 별개의 실체로 보는 법인실재설이 점차되고 회사이익이란 개념도 등장하게 되었다. 그리하여 20세기부터는 이사회의 역할이 강조되었고[64] 이사회 권한이 주주위임에서 발생하는 것이 아니라 법에 의해서 부여된 것이

---

61  Cools, 주2, 260.

62  Sabrina Bruno, "Directors' Versus Shareholders' Primacy in U.S. Corporations Through the Eyes of History: Is Directors' Power 'Inherent'?", 9 European Company and Financial Law Review 421, 436~437 (2012).

63  Cools, 주2, 261. 주주총회가 이사회 구성원을 선임하는 것도 주주총회의 상위기관적 지위를 뒷받침한다고 할 수 있다.

64  Cools, 주2, 263.

라는 관념도 출현했다. 그런 관념이 강한 곳은 미국으로 미국에서는 이사회와 주주총회는 서로 독립된 기관으로 양자 간에 상하관계는 인정할 수 없다는 시각이 강하다.[65] 한편 유럽에서는 20세기 말에 이르러 다시 주주권한을 강조하는 견해가 힘을 얻게 되었다.[66]

우리나라에도 주주총회를 회사의 최고의사결정기관으로 보는 견해가 없지 않다.[67] 그러나 주주총회 권한은 상법과 정관에 정하는 사항에 한정될 뿐 아니라(제361조 제1항) 이사회에 대하여 지시하거나 이사회 결정사항을 번복할 권한도 없다는 점에서 최고기관성을 인정하기 어려운 면이 있다.[68] 정관에 의한 권한확장의 한계에 관해서는 학설상 다툼이 있지만 확장을 폭넓게 인정하는 견해도 그 근거를 주주총회의 최고기관성에서 찾기보다는 사적자치에서 찾고 있다.[69]

주주총회의 최고기관성을 인정한다면 주주 표결에 대한 이사회 간섭은 허용하기 어려울 것이다. 반면에 이사회의 독립적 지위를 인정하는 경우에는 상대적으로 이사회 간섭을 허용하기 용이할 것이다. 그러나 이처럼 주주총회와 이사회의 개념적 구성을 근거로 이사회 간섭의 허용여부를 결정하는 것은 합리적이라고 할 수 없다.[70] 두 기관의 법

---

65  Bruno, 주62, 434-436; Thompson, 주3, 392. 다만 미국에서도 Dodd-Frank법 제정 이후 주주권한의 강화를 위한 노력이 다소 열매를 맺게 되었다. Cools, 주2, 265.

66  Cools, 주2, 264. 2017년 발표된 유럽모범회사법전(European Model Companies Act)에서 주주총회를 회사의 최고기관(the highest authority)으로 선언한 것(Section 1.12(1))은 그러한 경향을 보여준다고 할 수 있다.

67  권기범, 「현대회사법론」(제6판 삼영사 2015년) 642면.

68  김건식 외, 「회사법」(제4판 박영사 2020년) 283-284면.

69  김건식 외, 주68, 287면. 일본에서는 주주총회는 본래 만능의 기관이므로 권한의 부활이 자유롭게 허용된다고 보는 견해도 있지만(高橋英治, "日本法における株主民主義の現状と課題", 「商事法務」제2224호(2020.3.5.) 28~29면) 학설이나 판례는 주주총회에 그런 우월적 지위를 인정하지 않는 것으로 보인다(특히 高橋, 35면 주31의 판결).

70  미국에서 이사회 권한이 주주가 아닌 제정법에 근거한 것이라는 교조적인(dogmatic) 이유로 방어권을 갖는다고 보는 논리를 비판하는 견해로 Mathias Habersack "Non-frustration Rule and Mandatory Bid Rule – Cornerstones of European Takeover Law?" 15

---

적 위상은 결국 정책적인 고려의 산물이라는 점에서 두 기관의 권한배분에 영향을 주는 정책적인 고려를 토대로 결정하는 것이 더 바람직할 것이다. 그러므로 이 글에서는 이 문제를 ②의 기능적 관점에서 접근하기로 한다.[71]

기능적인 분석은 먼저 목적을 정하는 것에서부터 출발한다. 회사법의 목적이 회사이익의 극대화라는 점에 대해서는 크게 다툼이 없을 것이다. 다툼이 발생하는 것은 회사이익의 해석과 관련해서이다. 회사이익에 이해관계자이익을 폭넓게 포함시키는 경우에는 이사회 간섭을 정당화할 여지가 커진다. 요즘은 회사이익을 넓게 해석하자는 견해가 유력하지만 이글에서는 일단 회사이익을 주주이익과 같다는 전제에서 논의를 전개하기로 한다.

## 2. 권한배분의 기본원칙

기능적 관점에서 보면 주주와 이사회 사이의 권한배분도 결국 주주이익 극대화를 위한 수단으로 볼 수 있다.[72] 투자자인 주주가 잔여청구권자로서 회사의 흥망에 가장 큰 이해관계를 가짐에도 불구하고 이사를 비롯한 경영진에게 회사경영을 맡기는 것은 그런 분업이 결국 자신들의 이익에 부합한다고 믿기 때문이다. 현대 자본주의 국가에서 이런 분업은 보편적인 현상으로 이사회는 회사경영에서 중심적인 지위를 차지한다.[73] 회사법은 이사회에 경영전반에 관한 포괄적인 권한을 부

European Company and Financial Law 1, 18 (2018). 주주를 소유권자로 보는지 여부에 따라 주주권한의 범위를 정하는 것도 교조적인 접근방식이란 점에서 지지하기 어렵다. Cools, 주2, 267.

71  기능적인 관점에서 이사회 간섭을 비판한 본격적인 논문으로는 Bebchuk, 주45 논문 참조.
72  Bebchuk, 주2, 842-843. 주주권 강화 그 자체가 목적이라고 할 수는 없다.
73  이사회가 "회사의 업무집행"에 관한 권한을 가지고 있음을 명시한 우리 상법(제393조 제

여하는 한편으로 주주에게도 일정한 한도에서 권한을 인정하고 있다. 주주에게 권한을 부여하는 구체적인 범위는 나라에 따라 차이가 있다.

전문가인 이사에게 권한을 전부 맡기지 않고 주주에게 일부 권한을 남기는 이유는 무엇인가? 기능적인 관점에서는 그 이유를 ① 분업의 효율과 ② 이사에 대한 견제의 두 가지로 설명할 수 있을 것이다.[74] 먼저 ①의 관점에서 살펴보자. 이사회와 주주가 갖는 각 권한을 델라웨어주 대법원과 일부 학자들은 사업(enterprise)적 결정과 소유권(ownership)적 결정으로 구분한 바 있다.[75] 이사는 사업적 결정에는 전문성을 갖지만 소유권적 결정에는 주주에 비하여 특별히 나을 것이 없다는 점에서[76] 이런 구분은 효율에 부합한다고 할 수 있다. 한편 주주에게 일부 권한을 남기는 것은 ② 이사에 대한 견제의 관점에서도 정당화할 수 있다. 주주의 권한은 이사의 올바른 행동을 확보하는, 즉 이사를 견제(또는 감독)하는 기능을 가진 경우가 많다. 앞서 주주권한을 ① 표결, ② 제소, ③ (보유주식의) 처분으로 구분한 바 있지만 이들 권한은 모두 소유권적 결정(효율) 내지 견제의 관점에서 설명할 수 있다. ③은 대규모로 일어나 경영권 교체를 가져오는 경우에는 간접적으로 견제의 성격도 갖지만 보통은 소유권적 결정에 속한다. ②는 압도적으로 견제의 성격이 강한 권한이다. ① 표결을 인정하는 근거에 대해서는 항을 바꾸어 논하기로 한다.

---

1항)이나 "회사의 사업 및 업무는 이사회가 직접 수행하거나 그 지시를 받아 수행한다"고 한 델라웨어주 일반회사법(58 DEL. CODE ANN. tit. 8, § 141 (2011))은 그 예라고 할 수 있다.

74  이사회의 대리비용과 주주총회의 정보부족을 권한배분의 근거로 드는 견해도 유력하지만(Cools, 주2, 268) 전자는 ②에 상응하고 후자는 ①에 상응한다는 점에서 대체로 비슷한 견해라고 볼 것이다.

75  Thompson, 주3, 412. Paredes 교수의 경영적 지배(managerial control)와 잔여적 지배(residual control)도 비슷한 구분이라고 할 수 있다. Id. 413.

76  이는 Eisenberg 교수의 사업상 능력(business skill)과 투자상 능력(investment skill)의 구분에 상응한다. Eisenberg, 주2, 10-13, 59-60.

## 3. 주주 표결을 인정하는 이유

주주 표결은 다양한 사항을 대상으로 하지만 ① 이사임면과 ② 합병 등 근본적 변경의 승인이 특히 중요하다.[77] 이사회에 의한 경영을 원칙으로 하면서 주주에게 표결의 권한을 부여하는 이유는 ①과 ②의 경우에 차이가 있다. ①에 대해서 주총결의를 요하는 이유는 (ⅰ) 소유권적 결정과 (ⅱ) 견제라는 두 가지 관점에서 설명할 수 있을 것이다. (ⅰ) 소유권적 결정의 관점에서는 주주를 회사의 주인으로 보고 주주의 이사 선임을 소유자에 의한 위임에 해당한다고 볼 수 있을 것이다. 주주 표결이야말로 이사권한의 정통성(legitimacy)을 뒷받침하는 - Schnell 판결에서 말하는 회사민주주의원칙에 따른 - 것으로 보는 견해도 결국은 주주를 소유권자로 보는 견해에 근거한 것이라는 점에서 앞의 견해와 일맥상통한다고 할 수 있다. 한편 (ⅱ)견제라는 관점에서는 이사임면에 주주 표결을 요하는 이유는 이사회가 후보추천만이 아니라 선임까지 한다면 이익충돌을 피할 수 없기 때문이라고 설명할 수 있을 것이다.

위 ②에 관한 주주 표결은 소유권적 결정이란 관점에서 설명하는 편이 보다 적절할 것이다.[78] 합병과 같은 근본적 변경은 회사경영과 밀접한 관련이 있으므로 이사회가 발의권을 갖는 것은 보다 효율적일 것이다. 그러나 그 결정은 주주 이익을 근본적으로 변화시킬 수 있다는 점에서 "소유권적" 결정의 성격을 갖기 때문에 주주에게 의사결정에 참여할 기회를 줄 필요가 있다. ①의 경우와는 달리 ②의 결정에서 이사

---

**77** 미국에서는 이해관계 없는 주주의 결정으로 이사나 지배주주의 이익충돌거래를 승인하는 사례가 많지만 다른 나라에서는 그런 정화(cleansing)절차가 발달되어 있지 않으므로 이곳에서는 이점은 검토대상에서 제외하기로 한다.

**78** Bebchuk은 주주권을 ①게임규칙결정권, ②게임종결결정권, ③사업축소결정권으로 분류하고 있다. 대표적인 예로 ①은 정관변경, ②는 합병, ③은 배당을 들고 있는데 ①과 ②는 모두 소유권적 결정의 성격이 강하고 ③은 사업적 결정의 성격도 혼재하는 것으로 볼 수 있다. Bebchuk, 주2, 836-837.

회는 늘 이익충돌에 직면하는 것은 아니다. 그러나 합병과 같은 근본적 변경을 경영진이 경솔하게 추진하는 것을 막고 신중한 검토가 이루어지도록 하기 위해서 주총 승인을 요한다고 보는 관점에서는 견제적 요소를 부정할 수는 없을 것이다.[79]

## 4. 이사회 간섭의 근거

전술한 바와 같이 회사법이 이사회에 경영전반에 관한 권한을 부여하는 동시에 주주 표결을 인정하는 것은 표결의 대상이 소유권적 결정이거나 이사에 대한 견제를 위해서이다. 그렇다면 굳이 주주 표결을 인정하면서 다시 이사회 간섭을 허용하는 것은 모순으로 비칠 수도 있다. 특히 주주 표결이 이사에 대한 견제를 위해서 인정된 것이라면 주주 표결에 대한 이사의 간섭은 이익충돌의 우려가 있다. 그럼에도 불구하고 미국은 물론 우리 판례도 이사회 간섭의 여지를 인정하고 있음은 이미 살펴본 바와 같다. 그렇다면 이러한 이사회 간섭은 어떻게 정당화할 수 있을까?[80]

Thompson 교수는 이사회 간섭이 주주의 권한행사 속도를 늦추기 위한 일종의 속도방지 턱과 같은 기능을 한다고 지적한다.[81] 그렇다면 속도방지 턱을 설치해야하는 이유는 무엇일까? 이론적으로 그 이유로는 두 가지를 생각해 볼 수 있다. ① 하나는 이사회의 전문성[82]에 대한 신

---

79  이러한 주주총회의 표결권에 대해서는 주주가 조합원처럼 회사경영에 참여하던 구시대의 유물과 같이 부정적으로 보는 견해도 존재한다. Thompson, 주3, 407. 그 경우 주주 권한의 중점은 감독권에 놓이게 될 것이다.

80  이사회 간섭에 대한 상세한 비판으로는 Bebchuk, 주46, 988-1028.

81  Thompson 주3, 408-409.

82  회사이익에 이해관계자이익을 포함시키는 견해에 따르면 (주주이익으로부터의) 이사회의 중립성에 대한 신뢰 내지 기대도 포함해야 할 것이다.

뢰이고 ② 다른 하나는 주주에 대한 불신이다.

　① 이사회의 전문성을 다시 들먹이는 이유는 주주 표결의 대상인 이사임면과 합병 등 근본적 변경이 모두 경영과 밀접하게 관련되기 때문이다. 이사임면은 경영진교체로 연결될 수 있고, 경영진교체는 다시 경영방침의 변화를 초래할 수 있다는 점에서 경영과의 관련성을 부정할 수 없다. 그리고 합병 등 근본적 변경이 경영과 관련된다는 점은 더 말할 필요도 없을 것이다.

　그러나 주주 표결에 대한 이사회 간섭을 인정하는 근거로는 ② 주주에 대한 불신이 더 중요할 것이다. 주주에 대한 불신을 뒷받침하는 근거로는 여러 가지를 들 수 있다. 처음 강조된 것은 주주의 무지였다. 최근에는 주주가 과도하게 단기이익을 추구하거나 이해관계자 이익을 무시할 위험, 즉 주주의 권한남용위험이 더 부각되는 것 같다.[83]

## 5. 이사회 간섭에 대한 통제

　주주 표결에 대한 이사회 간섭은 ① 이사의 전문성에 대한 신뢰와 ② 주주에 대한 불신에 기초한 것이라는 점은 전술한 바와 같다. 문제는 주주 표결에 대한 이사회 간섭은 이익충돌의 소지를 피할 수 없다는 점이다. 이 문제에 대한 대처는 나라마다 차이가 있다. 예컨대 영국 같은 나라에서는 이익충돌 측면을 중시하여 이사회 간섭을 금지하고 있다. 반면에 델라웨이주법원은 이사의 전문성과 주주에 대한 불신을 더 중시하여 이사회 간섭을 폭넓게 용인하고 있음은 이미 살펴본 바 있다.

　이사회 간섭을 용인하는 경우에도 이익충돌을 고려하여 그에 대한

---

83　Thompson 주3, 408. 주주 표결과 관련된 권한남용을 억제하기 위하여 주주에게 신인의무를 부과하는 것은 적절한 방안이 될 수 없다는 점에서 델라웨어 법원은 이사회 간섭을 허용하는 대안을 택한 것으로 볼 수 있다.

적절한 통제장치를 마련할 필요가 있다. 이사회 간섭의 적절성을 담보하기 위한 장치로는 여러 가지가 있지만[84] 이 글에서 주목하는 것은 Unocal기준과 같은 이른바 스탠다드(standard)이다. Unocal기준은 이제 크게 완화되어 방어수단이 경영권 교체를 봉쇄하는 경우가 아니라면 폭넓게 허용하고 있음은 전술한 바와 같다. 주주 표결에 대한 이사회 간섭이 문제된 Blasius 판결에서 법원은 따로 "강력한 정당화 사유"를 요구하였지만 그것도 Unocal기준을 구체화한 것으로 보는 견해가 일반적이다. 이런 견해는 경영권방어를 위한 이사회 간섭에 대해서는 그 대상이 주주의 처분이냐 표결이냐에 관계없이 동일한 기준을 적용해야 한다는 논리에 입각한 것이다.[85] 만약 주주의 처분이나 표결이 기능상 유사한 것이라면 같은 기준을 적용하는 것이 타당할 것이다. 그렇다면 양자는 기능상 유사한가?

실제로 경영권분쟁에서 처분과 표결은 기능상 유사한 면이 있다. 적대적 공개매수에 응해서 주식을 처분하는 주주가 많은 경우에는 경영진 교체가 일어날 가능성이 크다. 이사선임을 위한 위임장경쟁에서 외부자가 과반수를 득표한 경우에도 같은 결과가 발생한다. 경영진 교체를 초래할 수 있는 이 두 종류의 결정에서 주주는 고도의 경영판단을 피할 수 없다. 적대적 공개매수의 경우 대상기업의 잠재가치를 평가해야하고[86] 위임장경쟁의 경우 "경영방침과 효율성"의 면에서 기존 경영진과 반대파주주를 비교평가해야 한다. 이런 평가에 필요한 정보와 전문성의 면에서 이사회가 주주보다 한 수 위라는 점은 부정할 수 없을 것이다.[87]

---

84  Reinier Kraakman et. al, 「The Anatomy of Corporate Law」 218 (third ed. Oxford 2017)

85  Thompson, 주3, 417. 414.

86  장차 높은 가격으로 팔 수 있는 기회에 대해서도 고려해야 한다. Bebchuk, 주46, 999. n. 63

87  이 점은 판례에서도 널리 인정되고 있다. Unitrin v American General Corp, 651 A2d

그러나 처분과 표결 사이에는 이런 기능상 유사성에 못지않게 중요한 차이가 존재한다. 그것은 처분과 표결을 뒷받침하는 주주판단의 신뢰도의 차이이다.[88] ① 처분은 개별 주주의 선택에 맡겨져 있으므로 주주들이 공동전선을 펴기 어렵다는 이른바 조정문제 내지는 집단행동의 문제가 있다. 반면에 표결은 주총에서 집단적으로 이루어지는 것이므로 그런 문제가 없다. ② 또한 2단계 매수가 아닌 경우에는 구조적 강압은 없지만 주주가 매수가격에 불만이 있더라도 이른바 실질적 강압 때문에 처분에 나설 위험이 있다.[89] 그러나 표결의 경우에는 주주가 그런 강압을 느낄 여지가 없다.[90] ③ 주식을 처분하는 경우 주주는 회사를 떠나게 되지만 표결의 경우에는 표결 후에도 주주 지위를 유지하므로 주주는 잘못된 결정의 효과를 그대로 부담하게 된다. 그러므로 주주는 표결의 경우에 보다 신중한 판단을 내릴 인센티브가 있을 것이다. 이런 점들을 고려하면 이사회 간섭은 처분의 경우보다 표결의 경우에 정당화하기 더 어렵다고 할 것이다.[91] 그러므로 Blasius 판결이나 MM 판결에서 주주 표결에 대한 이사회 간섭의 조건으로 "강력한 정당화사유"를 요구한 것은 구태여 회사민주주의를 신봉하지 않더라도 이해되는 면이 있다.[92]

---

1384, 1385 (Del 1994); Paramount Communications, Inc v Time Inc, 571 A2d 1140, 1153 (Del 1989).

88  Cox & Thomas, 주34, 366.

89  Thompson, 주3, 417.

90  다만 기관투자자들의 경우에도 합병 등 중요결정에 대해서는 경영자의 제안에 동조하는 경향이 있다는 점에 대한 논문으로 James D. Cox, Tomas Mondino & Randall S. Thomas, "Understanding the (Ir)Relevance of Shareholder Votes On M&A Deals" 67~69 (Vanderbilt Law Research Paper No. 19-06, 2019), https://papers.ssrn.com/sol3/papers.cfm?abstract_id=3333241.

91  처분의 경우에도 이사회 간섭이 허용되어서는 안 된다는 주장으로는 Bebchuk, 주46, 999-1006.

92  Bebchuk, 주46, 1028도 주주표결에 대한 간섭에는 가장 엄격한 기준을 적용해야 한다고

# IV. 결어

현대 주식회사에서 이사회와 주주 사이의 권한배분은 다음과 같이 정리할 수 있다. ① 먼저 분업의 이익을 위해서 경영전문가인 이사에 권한을 배분한다. ② 이사의 권한남용을 견제하기 위하여 주주에게 일정 부분의 권한을 배분한다. ③ 주주의 권한행사가 비효율적인 결과를 초래할 위험이 있는 경우에는 일정 범위에서 이사회 간섭을 허용한다.

③과 같은 이사회 간섭은 특히 우리나라에서는 생소한 현상이다. 반면에 미국에서는 이사회 간섭은 주주의 경솔하거나 이기적인 결정을 견제하는 기능이 있다는 긍정적인 시선이 강한 것 같다. 미국에서는 이사회가 경영진에 대한 감독기능 외에 주주의 사익추구를 억제함으로써 주주로부터 회사를 보호하는 기능을 한다고 간섭을 정당화하는 견해도 있다.[93]

그러나 이사를 견제하기 위하여 인정된 주주의 권한행사를 다시 이사회가 견제한다는 것은 이익충돌의 위험이 높다. 따라서 이사회 간섭을 허용하기 위해서는 간섭을 하는 이사회의 신뢰성이 어느 정도 확보될 필요가 있을 것이다. 미국에서 이사회 간섭이 폭넓게 인정되고 있는 것은 사외이사의 비중이 높고 그 독립성이 상대적으로 높은 현실에 힘입은 측면이 있을 것이다.

우리나라에서 이사회 간섭이 부각되지 않은 이유로는 상법상 간섭의 수단이 별로 없기 때문이기도 할 것이다. 신주의 제3자배정발행이 제한적으로만 허용되는 상황에서 남은 것은 자사주처분 정도라고 할 수 있다.[94] 이사회 간섭은 주주 권한의 축소를 의미한다. 정관에 의한

주장한다.
93 Jacobs, 주14, 171; Thompson, 주3, 384.
94 삼성물산합병사건에서 자사주처분이 이용된 것은 다른 간섭의 수단이 마땅치 않았기 때

주주 권한의 확대에 관해서는 논의가 많지만 축소에 관해서는 그다지 논의가 없다.[95] 이사보수와 관련하여 우리 판례는 정관이나 주주총회 결의로 그 결정을 이사회에 위임하는 것을 무효로 보고 있다.[96] 이런 관점에서 보면 주주 권한행사에 이사회가 법률이나 정관의 근거도 없이 임의로 간섭하는 것은 허용하기 어려울 것이다. 그러나 삼성물산합병결정에서 법원은 이사회가 주주총회에서 원하는 결과를 얻기 위한 목적으로 자사주를 처분하는 것도 "회사이익"에 부합한다는 이유로 유효라고 보았다. 법원의 결정은 주주 표결에 대한 이사회 간섭도 "회사이익"에 부합하는 경우에는 인정될 여지가 있다는 일반적인 판단에 입각한 것인지 여부는 분명치 않다.

이 글에서는 주주와 이사회 사이의 권한배분을 개념상의 관점에서 접근할 것이 아니라 기능상의 관점에서 접근해야 한다는 전제하에 논의를 전개하였다. 그러나 기능적 접근에는 주관적 판단이 많이 개입할 수밖에 없다. 그리하여 실제 판단에서는 정치적 고려가 개입될 소지도 없지 않다.[97] 외국투자자, 특히 헤지펀드의 개입이 문제된 상황에서는 법원이 이사회 간섭을 쉽게 인정할 우려도 없지 않을 것이다.[98]

상사법연구 제39권 제2호(2020) 1–36면

---

문으로 볼 수 있다.

[95] 김건식 외, 주68, 288-289면.

[96] 김건식 외, 주68, 465면 주3의 판결.

[97] 어쩌면 델라웨어법원의 親경영진적 판결들도 정치적 고려의 영향을 받은 것으로 의심할 수 있을지 모른다.

[98] 회사법에 대한 정치적 영향에 대해서는 Mathias Habersack, 주70, 8; Mariana Pargendler, The Grip of Nationalism on Corporate Law (January 23, 2019). European Corporate Governance Institute (ECGI) - Law Working Paper No. 437/2019(available at SSRN: https://ssrn.com/abstract=3144451).

# 04 주주의 회계장부열람권에 관한 비교법적 고찰

## I. 서론

자본시장에서는 물론이고 주식회사 내부에서도 정보의 비대칭은 예외가 아니라 오히려 보편적인 현상이다.[1] 회사내부의 정보 격차는 경영진과 주주사이에서는 물론이고 주주와 주주 사이에서도 다소간 존재하기 마련이다. 이러한 정보의 불균형이 방치되면 비효율은 물론이고 나아가 부정까지 초래될 수 있으므로 그것을 통제하는 것은 중요한 과제이다. 회사정보의 격차는 주주에 대한 회사의 정보제공을 통해서 해소할 수 있다. 회사의 정보제공은 ①주주에게 회사에 대한 정보청구권을 부여하는 방법이나 ②회사에 정보제공의무를 부과하는 방법으로 실현할 수 있다. 자본시장법상의 강제공시는 ②에 속하는데 비하여 상법은 ①과 ②를 모두 채택하고 있다. 그러나 상법상 주주가 ②를 통해서 얻을 수 있는 정보는 매우 제한되기 때문에 ①의 정보접근권이 중요한 의미를 갖는다.

상법은 주주에게 다양한 정보접근권을 인정한다. 상법상 주주는 정

---

1   Jens Koch, Informationsweitergabe und Informationsasymmetrien im Gesellschafts-recht, ZGR 2020, 184.

관, 주주총회의사록, 주주명부, 사채원부, 이사회의사록 등의 정보에 접근할 수 있는 권리(§§396(2), 391-3(3))와 아울러 회계장부열람권(§466)을 갖는다.[2] 이들 권리는 모두 나름 가치가 있지만 정보격차를 해소할 수 있는 잠재력의 면에서는 회계장부열람권이 가장 강력한 수단이라고 평가할 수 있을 것이다.[3] 그러나 다른 나라에 비하여 우리나라에서는 실무상 회계정보열람권의 활용빈도는 그다지 높지 않은 것으로 보인다. 대법원 판례사이트에서 회계장부열람권의 근거조항인 상법 제466조를 키워드로 검색하면 겨우 17건의 판례가 검색될 뿐이다(2021년 5월 24일 현재).[4] 외국에 비하면 이 수치는 매우 낮은 편이다. 예컨대 델라웨어주 형평법원에서 1981년에서 1994년 사이의 신청건수는 53건에 불과했으나 2004년에서 2018년 사이에는 202건으로 급증하였으며 중국에서는 2012년에서 2017년 사이의 건수 만하더라도 7,545건에 달한다.[5]

우리나라에서 회계장부열람권의 활용을 가로막는 장애물로 가장 먼저 떠오르는 것은 뒤에 살펴볼 주식보유요건이라고 할 것이다. 그러나

---

2　이들 문서를 장부열람권의 대상에 포함시키는 입법례도 있다(예컨대 중국회사법, 미국 주회사법).

3　한편 주주의 검사인 선임청구권(§ 467)도 간접적으로나마 회사정보에 접근하는 것을 허용한다는 점에서 정보접근권에 속한다고 볼 수 있다. 그러니 검사인 선임청구권은 어떤 이유에서인지 실무상 거의 이용되고 있지 않다.

4　물론 판례의 수가 적다고 해서 반드시 열람권의 활용빈도가 낮다고 단정할 수는 없다. 회사가 주주의 열람청구를 바로 수용하는 경우에는 법원의 결정이 나올 여지도 없기 때문이다. 그러나 뒤에 살펴보는 바와 같이 열람과 관련해서는 주주와 회사 간에 다툼이 발생할 여지가 많기 때문에 판례의 수가 적은 것은 실제로 활용되는 빈도도 낮다는 추정을 뒷받침한다고 할 것이다. 한편 열람권이 실제로 행사되기 시작한 것은 비교적 최근의 일이다. 위에서 언급한 17건의 판례는 모두 1997년에 나온 것이다. 이처럼 열람권 행사가 최근에야 활발해진 것은 1997년 시작된 외환위기를 계기로 소수주주들의 활동이 증가한 것과 관련이 있을 것이다. 한국에서 최초의 주주대표소송이 출현한 것도 1997년의 일이다.

5　Robin Hui Huang & Randall S. Thomas, The Law and Practice of Shareholder Inspection Rights: Comparative Analysis of China and the United States, 53 Vanderbilt Journal of Transnational Law 907, 915, 930, 936 (2020). 다만 미국과 중국의 열람권에는 회계장부만이 아니라 주주명부 등 다른 회사문서도 포함된다.

열람권 행사를 위축시키는 보다 근본적인 이유는 경영자를 견제하는 주주의 역할이 제한되고 있는 현실에서 찾아야 할 것이다. 열람권이 주주권, 특히 주주의 경영감독권을 보조하는 권리로서의 성격을 갖는 점에 비추어 경영감독권이 활성화되지 않은 상태에서 주주의 열람권만이 활성화될 것을 기대할 수는 없기 때문이다. 그러나 이런 상태가 언제까지 지속될 것인지는 알 수 없다. 주식시장에서 외국인투자자를 비롯한 기관투자자들의 지분비율이 상승할수록 주식보유요건의 부담은 줄어들 것이다. 또한 기관투자자들이 지배구조에서 보다 적극적인 역할을 수행하게 될수록 회계장부열람권에 대한 관심도 더 높아질 것이다. 이 글은 이러한 상황변화를 전제로 상법상 회계장부열람권의 이론적, 실무적 논점을 보다 근본적인 관점에서 검토하는 것을 목적으로 한다.

이 글의 순서는 다음과 같다. 먼저 제II장에서는 회계장부열람권에 대한 구체적인 논점을 검토하기에 앞서 그것을 바라보는 기본적 시각을 이론적인 관점에서 정리하기로 한다. 제III장에서는 상법 제466조상 회계장부열람권의 행사에 관한 주요 논점에 대해서 차례로 살펴본다. 제IV장은 회계장부열람권 제도의 설계와 관련된 몇 가지 이론적 논점을 비교법적 관점에서 조망한다.


## II. 예비적 고찰

### 1. 상법상 회계장부열람권의 연혁

회계장부열람권은 상법 제466조가 규정하고 있다. 제466조 제1항은 "발행주식의 총수의 100분의 3 이상에 해당하는 주식을 가진 주주는 이유를 붙인 서면으로 회계의 장부와 서류의 열람 또는 등사를 청구할 수 있다"고 규정하고, 이어서 제2항은 "회사는 제1항의 주주의 청구가 부당함을 증명하지 아니하면 이를 거부하지 못한다"고 규정한다. 이 조항은 일본 舊상법(§§293-6, 293-7)을 계수한 것으로 거부사유에 대한 구체적 규정이 없다는 점을 제외하고는 일본 조항과 내용이 실질적으로 大同小異하다. 일본 舊상법의 해당조항은 1950년 일본이 미군정하에 있던 당시 군정당국의 압력으로 마지못해 도입한 것이다.[6] 그 조항은 당시 입법과정에 관여한 미군정 실무자가 일리노이주 출신의 법률가였던 관계로 특히 일리노이주법의 영향을 받아 작성된 것으로 추정된다.[7]

이 대목에서 강조할 것은 과거 우리와 일본의 입법에 지대한 영향을 미친 독일법은 적어도 이 조항에 관해서는 전혀 참고할 여지가 없었다는 점이다. 독일에서 주식회사를 규율하는 주식법에는 주주에게 회계장부열람권을 부여하는 조항이 아직 없다.[8] 한편 유한회사법에는 장부열람권에 관한 조항(§§51a, 51b)이 존재하지만 그 조항은 일본과 우리나라 상법에 회계장부열람권이 도입된 이후인 1980년 개정 시에 비로소 도입된 것이다. 따라서 1950년 일본이 회계장부열람권을 도입할 때에는 독일법은 전혀 영향을 미칠 여지가 없었다.

---

6 회계장부열람권은 1950년 개정에서 핵심적인 사항이었다. 1950년 개정과정에서 일본측과 미국측의 갈등과 타협에 대해서 자세한 것은 日本の会社法の歴史的展開(北澤正啓 古稀論文集 1999), 제7장 GHQ相手の健闘の成果(中東正文 집필) 218-287면.

7 Id. 230면. 이에 관한 미국쪽 문헌으로는 Mark D. West, "The Puzzling Divergence of Corporate Law: Evidence and Explanations from Japan and the United States," 150 University of Pennsylvania Law Review 527 (2001). 미국법상의 장부열람권에 관해서는 김건식, "미국법상 주주의 회계장부열람권", 회사법연구 II (2010), 301면 이하 참조.

8 대신 주주총회에서의 설명청구권(Auskunftsrecht)에 관한 조항(§131)이 존재할 뿐이다.

---

## 2. 회계장부열람권의 성격 – 주주권 행사를 위한 보조적 권리

주주의 지위를 경제학적으로는 채권자의 권리가 충족되고 남은 재산에 대한 청구권이라는 의미에서 잔여청구권(residual claimant)이라고 부른다. 주주의 잔여청구권은 상대적으로 위험성이 높기 때문에 그 보호를 위해서 주주에게 다양한 권리가 부여된다. 입법례에 따라 그 구체적 내용은 다소 차이가 있지만 주주권은 크게 의결권(vote), 제소권(sue), 처분권(sell)의 세 가지로 나눌 수 있다.[9] 그러나 회계장부열람권은 위 세 가지 중 어느 하나에 속한다기 보다는 각 권리의 실효성 확보를 위해서 인정되는 보조적 권리라고 할 것이다.[10] 실무상으로는 특히 제소권, 즉 경영자에 대한 견제를 위한 수단으로 이용되는 경우가 많지만 이론상으로는 의결권이나 처분권을 제대로 행사하기 위하여 필요한 정보를 확보하는 수단으로도 활용될 수 있다.[11] 이런 취지는 다음의 하급심판결이 극명하게 밝힌 바 있다.

"주주는 회사에 대한 출자자로서 실질적인 소유자의 지위에 있으면서 자기의 이익을 옹호하기 위하여, 주주총회에 출석하여 의결권을 행사함으로써 회사의 중요사항의 결정에 참가하고, 일반적으로 대표소송을 제기하여 이사의 책임을 추궁할 수 있을 뿐만 아니라(제403조), 이사에 대한 해임청구권(제385조), 이사의 위법행위에 대한 유지청구권(제402조) 등을 행사하여 이사의 업무 집행을 감독·시정할 수도 있을 뿐만 아니라, 회사의 경영상태가 어려워 투자금을

---

9 Robert B. Thompson, "Anti-Primacy: Sharing Power in American Corporations", 71 Business Lawyer 381, 383 (2016).

10 열람권을 정보비대칭으로부터 발생하는 대리비용을 낮추기 위한 수단으로 파악하는 견해로 George S. Geis, "Information Litigation in Corporate Law," 71 Alabama Law Review 407, 441-442 (2019).

11 미국에서도 장부열람권 행사의 목적을 넓게 인정하고 있다. Huang & Thomas, 주5, 927.

회수할 필요가 있을 때에는 주식을 양도하여 손실을 사전에 방지할 수도 있으므로, 주주의 위와 같은 권리들을 시기에 맞추어 정확히 행사하기 위하여서는 그 전제로서 주주가 회사의 경영상태에 대하여 미리 알아볼 수 있는 수단적 장치의 보장이 필요하고, 이 점에 있어서 주주에게 회계의 장부와 서류에 대한 열람 및 등사청구권을 보장할 필요가 있다 할 것이다"(대구지방법원 2002. 5. 31.자 2002카합144 결정)

## 3. 경영자 견제수단으로서의 회계장부열람권

이처럼 회계장부열람권은 이론상 위 세 가지 주주권 각각의 실효성 담보를 위해서 행사될 수 있다. 그러나 실무상으로는 경영자 견제의 수단으로 활용되는 경우가 많다.[12] 상법은 이사회에 업무집행권을 인정하는 한편으로 주주에게 이사에 대한 다양한 견제수단을 인정하고 있다. 주주의 대표소송(§§403~406)이 가장 대표적인 예이지만 이사의 위법행위유지청구권(§402) 및 이사의 해임청구권(§385(2))도 견제수단으로 볼 수 있다. 이사에 대한 이런 견제수단은 어느 것도 적절한 정보의 뒷받침 없이 실효를 거둘 수 없다. 이사견제에 필요한 정보를 얻는 수단으로서의 회계장부열람권의 유용성은 특히 주주가 경영자를 상대로 제소하는 경우에 두드러진다.

소송에 필요한 정보를 확보하는 수단으로 가장 강력한 것은 미국의 공판 전 증거개시절차(pre-trial discovery)라고 할 수 있다. 우리 소송법상 그런 절차는 존재하지 않지만 대신 그와 유사한 기능을 수행할 수 있는 것으로 민사소송법상 문서제출명령제도(§§344-351)가 존재한다. 문서제출명령은 2002년 민사소송법 개정에 의하여 대폭 강화되었지만 현실적

---

12 사실 표결이나 처분도 크게 보면 경영자를 견제하는 기능이 있다. 김건식, 주주와 이사회 사이의 권한배분, 상사법연구 제39권 제2호(2020) 24면.

으로 그 실효성은 증거개시절차에 크게 미치지 못한다.[13] 무엇보다도 문서제출명령에 응하지 않는 당사자에 대한 제재도 미흡할 뿐 아니라 실제 제도를 운영하는 법관이 소극적인 경우가 많기 때문이다.

한편 증거개시절차의 본산인 미국에서도 장부열람권은 최근 주주 대표소송과 관련하여 널리 활용되고 있다.[14] 미국법상으로도 대표소송을 제기하고자 하는 주주는 먼저 이사회에 대해서 제소할 것을 청구할 필요가 있다. 그러나 우리나라에서와는 달리 이사회의 제소거부결정은 주주대표소송을 사실상 저지하는 효과를 갖는 경우가 많다. 그리하여 원고주주는 이사 과반수를 피고로 삼음으로써 제소청구의 무익성(futility)을 근거로 제소청구요건을 면제받고자 시도하는 것이 보통이다. 그 경우 원고주주는 소장에 이사들에 대한 청구를 뒷받침하는 구체적 사실을 기재해야하는데 이 단계에서는 아직 증거개시절차를 활용할 수 없기 때문에 필요한 정보를 장부열람권을 통해서 확보하고자 하는 관행이 생겨났다(이른바 "수중(手中)의 정보확보수단"("tools at hand")법리).[15]

주주대표소송을 둘러싼 법적 환경이 다른 우리나라에서는 미국에서와 같은 회계장부열람권에 대한 특별한 수요는 없다. 반면에 증거개시절차가 없고 문서제출명령의 실효성이 떨어지는 상황에서 회계장부열람권에 거는 기대는 각별할 수밖에 없다. 물론 미국이나 일본에 비해서 주주대표소송의 문호가 좁은 우리나라에서는 열람권의 가치가 발휘될 여지도 작은 것이 사실이다. 그러나 유의할 것은 주주에 의한 경영자 견제수단이 반드시 소송에 한정되는 것은 아니라는 점이다. 실제 외부주주가 경영에 간섭하는 주주행동주의(shareholder activism)의 사례에서도 소송에까지 이르는 경우는 오히려 드물다. 회사 가버넌스의 변화를

---

13  전원열, 민사소송법 강의(2021) 428-434면.

14  Huang & Thomas, 주5, 930-932.

15  Ibid.

촉구하는 행동파(activist) 주주로서는 경영자에 대한 압박수단으로 열람권 행사를 통해서 얻은 회사정보를 시장에 공개하는 것도 선택지로 고려할 수 있을 것이다.[16] 실제로 우리나라에서 행동파 주주가 이런 목적으로 회계장부열람권을 행사한 사례는 아직 없는 것으로 보인다. 다만 이런 경우에는 그런 행사가 후술하는 부당한 청구에 해당하는지 여부가 문제될 소지가 있을 것이다.

## 4. 회계장부열람권의 한계

오늘날 주주에게는 기업지배구조와 관련하여 보다 적극적인 역할이 기대되는 것이 국제적인 추세이다. 국내외적으로 부쩍 관심을 끌고 있는 스튜어드십코드는 그런 추세를 보여주는 대표적인 징표라고 할 수 있다. 주주의 활동은 적절한 회사정보의 뒷받침이 있어야만 실효를 거둘 수 있음을 고려하면 회계장부열람권은 가급적 폭넓게 인정할 필요가 있을 것이다. 그러나 회계장부열람권의 행사는 회사에 부담을 초래함으로써 회사이익을 훼손할 우려가 있으므로 무제한 허용될 수는 없다. 한 하급심판결의 다음 설시는 열람권의 남용에 대한 법원의 인식을 분명히 보여준다.

"그러나, 반면에, 위와 같은 권리를 모든 주주에게 무제한으로 허용할 경우 회사의 영업에 회복할 수 없는 치명적인 지장을 줄 수 있을 뿐만 아니라, 주주가 열람 및 등사로 인하여 얻은 회계정보를 경쟁관계에 있는 회사에 누설하거나 유상으로 양도하는 등 부당하게 이용할 가능성도 배제할 수 없으므로 이러한 점에서 주주의 회사경영상태에 대한 알 권리와 이를 인정하는 경우에 발생

---

16    Roy Shapira, Corporate Law, Retooled: How Books and Records Revamped Judicial Oversight, Cardozo Law Review, Vol. 42, forthcoming (2020)

할 수 있는 위와 같은 부작용을 조정하기 위하여서는 주주의 회계의 장부와 서류에 대한 열람 및 등사청구권에 관하여 일정한 제한이 필요하다."(대구지방법원 2002.5.31.자 2002카합144 결정)

열람권의 남용에 대한 입법자의 우려는 국가에 따라 차이가 있다. 예컨대 1950년 미군당국의 압력으로 상법에 열람권규정을 도입할 수밖에 없었던 당시 일본정부의 입법자들과 경영자들은 노조 등 외부세력에 의한 부당한 간섭을 매우 경계하였다.[17] 결국 실정법상 열람권의 범위는 그 순기능과 역기능(또는 편익과 비용)이 조화를 이루는 선에서 결정해야 할 것이다.[18] 이러한 열람권의 한계설정은 두 가지 단계에 걸쳐 행해진다. ①첫 단계는 법조항으로 열람권을 규정하는 단계이고 ②다음 단계는 법조항을 해석하는 단계이다. ①단계의 한계설정은 상법 제466조의 규정으로 구체화되었다. 제466조이 정한 열람권의 행사주체, 행사목적, 대상, 행사방법 등의 요건은 모두 열람권의 한계를 구성한다.[19] 한편 ②단계의 한계설정은 제466조에 규정된 구체적인 요건에 대한 법원의 해석을 통해서 이루어질 것이다.

위 ①의 입법론과 ②의 해석론에서 기준이 되는 것은 결국 주주전체 내지 회사의 이익("회사이익")이라고 할 수밖에 없다. 열람권도 궁극적으로는 회사이익을 위해서 인정되는 것이라는 점을 고려하면 그 한

---

17  West, 주7, 544.
18  Huang & Thomas, 주5, 928.
19  열람권의 남용을 막기 위해서 "현행 상법은 위와 같은 권리를 일정한 비율 이상의 주식을 보유하고 있는 주주에 대하여만 인정하고, 그 권리에 행사에 있어서는 회사로 하여금 열람ㆍ등사 청구가 주주로서의 권리확보를 위한 정당한 목적에 의한 것인지, 또는 그 열람ㆍ등사를 허용하더라도 어느 정도의 장부 및 서류를 열람시켜야 하는지를 판단할 수 있도록 이유를 기재한 서면에 의하여만 이를 행사하도록 제한하고 있으며, 회사는 주주의 청구가 부당한 것임을 증명하여 이를 거부할 수 있는 수단을 마련해 놓았다 할 것이다."(대구지방법원 2002.5.31.자 2002카합144 결정)

계도 결국 회사이익과 충돌하는지 여부를 기준으로 설정하는 것이 당연할 것이다. 이하에서는 이러한 회사이익의 관점에서 제466조에 규정된 열람권의 구체적인 내용을 검토해보기로 한다.

## III. 상법상 회계장부열람권의 주요 논점

열람권의 활용도가 그렇게 높지 않다는 점을 고려하면 그 실무상 논점에 관한 문헌은 오히려 상대적으로 많은 편이다.[20] 실무상의 구체적 논점에 관한 서술은 기존 문헌에 맡기고 이 글에서는 열람권을 행사하는 주주의 이익과 회사이익의 조화라는 관점에서 개별 논점을 조명하기로 한다.

### 1. 열람권의 주체: 주식보유요건

열람권 남용을 막는 가장 손쉬운 방법은 그것을 소수주주에게만 허용하는 것이다. 델라웨어주를 비롯한 다수 입법례가 열람권을 단독주주권으로 규정하고 있는데 반하여[21] 상법은 발행주식수의 3% 이상에 해당하는 주식을 가진 소수주주에게만 열람권 행사를 허용하고 있다(§466(1)).[22] 상법이 열람권을 소수주주권으로 정한 것은 일본의 舊상법을 따른 것이다. 미국에서는 단독주주권으로 규정된 열람권을 일본이 소수주주권으로 도입한 것은 당시 입법자들이 품었던 불안에서 비롯

---

20   가장 최근의 포괄적인 문헌으로 정준우, 주주의 회계장부열람청구권에 관한 쟁점사항 검토, 한양법학 제32권 제1집(2021.2) 201면.

21   독일 유한회사법도 정보청구권을 지분의 크기에 관계없이 모든 사원에게 부여하고 있다.

22   과거에는 보유요건이 5%였으나 1998년 개정시 소수주주권의 강화를 위해서 3%로 인하되었다.

된 것으로 짐작된다.[23] 상법상의 주식보유요건은 1990년대 말 외환위기를 계기로 주주이익보호가 강조됨에 따라 대폭 완화되었다. 현재 상장회사의 주주는 6개월 간 계속 보유하는 경우 그 비율은 0.1%(자본금이 1천억 원 이상인 상장회사에서는 0.05%)로까지 인하된 상태이다(§542-6(4), 令32). 이 비율은 정관으로 낮추는 것이 가능하지만(§542-6(7)) 그것을 인상하는 것은 불가능하다고 보는 것이 일반적이다. 나아가 정관으로 회계장부열람권을 배제하는 것도 불가능하다.[24]

열람권을 재판에 의하여 행사하는 경우와 같이 행사에 시간이 소요되는 경우에는 열람권을 행사하는 주주는 그 기간이 끝날 때까지 주식보유요건을 충족해야 한다(대법원 2017. 11. 9. 선고 2015다252037 판결).

열람권의 주체는 실질주주이고 명의개서를 마친 주주만이 될 수 있다. 판례에 따르면 주식매수청구권을 행사한 주주도 회사로부터 매매대금을 지급받기까지는 주주로서의 지위를 가지므로 특별한 사정이 없는 한 열람권을 갖는다(대법원 2018. 2. 28. 선고 2017다270916 판결).[25] 또한 주식보유요건을 갖춘 주주는 회사가 회생절차가 개시된 경우에도 열람권을 행사할 수 있다(대법원 2020. 10. 20.자 2020마6195 결정). 주주는 그 회사의 주주를 가리키므로 모회사의 주주는 자회사에 대해서 회계장부열람권을 행사할 수 없다. 다만 후술하는 바와 같이 모회사가 자회사 회계장부를 보유하는 경우에는 모회사에 그 장부의 열람을 청구할 수 있다.

---

**23** 당초 일본 구상법이 요구하는 지분비율은 10%였다.

**24** 미국에서도 마찬가지로 해석된다. Huang & Thomas, 주5, 926. 독일 유한회사법은 이 점을 명시하고 있다(§ 51a(3)).

**25** 상환주식의 상환금 미수령 주주의 지위에 관하여 동일한 법리를 적용한 것으로서 대법원 2020. 4. 9. 선고 2017다251564 판결.

## 2. 열람권의 대상: "회계의 장부와 서류"

### (1) 회계와의 관련성

상법은 열람권의 대상을 '회계의 장부와 서류'로 규정하고 있다. 즉 문언상 열람권의 대상은 "회계"와 관련 있는 문서로 되어 있다. 이는 델라웨어주법상 열람권의 대상이 일반적인 "장부와 기록"(books and records)으로 되어있는 것(DGCL §220(b)(1))과 차이가 있다. 이런 차이는 상법 제466조의 모델인 일본 舊상법 제293조의6의 문언에서 비롯된 것이다. 그 조항을 도입할 당시 일본의 입법자가 왜 "회계의"란 문언을 포함시켰는지를 보여주는 직접적인 자료는 찾지 못했다. 당시 법개정에 관여했던 학자들의 해설서에는 열람권 도입에 관한 미국 측의 압력에 대한 언급이 없이 단순히 이사의 권한확대에 따른 책임의 증가에 대응하기 위하여 회사경리에 대한 검사권을 강화할 필요가 있었다는 건조한 설명만이 붙어있을 뿐이다.[26] 당시 일본의 입법실무자들이 열람권을 도입하면서 참조했던 1933년 일리노이 사업회사법 해당조항인 제45조에 의하면 "장부와 기록"이란 문언에 "of account"란 문구가 붙어있다("book and records of account").[27] 일본의 입법실무자들이 열람권을 도입할 때 "회계의"란 문구를 포함시킨 것이 단순히 자신들이 참조한 일리노이주법의 "of account"란 문구를 직역하여 추가한 것인지 아니면 열람권의 범위를 가급적 제한하고자 했던 일본 측의 의도에 따른 것이었는지 알 수는 없다.[28] 여하튼 조문에 "회계"란 문구가 포함되어 있으므로 우리나라와

---

26  鈴木竹雄/石井照久, 改正 株式會社法解說 (1950) 282면.

27  일리노이주회사법은 1983년 개정법(제7.75조)에서도 같은 문구를 사용하고 있다.

28  법개정과정에서 일본 측이 열람권을 부담스럽게 여기고 그 범위를 축소하고자 했던 점에 관해서는 中東, 주6, 238, 258면 등.

일본의 학설과 판례는 모두 당연히 열람권 대상인 문서를 회계에 관한 것으로 한정하고 있고 그에 대한 비판은 거의 보이지 않는다. 그러나 열람권이 주주권의 실효성을 확보하기 위한 것이란 점을 고려하면 그 대상을 구태여 회계에 관한 문서로 제한할 필요는 없을 것이다. 물론 회계는 회사의 영업과 재산에 관한 사항을 대상으로 하므로 실제로 회사에서 중요한 사항으로 영업이나 재산과 무관한 경우는 많지 않을 것이다. 그러나 후술하는 바와 같이 주주권 행사에 필요한 정보가 반드시 회계에 관련된 것에 국한된다는 법이 없고 회계와 직접 관련이 없는 문서에 대해서 열람권을 행사하는 것이 반드시 회사이익을 침해할 우려가 있는 것은 아닐 것이다. 그러므로 적어도 입법론상으로는 구태여 열람권의 대상을 회계관련성 있는 문서로 한정하는 것은 정당화하기 어렵다.

## (2) 회계의 장부와 서류의 범위

열람대상은 회계의 장부와 서류로 되어 있지만 장부와 서류의 구분은 반드시 명백한 것이 아니고 논자에 따라 차이가 있다. 또한 양자는 열람권의 대상이란 면에서 동등하게 취급되므로 굳이 엄격히 구별할 실익도 없다. 먼저 "회계의 장부"는 그 문언상 상법 제29조상의 회계장부를 연상시키는 것이 사실이다. 그에 따르면 회계장부는 "거래와 기타 영업상의 재산에 영향이 있는 사항"을 기재하는 장부(§30(1))를 가리킨다. 그러나 상법상의 "회계장부"와 "회계의 장부"가 각각 다른 경로를 통해서 도입된 것임을 고려하면 문언상 유사성만을 이유로 양자를 동일한 의미로 해석할 필요는 없을 것이다. 판례도 그렇게 엄격한 태도를 취하지 않고 회계의 장부는 널리 "회사의 경리상황을 알 수 있도록 표시한 장부"를 의미한다고 본다(대구지방법원 2002.5.31.자 2002카합

144 결정).[29]

한편 회계의 서류(회계서류)는 "[회계장부]를 작성하는 재료로 되는 서류 기타 회계장부를 실질적으로 보충하는 서류"로서(대구지방법원 2002.5.31.자 2002카합144 결정) 전표, 주문서, 영수증, 계약서, 납품서, 지출결의서, 통장사본 등 회사의 경리상황을 나타내는 일체의 서류를 포함하는 것으로 본다. 판례는 자회사의 회계장부라도 모회사가 보관하고 있고 모회사의 회계상황을 파악하기 위하여 필요한 경우에는 모회사의 회계서류에 해당한다고 해석하고 있다(대법원 2001.10.26. 선고 99다58051 판결).[30]

전표 등 위에 열거한 서류들은 모두 거래자체를 표시한 것이다. 한편 일부 판례는 위의 서류들과는 달리 내부보고서나 품의서, 주식가치 내지 기업가치평가서와 같이 거래가 발생하게 된 원인이나 거래의 경과 등을 나타내는 서류는 원칙적으로 회계서류에 해당하지 않는다고 본다(서울고등법원 2016.1.18.자 2015라20032 결정; 서울고등법원 2016.1.19.자 2015라20033 결정).[31] 그러나 앞서 언급한 바와 같이 열람권의 실효성을 높인다는 관점에서는 구태여 회계서류를 이렇게 좁게 해석할 이유가 없다. 대법원도 거래의 경과를 보여주는 내부서류에 불과한 품의서도 열람권의 대상에 포함된다고 판시한 바 있다(대법원 2001.10.26. 선고 99다58501 판결). 또한 회계서류인 경우에는 그 작성명의인이 반드시 열람·등사제공의무를 부담하는 회사로 국한되어야 하거나, 원본에 국한되는

---

29  반면에 회계의 장부를 상법상 회계장부와 같은 의미로 해석하는 판례로 서울지방법원 1998.7.3.자 98카합1497 결정.

30  다만 이 경우 모자회사 관계는 상법상의 기준(50% 초과)에 따라 인정되어야 한다고 보는 하급심판례가 존재한다(서울남부지방법원 2013.4.2.자 2012카합762 결정).

31  비슷한 취지로 부킹대장, 캐디일지, 노사협의서류들을 회계장부 작성의 기초가 되는 서류에 해당한다고 보기 어렵다고 하여 열람청구를 기각한 사례로 대구지방법원 2002. 5. 31. 자 2002카합144 결정.

것은 아니다(대법원 2001.10.26. 선고 99다58051 판결).

법문상 "장부와 서류"라고 되어 있지만 이것이 반드시 문서에 한정된다고 볼 이유는 없다. 오늘날 회사의 내부문서는 하드카피로 보관하는 대신 컴퓨터를 비롯한 전자장치에 저장되는 경우가 많다. 따라서 열람권이 의미를 갖기 위해서는 이들 전자장치에 저장된 문서도 열람의 대상이 된다고 보아야 할 것이다.[32] 실제로 법원이 열람을 허가할 때에도 전자적 방식으로 다운 받는 것을 명시적으로 허용하는 것이 보통이다(서울지방법원 1998.7.3.자 98카합1497 결정 등).

### (3) 폭넓은 해석의 필요성

열람권의 실효성을 고려하면 그 대상인 회계의 장부와 서류는 가급적 폭넓게 해석할 필요가 있을 것이다. 델라웨어주 대법원의 최근 판결은 이사회의사록 같은 회사의 공식 문서뿐 아니라 비공식적인 이메일도 열람권의 대상에 포함시키고 있다.[33] 독일에서도 유한회사법상 열람권의 대상을 회사가 상법상 보존의무가 있는 자료(Unterlagen)(HGB §257)에 한정하지 않고 전자문서를 포함한 모든 문서로 본다.[34] 이처럼 열람권 대상을 확대해석할수록 그 남용의 위험도 커질 수밖에 없다. 그러나 그렇다고 해서 반드시 실제 상황에서 회사가 공개해야 할 정보가 과도하게 확대되는 것은 아니다. 회사가 공개해야 할 문서는 후술하는 바와 같이 열람청구의

---

**32** 독일에서도 열람대상인 서류를 그렇게 해석하고 있다. Baumbach/Hueck/Zöllner/Noack, GmbH-Gestetz (22. Auflage 2019) §51a Rn. 21.

**33** KT4 Partners LLC v. Palantir Techs. Inc., 203 A.3d 738 (Del. 2019)(회사가 공식문서를 작성하지 않고 주로 이메일을 통해서 경영한 사안). 이 판결과 비슷한 시점에 나온 델라웨어주 형평법원 판결에서는 이사가 열람권을 행사하는 경우에는 다른 이사의 개인적인 이메일뿐 아니라 SNS메시지까지 열람대상에 포함시키고 있다. Schnatter v. Papa John's Int'l, Inc., C.A. No. 2018-0542-AGB (2019).

**34** Baumbach/Hueck/Zöllner/Noack, 주32, §51a Rn. 21.

이유와 실질적인 관련성이 있는 것에 한정되기 때문이다.

## 3. 열람권 행사의 방법 – "이유를 붙인 서면"에 의한 청구

상법상 주주의 열람청구는 "이유를 붙인 서면으로" 해야 한다 (§466(1)).[35] 법문은 명시적으로 요구하고 있지 않지만 이유는 구체적으로 기재하여야 한다(대법원 1999.12.21. 선고 99다137 판결).[36] 이유의 구체성이 결여된 경우에는 후술하는 부당한 열람청구에 해당한다고 보아 회사가 거부할 수 있다. 이러한 구체성 요건은 열람권의 남용적 행사를 막는 기능을 할 뿐 아니라 회사가 실제로 열람에 제공할 문서의 범위를 획정하는 것을 돕는다.[37]

실제로 주주가 이유를 어느 정도로 구체적으로 기재해야 하는가는 모호한 면이 있다. 이유의 구체성 요건은 결국 주주의 열람권 행사로부터 회사이익을 보호하기 위하여 부과되는 것이라는 점을 고려하면 요구되는 구체성의 수준은 원론적으로 회사이익을 기준으로 판단해야 할 것이다. 즉 열람권을 통해서 주주권의 실효성을 제고함에 따라 증진되는 회사이익과 열람권 행사로 인하여 훼손되는 회사이익의 균형을 맞추는 선에서 구체성의 수준을 정해야 할 것이다.[38] 이런 관점에 따르면 먼저 구체적인 단서가 없이 막연한 불신감만으로 개시하는 이른바 모색적 증거

---

35  따라서 구두에 의한 청구나 서면에 의한 청구라도 이유가 붙어 있지 않은 경우에는 효력이 없다.

36  이 판결에 대한 해설로는 이태종, "회계장부열람청구권의 행사방법과 가처분성", 판례실무연구 IV(2000), 419면 이하 참조.

37  齊藤真紀, 会計帳簿等閲覧謄写請求における請求理由の具体性および閲覧謄写の範囲, 商事法務 2230호(2020.5.5.) 83면.

38  이처럼 이유의 구체성 요건을 회사이익과 주주권리 사이의 균형의 관점에서 파악하는 견해는 일본에서도 일반적이라고 할 수 있다. Ibid.

수집(fishing expedition)은 허용되지 않는다고 볼 것이다. 예컨대 "주주의 권리의 확보나 행사에 관한 조사", "주주의 이익보호", "회계부정의 조사"와 같은 막연한 이유를 기재하는 것만으로는 부족하다고 할 것이다.[39]

그러나 경영자의 부정을 조사하기 위한 열람권 행사의 경우 문제된 부정행위를 구체적으로 기재해야 한다면 현실적으로 열람권 행사는 어려울 것이다. 부정의 구체적 내용은 열람 후에나 비로소 밝혀질 것이기 때문이다. "그 구체성의 정도는 단순히 '회사경영의 적정성을 조사할 필요가 있다' 등과 같이 추상적이고 포괄적인 정도로는 부족하고, 회사의 어떤 업무집행 행위가 부정한 행위 또는 부적정한 행위에 해당한다는 것인지를 파악할 수 있을 정도로는 구체적이어야" 한다(대구지방법원 2002.5.31.자 2002카합144 결정). 대법원은 7~8년간 주주총회를 개최하지 않고, 이익배당을 실시하지 않으며 회사의 중요자산을 임의처분하는 등 구체적인 사유를 주주가 제시한 경우에는 구체성 요건을 충족한 것으로 보았다(대법원 1999.12.21. 선고 99다137 판결).

한편 주주가 이유로 제시한 구체적인 사유에 대해서는 증명까지는 필요하지 않더라도 "소수주주가 이유로 제시하는 회사의 부정한 행위 또는 부적정한 행위가 사실일지 모른다는 최소한의 합리적인 의심이 생기는 정도이어야 할 것이다"(대구지방법원 2002.5.31.자 2002카합144 결정; 서울남부지방법원 2013.4.2.자 2012카합762 결정).

## 4. 회사가 열람에 제공할 문서 - 실질적 관련성과 주주의 적시

일반적으로 열람대상이 될 수 있는 문서의 범위는 가급적 폭넓게 인

---

[39] 김건식/노혁준/천경훈, 회사법(제5판 2021) 277면.

정할 필요가 있음은 전술한 바와 같다. 그러나 그렇다고 해서 구체적 사안에서 열람권을 행사하는 주주에게 회사문서의 열람을 무제한 허용할 수는 없을 것이다. 법문은 명시하고 있지 않지만 주주의 열람대상은 서면청구 시 기재한 구체적인 "이유"와 관련 있는 것에 한정된다는 점에는 다툼이 없다. 판례도 회사가 열람에 제공할 자료는 "소수주주가 열람·등사를 구하는 이유와 실질적으로 관련이 있는" 서류를 의미한다고 보고 있다(대법원 2001. 10. 26. 선고 99다58051 판결). 열람권을 행사하는 주주의 이익과 회사이익을 조화시키는 관점에서 이 같은 해석의 타당성을 인정할 수 있다.

이처럼 특정 사안에서 현실적으로 열람대상이 되는 문서는 열람청구의 이유와 실질적 관련성 있는 것에 한정되므로 주주는 열람청구 시에 열람을 원하는 문서를 구체적으로 적시할 필요가 있다.[40] 열람대상을 구체적으로 적시할 필요는 두 가지 관점에서 제기된다.[41] ①하나는 절차법적 관점으로 권리실현(내지 집행)에 필요한 구체성을 확보하기 위한 것이고 ②다른 하나는 실체법적 관점으로 열람권을 주주의 정당한 이익이 있는 범위로 제한하기 위한 것이다. 그러나 주주에게 열람대상의 특정을 엄격히 요구할수록 열람권 행사가 어려워짐은 물론이다. 일본의 통설은 회사내부문서의 상황을 알 수 없는 주주가 열람대상을 정확하게 특정하기 어렵다는 이유로 특정을 요하지 않는다고 본다.[42] ①의 절차법적 관점에서도 어차피 열람권의 강제집행은 열람대상의 인도가 아니라 간접강제의 방법으로 이루어지는 것이므로 적시의 구체성을 엄격히 요구할 필요가 없다고 볼 것이다.[43]

---

40  김건식 외, 주39, 278면.
41  齊藤, 주37, 84-85면.
42  Id. 85면.
43  Id. 84-85면.

## 5. 열람청구의 부당성과 회사의 거부

### (1) 부당성의 의미와 회사이익

상법은 회사가 청구의 부당성을 증명하지 아니하면 소수주주의 열람청구를 거부할 수 없음을 명시하고 있다(§466(2)).[44] 이 점에서 상법은 주주에게 목적의 정당성(a proper purpose)을 증명할 책임을 부과하는 델라웨어주법(§220(c)(3))과 대조된다.[45] 회사의 거부사유를 규정한 일본 회사법(§433(2))과는 달리 상법은 청구의 부당성이 어떤 경우에 인정될 수 있는가에 대해서 아무런 규정이 없다. 실제 가장 많이 문제되는 것은 열람청구의 "목적"이 부당한 경우이다. "목적"이란 열람권자의 주관적 상태를 말하지만 반드시 열람권자의 주관적 상태에 국한되지 않고 열람의 객관적 "결과"가 부당한 경우도 청구의 부당성이 인정될 것이다. 나아가 이유의 기재가 없거나 불충분한 경우, 열람대상문서의 적시가 너무 막연하거나 너무 포괄적인 경우 등도 부당성이 인정될 수 있을 것이다.

열람권도 회사이익을 위하여 인정되는 것이므로 청구의 부당성을 판단하는 기준도 결국은 회사이익에서 찾을 수밖에 없을 것이다.[46] 따라서 열람권 행사가 회사(내지 주주 전체)의 이익에 반하거나 주주지위와 무관한 개인적 이익을 위한 것이라면 정당성을 인정받을 수 없을 것이

---

44  은행법은 "은행이용자의 권익을 심하게 해칠 염려가 있을 때"에도 열람청구를 거부할 수 있음을 규정한다(§43).

45  다만 주주에게 요구되는 증명책임의 부담은 별로 크지 않다. 법원은 주주가 "추가적인 조사를 정당화하는 부실경영의 가능성을 믿을만한 근거가 있다"는 점만을 증명하면 된다고 본다. Huang & Thomas, 주5, 928.

46  독일 유한회사법은 주주가 열람대상정보를 회사 외의 목적으로 사용함으로써 회사이익을 해칠 우려가 있는 경우에는 사원총회의 결의로 열람청구를 거부할 수 있다고 규정한다(§52a(2)).

다. 델라웨어 주회사법이 "정당한 목적은 그 사람의 주주로서의 이익과 합리적으로 관련이 있는 목적을 의미한다"(§220(b))고 규정한 것도 같은 취지라고 볼 수 있을 것이다.

한편 대법원은 부당성에 관해서 다음과 같이 보다 구체적인 기준을 제시한 바 있다. "주주의 열람·등사권 행사가 부당한 것인지 여부는 그 행사에 이르게 된 경위, 행사의 목적, 악의성 유무 등 제반 사정을 종합적으로 고려하여 판단"하여야 하고, 특히 그 행사가 "회사업무의 운영 또는 주주 공동의 이익을 해치거나, 주주가 회사의 경쟁자로서 그 취득한 정보를 경업에 이용할 우려가 있거나, 또는 회사에 지나치게 불리한 시기를 택하여 행사하는 경우 등에는 정당한 목적을 결하여 부당"하다(대법원 2004.12.24.자 2003마1575 결정). 대법원이 열람권 행사의 부당성이 인정되는 경우로 제시한 것은 다음 세 가지이다: ①회사나 주주 공동의 이익 침해; ②경업에 이용할 우려; ③회사에 불리한 시기. 이 세 가지 경우는 모두 회사이익이 훼손되는 경우라고 할 수 있다. 실제로 ③이 문제되는 사례는 거의 없으므로 이하에서는 ①과 ②를 중심으로 살펴본다.

## (2) 주주의 개인적 이익

열람권 행사가 ①회사 내지 주주공동의 이익을 침해하는 경우 부당성이 인정되는 것은 당연하다. 좀 더 까다로운 것은 열람권자인 주주가 주주공동의 이익이 아니라 자신의 개인적 이익을 위하여 열람권을 행사하는 경우를 어떻게 볼 것인가의 문제이다. 결론부터 밝히자면 주주가 주주공동의 이익이 아니라 주주개인의 이익을 위해서 열람권을 행사하는 경우라도 그 이익이 주주 지위와 관련이 있는 경우에는 정당한 것으로 보아야 할 것이다. 주주 지위에서 나오는 이익을 누리기 위한 목적의 열람권 행사를 허용하는 것은 잠재적으로 나머지 주주도 같은 혜택을 누릴 수 있다는 점에서 주주공동의 이익, 즉 회사이익에 부합한다고 볼 수 있기 때문이다.

이 점에 관해서는 판례도 같은 태도를 취하고 있는 것으로 보인다. 법원은 투자금 회수를 원하는 주주가 회사의 경영상태를 파악할 목적으로 행하는 열람권 행사도 허용된다고 판시한 바 있다(대구지방법원 2002.5.31.자 2002카합144 결정).[47] 또한 법원은 주식매수청구권 행사에 필요한 정보를 얻기 위한 목적의 열람권행사도 정당한 것으로 보고 있다(대법원 2018.2.28. 선고 2017다270916 판결).

주주의 투자금 회수나 주식매수청구권 행사는 직접 주주공동의 이익을 위한 것이 아니라 주주개인의 이익을 위한 것임은 물론이다. 그러나 투자금 회수나 주식매수청구권 행사는 모두 주주지위와 관련 있는 것으로서 그것을 촉진하는 것은 주주공동의 이익에 부합히는 것이라는 점에서 그것을 위한 열람권 행사는 정당한 것으로 평가할 수 있을 것이다.

이와 관련해서 주주가 자신으로부터 주식을 매수하기를 원하는 제3자의 실사(due diligence)를 위해서 열람권을 행사할 수 있는가도 문제될 수 있다. 매도인이 지배주주인 경우에는 경영진으로 하여금 정보를 제공하게 하는데 문제가 없겠지만 경영진의 협조를 얻어낼 수 없는 주주라면 열람권 행사를 통해서 매수인의 실사가 이루어지도록 할 필요가 있을 것이다. 독일 유한회사법상으로는 실사목적의 열람권 행사도 일정한 조건하에 허용된다고 보는 것이 일반적인 견해이다.[48] 우리나

---

47  델라웨어주 판례도 같은 태도를 취하고 있다. Huang & Thomas, 주5, 927 n.69. 또한 독일의 학설도 자신의 지분가치 파악을 위한 열람권 행사도 사원권적인 통제권에 부합한다는 이유로 허용된다고 본다. Altmeppen, GmbHG (10. Auflage 2021), §51a Rn. 45.

48  Altmeppen, 주47, Rn. 45

라에서도 실사목적의 열람권 행사를 가급적 긍정적으로 볼 필요가 있을 것이다.

반면에 주주의 열람권 행사가 주주 지위와 관련 있는 이익을 지키기 위한 것이 아니라 회사의 동업자로서 회사로부터 대여금을 반환받고 감사로서의 업무수행에 대한 보수를 지급받기 위한 것인 경우에는 부당하다고 본 하급심판결이 있다(대전지방법원 천안지원 2016.10.14. 선고 2015가합697 판결).

### (3) 경업에 이용할 우려가 있는 경우

열람권 행사의 부당성이 보다 두드러지는 것은 위 ②와 같이 주주가 열람권 행사로 얻은 정보를 경업에 이용하고자 하는 경우이다. 대법원은 소주업체인 (주)무학이 다른 소주업체인 대선주조(주)를 상대로 열람청구를 한 사안에서 권리행사가 적대적 경영권 인수를 용이하게 하기 위한 것이라는 점과 두 회사가 경업관계에 있어 영업상 비밀이 경업에 악용될 우려가 있다는 점을 들어 정당한 목적을 결한 것으로 판단한 바 있다(대법원 2004.12.24.자 2003마1575 결정).

경쟁관계가 있는 주주에 의한 열람권 행사를 경계하는 태도는 외국에서도 찾아볼 수 있다. 예컨대 일본 회사법은 "청구자가 당해 주식회사의 업무와 실질적으로 경쟁관계에 있는 사업을 영위하거나 그에 종사하는 자일 때"에는 열람을 거부할 수 있음을 명시하고 있다(§433(2) (iii)). 중국 법원 판결도 비슷한 태도를 취하고 있다.[49]

---

49　Huang & Thomas, 주5, 922(Table C7).

## (4) 경영권분쟁

②의 경업의 우려와 아울러 자주 언급되는 것이 경영권탈취의 우려이다. 열람권이 경영권 분쟁의 상황에서 많이 동원되는 것은 사실이다. 하급심 판결 중에는 경영권 분쟁 중에 있는 회사에서 주주의 열람권 행사가 경영진을 압박하기 위한 것으로 의심된다는 이유로 청구의 부당성을 인정한 사례도 존재한다(대구지방법원 2002.5.31.자 2002카합144 결정). 그러나 열람권 행사로 얻은 정보를 경업에 이용하는 것과 경영권인수에 이용하는 것은 달리 볼 여지가 있다.[50] 전자의 경우 주주의 경업이 주주지위와 무관한 것임은 분명하다. 그러나 후자의 경영권인수는 주식의 보유를 토대로 한 것이라는 점에서 주주지위와 관련이 없지 않다. 주식을 매각하고자 하는 주주의 열람권 행사를 부당하다고 볼 수 없음은 이미 지적한 바 있다. 경영권인수에 이용하기 위한 열람권 행사는 주주가 주식의 매각이 아니라 거꾸로 추가매입을 원하는 경우의 문제이다. 법리의 대칭적 적용을 추구한다면 매각뿐 아니라 매수의 경우에도 열람권 행사의 정당성을 인정해야 할 것이다. 그러나 주주 지위와의 관련성이란 관점에서 보면 매각과 매수는 확연히 구별된다. 즉 주식의 매각은 보유주식의 가치를 실현하기 위해서는 반드시 거쳐야 할 단계라는 점에서 주주 지위와 관련을 부정할 수 없다. 반면에 주식의 (추가) 매수는 매각과는 달리 주주만이 할 수 있는 행위가 아니라 제3자도 할 수 있는 행위라는 점에서 주주 지위에서 도출되는 행위라고 볼 수 없다. 따라서 매수에 필요한 정보를 얻기 위한 열람권 행사를 허용하는 것은 주주를 비주주에 비하여 과도하게 우대하는 것이라고 할 것이다.

이처럼 주주가 경영권인수에 필요한 정보를 얻기 위한 목적으로 열

---

50 열람권 행사를 단순히 경영진을 압박하기 위한 수단으로 이용하는 경우는 후자에서 제외해야 할 것이다.

람권을 행사하는 것은 정당한 것으로 보기 어렵다. 그러나 그렇다고 해서 경영권인수를 원하는 주주의 열람권 행사를 무조건 금지할 이유는 없을 것이다. 이사회 의사록의 열람에 관한 사안이기는 하지만 이런 견해를 뒷받침하는 대법원 판례가 존재한다. 대법원은 "주주가 회사의 이사에 대하여 대표소송을 통한 책임추궁이나 유지청구, 해임청구를 하는 등 주주로서의 권리를 행사하기 위하여 이사회 의사록의 열람·등사가 필요하다고 인정되는 경우에는 특별한 사정이 없는 한 그 청구는 회사의 경영을 감독하여 회사와 주주의 이익을 보호하기 위한 것이라고 할 것이므로, 이를 청구하는 주주가 적대적 인수·합병을 시도하고 있다는 사정만으로 그 청구가 정당한 목적을 결하여 부당한 것이라고 볼 수 없"다고 판시한 바 있다(대법원 2014.7.21.자 2013마657 결정).

## 6. 회사의 부당한 거부와 주주의 구제수단

열람권의 실효성은 회사가 거부하는 경우에 주주가 갖는 구제수단의 실효성에 달려있다. 상법은 회사가 정당한 사유 없이 주주의 열람청구에 응하지 않은 경우에 과태료를 부과한다(§635(1)(iv)). 그러나 과태료만으로는 부당한 열람거부를 막을 수 없으므로 실무상으로는 주주가 회사를 상대로 열람을 청구하는 소를 제기함과 동시에 그 소를 본안으로 하여 열람을 구하는 가처분을 신청하는 사례가 보통이다. 가처분으로 열람을 인정하면 본안소송의 목적이 달성되고(이른바 만족적 가처분) 나중에 본안에서 원고가 패소하는 경우 원상회복이 어려운 것이 사실이다.[51] 그러나 대법원은 "나중에 본안소송에서 패소가 확정되면 손해배상청구권이 인정되는 등으로 법률적으로는 여전히 잠정적인 면

---

51  만족적 가처분에 관해서는 이시윤, 신민사집행법(제3판 2006) 558-561면.

을 가지고 있기 때문에 임시적인 조치로서 이러한 회계장부열람등사청구권을 피보전권리로 하는 가처분도 허용된다"고 판시하였다(대법원 1999.12.21. 선고 99다137 판결). 가처분에 의한 열람은 열람청구자의 보전의 필요, 즉 주주의 이익과 가처분이 인정됨으로써 회사가 입을 불이익을 비교형량하여 전자가 큰 경우에만 인정될 것이다.

## 7. 열람의 실행[52]

법문상으로는 "열람 또는 등사"라고 하고 있지만(§466(1)) 열람과 등사가 모두 가능하다는 점에는 의문이 없다. 열람과 등사는 주주권 행사에 필요한 범위 내에서 허용될 것으로 그 회수를 사전에 제한할 것은 아니다(대법원 1999.12.21. 선고 99다137 판결).[53] 등사는 사진촬영이나 USB와 같은 전자적 장치에 복사하는 방법으로도 할 수 있다. 최근 하급심 실무상으로는 회사 측 담당자가 입회한 가운데 신청인 측이 전산화된 데이터베이스에 직접 접속하여 특정한 정보를 열람할 수 있도록 허용하는 사례도 존재한다. 열람이나 등사는 반드시 주주가 직접 해야 하는 것은 아니고 변호사, 공인회계사 등의 전문가를 대리인이나 보조자로 사용할 수도 있다. 열람 또는 등사에 필요한 비용은 권리를 행사하는 주주가 부담하여야 한다.

---

52 김건식 외, 주39, 280면.
53 독일 유한회사법상 열람권의 행사도 시기, 장소, 시간의 면에서 적절하고 상당해야 한다고 본다. Altmeppen, 주47, Rn. 23.

# IV. 몇 가지 이론적 문제점

## 1. 열람권의 강화

현재 우리나라에서 열람권의 강화를 주장하는 목소리는 높지 않다. 그러나 열람권이 주주권의 실효성을 뒷받침하는 수단적인 권리라는 점을 고려하면 그것을 가급적 강화할 필요가 있을 것이다. 강화의 가능성은 특히 두 가지 방면에서 두드러진다. ①하나는 열람권을 행사하는 주주에게 요구되는 주식보유요건을 완화하는 것이고 ②다른 하나는 열람권의 대상이 되는 문서의 범위를 확대하는 것이다.

먼저 ①에 관해서 살펴본다. 상법이 열람권을 소수주주권으로 규정한 것은 남용의 방지를 위한 것이다. 열람대상인 회계의 장부와 서류에 포함된 회사정보는 회사이익을 해치는 방향으로 남용될 우려가 있다. 주식보유요건은 열람권 행사를 회사에 상당한 이해관계를 가진 주주에게만 허용함으로써 남용의 가능성을 줄일 수 있을 것이라는 논리를 토대로 한 것이다. 그러나 주식보유요건은 남용을 억제하는 기능과 아울러 그 효용을 제한하는 기능도 있다. 지분이 낮은 주주의 열람권 행사라고 해서 반드시 남용의 가능성이 높은 것은 아닐 것이다. 위에서 설명한 열람권 행사의 다른 요건이 모두 남용을 통제하는 기능이 있다는 점을 고려하면 주식보유요건을 적어도 주주대표소송의 경우와 동등한 수준으로 낮춰도 무방할 것으로 판단된다.

다음에는 ②에 관해서 살펴본다. 앞서 언급한 바와 같이 회계와의 관련성 요건은 우리 상법과 일본 회사법에 특유한 것으로 열람권규정의 모범이라고 할 수 있는 일리노이 회사법의 "of account"란 문구에서 비롯된 것으로 짐작된다. 그러나 "of account"란 영문 표현은 주로 "회계"와 관련하여 사용되는 것이 사실이지만 반드시 그에 국한되는 것으로 해석할 필요는 없다. 실제로 일리노이주 법원도 그 문언을 일반적인 회사문서를 폭넓게 포섭하는 것으로 해석하고 있다. 1978년의 Weigel v. O'Connor 판결에서 법원은 열람권은 "현명하고 면밀한 조사에 필요한 모든 장부와 서류에 미친다"고 판시함과[54] 동시에 "주주는 자신의 이익을 보호하기 위하여 회사의 기록, 장부, 문서가 보여주는 모든 사항을 알 수 있는 정당한 권리가 있다"고 선언한 바 있다.[55] 그것을 토대로 법원은 회사에 대해서 "텔레비전 기록(television logs), 광고회사와의 계약서, 회사가 FCC에 제출한 보고서와 같은 비재무적 서류"들을 제공할 것을 명령하였다. 앞서 지적한 바와 같이 이처럼 열람대상 문서의 범위를 확대하더라도 구체적인 사안에서 회사가 제공해야 할 문서는 열람청구의 이유와 실질적인 관련성이 있는 것에 한정되기 때문에 크게 문제될 것은 없을 것이다.

## 2. 주주간의 정보비대칭과 주주평등원칙

열람권의 행사가 허용되는 경우 그것을 행사한 주주와 나머지 주주 사이에서는 정보의 격차가 발생한다. 그렇다고 해서 회사가 열람권을 행사한 주주에게만 정보를 제공하는 것이 주주평등원칙에 반한다고 볼 것은 아니다. 무엇보다도 제466조가 열람권을 소수주주권으로 규정한 것 자체가 주주 사이의 차별을 인정한 것으로 볼 수 있기 때문이다. 그러나 열람권 행사에 따른 정보의 격차가 법적으로는 문제가 없다고 하더라도 정책적인 관점에서 바람직한 것인지는 다른 차원의 문제이다.

---

54 57 Ill. App. 3d 1017, 1027 (1978)("extends to all books and records necessary to make an intelligent and searching investigation").

55 57 Ill. App. 3d at 1025. 이 판결은 2004년 일리노이 법원의 Corwin v. Abbott Laboratories 판결(819 N.E.2d 1249)에 의해서 다시 확인된 바 있다.

앞서 주장한 바와 같이 열람권이 강화되는 경우에는 정보의 격차가 발생할 소지는 더 커질 것이다. 열람권 행사가 경영자 감독을 위한 것인 경우에는 그로 인한 혜택은 결국 다른 주주에게도 미칠 것이므로 그에 수반되는 정보의 격차는 감수할 수도 있을 것이다. 그러나 열람권 행사가 경영자 견제라는 공동의 목적이 아니라 주식의 처분이라는 사적 목적을 위해서 행해지는 경우라면 주주 간에 지분의 차이에 따라 정보의 격차가 발생하는 것을 정당화하기는 어려운 면이 있다.[56]

이와 관련하여 참고할 것은 독일 주식법상 주주의 설명청구권(Auskunftsrecht)에 관한 규정(§131)이다. 그에 따르면 주주는 주주총회에서 이사를 상대로 안건의 적절한 판단에 필요한 범위 내에서 회사의 업무에 대한 설명을 청구할 권리를 갖는다(§131(1)). 이사가 주주총회 밖에서 주주에게 설명을 한 경우에는 설사 그것이 안건의 판단에 불필요한 경우에도 주주총회에서 다른 주주들의 청구가 있는 경우 같은 설명을 하여야 한다(§131(4)). 독일 주식법이 이런 규정을 둔 것은 주주평등원칙의 취지를 살리기 위한 것으로 이해된다.[57] 독일 주식법과 같은 규정이 없는 상황에서 우리 상법의 해석상 주주에게 열람을 허용한 후에 다른 주주가 회사가 같은 문서의 열람을 청구한 경우에도 회사가 그에 응할 의무는 없다고 할 것이다. 단순히 같은 설명을 반복하는 것에 비하여 열람을 다시 허용하는 것은 회사의 부담과 남용의 우려가 더 크다는 점에서도 그런 해석이 타당할 것이다.

---

56  그러나 미국에서는 주식처분을 위한 경우보다 경영자 견제를 위한 경우에 열람권 행사를 더 폭넓게 허용해야 한다는 주장을 하는 학자도 있다. Geis, 주10, 444-446.

57  Hüffer/Koch, Aktiengesetz (15 Aufl. 2021) § 131 Rn. 70.

## 3. 열람권 행사로 얻은 정보의 부적절한 사용

상법은 명시하고 있지 않지만 주주가 열람권 행사를 통해서 얻은 회사정보는 열람청구 시에 기재한 목적 이외의 목적으로 사용하는 것은 원칙적으로 금지된다고 볼 것이다. 가장 극적인 예는 회사정보를 증권거래에 이용하는 것으로 그 경우에는 자본시장법상 미공개중요정보이용행위로 처벌될 수 있다(§174).[58]

실제로 더 발생할 가능성이 높은 것은 열람권 행사로 얻은 정보가 타인에게 유출되는 것이다. 역시 법문은 명시하고 있지 없지만 그런 정보를 본래 목적과 무관하게 타인에게 전달하는 것은 원칙적으로 금지된다고 볼 것이다.[59] 주주의 유출행위가 불법행위에 해당하는 경우에도 그로 인한 회사손해를 증명하기는 어려울 것이다. 델라웨어주 회사법은 법원이 재량에 따라 주주의 열람을 제한하거나 조건을 붙이는 것을 명시적으로 허용한다(§220(c)).[60] 그 규정에 따라 델라웨어주 법원은 열람주주의 유출행위를 제한하거나 주주로 하여금 회사와 비밀유지약정(confidentiality agreement)을 체결하도록 요구하는 사례가 없지 않다.[61] 아직 우리 법원이 이런 식으로 제도를 운영하는 사례는 없는 것으로 보인다. 회사정보의 외부유출 가능성이 줄어든다면 법원도 열람권 행사를 더 전향적으로 허용할 수 있을 것이라는 점에서 우리 법원도 이런 실무의 도입을 고려할 필요가 있을 것이다.

---

[58] 일본 금융상품거래법은 열람권을 행사한 주주를 내부자로 열거하고 있다(§166(1)(ii)).

[59] 설사 외부자가 그 정보를 회사이익에 반하는 용도로 사용하지 않는 경우에도 그렇다고 할 것이다. 독일 유한회사법상 주주가 열람대상정보를 자신으로부터 주식을 매수하고자 하는 제3자에게 직접 알려주는 것은 사원총회의 결의를 거쳐야만 가능하다고 본다. Altmeppen, 주47, §51a Rn. 45.

[60] 모범사업회사법도 법원이 당해 주주의 정보전달을 제한할 수 있음을 명시하고 있다(Model Business Corporation Act §16.04(c)).

[61] Geis, 주10, 436-437; Huang & Thomas, 주5, 929.

정보의 유출과 관련하여 보다 어려운 문제는 주주가 열람권 행사를 통해 얻은 정보를 다른 주주들과 공유하는 것이 허용되는지 여부이다. 다른 주주들과 공동으로 열람권을 행사하는 경우라면 대표로 열람을 실행한 주주가 얻은 정보를 다른 주주들과 공유하는 것은 당연히 허용된다고 볼 것이다. 문제는 그 밖의 주주들과 공유하는 것이 허용되는지 여부이다. 열람권을 행사한 주주가 다른 주주와 공동으로 주주권 행사에 나서는 것이 허용되는 범위에서는 자신의 정보를 공유하는 것도 허용된다고 해석할 수 있지 않을까?

## 4. 열람권과 사적자치

회사법에서 사적자치(private ordering)의 역할은 현재 이론적으로는 물론이고 실무적으로도 중요한 지위를 차지하고 있다. 다만 우리나라에서는 그에 관한 논의가 아직 성숙되지 않았고 그것을 적극적으로 수용하자는 견해도 아직 충분히 힘을 얻지 못한 상태이다. 특히 열람권과 관련하여 사적자치의 적용여부를 논하는 문헌은 거의 찾기 어렵다. 열람권에 대한 사적자치는 열람권을 강화하는 경우와 제한하는 경우의 두 가지로 나눌 수 있다. 후자의 경우는 특히 미국에서 많이 논의되고 있다.[62] 그 이유는 미국에서는 그만큼 열람권 행사가 폭넓게 인정되고 그에 따른 남용의 위험도 절실하게 느껴지기 때문이라고 할 것이다. 그러나 우리나라에서는 후자의 경우에 대한 논의는 아직 없지만 아마도 부정하는 견해가 우세할 것으로 판단된다. 이곳에서는 전자의 경우에

---

62  사적자치로 열람권을 배제하는 경우에 관하여 논한 미국의 문헌으로는 Jill E. Fisch, Private Ordering and the Role of Shareholder Agreements (2020)(https://papers.ssrn.com/sol3/papers.cfm?abstract_id=3667202). Fisch교수는 정관으로 열람권을 배제할 수는 없지만 주주간계약으로 배제하는 것은 허용하는 취지의 판례들이 존재한다고 한다. Id. 27-28.

초점을 맞추어 논하기로 한다. 사실 열람권에 관한 사적자치에 대한 실마리는 상법에서도 찾을 수 있다. 상장회사의 경우에는 주식보유요건(§542-6(4))을 정관으로 완화할 수 있음을 명시한 규정(§542-6(7))이 바로 그것이다. 그러나 법문에 명시적인 근거가 없더라도 열람권에 관한 사적자치는 가급적 폭넓게 인정할 필요가 있을 것이다.

상법의 열람권조항이 존재함에도 불구하고 실제로 합작투자나 벤처투자의 실무상으로는 당사자들 사이에 별도로 회사정보의 제공에 관한 합의를 체결하는 경우가 많다. 이 경우 투자자의 지분은 열람권 행사에 필요한 주식보유요건을 초과하는 것이 보통일 것이므로 합의는 다음 사례에서 보는 바와 같이 주로 접근의 방법과 대상을 확대하는 의미가 클 것이다.

> "[조항 예]
> 주주 甲 및 주주 乙은 스스로 또는 그 고문을 통해서 본 회사에 대하여 합리적인 이유를 제시하고 사전에 통지를 행함으로써 본 회사의 업무에 지장을 발생시키지 않는 범위에서 본 회사의 회계장부 기타 업무에 관한 자료 또는 정보의 조사 및 본 회사의 본사, 공장, 기타 시설에 관한 현장조사를 행할 수 있고 주주 갑 및 주주 을은 본 회사로 하여금 당해조사에 협력시킨다."[63]

일본에서는 상장회사에 대해서 사모펀드나 전략적투자기업이 대규모 투자를 하는 경우에도 위와 비슷한 내용으로 자료나 시설에 관한 접근권을 제공하는 계약을 체결하는 경우가 있다.[64] 이처럼 회사가 일부

---

63 塩田尙也 외, 合弁事業における会社·株主間契約(田中 亘 & 森 濱田松本法律事務所 編, 会社 株主間契約の理論と実務 (2021)) 31, 66면. 이 글 작성과정에서 확인한 바로는 국내에서도 합작투자계약실무상 사업장 증 시설에 대한 접근권을 부여하는 조항이 흔히 활용되고 있다.

64 石綿 学 외, 上場会社における会社·株主間契約(田中 亘 & 森 濱田松本法律事務所 編, 会社 株主間契約の理論と実務 (2021)) 101, 115면.

주주에 대해서만 회사정보를 제공하는 것이 과연 주주평등원칙상 허용될 수 있는 것인지 여부가 문제될 수 있다. 이런 약정의 법적 효력을 부정하는 것은 우선 현실적으로도 받아들일 수 없을 것이지만 법리상으로도 주주평등원칙이 이런 약정까지 봉쇄한다고 볼 수는 없다. 오늘날 주주평등원칙은 기계적 평등을 추구할 것이 아니라 회사와 주주의 이익을 고려하여 유연하게 해석해야 한다고 보는 것이 특히 선진외국의 추세이다.[65] 그런 관점에서 보면 회사이익에 부합하는 외부투자를 유치하기 위해서 회사정보의 제공을 약정한 경우에 그 약정이 주주평등원칙에 위반된다고 보는 것은 불합리할 것이다.[66]

회사정보의 제공과 관련된 사적자치는 주주간 계약의 형태를 취하는 경우가 보통이다. 그러나 실제로 정보를 제공하는 쪽은 회사라는 점에서 회사도 당사자로 참여시키는 것이 바람직할 것이다. 물론 그런 합의가 회사에 대해서도 효력이 있는가에 대해서 우리나라에서는 회의적 견해가 우세한 것 같지만 국제적인 추세는 원칙적으로 회사에 대한 효력을 인정하는 쪽이라고 할 수 있다.[67] 회사를 당사자로 참여시키는 것보다 더 강력한 보호수단은 합의를 정관에 반영하는 것이다. 앞서 언급한 바와 같이 상장회사의 경우에는 법에 정한 주식보유요건(§542-6(4))을 정관으로 완화하는 것이 가능함을 명시하고 있다(§542-6(7)). 정관자치의 대상을 법에 명시되지 않은 일반회사의 주식보유요건, 그리고 열람권의 범위에까지 확대하는 것이 가능한지에 대해서는 별 논의가 없

65  김건식 외, 주39, 262-263면.

66  石綿 学 외, 주64, 116면; 加藤貴仁, 上場会社におけるガバナンスに関する合意(田中亘 & 森 濱田松本法律事務所 編, 会社 株主間契約の理論と実務 (2021)) 325, 332면.

67  김건식, 이사회 업무집행에 관한 주주간계약, 비교사법 제26권 1호(통권84호 2019년) 372-373면; 田中 亘, 株式会社における当事者の合意によるアレンジメントの法律問題(田中亘 & 森 濱田松本法律事務所 編, 会社 株主間契約の理論と実務 (2021)) 1, 11-13면.

지만 특별한 사정이 없는 한 역시 구태여 금지할 필요는 없을 것이다.[68]

## V. 결론

우리나라에서는 실제로 회계장부열람권이 행사되는 사례가 상대적으로 많지 않다. 열람권은 특히 경영자 견제에 유용한 권리인데 주주대표소송과 같은 대표적인 견제수단의 발동이 어려운 상황에서는 열람권이 진가를 발휘할 여지가 별로 없었을 것이다. 과거 국내에서 열람권에 대한 논의가 그다지 활발하지 않았던 주된 이유도 바로 그 때문이 아닐까 짐작된다. 그러나 오늘날 국내외적으로 기업지배구조와 관련하여 주주, 특히 기관투자자에게 보다 적극적인 역할을 유도하는 방향으로 환경이 변화히고 있다. 이런 변화가 지속된다면 설사 주주대표소송이 미처 활성화되기 전이라도 열람권에 대한 실무적인 수요가 더 커질 가능성이 있다. 열람권에 대한 관심이 높아질수록 그 한계와 관련한 해석론적, 입법론적 논의는 늘어날 것이다. 이 글은 앞으로의 논의를 위한 서론에 불과한 것이다.

*추기: 이 글은 Umakanth Varottil 교수(싱가폴 국립대학)와 Randall Thomas 교수(Vanderbilt대학)가 주도한 국제적 연구프로젝트(Shareholder Inspection Rights: A Comparative Perspective 2022년 출간예정)에 참여하여 제출한 영문논문을 토대로 작성한 것으로 국내에서는 발표되지 않은 상태로 이 책에 포함시키게 되었다.

---

68  田中, 주67, 7-8면.

**저자 약력**

서울대 법대 법학사(1977)
미국 하바드 법대 LL.M.(1980)
미국 워싱턴 주립대 J.D.(1985), Ph.D.(1995)
서울대 법과대학 및 법학전문대학원 교수(1986-2020), 학장(2008-2010)
동경대학(1995-1996), 하바드대(1998), NYU(2016), 국립싱가폴대(2019) 객원교수

**주요 저서**

기업지배구조와 법(도서출판 소화 2010)
회사법연구 I, II(도서출판 소화 2010)
Corporate Law and Governance - Collected Papers(박영사 2020)
회사법(제5판 박영사 공저 2020)
자본시장법(제3판 두성사 공저 2013)
중국회사법(제2판 박영사 공저 2021)

# 회사법 연구 III

| | |
|---|---|
| 초판발행 | 2021년 12월 10일 |
| 지은이 | 김건식 |
| 펴낸이 | 안종만·안상준 |
| 편 집 | 한두희 |
| 기획/마케팅 | 조성호 |
| 표지디자인 | BEN STORY |
| 제 작 | 고철민·조영환 |
| 펴낸곳 | (주) **박영사** |
| | 서울특별시 금천구 가산디지털2로 53 210호(가산동, 한라시그마밸리) |
| | 등록 1959.3.11. 제300-1959-1호(倫) |
| 전 화 | 02)733-6771 |
| f a x | 02)736-4818 |
| e-mail | pys@pybook.co.kr |
| homepage | www.pybook.co.kr |
| ISBN | 979-11-303-3962-7        93360 |

*파본은 구입하신 곳에서 교환해 드립니다. 본서의 무단복제행위를 금합니다.
*저자와 협의하여 인지첩부를 생략합니다.

정 가   32,000원